GUILLAUME
LE CONQUÉRANT

DU MÊME AUTEUR :

L'art roman en Normandie et en Bretagne (Flammarion, 1961)
Guillaume le Conquérant (P.U.F., Que sais-je ?, 2ᵉ édition 1966)
Histoire de la Normandie, direction et collaboration (Privat, 1970)
Documents de l'histoire de la Normandie, direction et collaboration (Privat, 1972)
Manuel d'archéologie médiévale (S.E.D.E.S., 1975)
Le château de Caen (Centre de rech. archéol. médiévales, 1979)

Michel de Boüard

Guillaume le Conquérant

Fayard

ISBN 978-2-213-01319-0

Avant-propos

Les sources d'archives, même les chartes ducales, sont exceptionnellement rares concernant la Normandie du XIe siècle ; les sources narratives (annales, chroniques, histoires) ne sont pas beaucoup plus abondantes. C'est seulement au XIIe siècle que ces dernières se font plus prolixes et, grâce au recul du temps, s'expriment plus librement ; leurs auteurs disposent alors, pour faire l'histoire du siècle précédent, des quelques écrits laissés par leurs devanciers et d'une masse de traditions orales dont le volume était en raison inverse de la pauvreté de la documentation écrite.

Les ouvrages en langue française parus jusqu'ici sur Guillaume le Conquérant ont utilisé cet amalgame où dominent les éléments anecdotiques et parfois pittoresques, dont la crédibilité n'a généralement pas fait l'objet d'une préalable étude critique.

Ainsi, l'image que l'on se fait aujourd'hui de Guillaume le Conquérant dans le grand public français, même dans sa fraction la plus cultivée, n'est-elle sûrement pas véridique. Du personnage, la postérité a surtout retenu un trait de caractère : la dureté, voire la brutalité, qui est assez vite devenue, dans la tradition, cruauté.

Le neuvième centenaire de la Conquête de l'Angleterre, célébré de part et d'autre de la Manche en 1966, fut pour beaucoup l'occasion de rassembler leurs souvenirs de lectures et raviva certaines passions que l'on pouvait croire éteintes. En France, il ne fut marqué par la publication d'aucun ouvrage important sur le Conquérant et, dans le grand public, le règne des représentations caricaturales, solidement installées dans les mémoires, ne fut guère entamé. Témoin le débat qui eut lieu au sein du conseil municipal de Saint-Valery-sur-Somme lorsque fut proposée l'érection d'un monument commémoratif de l'embarquement du 28 septembre 1066. En voici le bref compte rendu donné par la presse locale : « Pour M. L..., il n'y a pas d'argent à jeter par les fenêtres, le canton de Saint-Valery ayant besoin d'autre chose. M. C... ayant relu la vie de Guillaume dans un auteur qui lui est pourtant favorable, n'a trouvé que des choses peu recommandables, des viols notamment. Il votera donc contre la subvention. » (*Le Courrier picard* du 14 janvier 1966.)

En Angleterre, la recherche historique portant sur la fondation et les premiers temps de la monarchie anglo-normande n'a jamais chômé ; l'opinion publique est mieux éclairée ; il suffirait, pour s'en convaincre, de comparer la qualité des émissions télévisées données sur ce thème de part et d'autre de la Manche au cours des dernières années. L'une des questions les plus débattues met en cause la nature et l'ampleur de chacune des composantes de l'amalgame anglo-normand en quoi consistent les institutions et la civilisation du royaume d'Angleterre après 1066. En gros, deux thèses s'affrontent ici en termes plus ou moins abrupts. A côté de l'attachement quelque peu nostalgique et passionné, mais noble et solidement raisonné, de sir F. M. Stenton et de ses disciples, pour le passé anglo-saxon, on note de temps en temps des accès de « saxonnisme » outrancier ; l'anniversaire de 1966 en a vu quelques manifestations. La plus singulière fut sans doute un article de Charles Gibbs-Smith, alors conservateur au Victoria and Albert Museum de Londres, paru le 8 octobre 1966 dans le Supplément littéraire du *Times;* pour cet écrivain, le Bâtard n'était « guère plus qu'un gangster », et les deux historiens normands, ses contemporains, Guillaume de Jumièges et Guillaume de Poitiers, « un Dr. Goebbels à deux têtes ».

Dans ses *Gesta Guillelmi ducis,* Guillaume de Poitiers, qui fut chapelain de la Cour normande, donne un long portrait moral de son héros ; mais il s'agit d'une apologie de type très conventionnel ; même si l'on ne consent pas à qualifier, comme le fit Charles Gibbs-Smith, l'auteur de « sycophante tout à fait nauséabond », on peut difficilement l'absoudre du grief de flagornerie. D'autres auteurs du xie ou du xiie siècle apportent quelques touches nouvelles au tableau. Mais c'est surtout en observant les faits et gestes du personnage, sur lesquels les témoignages sont plus nombreux et souvent plus crédibles, que l'on peut voir apparaître au fil des ans, depuis l'adolescence, les traits dominants d'une personnalité hors de pair.

Il était de tempérament dur, sujet à des accès de violente colère, intraitable lorsqu'était en cause la raison d'Etat, mais non pas capable de cruauté gratuite. A le voir agir, on s'explique cette dureté : il s'engageait intensément dans tout ce qu'il avait décidé d'entreprendre, donnant à fond de sa personne ; ainsi se comporte-t-il sur un champ de bataille comme dans le jeu politique. Il se donne à fond, mais n'est pas impulsif : c'est un autre trait majeur de son caractère, qui se fait jour en maintes occasions. Un écrivain anonyme du xie siècle, qui sans doute l'a bien connu, parle de « l'invincible patience dont il usa toujours ». Guillaume fut aussi un homme de cœur, accessible à l'affection et vulnérable dans ses affections : témoin l'attachement dont il fit indéfectiblement preuve à l'égard de sa mère et de la famille de celle-ci ; or Herleue était issue d'un milieu assez humble et les membres de la lignée ducale, légitimes ou bâtards, le lui rappelaient en affichant leur dédain. A ceux qui avaient veillé sur lui durant les sombres années de sa minorité, il garda une très fidèle gratitude teintée de tendresse et, après leur mort, la reporta envers et contre tout sur leur descendance. Enfin, le couple formé par Guillaume et Mathilde fut d'une qualité dont on ne trouve aucun autre exemple dans le milieu aristocratique du temps.

Les hommes d'Eglise qui parlent de lui au XIᵉ siècle insistent sur la robustesse de sa foi : il avait, nous dit-on, le souci de connaître l'Ecriture sainte et de s'en inspirer ; chaque jour, il se rendait à l'église matin et soir pour prier ; il avait donné la preuve de sa piété eucharistique en combattant en Normandie la doctrine de l'hérésiarque Bérenger de Tours. Mais les manifestations connues de sa foi et de sa piété donnent à penser qu'à cet égard, il ne se distinguait guère de la foule de ses contemporains ; il avait cependant, au dire de Guillaume de Poitiers, « confié le soin de son âme » au savant et sage Lanfranc.

La rareté des sources et les difficultés que comporte souvent leur interprétation ne sont pas le seul handicap à vaincre pour quiconque entreprend d'écrire une biographie du Conquérant. Depuis assez longtemps, les historiens sont mis en garde contre le travers qui consisterait à présenter comme œuvre propre d'un très grand homme, comme fruit de son génie personnel, des succès ou des revers, des institutions, voire des changements culturels dont la genèse est bien loin d'être aussi simple. Mais si prévenu que l'on soit contre pareille bévue, comment être certain qu'on y échappe tout à fait ? Il ne peut être question, d'ailleurs, d'exposer ici dans le détail les problèmes que pose l'évolution des institutions ou de la civilisation en Normandie et en Angleterre au XIᵉ siècle ; ces sujets ont été traités ailleurs. Ce dont il faut tenir compte, en tout cas, c'est que dans une société féodale, dont la structure est faite d'engagements personnels, de droits et de devoirs qui, pour l'essentiel, obligent entre eux deux hommes, l'action d'une très forte personnalité peut atteindre un degré d'efficacité qui serait, dans un autre milieu, hors de sa portée. C'est à bon droit qu'en ce sens Guillaume figure au nombre des très grands meneurs d'hommes dont l'Histoire a gardé le nom.

INTRODUCTION

L'Europe de l'an Mil

On ne saurait évoquer convenablement la prestigieuse figure de Guillaume le Conquérant et les Normands de son temps sans avoir au préalable tracé à grands traits le cadre historique et géographique dans lequel ils ont vécu. Le cadre historique, c'est, en gros, le Moyen Age ; et, pour beaucoup d'hommes d'aujourd'hui, cette longue période est noyée dans la brume. Entre la brillante Antiquité classique et la Renaissance de sa culture, le Moyen Age ne serait qu'une période intermédiaire, difficile à définir à partir de critères qui lui appartiendraient en propre, une sorte de nuit de la civilisation. Ainsi fut-il considéré pendant des siècles, alors qu'il était fort mal connu. Les progrès remarquables accomplis par l'histoire médiévale, la réhabilitation de l'art, de la littérature, de la pensée du Moyen Age n'ont pas extirpé de l'esprit de beaucoup de nos contemporains la vieille image caricaturale d'une période qu'auraient marquée surtout la barbarie des mœurs et la débilité des cerveaux ; il ne passe guère de jour où l'on ne voie ou n'entende le Moyen Age allégué comme point de référence par des gens qui observent dans le monde actuel des actes de brutalité, de cruauté ou font mention de comportements ou de croyances « obscurantistes ».

Au vrai, si l'on retient les abornements généralement admis pour situer cette période dans le cours de l'histoire (fin du Ve siècle — fin du XVe), elle couvre un bon millénaire ; c'est-à-dire qu'il s'est écoulé autant de siècles, ou peu s'en faut, entre le début et la fin du Moyen Age qu'entre le couronnement de Charlemagne à Rome en l'an 800 et le moment où nous vivons. Un si long laps de temps ne peut être homogène ; d'autre part, les hommes n'ont point passé, comme d'un coup de baguette magique, de la culture de l'Antiquité classique à la « nuit » du Moyen Age ni, au terme de cette période, de cette nuit à la lumière de l'Humanisme.

En particulier, les environs de l'an Mil ont vu le début d'une vaste mutation démographique, économique, sociale, culturelle. C'est alors qu'apparaît Guillaume le Bâtard, qui deviendra le Conquérant. L'Occident sort d'une phase de son histoire qui, celle-là, avait été véritablement sombre ; les historiens anglo-saxons emploient l'expression *dark ages* pour désigner le IXe et le Xe siècles. A l'action de facteurs divers et puissants de dépérissement inclus dans la contexture même des sociétés issues de l'amalgame opéré entre le monde romain et le monde barbare, était venue s'ajouter la migration tantôt lente, tantôt brutale de groupes ethniques provenant du nord ou de l'est de l'Europe, ou même de l'Asie centrale, ou des rives orientales ou méridionales de la Méditerranée. Ces mouvements, qui avaient pris naissance dès les deux derniers siècles de l'Antiquité et affecté l'Europe entière, s'atténuent ou parfois s'arrêtent au cours du Xe siècle. Les frontières de l'Occident, ou de la Chrétienté, tendent vers la stabilité.

Au sud, c'est l'effritement du monde musulman, particulièrement sensible dans sa partie occidentale, c'est-à-dire en Afrique du Nord et en Espagne. Au Xe siècle, il n'est plus trace de l'unité de la *ummah* sous l'autorité d'un seul khalife. Successivement ont fait sécession l'Egypte qui prend ses distances dès le IXe siècle à l'égard du khalife abbasside (Bagdad) avant de se donner son propre Commandeur des Croyants, fondateur de la dynastie fatimide ; puis l'Ifriqiya (Tunisie et Constantinois) qui suit le même processus d'émancipation économique et administrative vis-à-vis de Bagdad, sans aller toutefois jusqu'à l'instauration d'un khalifat ; le Maghreb (Algérie centrale et occidentale, Maroc) où apparaissent aussi au ixᵉ siècle des principautés autonomes ; une grande partie de l'Espagne, enfin, qu'on appellera l'Andalus, conquise dès le viiiᵉ siècle par des Berbères au service du gouverneur de l'Ifriqiya, et dont l'émir, établi à Cordoue, descendant de la dynastie des Omeyyades, prendra, au début du xᵉ siècle, le titre de khalife.

A l'est, les Magyars qui, dans la première moitié du xᵉ siècle, avaient poussé des raids jusqu'en Champagne, en Bourgogne et dans le Lyonnais, subissent en 955 près d'Augsburg une défaite demeurée fameuse parce qu'elle mit un terme à leur expansion vers l'ouest. Les Bulgares, peuple issu du groupe turc, qui avaient créé dans l'extrême sud-est de l'Europe un puissant empire et fait peser sur Byzance une incessante menace, entrent eux aussi en déclin ; des peuples slaves conquis et soumis par eux recouvrent leur indépendance dès la première moitié du xᵉ siècle ; puis, peu après l'an Mil, l'empereur byzantin Basile II, surnommé « le Bulgaroctone », c'est-à-dire « le massacreur de Bulgares », reconquiert les places que Byzance avait perdues sur le cours du Danube au ixᵉ siècle. Les Bulgares demeureront dès lors confinés pour deux siècles environ dans un territoire réduit au quart de celui qu'ils avaient possédé au début du xᵉ siècle.

Plus au nord, entre le cours supérieur de l'Elbe et le Danube, les Slaves de Bohême avaient été christianisés au premier quart du xᵉ siècle ; leur prince Vaclav avait même été considéré comme martyr : son nom de baptême était Venceslas. Ici, la menace ne venait pas de l'est, ni même des Hongrois, mais du voisin allemand de l'Ouest avec lequel cependant aucun conflit grave ne se produisit à cette époque. A la fin du xᵉ siècle, les Tchèques avaient pu annexer pacifiquement la Moravie ; ils avaient alors un Etat aux frontières relativement stables.

La Pologne, elle non plus, ne connaissait guère de menace que venant du royaume germanique ; à la faveur d'une défaillance de celui-ci, engagé dans une aventure scabreuse en Italie, elle avait pu sans difficulté sérieuse, dans la dernière décennie du Xe siècle, porter sa frontière occidentale sur l'Oder. Convertie au christianisme à partir de la seconde moitié du Xe siècle, elle avait même obtenu l'autonomie de sa structure ecclésiastique grâce à la création de l'archevêché de Gniezno dont relevaient tous les évêchés polonais. Aux environs de l'an Mil, la Pologne était donc un Etat déjà bien constitué, à la frontière nord-est de la Chrétienté romaine.

A la frontière nord était la Scandinavie, berceau des Vikings, que leurs expéditions ou parfois leurs vagabondages ont conduits jusqu'au cœur de l'Asie et, sans doute, jusqu'aux extrémités occidentales de l'Atlantique nord, mais dont les agressions avaient été, de la fin du VIIIe au milieu du Xe siècle, particulièrement hardies, tenaces et dévastatrices à l'égard des pays de l'Europe continentale et des Iles Britanniques. Avant le milieu du IXe siècle, des Suédois avaient créé des comptoirs sur les côtes sud-est de la Baltique, puis entrepris des expéditions commerciales à très longue distance ; par le lac Ladoga, le fleuve Volkhov et la Volga, ils s'avancèrent jusqu'à la mer d'Azov et la Caspienne ; par le Dniepr jusqu'à la mer Noire et Byzance. Les très nombreuses monnaies d'argent musulmanes et byzantines que l'on a trouvées en Suède et particulièrement dans l'île de Gotland attestent l'importance de ces relations. Dans ce secteur oriental de l'expansion scandinave, on n'a trace que d'assez rares épisodes belliqueux ; tout indique que ces Suédois (on les appelait Varègues, c'est-à-dire, en vieux scandinave, marchands) surent se faire admettre dans les comptoirs commerciaux les plus éloignés de leur patrie ; certains d'entre eux préférèrent cependant la carrière de soldat mercenaire et encadrèrent notamment une unité de l'armée byzantine qui prit le nom de « garde varangienne ».

Les Danois et les Norvégiens, pour leur part, s'étaient dirigés vers l'ouest. Les Danois, partis généralement en formations importantes comptant plusieurs dizaines (on a dit parfois plusieurs centaines) de navires, manœuvraient de façon coordonnée ; ils avaient réussi, en quelques occasions, à pratiquer une véritable colonisation. On les avait vus surtout sur les côtes méridionales de la mer du Nord et de la Manche, mais aussi en Angleterre de l'est ; certains d'entre eux s'étaient même aventurés jusque sur les côtes atlantiques du royaume franc. Les Norvégiens, plus individualistes, voyageaient et opéraient en petites flottilles peu organisées ; de ce fait, leurs objectifs ne pouvaient avoir l'ampleur de ceux qu'atteignirent parfois les Danois ; leur zone d'action avait été d'abord les archipels situés au nord et à l'est de l'Ecosse : Shetlands, Orcades, Hébrides, puis l'Irlande elle-même où ils avaient installé de petites principautés urbaines ; ce sont aussi des Norvégiens qui colonisèrent l'Islande à partir d'environ 870 et atteignirent même, au terme d'une expédition qui ne relève pas entièrement de la légende, les côtes du continent nord-américain. Il faut ajouter qu'existèrent aussi des bandes mixtes où voisinaient Danois et Norvégiens ; on a même vu très exceptionnellement, dans les mers de l'ouest, quelques Suédois.

Bien que situés aux marches septentrionales de la Chrétienté romaine, les pays scandinaves s'intégrèrent à celle-ci au terme d'un lent processus qui se développe au temps même des invasions vikings. Les premiers essais d'évangélisation tentés au IXe siècle à partir de l'Allemagne du nord et notamment de l'abbaye de Corvey en Saxe, avaient assez vite avorté ; mais au Xe siècle, un certain nombre de Vikings, voire de princes, se firent baptiser au cours de séjours à l'étranger : tels les rois de Norvège Haakon le Bon et Olaf Tryggvason en Angleterre, puis, un peu plus tard, vers 1020, leur successeur

Olaf Haraldsson à Rouen; d'autres se convertirent au christianisme grâce à l'action de missionnaires venus d'Allemagne ou d'Angleterre : tel le roi de Danemark Harald à la Dent Bleue dont la célèbre inscription runique de Jellinge dit qu'il « fit les Danois chrétiens »; il reçut le baptême vers 960, alors que des clercs allemands avaient déjà créé trois diocèses dans le Jutland. Toutefois, la conversion quasi totale des Danois et des Norvégiens ne fut acquise que dans le second quart du XIe siècle, celle des Suédois pas avant le milieu du XIIe.

Quant à l'élaboration d'Etats monarchiques de type occidental, elle se fit aussi pendant la période où beaucoup de Scandinaves étaient des Vikings et, pour une part peut-être, à la lumière de l'expérience qu'ils avaient acquise à l'étranger. Peu à peu, une famille aristocratique s'impose aux autres et met fin à la polyarchie qui régnait encore au début du Xe siècle. En Suède, où deux familles de puissance à peu près égale s'affrontèrent longtemps, l'Etat monarchique ne se trouve pas constitué avant le XIIIe siècle.

Telles étaient, vers l'an Mil, au nord, à l'est, au sud, les marches de la Chrétienté romaine. Pour lointaines qu'elles apparussent, ces terres n'étaient alors pas inconnues des Normands. Cela va sans dire en ce qui concerne la Scandinavie et les marches du Nord; mais les Vikings et leurs descendants furent de grands vagabonds; il n'est guère de rivage dans le bassin de la Méditerranée où l'on ne les ait vus au XIe siècle. Ceux même des Normands qui ne voyageaient pas pouvaient recueillir les échos d'événements survenus en pays lointains; on sait les passions que déchaîna en Occident, dans la dernière décennie du XIe siècle, le projet de reconquérir Jérusalem sur les Turcs Seldjoukides; mais dès les années 1030, beaucoup de Normands avaient fait le pèlerinage de Terre sainte. Significative est aussi l'insertion dans la *Chan-*

son de Roland de l'épisode de Baligant et la mention des
« Pinceneis » qui sont probablement les Petchenègues,
peuplade sauvage qui avait longtemps harcelé les marches
orientales de la Chrétienté. Il n'est pas douteux qu'assez
tôt dans le XIe siècle et jusqu'aux confins de l'Europe
occidentale, les hommes aient eu le sentiment angoissant
d'un encerclement de leur monde par des ennemis plus ou
moins bien identifiés et que l'on assimilait volontiers aux
Sarrasins.

Or, c'est précisément au XIe siècle que ce monde
chrétien, qui se voit ou se croit assiégé, amorce une
contre-offensive. Deux siècles plus tôt, l'Empire carolingien avait tenté un effort désespéré pour sauver une
société qui s'en allait croulant, mais le sursaut avait fait
long feu. Cette fois-ci, au contraire, la remontée sera, dans
tous les domaines, continue et de très longue durée.

Au départ, la principale puissance politique est l'Empire
romain germanique créé en 962 au profit d'Otton le
Grand, roi de Germanie. A côté de lui et parfois dans une
situation de subordination au moins théorique, divers
royaumes ou principautés dont plusieurs sont issus du
démembrement de l'Empire carolingien. L'Église
romaine, quant à elle, a ses institutions propres et son
chef, le pape.

Le territoire de l'Empire comprend le royaume de
Germanie, l'Italie septentrionale et centrale jusqu'à la
frontière de l'État pontifical, et ce qu'on appellera, au
XIIIe siècle, le royaume d'Arles, c'est-à-dire, en gros, les
territoires situés à l'est de la Saône et du Rhône, qui
avaient formé avant 934 les royaumes de Provence et de
Bourgogne. Le noyau dur de cet Empire est le royaume de
Germanie, formé d'un certain nombre de principautés
dont les plus importantes sont les quatre duchés nationaux
que les historiens d'aujourd'hui appellent parfois « duchés
ethniques » parce qu'à l'origine il s'agissait de territoires
occupés par des peuples distincts : Saxe, Franconie,
Souabe et Bavière. Longtemps, le roi sera choisi dans

l'une des quatre familles qui sont à la tête de ces duchés. De 936 à 1024, la couronne royale demeure dans la maison de Saxe, avant de passer à celle de Franconie.

Depuis 962, le roi de Germanie est, en tant que tel, candidat à la dignité impériale, qui ne peut lui être conférée que par le pape ; tant qu'il n'a pas reçu de celui-ci la couronne impériale, il porte le titre de roi des Romains. En revanche, lorsque le prestige et l'autorité du pape sont diminués, le roi de Germanie est en mesure d'exercer sur l'institution pontificale et, dans une certaine mesure, sur la Chrétienté romaine, des pressions pouvant aller jusqu'à un contrôle politique.

Les empereurs de la dynastie saxonne revendiquent, d'une part, l'héritage de l'Empire carolingien, d'autre part, celui de l'Empire romano-byzantin. Les empereurs de Byzance avaient très mal accueilli en 962 la « rénovation » de l'Empire au profit d'Otton Ier de Saxe ; les successeurs de celui-ci s'employèrent à effacer cette méfiance ; Otton II épousa même une princesse byzantine, Théophano, et le fils issu de cette union, Otton III (996-1002), fut un empereur plus romain que germanique. Dès lors, en tout cas, l'Empire romain germanique est inéluctablement attiré par l'Italie, dont la partie septentrionale relève de lui, et parce que le couronnement impérial, qui doit avoir lieu à Rome, est nécessairement précédé de négociations avec le pape et avec les Etats du nord et du centre de l'Italie que le cortège du roi des Romains doit traverser.

D'autre part, le roi de Germanie, membre d'une des quatre grandes familles ducales, connaît souvent de sérieuses difficultés de la part des trois autres duchés nationaux ; et dès le XIe siècle se manifeste une volonté opiniâtre d'étendre vers l'est les territoires occupés par les Germains au détriment des Etats slaves, ou du moins d'accroître dans cette direction l'influence germanique.

Vis-à-vis des autres monarchies de l'Occident, et particulièrement de la France, les prérogatives que réclamaient l'empereur et ses partisans firent l'objet de bien des controverses. Pour certains, l'empereur, chef temporel de la Chrétienté entière, était fondé à revendiquer des droits universels. Une miniature célèbre qui décore un manuscrit provenant de l'abbaye de Reichenau représente la Germanie, la Gaule, l'Italie et la *Slavania* sous les traits de quatre femmes qui font hommage à l'empereur. En fait, vers l'an Mil et jusqu'au milieu du XIe siècle au moins, beaucoup des plus indiscutables partisans de la restauration des institutions et des mœurs dans l'Eglise romaine regardèrent l'empereur comme seul capable de mener à bien cette tâche. Mais dans l'ordre politique, en ce qui concerne le royaume de France, les aspirations hégémoniques de l'Empire demeurent à peu près lettre morte.

De l'Italie méridionale, il suffit de dire ici quelques mots ; dès le premier quart du XIe siècle, les Normands y apparaissent et cette histoire sera évoquée plus loin. Vers l'an Mil, le sud de la péninsule italique se trouve en marge de la Chrétienté romaine. Les duchés de Gaète, de Naples, d'Amalfi y relèvent de l'Empire byzantin, tandis que les comtes de Capoue, les princes de Salerne et de Bénévent s'en sont émancipés et possèdent une souveraineté de fait. Quant à la Sicile, elle a été conquise au début du XIe siècle par les émirs aghlabites de Kairouan.

La majeure partie de la péninsule ibérique se trouve au pouvoir du khalifat de Cordoue ; restent aux mains des chrétiens dans le nord les royaumes de León, de Navarre et la marche d'Espagne ; c'est de là que partiront au XIe siècle les opérations de *reconquista*.

L'Angleterre était encore, à la fin du VIIIe siècle, divisée en plusieurs royaumes ; mais, au début du IXe siècle, celui de Wessex commençait d'imposer aux autres sa suprématie, que les invasions des Vikings lui fournirent l'occasion de consolider. Fermement implantés, comme on l'a vu, en Irlande et dans l'île de Man, les Scandinaves avaient établi quelques petites colonies dans les régions côtières du nord-ouest de l'Angleterre — et notamment dans le Lancashire.

Mais leur principal établissement avait été créé dans le nord-est de l'Angleterre ; vers 915, un chef norvégien nommé Ragnald, venu de Dublin, avait conquis York et s'y était proclamé roi, tandis qu'au sud du Humber, plusieurs groupes de Danois occupaient la région qui devait être appelée plus tard Danelaw. La *Chronique anglo-saxonne* qui narre cette conquête emploie le mot pluriel *hergas* que l'on traduit souvent par « armée », pour désigner ces groupes. Même si cette traduction est discutable, il semble bien que les Danois soient venus en formations structurées, avec un chef qui recevait un territoire et le partageait entre ses lieutenants, chacun de ceux-ci donnant ensuite un lot à chacun de ses hommes. Quel fut le nombre des conquérants-colons ? On en a beaucoup discuté et l'on en discute encore. La forte densité des toponymes danois n'est pas une preuve suffisante de la densité du peuplement ; la rareté des sépultures païennes datant du IXe siècle ne prouve pas non plus le contraire, car on la constate, plus flagrante encore, en des pays où l'on sait que s'installèrent d'assez importants groupes de Vikings : en Normandie, le nord du Cotentin et la région de Bayeux ; aux Pays-Bas, la Zélande. Plus signifiant est sans doute le nombre important des emprunts faits au vieux scandinave par le vocabulaire commun des Anglo-Saxons ; mais il faut toutefois, pour l'expliquer, tenir compte de la lente et peut-être durable infiltration de nouveaux venus danois après la conquête initiale. Les auteurs qui croient à la densité du peuplement danois dans le nord-est de l'Angleterre et leurs adversaires ont tour à tour allégué à l'appui de leur thèse les résultats de quelques fouilles archéologiques plus ou moins anciennes. Des recherches systématiques sont actuellement en cours, notamment à York et dans les environs, à Lincoln et sur divers sites ruraux ; il serait hasardeux de tirer argument d'un apport archéologique qui est encore très fragmentaire.

Les principales victimes de l'invasion danoise furent

l'aristocratie laïque et surtout les institutions ecclésiastiques ; dans le nord-est de l'Angleterre, beaucoup d'évêchés disparurent pour une assez longue période, et plus encore de monastères. En revanche, la paysannerie ne semble avoir guère souffert ; à la faveur d'un rapide développement de l'économie d'échanges succédant à une assez longue dépression, les villes se développèrent, telles York, Norwich, Lincoln et même Londres. Cette stimulation de la vie urbaine apparaît paradoxale si l'on se rappelle que le Danemark était, à cet égard, fort en retard sur les pays de l'Europe occidentale. Dans le sud et l'ouest de l'Angleterre contrôlés par le roi de Wessex, on note à la même époque une tendance à la concentration de l'habitat ; il ne s'agit pas encore de villes mais, comme on disait alors, de *burhs,* villages fortifiés dont, à la fin du IXe siècle, les rois de Wessex ont systématiquement ordonné la création afin de donner au pays une armature militaire, qui s'avéra fort efficace. En 920, le roi Edouard l'Ancien était reconnu comme souverain dans le Danelaw et son autorité s'étendit alors sur toute l'Angleterre au sud du Humber. En revanche, les Anglo-Saxons de Northumbrie refusèrent de le reconnaître : exemple éloquent de l'antagonisme qui opposera longtemps encore le nord et le sud de l'Angleterre. Qui plus est, les Northumbriens, pour faire échec aux tentatives hégémoniques du Wessex, n'hésitèrent pas à demander le secours des Vikings norvégiens d'Irlande ; c'est en 954 seulement que fut déposé le roi norvégien d'York, Eric à la Hache Sanglante, et que la Northumbrie entra dans le giron du royaume unifié d'Angleterre. Ainsi atteignait son but la politique conçue et opiniâtrement mise en œuvre, sa vie durant, par le roi de Wessex Alfred le Grand (871-899).

Les Danois n'avaient pourtant pas dit leur dernier mot. Au long du Xe siècle, le royaume de Danemark marche vers son unification, améliore son organisation militaire ; on date des environs de l'an Mil les fameux camps circulaires de Trelleborg, d'Aggersborg, de Fyrkat, de

Nonnebaken. Etaient-ce des sortes de casernes où se seraient entraînées pendant l'hiver des troupes appelées à partir ensuite en expédition à l'étranger? Ou bien de simples points d'appui dont la monarchie du Danemark unifié avait encore besoin pour asseoir son autorité sur l'ensemble du royaume? On en discute et d'ailleurs il n'est pas certain que tous ces camps, dont l'ampleur est fort inégale, aient eu la même fonction. Mais, quoi qu'il en soit, leur existence atteste une assez remarquable organisation de l'Etat danois à l'aube du XIᵉ siècle.

En 980, le roi Harald à la Dent Bleue lançait un raid naval de harcèlement contre la côte sud de l'Angleterre et, par la Tamise, jusqu'aux abords de Londres. Puis, à des intervalles de temps assez courts, des attaques analogues se répétèrent; les assaillants se retiraient après avoir reçu une rançon : pratique connue depuis longtemps et qui avait reçu le nom de *danegeld,* c'est-à-dire « argent des Danois ». Pourtant, l'organisation militaire, terrestre et navale, qu'Alfred le Grand et ses successeurs avaient créée et développée, aurait dû permettre de faire face à ces agressions. Mais l'insécurité devenue permanente semble avoir fait apparaître durement, et sans doute aggravé, l'hétérogénéité d'un Etat où, sous l'autorité d'un monarque unique, coexistaient deux populations et deux cultures demeurées distinctes : l'une, dans le nord-est, fortement imprégnée d'éléments danois, l'autre, dans le sud-ouest, traditionnellement anglo-saxonne. A diverses reprises, les raids danois de la dernière décennie du Xᵉ siècle prirent appui sur le Danelaw. Si bien qu'en 1002, le roi Ethelred II, que la postérité a justement surnommé « le Mal Avisé », conçut le projet insensé d'éliminer, ou du moins de décimer dans son royaume les éléments danois. Le 13 novembre, fête de saint Brice, il ordonna le massacre de ceux-ci. S'il y eut beaucoup de victimes, parmi lesquelles la sœur et le beau-frère du roi de Danemark Sven à la Barbe Fourchue, fils et successeur de Harald à la Dent Bleue, le résultat le plus clair fut d'exaspérer l'hostilité et les prétentions du monarque danois. Dès lors, il ne suffit plus à celui-ci et à ses hommes de rançonner la riche Angleterre ; ils en envisagent la pure et simple conquête. Les expéditions danoises redoublent d'ampleur et de fréquence ; en 1013, une très grosse flotte partie du Danemark investit les côtes méridionales de l'Angleterre. Sven lui-même, débarqué sur les rivages du Danelaw, marche sur Londres. Oxford et Winchester capitulent facilement, mais tandis que Londres résiste et oblige Sven à lever le siège qu'il y avait entrepris, Ethelred s'enfuit avec ses fils Edouard et Alfred et sa femme Emma. Le duc de Normandie Richard II, frère d'Emma, les accueille à Rouen, tandis qu'en Angleterre, Sven à la Barbe Fourchue recueille la couronne. Pourtant, Sven étant mort prématurément en février 1014, la résistance anglo-saxonne se ressaisit sous la conduite d'Edmond Ironside, fils aîné d'Ethelred qui n'avait pas émigré ; mais, après bien des vicissitudes, Cnut le Grand, fils de Sven, reçoit en 1016 la couronne d'Angleterre.

Dans l'histoire politique et institutionnelle du royaume de France, les environs de l'an Mil sont aussi marqués par une mutation d'importance majeure. Rappelons d'un mot que les frontières de ce royaume sont alors, en gros, les mêmes que celles du territoire qui avait été dévolu en 843 à Charles le Chauve, lors du partage de l'Empire carolingien. A l'intérieur de ces limites s'étaient constituées de grandes principautés territoriales dont les chefs détenaient une bonne partie des droits et des pouvoirs régaliens. Il serait toutefois inexact de ne voir là qu'un phénomène de désagrégation du royaume, consécutif au lent effondrement du pouvoir royal. On a longtemps étudié trop exclusivement l'histoire de la France carolingienne du seul point de vue de la genèse et des vicissitudes du pouvoir monarchique ; des recherches récentes ont mis l'accent sur le processus de développement social qui marque la croissance d'une aristocratie depuis l'époque mérovin-

gienne jusqu'au Xe siècle : dans ce développement, l'éphémère expérience de la royauté carolingienne n'est qu'un
hiatus. Il ne semble toutefois pas exact que la croissance
du pouvoir de l'aristocratie et la constitution des grandes
principautés territoriales, qui marquent la fin du IXe et le
Xe siècles, soient imputables à l'exemple de pugnacité
qu'auraient donné, dans la lutte contre les Vikings, les
fondateurs de ces principautés. Bien au contraire, les
cadres de l'aristocratie laïque et l'épiscopat avaient, tout
au long de la crise, fui leurs responsabilités ; le courage
d'un Robert le Fort, ancêtre de la maison capétienne, et le
martyre de quelques évêques furent des exceptions. La
Normandie mise à part, les principautés naquirent de
l'initiative de personnages, généralement des comtes, qui
cumulèrent plusieurs comtés dans la région dont ils étaient
originaires, où ils possédaient un patrimoine ; s'ils s'ap-
puyèrent souvent, pour parvenir à leurs fins, sur les
populations locales, ces grands regroupements territoriaux
n'eurent pas en France un caractère ethnique aussi marqué
qu'en Allemagne.

On sait qu'au long du Xe siècle alternèrent sur le trône
royal des descendants de Charlemagne et des membres de
la famille issue de Robert le Fort qui bâtissait alors entre
Seine et Loire une vaste principauté. Dans les dernières
décennies du Xe siècle, les rois carolingiens ne possédaient
plus en propre que quelques domaines dans les régions de
Compiègne, de Laon, de Soissons, de Reims et dans les
Ardennes. Il ne leur échappait certainement pas que la
seule assiette d'un réel pouvoir politique était, à cette
époque, la possession d'une principauté territoriale ; aussi
essayèrent-ils, à la faveur de circonstances qui pouvaient
paraître opportunes, de mettre la main tantôt sur la
Normandie, tantôt sur la Flandre, l'Auvergne, la Bourgogne ; toutes ces tentatives échouèrent ou ne connurent
que succès éphémères. Le prestige même, naguère attaché
au titre royal, en raison notamment du sacre et du
souvenir de Charlemagne, allait s'amenuisant. L'examen

des itinéraires des derniers rois et des actes établis par leur chancellerie montre qu'ils ne se déplaçaient que très exceptionnellement au sud de la Loire et ne faisaient dans les affaires des principautés territoriales que des interventions de pure forme, d'ailleurs rares et presque toujours sollicitées par les princes eux-mêmes. La monarchie germanique, restaurée dès 936, appuyée sur le vaste et puissant duché de Saxe, confortée depuis 962 par le titre impérial, ne se désintéressait pas de ce qui se passait chez son voisin de l'ouest. Plus d'une fois, l'un des derniers carolingiens sollicita son appui ; seul d'entre eux, au contraire, Lothaire (954-986) tenta de se rebiffer contre une intervention de l'empereur Otton II dans les affaires intérieures de la famille carolingienne ; le raid dérisoire qu'il tenta contre Aix-la-Chapelle était d'avance voué à l'échec ; il provoqua d'ailleurs une riposte immédiate du roi germanique qui s'avança jusqu'aux environs de Paris. Aussi bien ce monarque avait-il en France de solides appuis ; à diverses reprises, le chef de la maison robertienne Hugues le Grand, puis son fils Hugues Capet avaient pris fait et cause pour lui contre le roi carolingien de France ; l'archevêché de Reims avait été donné à un Lorrain, Adalbéron, partisan déterminé des Otton. Lorsqu'en 986 mourut inopinément le jeune roi Louis V, fils de Lothaire, une intrigue bien menée par cet Adalbéron permit d'écarter de la succession le dernier survivant de la famille carolingienne, Charles, duc de Basse-Lorraine, oncle du roi défunt. Le 1er juin 987, les grands du royaume, réunis à Senlis sous la présidence d'Adalbéron, élisaient pour roi Hugues Capet : tel fut le début obscur et laborieux d'une prestigieuse histoire, celle de la France capétienne.

On peut sans trop de peine esquisser à très grands traits la genèse de cette Europe chrétienne, sur les franges de laquelle de nouveaux Etats sont nés par l'action et souvent à la ressemblance des anciennes monarchies issues de l'amalgame romano-barbare. Il serait, en revanche, bien plus malaisé, sinon tout à fait impossible d'évoquer en bref l'extrême diversité des structures sociales, des cultures et des mentalités que l'on observe vers l'an Mil de la Pologne à l'Atlantique et de la Scandinavie à la Méditerranée.

Dans ce vaste continent et dans les îles qui en sont les annexes immédiates, l'Eglise romaine, sa foi et ses institutions sont sans doute le seul facteur d'homogénéité. Entre Rome et Constantinople, le schisme n'est pas encore consommé ; cependant, la Chrétienté byzantine est déjà culturellement séparée de la Chrétienté romaine, et le fossé qui sépare l'une de l'autre n'a cessé, durant des siècles, de s'approfondir ; leur rivalité est particulièrement vive sur les marges orientales de l'Europe ; ainsi, la Bulgarie s'était d'abord tournée vers Rome et avait demandé la venue de missionnaires latins ; la brutale maladresse du futur pape Formose rebuta le roi Boris (966) qui se retourna vers l'Eglise byzantine.

L'Eglise romaine et ses structures traditionnelles traversent alors une des crises les plus redoutables qu'elles aient eu à subir au cours de leur longue histoire. Comme pour les sociétés laïques et les institutions politiques, la fin du IXᵉ et le Xᵉ siècles ont été pour elles un âge sombre qui est sommairement caractérisé dans l'expression « L'Eglise au pouvoir des laïcs » ; on ne saurait mieux dire. Au cours des siècles précédents, les évêchés, les monastères avaient été à ce point gavés par les princes de biens fonciers et de privilèges que, grâce à une gestion généralement habile de ces ressources, ils étaient devenus des proies tentantes ; l'aristocratie les avait colonisés, y plaçant beaucoup de ses membres.

Au sommet de la hiérarchie, la papauté subit la même dégradation. Evêque de Rome, le pape devait traditionnellement être élu par le clergé et le peuple de son diocèse. En fait, au IXᵉ et au Xᵉ siècles, ici comme presque partout ailleurs, la charge épiscopale est confisquée tantôt par l'aristocratie romaine, dont les clans se la disputent, tantôt par des empereurs de pacotille issus des maisons princières d'Ivrée ou de Spolète. Lorsqu'en 962 l'Empire romain germanique est créé au profit du souverain allemand Otton Ier de Saxe, un lien privilégié se trouve rétabli, comme au temps de Charlemagne, entre la puissance impériale et la papauté ; mais celle-ci ne recouvre point, tant s'en faut, sa liberté d'action. D'autre part, dans les deux dernières décennies du xe siècle, l'effort tenté par le fils et le petit-fils du grand Otton pour développer leur influence, voire prendre pied en Italie méridionale, inquiète Byzance. L'empereur d'Orient n'hésite pas alors à intervenir, lui aussi, dans les affaires romaines. Un pape, Boniface VII, imposé par les factions romaines, puis chassé par l'empereur romain germanique, se réfugie à Constantinople, puis en revient (984) et fait prisonnier le pontife alors régnant ; lui-même, moins de deux ans plus tard, sera empoisonné par les Romains versatiles et son cadavre profané. Une pause, pourtant, dans cette effroyable déchéance : le court pontificat de Sylvestre II (999-1003). Gerbert d'Aurillac avait été le maître d'Otton III ; très attaché à la cour impériale, il avait soutenu les vues de celle-ci dans les tractations et les intrigues qui devaient aboutir en 987 à l'élection de Hugues Capet au trône de France ; le nom de Sylvestre qu'il choisit lorsque, désigné par Otton III, il devint pape, n'avait encore été porté qu'une seule fois, par le pontife contemporain de Constantin Ier : choix fort éloquent. A cette époque, l'Empire romain germanique est, à coup sûr, la seule puissance capable d'offrir ou d'imposer à l'Eglise romaine l'appui temporel dont elle a besoin. Pourtant, c'est au détriment des aspirations de la monarchie allemande, soucieuse de contrôler l'intégration de la frange orientale de l'Europe à la Chrétienté romaine, que Sylvestre II organise les jeunes Eglises de Pologne, de Bohême-Moravie et de Hongrie : rappelons que chacune d'elles fut dotée d'une hiérarchie épiscopale avec des métropolitains nationaux. Mais après la mort d'Otton III (1002), la papauté retombe pour quarante ans au pouvoir des factions romaines.

Dans l'ouest de l'Europe, la règle de saint Benoît de Nursie avait prévalu dès le VIIIe siècle sur le monachisme celtique que Colomban et ses disciples y avaient fait accepter très largement ; elle mettait l'accent sur quelques valeurs fondamentales, dont la prière en commun, la spiritualité du travail. Sur ces thèmes généraux, plusieurs variantes sont concevables ; le monachisme bénédictin sera donc en mesure, pendant plusieurs siècles, de s'adapter aux structures et de répondre aux aspirations de sociétés assez diverses. La réforme accomplie au début du IXe siècle par saint Benoît d'Aniane, familier et conseiller de Louis le Pieux, va dans le même sens. Pourtant, l'emprise des princes sur les monastères est déjà sensible ; elle ne cesse de s'appesantir au long du sombre Xe siècle. Les princes, y compris les rois, entendent tirer profit des biens des abbayes et utiliser aussi pour les fins de leur politique l'autorité morale dont disposent ces maisons ; ils interviennent dans le choix de l'abbé ou, plus simplement, s'instituent « abbés laïques », ce qui leur confère le droit de gérer à leur gré le temporel monastique ; parfois aussi, ils se font donner, avec le titre d'avoué, la mission de « protéger » les biens et les droits du monastère : « protection » dont on devine aisément dans quel sens elle est exercée. Ces pratiques sont économiquement et politiquement fort rentables pour l'aristocratie laïque ; on sait le parti qu'en ont tiré, au cours du Xe siècle, les Carolingiens ; mais elles sont néfastes pour la vie monastique telle que la concevait la règle bénédictine.

D'autant plus remarquable est le cas de Cluny. En 909, le duc Guillaume d'Aquitaine fait don à l'abbé de Baume, Bernon, d'un domaine qu'il possédait en Bourgogne ; contrairement à l'usage, il ne se réserve aucun droit sur l'établissement monastique que crée Bernon dans cette terre. Qui plus est, l'acte de fondation prévoit que ce monastère sera même exempt de la juridiction de l'évêque de Mâcon et relèvera directement du siège romain. Grâce à cette sorte d'extra-territorialité, grâce aussi au fait que Cluny attira vite l'élite des clercs de ce triste temps et trouva parmi eux, au long du xe siècle, des abbés de la valeur d'Odon, de Maïeul, d'Odilon, la nouvelle abbaye devint, après quelques décennies, l'un des pôles spirituels de la Chrétienté romaine. « Cluny, ce qu'il y a de plus grand au Moyen Age », a écrit Emile Mâle. Dans la nuit de l'an Mil brillent çà et là, notamment en Lorraine, quelques autres foyers de lumière monastique.

Non moins forte est l'emprise de l'aristocratie laïque sur l'épiscopat. Dès l'époque mérovingienne, le roi intervient dans l'élection épiscopale qui est de moins en moins, contrairement à la règle traditionnelle, l'affaire du clergé et du peuple ; à partir du ixe siècle, les princes territoriaux suivent, à cet égard, l'exemple royal. Tel est alors l'enchevêtrement du spirituel et du temporel que l'on désigne généralement d'un même mot, *episcopatus,* le pouvoir d'ordre et de juridiction que l'évêque tient de son ordination, mais aussi les biens fonciers et les droits utiles attachés à la fonction épiscopale, que l'évêque tient normalement du roi ou d'un prince territorial. Dans cette ambiguïté, c'est le facteur temporel qui, d'ordinaire, l'emporte ; les princes en viennent à considérer l'*episcopatus* comme un élément pur et simple de leur patrimoine qui peut être donné, échangé ou vendu, et, à leur mort, fait partie de leur succession. Forme extrême de cette confiscation, on voit aux environs de l'an Mil, dans l'ouest de la France notamment, se succéder de père en fils dans un siège épiscopal des membres d'une famille seigneuriale. La règle canonique du célibat des clercs majeurs est, en effet, tombée en désuétude. On désignera bientôt du mot « nicolaïsme » cette détérioration des mœurs chez les hommes d'Eglise. Quant au trafic des dignités ecclésiastiques et des droits spirituels ou temporels qui leur sont attachés, il est qualifié de « simonie », sans doute par référence à ce Simon qui, selon les *Actes des Apôtres,* tenta d'acheter à Pierre et à ses compagnons le pouvoir de faire des miracles.

Dans pareille conjoncture, la valeur de l'évêque dépend généralement de celle du prince qui le choisit. C'est ainsi qu'en Allemagne le roi donne souvent les évêchés à des clercs instruits et dignes ; il en va tout autrement en France où une monarchie appauvrie et débile ne peut se permettre un tel désintéressement. Quant à la masse du clergé séculier, tout porte à croire, même si l'on manque à cet égard de témoignages en nombre appréciable, qu'elle n'échappe pas à cette décadence simoniaque et nicolaïte.

On sait que les hommes d'Eglise, lorsqu'ils raisonnaient sur la société de ce temps, y distinguaient volontiers des « ordres ». Ce n'est peut-être là, dans une certaine mesure, qu'une vue arbitraire, dont l'expression varie d'ailleurs d'un auteur à l'autre ; mais elle exprime toujours la même conception d'un monde dans lequel chacun, quel que soit son état, est investi d'une mission particulière voulue par Dieu. Dans tous les schémas de ce genre, les « laboureurs » sont au niveau le plus humble ; les ordres sont, en effet, implicitement ou explicitement hiérarchisés. Au xe siècle, un nouvel *ordo* apparaît dans cette hiérarchie : les *milites* ou chevaliers. Si le jugement des hommes d'Eglise a sensiblement varié depuis les premiers siècles, concernant la culpabilité de l'homme qui tue à la guerre, elle n'a jamais admis qu'à contrecœur la légitimité de l'effusion de sang. Or l'apparition du chevalier dans la gamme des *ordines* oblige à préciser sur ce point la loi morale. L'usage des armes, qui est le propre de cette classe, se voit alors en quelque sorte sacralisé ; il ne doit intervenir que dans le respect du serment prêté par le chevalier lors de son adoubement, dont le rite prend assez vite une allure para-sacramentelle. Il est donc interdit de faire violence aux personnes ou aux biens ecclésiastiques ainsi qu'aux *inermes,* c'est-à-dire à ceux qui, faute de porter les armes, sont sans défense valable. Dès les premières décennies du xie siècle, les moralistes et les canonistes préciseront non seulement les limites de l'action militaire, mais les devoirs positifs qui incombent au chevalier.

Et le peuple ? La paroisse tient bon ; quelle que soit la valeur du clergé, ce cadre est solide car il définit, en même temps qu'une communauté de culte, un groupe de production et une cellule sociale d'autant plus ou moins cohérents que les activités agricoles sont plus ou moins soumises, selon les lieux, à des contraintes collectives. Du point de vue proprement religieux, toutefois, ce peuple est largement laissé à lui-même : ce qui a fait dire parfois qu'apparaît alors, pour la première fois, un « peuple chrétien ». A coup sûr, il n'est plus guère évangélisé ; mais l'a-t-il jamais été auparavant bien profondément ? Depuis des siècles, en tout cas, le goût du merveilleux, richement nourri de réminiscences païennes, l'emportait peu à peu sur le surnaturel, sur le mystère chrétien proprement dit. D'autre part, comme l'écrivait naguère le chanoine E. Delaruelle, « Dieu cesse d'être le Dieu transcendant qui se révèle et se donne, pour devenir un comparse dans une partie ; on le met de son côté, on l'achète par des présents ; on le somme de se prononcer et son silence même est un aveu. Les théologiens qui, plus tard, condamneront les ordalies, le feront au nom de ce principe : qu'on ne saurait tenter Dieu ». Enfin, certains aspects de la Renaissance carolingienne, et notamment la prédominance de fait du droit canonique sur la théologie, avaient pu obscurcir la conception même de la foi dans les esprits simples. « Il en résulte, écrit encore Delaruelle, que le Symbole est conçu comme une collection canonique, la foi comme un dépôt inerte, incapable d'accroissement, le croyant devant seulement lui renouveler une adhésion toute juridique. »

Incompressible attrait d'un merveilleux pseudo-surnaturel, d'une part, imposition d'un rigide carcan, d'autre part : c'est le premier facteur qui l'emporte. D'où la forme que prend alors le culte des saints et des reliques, recours désespéré ; d'où encore ces mouvements sans doute spontanés, à bien des égards désordonnés, mais où l'on discerne pourtant quelques pôles de convergence. On a parlé, à ce sujet, d'hérésies populaires, et, comme un certain relent de dualisme y est perceptible, on a supposé une diffusion en Occident de la doctrine manichéenne des Bogomiles ; il n'est sans doute pas besoin de chercher si loin ; nous savons que la coexistence du bien et du mal dans un monde créé suggéraient de soi à des esprits simples l'hypothèse de deux créateurs antagonistes. Mais le mouvement le plus puissant est sûrement celui qu'anima, dès les environs de l'an Mil, l'idée de paix : une idée un peu confuse, sans doute, mais extraordinairement dynamique et, du point de vue social, très exigeante ; les institutions de l'Eglise s'employèrent à en canaliser les expressions et y réussirent tout particulièrement là où la débilité de la puissance publique leur laissait le champ libre.

La Normandie de l'an Mil

Après ce très rapide coup d'œil à l'Europe de l'an Mil, arrêtons avec un peu plus d'insistance notre regard sur la Normandie des deux premières décennies xie siècle, c'est-à-dire sur le pays et le peuple d'où va sortir Guillaume le Bâtard.

Les limites en sont claires et nettes. A la suite des concessions de terres consenties par la monarchie carolingienne en 911, 924 et 936, la nouvelle principauté territoriale se trouve installée dans les frontières qu'avait définies Dioclétien lorsqu'à la fin du iiie siècle, il avait divisé la trop vaste province de Lyonnaise et créé une Lyonnaise seconde ; le chef-lieu administratif en était Rouen ; elle embrassait toutes les *civitates* depuis Rouen et Lillebonne jusqu'à Coutances et Avranches, et de Bayeux et Lisieux à Sées. Ce découpage du Bas-Empire n'avait pas été retenu lors des partages mérovingiens ; il avait toutefois survécu dans la géographie ecclésiastique en l'espèce de la province métropolitaine de Rouen, tandis que les anciens chefs-lieux de *civitates* devenaient, ici comme ailleurs, sièges épiscopaux. C'est seulement au sud-est que les frontières de la Normandie créée en 911-933 n'avaient pas épousé très exactement celles des diocèses suffragants de Rouen : le Vexin français, dont le nom indique assez qu'il n'appartenait pas à la Normandie, était cependant, et devait demeurer au long des siècles, dans le diocèse de Rouen ; de même le Perche occidental restait dans le diocèse de Sées. En revanche, au sud-ouest, le Passais, dont la place principale était Domfront, continuera de faire partie du diocèse du Mans lorsqu'il sera, vers le milieu du xɪᵉ siècle, réuni au duché de Normandie.

Il eût été normal que les territoires cédés aux Normands fussent définis par référence à l'unité qu'était le *pagus* carolingien administré par un comte ; mais, au début du xᵉ siècle, après plusieurs décennies d'insécurité, les responsables de ces *pagi* avaient, pour la plupart, disparu. Les frontières des régions cédées à Rollon et à son fils avaient donc été, semble-t-il, déterminées par référence à la géographie physique et particulièrement aux cours d'eau ; puis, vers l'an Mil, la notion de *pagus* et sa consistance administrative avaient repris une solide vigueur ; mais, dans un cas comme dans l'autre, le territoire en question avait la même consistance.

A l'intérieur de ces frontières, quelle population trouvait-on vers l'an Mil ? Divers indices donneraient à penser qu'aux yeux de beaucoup d'observateurs, la Normandie apparaissait encore comme un corps étranger dans le nord du royaume de France. Notons d'abord ce nom de Normandie qui fut très tôt donné à la nouvelle principauté territoriale dont Charles le Simple avait amorcé la création en 911. Normandie signifie « terre des Normands » ; or ce mot *Northmanni,* hommes du Nord, était fréquemment employé au ɪxᵉ siècle pour désigner les Vikings. Nulle part ailleurs en Europe, une région tant soit peu colonisée par eux n'a reçu dénomination analogue à celle-là, qui fut définitivement accréditée avant la fin du xᵉ siècle. Même des écrivains bien informés de ce qui se passait, vers ce temps-là, en Normandie emploient pour désigner ses habitants des termes qui donnent à penser qu'à leurs yeux, c'étaient encore des étrangers culturellement proches de leurs origines païennes. Tel Richer, moine de l'abbaye

Saint-Remi de Reims, qui écrit dans la dernière décennie du xe siècle ses *Quatre Livres d'Histoire*. Dans la première moitié de ce même siècle, l'Eglise de Reims avait pris, en la personne de l'archevêque Hervé (qui était, en outre, archichancelier du roi Charles le Simple) une part très active aux efforts tendant à la conversion des Vikings de Normandie. Richer, lorsqu'il rapporte les faits et gestes de Rollon et de ses compagnons, désigne ceux-ci du nom de « pirates » ; or, dans la partie de son œuvre qui évoque leurs descendants vers la fin du xe siècle, il emploie le même terme et appelle le duc normand Richard Ier « duc des Pirates ». On pourrait alléguer dans d'autres textes écrits, bien entendu, par des gens d'Eglise, vers le même temps, la même appréciation péjorative.

Il semblerait, d'ailleurs, qu'au début du xie siècle, les habitants eux-mêmes de la Normandie étaient enclins à s'enorgueillir d'ascendances nordiques dont ils majoraient volontiers l'importance. Un historien britannique a pu parler, à ce sujet, d'un « mythe normand » qui a contaminé les données de l'histoire et que l'on a vu resurgir à diverses reprises au cours des siècles ; il imprègne aujourd'hui encore certains courants de pensée qui s'expriment en Normandie.

A vrai dire, il n'est pas aisé de chiffrer, fût-ce approximativement, le nombre des Normands qui, vers l'an Mil, étaient d'ascendance nordique. A quel point étaient-ils amalgamés, après un siècle environ, à la population autochtone ? Dans quelle classe sociale et dans quel secteur géographique étaient-ils plus nombreux ?

Les toponymes scandinaves étaient alors, et sont encore aujourd'hui, très fréquents entre Bresle et Couesnon ; on les distingue assez facilement de ceux qui ont une origine franque, plus malaisément de ceux qui pourraient évoquer une colonisation saxonne ; de ces derniers, l'on a tantôt majoré, tantôt réduit à fort peu de chose la fréquence, au gré de controverses qui renaissent de temps à autre. A s'en tenir aux données rigoureusement triées, les noms de lieux certainement saxons seraient très rares aussi bien dans les sources médiévales que dans la toponymie actuelle. Les toponymes que l'on peut retenir comme scandinaves se rapportent soit au relief du sol (*hogue* = petite hauteur ; *dal* = vallée), au paysage végétal (*londe* = forêt), au type d'habitat (*thuit* = nouveau défrichement ; *torp* = petit hameau ou établissement agricole plutôt isolé) ou encore à une personne qui fut sans doute, dans la plupart des cas, mais non pas toujours, le nouveau possesseur de la terre après l'installation des Vikings. Il est certain que la toponymie avait très sensiblement changé lorsque Rollon et ses compagnons avaient pris possession du pays et qu'au cours des décennies suivantes de nouveaux immigrants étaient venus de Scandinavie, directement ou après un séjour dans les Iles Britanniques, par petits groupes familiaux ou par vagues plus importantes. Mais dans quelle mesure la densité des toponymes scandinaves traduit-elle une densité du peuplement ? Il y a certainement une relation entre les deux éléments, et c'est à bon droit que l'on tient compte de la fréquence plus forte de noms de lieux nordiques en des régions comme le Nord-Cotentin ou le Pays de Caux pour affirmer que la colonisation scandinave y fut plus dense qu'ailleurs ; aussi bien n'est-ce pas le seul indice que nous en ayons. En revanche, le Bessin, où l'implantation danoise semble avoir été assez notable, est beaucoup moins riche en toponymes nordiques. Plus que le nombre de colons, c'est peut-être leur qualité qu'il faudrait pouvoir alléguer pour rendre compte de semblables phénomènes. Quoi qu'il en soit, l'observation des mutations toponymiques qui ont accompagné les entreprises coloniales des temps modernes et contemporains nous montre que l'ampleur de ces mutations n'est pas exactement proportionnelle au nombre des immigrés.

Vers l'an Mil, on rencontrait aussi en Normandie beaucoup d'anthroponymes nordiques ; certains d'entre eux sont parvenus jusqu'à nous comme éléments d'un toponyme. Mondeville (*Amundivilla*) est formé à partir du nom d'homme Asmundr ; Trouville (*Thoroldivilla*) à partir de Thorulfr ; Toutainville (*Turstinivilla*) à partir de Thorstein. D'autres noms sont connus par des textes médiévaux et l'on note que, même habillés en latin, ils ont conservé tard, au moins jusqu'au xiiie siècle, une forme très proche de l'original : par exemple, *Turstingus* pour Thorstein. D'autres encore, assez nombreux, ont traversé les siècles et sont aujourd'hui, comme beaucoup d'anciens noms d'hommes, devenus des noms de famille : Toutain, Turgis (Thorgisl), Turquetil (Thorketill)... Ceci fait d'ailleurs problème car dès le début du xie siècle, les descendants des immigrés scandinaves sont définitivement devenus chrétiens et ont reçu le baptême. On sait, dans certains cas, qu'ils prenaient pour la circonstance un nom chrétien : par exemple, Rollon (forme diminutive de Hrôlfr) fut baptisé sous le nom de Robert, qui lui aurait été donné par son parrain, le duc Robert de France. Mais tout porte à croire que, dans la vie courante, ils conservèrent leur nom originel. Dès lors, il n'est pas absurde d'imaginer que, le prestige des vainqueurs et le mythe viking aidant, des autochtones chrétiens aient choisi pour leurs enfants des noms empruntés à l'anthroponymie des conquérants. Ainsi, la fréquence des noms de personne scandinaves en Normandie, au début du xie siècle, ne donne, pas plus que celle des toponymes, la mesure exacte du peuplement nordique.

Il est encore plus difficile de savoir quelles traces des parlers des Vikings pouvaient subsister dans celui des habitants de la Normandie vers l'an Mil. Les sources littéraires, au demeurant rarissimes, ne peuvent guère en faire état. C'est dans la langue des chartes, de date généralement plus récente, que l'on peut glaner quelques observations. Les mots d'origine scandinave y sont extrêmement rares dans le vocabulaire de la vie rurale, moins rares dans celui des gens de mer. Aujourd'hui encore, on note dans le parler des pêcheurs et des marins de Saint-

Vast-la-Hougue ou de Barfleur des mots dont l'origine nordique ne fait aucun doute. Une enquête menée à bien dans cette région vers 1950 par un linguiste de l'Université de Bergen a permis d'en enregistrer plus d'une centaine. Il paraît très probable qu'à l'initiative d'immigrés scandinaves la vie maritime avait connu durant le xe siècle un regain d'activité sur les côtes normandes. On sait, en particulier par quelques textes médiévaux que l'on pratiquait en Manche la chasse aux cétacés que l'on appelait *craspois* (en latin, *crassum piscem,* c'est-à-dire « poisson gras ») parce qu'ils fournissaient des matières grasses : chasse pratiquée selon des modalités antérieurement connues dans l'Europe du Nord.

On a très souvent cité le témoignage du chanoine picard Dudon de Saint-Quentin, qui vécut à la cour ducale dans les dernières années du xe siècle et les deux premières décennies du xie ; il rapporte que, vers 940, le futur duc Richard Ier, fils de Guillaume Longue-Epée, qui était élevé à Rouen, aurait été envoyé à Bayeux pour y apprendre le danois qui était, dans cette ville, parlé davantage qu'à Rouen. De cette assertion, on ne peut tirer grand-chose d'utile, car ce n'est assurément pas dans la rue que le petit prince devait se familiariser avec la langue de ses ancêtres (qui n'étaient d'ailleurs pas danois, mais norvégiens). Que l'on ait pu trouver pour lui à Bayeux un précepteur connaissant la *lingua danica* n'indique nullement que cette langue était parlée plus ou moins couramment dans le Bessin ; et l'on sait bien, de surcroît, que les informations données par Dudon sont peu fiables ; il a beaucoup contribué, ainsi peut-être que ses inspirateurs, membres de la famille ducale, à la formation du « mythe viking ».

On cherche aussi, dans les plus anciennes institutions du duché de Normandie, des apports scandinaves ; on allègue alors souvent les règles qui régissaient chez les Danois l'armée en campagne. Mais, même concernant l'Angleterre sur laquelle nos informations sont moins pauvres, on

ne sait vraiment pas grand-chose de cette « armée ». En
quoi consistait, par exemple, celle qui se serait établie au
IXe siècle dans le Bessin, sans aucune relation, d'ailleurs,
avec l'entreprise de Rollon qui est plus récente d'un demi-
siècle environ? On n'a trace à Bayeux, ni d'ailleurs en
Normandie au cours du Xe siècle, d'aucune survivance
caractéristique d'un quelconque « droit de l'armée ».
Nous savons cependant, par un texte de 1091 qui évoque
rétrospectivement les prérogatives dont jouissait le duc au
temps de Guillaume le Bâtard, que celui-ci se réservait le
droit de punir certains crimes ou délits, notamment
l'attaque à main armée du domicile d'autrui ; or cet acte
est alors appelé d'un mot nordique, *hamfara ;* d'où l'on
peut supposer l'origine nordique de ce droit du prince, qui
l'aurait donc exercé dès l'installation de Rollon dans la
région de la Basse-Seine. On en peut dire autant du droit
de bannissement qui est, dans le même texte, appelé *ullac.*
C'est à peu près tout concernant le droit public ; mais peut-
on attendre davantage quand on sait que la notion d'Etat,
dans les pays d'où venaient les Vikings, n'a pris corps que
tardivement et naquit sans doute, pour une bonne part, de
l'expérience acquise et des observations faites par eux à
l'étranger ?

Il en va tout autrement dans le domaine du droit privé.
Témoin le fameux mariage *more danico* qui, fort pratiqué
dans la Normandie du Xe siècle, au moins dans les couches
sociales les plus élevées (mais que savons-nous des
autres ?), fut considéré par les contemporains comme une
marque d'atavisme païen. En nommant cette pratique
« mariage à la danoise », les écrivains chrétiens du temps
ne se trompaient guère ; elle avait été courante dans les
sociétés scandinaves de l'époque des Vikings. Certes,
l'information dont nous disposons à cet égard est fournie
par des lois dont les versions écrites les plus anciennes ne
sont pas antérieures aux dernières années du XIIe siècle ;
mais elles sont confirmées par les sagas où l'on trouve des

indications qui se rapportent souvent au temps des Vikings.

Les plus anciennes lois norvégiennes mentionnent d'abord le mariage légal, où la femme est « achetée avec le *mundr* », c'est-à-dire avec une somme d'argent que le mari verse au matin suivant la nuit de noces ; on reconnaît ici le *morgengab* si répandu dans le monde germanique. En cas de séparation, la femme conservait le *mundr* et se trouvait donc à l'abri du dénuement. Un homme pouvait avoir plusieurs femmes épousées légalement selon ce régime ; les enfants nés de tels mariages héritaient de plein droit le patrimoine.

A côté de cette union, les lois reconnaissent le concubinage non clandestin avec une femme de condition libre, qui est appelée *frilla ;* cette liaison devait être constatée par deux témoins et même sanctionnée par une cérémonie ; il semble que la *frilla* pouvait recevoir une somme d'argent d'un montant inférieur à celui qu'aurait atteint le *mundr* s'il s'était agi d'un véritable mariage. Il semble aussi que la famille de la *frilla* pouvait s'offusquer de ce que celle-ci ne soit pas prise comme épouse et réclamer, de ce fait, une indemnité. Mais lorsqu'une union de ce type durait de longues années, la situation de la *frilla* finissait, en fait, par rejoindre celle de l'épouse légale ; ses fils étaient considérés comme légitimes et pouvaient, sous certaines conditions, hériter une part du patrimoine. Seuls les hommes les plus riches pouvaient avoir plusieurs épouses légales et payer plusieurs fois le *mundr ;* les plus pauvres devaient se contenter de vivre avec une *frilla*.

Mais l'homme libre pouvait aussi prendre pour concubine une esclave, qui était totalement à sa merci ; l'esclave-concubine était souvent appelée, en Norvège, *ambatt*. Ses enfants demeuraient, en général, dans la condition servile et leur père pouvait les utiliser lui-même comme main-d'œuvre ou les vendre. Mais il n'était pas impossible qu'une *ambatt* prît sur son maître un certain ascendant et acquît ainsi une place enviable dans la maison, au détriment de l'épouse légitime. La *Laxdoelasaga* raconte une histoire de ce genre dont l'héroïne s'appelle Melkorka.

Il est très significatif que la conversion au christianisme, à peu près consommée au milieu du XIe siècle en Norvège et au Danemark, au milieu du XIIe en Suède, n'eut pas pour conséquence, à court terme, l'abandon de ces pratiques polygamiques ; pourtant la monogamie, sous sa forme chrétienne, avait été prêchée dès le début par les missionnaires venus d'Occident. Or, au XIIIe siècle encore, les lois norvégiennes, si elles font de la monogamie une obligation, ne prévoient en cas d'infraction que des sanctions ecclésiastiques : pénitence canonique et versement d'une amende à l'évêque.

Comment s'étonner, dès lors, s'il fallut aussi en Normandie beaucoup de temps aux descendants des Vikings devenus chrétiens pour abandonner les modes d'union para-matrimoniale tout à fait étrangers à la culture du pays conquis ? Ici, comme pour la Scandinavie, nous n'avons, à vrai dire, d'indications très sûres que concernant la classe aristocratique. Guillaume Longue-Epée était fils de Poppa, une concubine chrétienne de Rollon, captive qu'il avait achetée sur quelque marché, sans doute dans les Iles Britanniques. Ce bâtard fut baptisé et se montra très soucieux de vivre à la manière des Francs chrétiens. Il épousa selon le rite chrétien Liégarde, sœur du comte de Vermandois, mais cette union fut stérile ; il eut, d'autre part, une *frilla* nommée Sprota, qui lui donna plusieurs enfants, dont le futur duc Richard Ier. Celui-ci épousa devant l'Eglise Emma, fille du duc de France Hugues le Grand, alors qu'il avait déjà une autre compagne, une danoise nommée Gonnor, dont la famille était établie en Normandie. Ainsi, ce comportement des princes normands était-il, à la fin du Xe siècle, encore admis, au moins implicitement, par l'aristocratie franque et même par l'Eglise. Richard Ier n'eut d'Emma aucun enfant, mais de Gonnor et d'autres concubines, il en eut plusieurs. Ces enfants de Richard Ier et de Gonnor, et divers parents de

Gonnor, sont à l'origine de plusieurs des lignages aristocratiques du duché, dont il sera question plus loin.
Richard II, fils de Richard Ier et de Gonnor, épousa
canoniquement Judith de Bretagne, dont il eut les deux fils
qui lui succédèrent : Richard III et Robert ; mais il eut
aussi une *frilla,* Papia, qui lui donna deux fils.

Il arrive que l'archéologie vienne utilement au secours
de l'histoire lorsque les sources auxquelles recourt traditionnellement celle-ci sont défaillantes. Mais tel n'est pas
le cas touchant la densité de l'apport ethnique des Vikings
en Normandie. En dépit d'actives recherches, les archéologues n'ont recueilli, à cet égard, que de bien maigres
informations. Il semble que des Vikings, probablement
danois, aient réaménagé dans la presqu'île de la Hague un
ancien camp retranché datant de la fin de l'âge du bronze.
Mais on n'a identifié jusqu'ici, même à l'abri du rempart
de terre qui protégeait ce camp, aucune sépulture de type
scandinave, dont il existe, en revanche, d'assez nombreux
exemplaires dans le nord et l'ouest des Iles Britanniques.
Aucune inscription runique n'a été non plus observée en
Normandie. Les seuls objets d'origine viking que l'on y ait
trouvés sont, à ce jour, des armes (principalement des
épées) draguées dans le lit de la basse Seine, et une paire
de fibules provenant d'une tombe féminine, que l'on a
recueillies au xixe siècle dans la région de Pont-de-
l'Arche. C'est bien peu de chose ; mais, de cette quasi-
absence d'indices archéologiques on ne saurait tirer argument dans le débat sur la densité du peuplement viking de
la Normandie. Les provinces occidentales des Pays-Bas où
l'implantation d'assez nombreux Danois est quasi certaine
ne sont, comme on sait, pas plus riches en vestiges
archéologiques de cette occupation.

Il faut donc se résigner à ne pouvoir pas préciser
quantitativement la part qui était, dans la population de la
Normandie vers l'an Mil, celle des gens d'origine scandinave. Tout au plus peut-on conjecturer que la colonisation
viking avait affecté la classe aristocratique beaucoup

plus tôt que la masse du peuple. Devant les raids répétés du
IXe siècle, les cadres ecclésiastiques et laïcs avaient peu à
peu abandonné la partie ; mais si les textes du temps
évoquent sur les routes l'exode de moines et de reliques,
on n'a pas trace de semblable exode de populations rurales
ni urbaines. A la lumière des données fournies par la
toponymie et l'anthroponymie, on admet que l'implantation scandinave était, vers l'an Mil, plus dense dans le pays
de Caux, principalement dans sa partie occidentale, et
dans le Cotentin septentrional, un peu moins dans le
Bessin, plus clairsemée encore dans la vallée de la Seine et
dans le pays d'Auge, très faible dans les autres régions de
la Normandie et surtout dans le sud du duché. Il s'agissait,
en très grande majorité, de Danois venus de leur pays soit
directement, soit après un séjour en Angleterre de l'est ;
c'est seulement dans le Cotentin septentrional que
s'étaient installés des Norvégiens, dont certains avaient
d'abord tenté un premier établissement dans le nord-ouest
et l'ouest des Iles Britanniques.

Pour expliquer la rapide assimilation des Vikings à la
société franque, on rappelle volontiers que ces étrangers
avaient amené avec eux très peu de femmes ; sur l'ensemble des noms de personnes connus en Normandie avant le
XIe siècle, à peine 5 % sont féminins. La plupart des
immigrés scandinaves épousèrent donc des femmes
autochtones ; d'autre part, après une brève période de
flottement, une politique délibérée d'assimilation fut mise
en œuvre dès le second quart du Xe siècle par Guillaume
Longue-Epée, puis par ses successeurs. Au demeurant, les
Vikings et leurs descendants firent preuve, durant deux
siècles, d'une remarquable faculté d'adaptation dans les
pays, pourtant bien divers, où ils trouvèrent asile.

La terre

Dans son *Roman de Rou* achevé vers 1170, Wace distingue, parmi les paysans normands de la fin du Xe siècle, « ceux du bocage et ceux de la plaine ». On a parfois pris au pied de la lettre ces expressions et affirmé que la Normandie connaissait dès lors les deux paysages agraires et les deux types d'activités agricoles et de civilisation rurale qui devaient plus tard la caractériser. Il n'en est certainement rien. Sous la plume de Wace, le mot « bocage » ne désigne pas une région de champs enclos, séparés par des talus plantés d'arbres, tels qu'on les voit aujourd'hui dans la Normandie occidentale sur les sols appartenant au Massif armoricain, mais simplement des terres où dominait la forêt.

On ne sait d'ailleurs pas grand-chose des divers types d'habitat qui existaient à cette époque dans le duché. Sur ce point cependant, le dernier mot n'est pas dit : on peut espérer que le développement de la recherche archéologique apportera des clartés nouvelles. Il est probable que partout, sauf parfois aux abords de la mer et dans les plaines mises en culture dès les temps protohistoriques ou néolithiques, la forêt était encore étouffante ; il n'est guère de récit où l'on ne voie, au début du XIe siècle et plus tard encore, cette pesanteur de la forêt hostile, facteur d'insécurité, obstacle aux communications, conservatoire de croyances étranges ou terrifiantes, toujours obsédantes. Le souvenir en était encore vivace dans les contes et récits populaires recueillis et publiés au XIXe siècle par des collecteurs de Haute et de Basse-Normandie. Peut-être, néanmoins, les clairières et les essarts étaient-ils un peu moins rares à la fin du Xe siècle que cent ans auparavant. Les toponymes dont le second élément — plus rarement le premier — est *thuit,* signifiant « essart », indiquent des défrichements effectués par des Scandinaves ou, en tout cas, après leur installation en Normandie.

Vers l'an Mil, le réseau des paroisses et des villages est, pour l'essentiel, établi ; cependant, de nouveaux habitats apparaîtront au cours du XIᵉ siècle, dont certains seront dotés d'une église paroissiale ; puis plus tard encore et jusqu'à la fin du XIIIᵉ siècle, la mise en culture des lambeaux de friches subsistant à la périphérie des terroirs paroissiaux, entreprise souvent par des groupes familiaux, donnera naissance à des hameaux nouveaux, mais non pas, le plus souvent, à des paroisses nouvelles.

On n'a pas trouvé jusqu'ici, sur le site d'anciens villages normands, de vestiges de la « maison longue », de plan rectangulaire, dans laquelle humains et animaux vivaient sous le même toit, séparés par une simple cloison ou un mur de refend ; mais il est fort probable que ce type existait en Normandie comme en d'autres régions du nord-ouest de l'Europe où il est fréquent et mieux connu. Peut-être le plan ovale était-il assez habituel dans les régions bocagères de l'ouest normand, comme en Bretagne. A la campagne, la couverture de la maison était toujours faite de végétaux : chaume, joncs, essentes de bois. Il ne faut, en tout cas, pas retenir le vieux cliché selon lequel la construction de bois aurait régné sans partage, durant le haut Moyen Age, dans le nord et le nord-ouest de l'Europe, puis aurait fait place peu à peu, mais selon un processus ininterrompu, à la construction de pierre. Les quelques observations que l'on a pu faire en Normandie sur des sites occupés sans discontinuité depuis la fin de l'Antiquité jusqu'au XIIᵉ siècle montrent, au contraire, plusieurs phases d'alternance entre l'une et l'autre technique. Il semble bien que vers l'an Mil dominait un type mixte comportant des murs de charpente enduits de torchis et reposant sur un solin de pierre.

On voit représentée, dans la bordure inférieure de la Tapisserie de Bayeux, une charrue pourvue d'un coutre et de versoirs, dotée d'un avant-train et traînée par un équidé ; certes, cette bordure, inspirée de sources littéraires, offre une documentation moins fiable que la bande principale de la Tapisserie ; mais il n'est pas déraisonnable de penser que ce type de charrue lourde était en usage dans la Normandie du xiᵉ siècle. Quant à l'attelage, les chevaux n'y figuraient pas seuls ; nombre de textes font encore mention, au xiiᵉ et au xiiiᵉ siècles, de bœufs attelés à la charrue.

Sur les opérations de culture, les plantes cultivées, on n'a guère de témoignage écrit pour le début du xiᵉ siècle ; mais ici encore, on peut raisonnablement extrapoler parfois à partir de données écrites qui concernent le xiiᵉ ou même le xiiiᵉ siècle. Il est extrêmement probable que l'assolement triennal était pratiqué en Normandie aux environs de l'an Mil ; mais l'assolement biennal existait aussi et devait d'ailleurs perdurer pendant des siècles dans certaines parties du duché.

Parmi les espèces cultivées, les céréales occupaient une place de choix : froment, orge, avoine et peut-être déjà sarrasin ; les terres les plus pauvres pouvaient être encore ensemencées en millet qui faisait figure de céréale mineure. Les légumineuses tenaient une place notable dans l'alimentation, voire, en cas de nécessité, dans la panification : c'étaient les fèves, les pois dont les textes, un peu plus tard, mentionnent plusieurs variétés : pois communs, pois francs, pois gris ou blancs ; les pois à potage (*pisi pro potagio*) étaient probablement des haricots, de même que les pois blancs ; dans bien des parlers ruraux de la Normandie actuelle, le haricot est encore appelé pois. Déjà aussi, très probablement, la Normandie produisait, avec le chanvre et le lin, des plantes tinctoriales qui devaient demeurer assez longtemps l'une des originalités de son agriculture : la gaude, sorte de réséda qui donnait une teinture jaune ; la guède, sorte de pastel d'où l'on tirait un colorant bleu foncé ; la garance qui donnait le rouge.

Particulièrement difficile était l'approvisionnement en matières grasses ; aussi cultivait-on divers oléagineux. Quant à la vigne, elle avait été sans doute acclimatée dans la future Normandie dès le premier siècle de l'occupation romaine ; les vignobles de Vernon, dans la vallée de la Seine, et d'Argences, dans la plaine de Caen, étaient, au xᵉ siècle, particulièrement réputés.

Il n'y avait pas alors de prairies artificielles ; les herbages naturels, appelés prés (*prati*) étaient toujours voisins des cours d'eau : terres humides que l'on ne pouvait cultiver. Aussi les élevages importants se voyaient-ils surtout dans les régions boisées. A vrai dire, on ne possède à peu près aucune information écrite à cet égard avant les dernières décennies du xıᵉ siècle. Pourtant, dès qu'apparaissent ces premiers témoignages explicites, le cheval tient une place de choix dans l'économie rurale et même dans l'économie d'échanges. Assez souvent, les abbayes donnent à leurs bienfaiteurs, en échange des biensfonds qu'elles reçoivent, des chevaux de prix, parfois importés. Ces mêmes abbayes avaient, d'autre part, des élevages. En revanche, des seigneurs laïcs donnent à des abbayes la dîme des chevaux — et plus souvent, des juments — de leurs élevages propres.

Sur les terres humides du Cotentin et notamment au voisinage des côtes, l'élevage du mouton était sans doute fort ancien. On sait, par exemple, que vers l'an Mil, l'archevêque de Rouen y faisait garder d'importants troupeaux d'ovins. Mais le mouton était élevé aussi dans les forêts ; il fournissait de la viande, une peau utilisée en tannerie et, vaille que vaille, de la laine.

C'est aussi dans les forêts que l'on voyait, le plus souvent, les élevages de bovins ; ils appartenaient à des seigneurs laïcs ou ecclésiastiques et semblent avoir été organisés en petites unités de dix à douze vaches avec un taureau ; ce mode d'exploitation est souvent attesté à partir du xııᵉ siècle, mais on peut conjecturer qu'il était beaucoup plus ancien.

Toutefois, l'espèce animale qui fournissait la contribution la plus importante et la plus commune à la consommation humaine était le porc. Dans les forêts, où il était élevé en très gros troupeaux, il se nourrissait de glands, de faines et d'autres fruits sauvages ; les seigneurs à qui appartenaient ces troupeaux les faisaient gérer par des agents domaniaux, les « porquiers ». Mais, dans les villages, la plupart des paysans pouvaient avoir une ou deux « bestes porchines » qu'ils nourrissaient au moins de déchets ménagers et laissaient vagabonder en semi-liberté. En ville même, les habitants pouvaient posséder un ou deux porcs ; plus tard, les règlements municipaux interdiront de les laisser vagabonder dans les rues et prescriront de les garder dans des enclos situés dans les cours, derrière les maisons, afin de ne pas incommoder les voisins et les passants. En fait, nous savons que bien souvent, les porcs erraient dans les rues, au mépris de cette interdiction, cherchant dans le ruisseau quelque nourriture. La viande de porc pouvait être assez facilement conservée en vue de l'hiver, salée ou fumée. L'abattage du cochon à l'entrée de la mauvaise saison était l'occasion de réjouissances dont le rituel, qui a survécu dans certaines campagnes jusqu'à nos jours, plonge certainement ses racines dans des temps très lointains.

La volaille était présente dans les cours entourant ou jouxtant la plupart des maisons rurales ; les espèces les plus communes étaient les poules et les oies ; les œufs tenaient une place notable dans l'alimentation ; on sait, d'autre part, que les redevances en nature apportées par les paysans aux maîtres de leurs terres comprenaient, le plus souvent, des volailles dues à Noël et des œufs fournis à Pâques. Dans les textes, lorsqu'un peu plus tard des mentions écrites deviennent fréquentes, ces volailles sont dénommées *capones* et *gallinae;* en français, on dira : *chapons* et *gelines,* termes qui évoquent pour nous d'opulentes bêtes à rôtir. En fait, les restes osseux que l'on trouve lorsque l'on fouille le site d'habitations du XIe ou du XIIe siècle sont ceux d'animaux de petite taille ; les pattes des coqs sont souvent armées d'ergots fort développés ; il ne s'agit pourtant pas d'animaux d'apparat car ces os se trouvent parmi les déchets culinaires. De même, les œufs dont la coquille est parfois conservée en partie semblent avoir été de petite taille.

Nous n'avons pas de données quantitatives concernant l'alimentation du paysan normand vers l'an Mil. Même pour des périodes un peu plus récentes, d'ailleurs, les indications dont nous disposons portent sur des repas exceptionnels, notamment ceux que les monastères servaient à leurs tenanciers qui s'acquittaient de services agricoles ; ces repas étaient sans doute plus riches que les menus quotidiens des paysans, même les plus aisés. Mais on a fait remarquer que la ration quotidienne et moyenne de ceux-ci, faite de pain, de farineux, d'œufs, de viande de porc ou de volailles, au moins à certains jours, ne devait pas représenter beaucoup moins de 3 000 calories ; et l'on estime souvent que, dans le cas contraire, la population n'aurait guère pu s'accroître comme elle l'a fait très fortement et de manière continue du XIe au XIIIe siècle sans que le taux de mortalité — surtout infantile — paraisse s'être aggravé.

LA SOCIÉTÉ

Concernant les droits sur la terre et les modalités d'exploitation du sol, les recherches de ces dernières décennies — en premier lieu celles de L. Musset — ont montré que l'installation des Vikings n'avait pas bouleversé le régime de la propriété ni celui des rapports entre propriétaires et tenanciers. Dans bien des cas, le maître de la terre avait changé : la toponymie l'atteste avec les nombreux noms de lieux formés d'un anthroponyme scandinave suivi du mot « ville » (*villa*) ; mais ce fut, en gros, le seul changement important. Avant l'arrivée des Vikings, la future Normandie avait connu le type domanial de propriété et d'exploitation du sol, dans lequel le seigneur fait valoir directement une partie de ses terres, qu'on nomme sa réserve, et répartit le reste en tenures héréditaires, ou manses, dont les tenanciers doivent au maître des prestations de main-d'œuvre pour l'exploitation de la réserve. Or c'est encore ce système que l'on observe au xe et au xie siècles. Le nouveau prince de la Normandie possède alors les anciens domaines royaux, dont les plus grands couvraient plusieurs milliers d'hectares, et la plupart des domaines monastiques abandonnés par leurs légitimes possesseurs. Ces domaines étaient donc divisés en réserve seigneuriale, d'une part, et manses, d'autre part, chacun de ces derniers étant originellement la tenure d'une famille de condition libre ou servile. Toutefois, au xe siècle, les manses ont été, pour la plupart, fractionnés, ce qui indique sans doute un accroissement de la population, que n'accompagna point, semble-t-il, une amélioration de la productivité de l'agriculture.

Quant à la qualité des personnes, elle n'a sans doute pas évolué en Normandie tout à fait dans le même sens que dans le reste de la France du nord où elle tendait à se simplifier : on n'y distinguait plus guère que deux conditions, celle de l'homme libre, de plus en plus rare, et celle de serf (*servus*), la liberté s'amenuisant d'ailleurs inexorablement et l'ensemble des populations rurales glissant vers la condition servile. En Normandie, lorsqu'au xie siècle les textes se font moins rares, on distingue trois catégories parmi les tenanciers ruraux : le vavasseur, le vilain, le bordier ou le cottier ; il est fort probable que cette structure à trois degrés, dissimulée parfois par l'inconstance du vocabulaire, existait vers l'an Mil et même au xe siècle.

Contrairement à ce que l'on affirma longtemps, des formes de servage existaient alors bel et bien dans l'ouest de la France et notamment en Normandie. D'abord, il n'est pas exclu que les esclaves raflés au cours de raids par les Vikings et vendus sur le marché de Rouen tout au long du xe siècle aient trouvé preneurs parmi les seigneurs

normands et qu'ils aient été employés à des travaux
agricoles et pas seulement à des services domestiques.
D'autre part, les plus anciens textes juridiques normands
appellent « travaux serviles » ceux qui sont exigés des
bordiers, et l'on y voit des tenanciers assujettis à des
contraintes de type nettement servile, telles que la main-
morte ou le formariage.

Il semble toutefois qu'en gros, les prestations de main-
d'œuvre exigées de leurs tenanciers par les seigneurs, dans
la Normandie du début du xie siècle, aient été sensiblement plus légères que celles dont font mention les censiers
carolingiens. A cet égard, le paysan normand était alors
sans doute moins lourdement chargé que ses semblables
en d'autres régions de la France du nord. Comment
expliquer, dès lors, la fameuse « révolte des paysans » qui
aurait éclaté dans l'ensemble du duché au début du règne
de Richard II ?

De cet épisode, le récit le plus coloré nous est donné par
Wace : témoignage tardif, donc, et fortement empreint
d'une tonalité dramatique, qui n'occupe pas moins de
150 vers dans le poème. On peut le résumer ainsi :
Richard II était depuis peu duc de Normandie (il avait
succédé à Richard Ier en 996), lorsque se produit un
soulèvement général des populations rurales ; les paysans
tinrent un grand nombre de petites assemblées où l'on
protesta contre la dureté des exigences seigneuriales et des
sanctions prises à l'égard des récalcitrants. Ceux qui
participaient à ces conciliabules s'engagèrent par serment
à lutter, au besoin, par les armes, contre les maîtres de la
terre ; puis ils désignèrent des délégués chargés d'aller par
le pays prêcher la révolte. Averti très tôt, Richard II
chargea son oncle Raoul, comte d'Ivry, de réprimer le
soulèvement, ce qui fut fait avec une extrême dureté ; aux
meneurs, on coupa les mains, on arracha les yeux ; certains
furent brûlés vifs ou jetés dans des marmites de plomb en
fusion. La teneur des revendications que Wace prête à ces
paysans est, à la rigueur, concevable dans le contexte du

xiie siècle où fut écrit le *Roman de Rou,* mais beaucoup moins dans celui de l'an Mil. Qu'il y ait eu, toutefois, à cette date, de sérieux troubles dans les campagnes, on n'en peut douter ; Guillaume de Jumièges, qui écrit un siècle avant Wace ses *Gesta Normannorum ducum* en fait mention longuement et donne quelques précisions que Wace n'a pas retenues. Selon lui, les paysans revendiquaient le libre usage des bois et des eaux, et chacune des petites assemblées locales aurait élu deux hommes pour participer à une manière de congrès où tout le duché aurait été représenté. Les choses allèrent sans doute assez loin puisque Raoul d'Ivry put identifier et faire saisir ces délégués et, pour l'exemple, les mutila sauvagement avant de les renvoyer chez eux. Et Guillaume de conclure : « Instruits par cette expérience, les paysans mirent un terme à leurs réunions et retournèrent à leurs charrues. »

Pour rendre compte de ces faits, à première vue insolites à cette date et dans un pays où le long règne de Richard Ier avait solidement établi la paix intérieure, on alléguait naguère un sursaut tardif de l'individualisme viking. Une paysannerie d'origine scandinave, dont les parents avaient été habitués à un tout autre mode de vie, n'aurait pu supporter plus longtemps les contraintes inhérentes au statut de tenancier dans un régime seigneurial. Henri Prentout, par exemple, évoquait à ce propos l'assemblée d'hommes libres (*thing*) qui se réunissait en Norvège et au Danemark notamment, dans le cadre du canton et désignait des représentants appelés à siéger au *thing* provincial. L'analogie est frappante entre cette institution scandinave et l'initiative prise, selon Guillaume de Jumièges, par les paysans normands vers l'an Mil. On ne voit pas, en revanche, où ils auraient pu trouver dans le royaume de France un modèle de ce genre. Il est toutefois peu vraisemblable qu'un nombre important de tenanciers normands, au temps de Richard II, aient eu une ascendance viking motivant le sentiment de frustration qu'on leur a parfois prêté. Ni l'histoire agraire, ni les données de

la toponymie, de l'anthroponymie, ni l'étude du vocabulaire de la vie rurale n'apportent à pareille thèse la
moindre caution. Les très rares termes scandinaves, ou
mieux anglo-scandinaves, que l'on observe dans ce vocabulaire prouvent seulement que dans les décennies qui
suivirent la première installation des Vikings en Normandie, des Danois, immigrés d'abord dans l'Angleterre du
nord-est, passèrent en Normandie ; mais ils ne furent
certainement pas très nombreux. Wace dit, dans son récit,
que les paysans insurgés se sont « entreserementés »,
c'est-à-dire « liés par un serment mutuel » ; toutefois,
Guillaume de Jumièges ne donne pas cette précision. S'il y
eut vraiment échange de serments, le mouvement en
question s'apparenterait aux *conjurationes* bien connues
sous la forme des guildes marchandes, mais qui existèrent
aussi dans le monde rural où un capitulaire de Charles le
Chauve (884) les dénonçait déjà.

Les pays de la mer du Nord constituent, au Xe siècle,
une zone d'échanges assez homogène. Les Vikings y sont
présents presque partout : dans leurs pays d'origine et sur
les terres étrangères où ils se sont implantés, de l'Islande à
la Normandie, car la Manche appartient alors à cette zone,
dont Rouen est une des portes. Les routes maritimes que
l'on aperçoit dans cet espace n'ont pas été créées par les
Scandinaves ; d'autres peuples les avaient fréquentées
avant eux, notamment les Frisons. Mais force est de
reconnaître que la manière des Vikings, alliant la piraterie
au commerce, s'est avérée singulièrement efficace. Par
Rouen, on exportait vers le nord et le nord-est des denrées
que ces pays ne produisaient pas ou produisaient trop
peu : du vin, des matières grasses animales ou végétales.
En retour, on recevait des marchandises assez diverses :
depuis les fourrures du Grand Nord, sans doute, jusqu'aux
produits des razzias opérées par les Vikings, y compris les
prisonniers réduits en esclavage. A cet égard, Rouen ne
devait pas être très différent de tel ou tel autre port du
monde contrôlé par les Vikings.

Entre l'espace baigné par les mers du Nord et celui de la Méditerranée occidentale existaient des liaisons transcontinentales. La plus importante d'entre elles suivait les vallées du Rhône, de la Saône, puis de la Meuse ou du Rhin ; elle aboutissait, au nord, à l'importante place commerciale de Dorestad par où passaient une bonne part des marchandises en provenance ou à destination de la Scandinavie et même de l'est des Iles Britanniques. Mais d'autres routes utilisaient les vallées des fleuves situés plus au sud : des fouilles ont mis au jour, voici une trentaine d'années, le port carolingien d'Anvers, à l'estuaire de l'Escaut. Plus au sud encore, à l'embouchure de la Canche, celui de Quentowic connut une très remarquable activité, mais son histoire demeure nébuleuse ; on n'a pas encore identifié très exactement son emplacement ; il n'est pas certain que les Vikings l'aient détruit en 842 comme le disent les annales carolingiennes ; mais si tel fut bien le cas, cette disparition servit les intérêts de Rouen qui était, sur les rives méridionales de la Manche, la rivale de Quentowic. Depuis l'Antiquité, le commerce de Rouen avec le sud de la Grande-Bretagne était actif. Vers l'amont, Rouen était en relations non moins actives avec le Bassin parisien, la haute vallée de la Seine et celles de ses affluents. La ville elle-même semble n'avoir pas très gravement souffert des raids des Vikings. L'implantation de ceux-ci, à partir de 911, semble avoir, au contraire, stimulé les activités d'échanges. On sait notamment que des marchands rouennais, au Xe siècle, remontaient et descendaient fréquemment la Seine entre Rouen et Paris ; le vin tenait sans doute une place importante dans ce trafic ; celui qui se vendait à Londres venait souvent de Rouen.

Tout indique que, vers l'an Mil, le numéraire était abondant en Normandie. On a trouvé à Fécamp en 1963, enfoui en terre, un dépôt qui devait compter plus de 10 000 deniers d'argent, dont les 4/5 environ purent être rassemblés, malgré quelques tentatives de détournement.

Plus de 6 000 de ces pièces avaient été frappées à Rouen vers 980-985; le reste provenait du Mans, de la Vallée de la Loire moyenne, mais aussi de Quentowic (l'atelier monétaire y fonctionnait-il donc encore, ou bien la monnaie au type de Quentowic, fort appréciée sur les marchés, était-elle frappée alors dans un autre atelier?), de Bourges, d'Auxerre, d'Auvergne, de Bourgogne, de Lorraine et même d'Italie et d'Angleterre : au total, plus de 40 ateliers y sont représentés. C'est le plus important trésor de monnaies carolingiennes qui ait jamais été trouvé en Europe occidentale. Quel pouvait en être le propriétaire? Il est très peu probable que ce fût l'abbaye de la Trinité, dont l'église reconstruite par les soins du duc Richard Ier fut consacrée en 990; au demeurant, le dépôt était enfoui à l'extérieur de l'enceinte du monastère. Un membre de la cour ducale, qui résidait alors souvent à Fécamp, ou un agent de perception des taxes? L'hypothèse ne serait guère vraisemblable que s'il s'agissait d'un détournement frauduleux. Compte tenu du fait que le duché connaissait une paix exemplaire dans les dernières années du règne de Richard Ier, il est peu probable que l'enfouissement du trésor soit en relation avec des troubles civils.

Mais on sait que, bien souvent, le pot de terre caché dans le sol servait alors de coffre-fort ordinaire. Le trésor de Fécamp pourrait donc avoir appartenu à un riche bourgeois : l'extrême diversité des monnaies qui le composent donne à penser qu'il s'agissait d'un marchand. Quoi qu'il en soit, cette diversité atteste l'étendue des relations que la Normandie avait alors dans le royaume de France.

Pour expliquer cette prospérité, et notamment l'abondance insolite du numéraire, on a mis en cause plusieurs facteurs, notamment l'efficacité du pouvoir princier qui avait réussi à conserver ou à restaurer en Normandie une fiscalité directe, héritage de la monarchie carolingienne recueilli, en droit sinon en fait, par Rollon et ses successeurs. Mais il ne faut pas oublier que par les pillages, en particulier le pillage des monastères, mais aussi grâce aux sommes énormes qu'ils avaient obtenues au titre du *danegeld*, les Vikings avaient mobilisé des richesses qui se trouvaient, pour une bonne part, thésaurisées. L'accumulation entre leurs mains de très importants moyens de paiement stimula dès lors les activités de production et anima les échanges. Telle est peut-être la source initiale de la prospérité et de l'abondance monétaire, exceptionnelles dans la France du nord au Xe siècle, que connaît la Normandie vers l'an Mil.

Il ne semble pas qu'y aient été créées, à l'initiative d'immigrés scandinaves, des agglomérations marchandes du type *wik* qui n'étaient pas rares dans l'Europe du nord et dont la plus méridionale était sans doute Quentowic : c'étaient des groupements de maisons, construites principalement en bois et qui n'avaient été, en un premier temps, occupées que quelques mois chaque année par des marchands encore itinérants. Rouen, au contraire, était une ancienne *civitas* gallo-romaine, devenue très tôt le siège d'un évêché ; mais si l'on a quelques notions de la topographie de *Rotomagus* antique, on ne sait rien de ce que pouvaient être les installations marchandes de cette ville à l'époque carolingienne.

Il est assez remarquable qu'aucune ville de la future Normandie n'ait été anéantie par les Vikings, même si elles furent parfois le théâtre d'épisodes dramatiques au IXe siècle, tels les meurtres des évêques de Bayeux et de Coutances. Qui plus est, il ne semble pas que la composante ecclésiastique de la vie urbaine, si importante dans la ville carolingienne, ait subi de très notables modifications : témoin le cas de Bayeux où l'on admet, rappelons-le, qu'un important groupe danois bien structuré (une « armée » ?) s'installa vers le milieu du IXe siècle ; si le peuplement en fut tant soit peu modifié, les structures topographiques et sans doute même les modes de vie n'y étaient pas, à la fin du Xe siècle, sensiblement différents de ce qu'ils avaient été avant l'installation des Vikings. Il semblerait même que la présence, plus ou moins dense suivant les lieux, de Scandinaves, et principalement de Danois, ait plutôt stimulé la vie urbaine. La multiplication des habitats suburbains, parfois sans doute avant même la fin du xe siècle, indique un afflux précoce de population vers les villes. Ce phénomène ne laisse pas d'être surprenant si l'on songe qu'à cette époque, la Scandinavie ne possédait pas de villes, ni d'institutions urbaines comparables à celles que les Vikings trouvèrent en Neustrie. En Angleterre, ils s'adaptèrent non moins aisément au fait urbain, notamment à York où les traces de leur présence ont été remarquablement mises au jour et étudiées au cours des deux dernières décennies ; on les trouve aussi bien en ville que dans la périphérie, laquelle avait été presque complètement dépeuplée depuis la fin de l'occupation romaine. Dès le début du xie siècle, dans les régions conquises par les Vikings, de part et d'autre de la Manche, des villes nouvelles prennent leur essor : Stamford, Thetford, Norwich, Ipswich en Angleterre ; Caen, Falaise, Dieppe, Valognes, Barfleur en Normandie.

Vers la fin du xe siècle, le groupe aristocratique n'est pas encore, dans le duché, bien nettement structuré. On y voit, ou plutôt on y devine, quelques descendants des compagnons de Rollon et des immigrés scandinaves arrivés plus récemment. Dudon de Saint-Quentin mentionne çà et là des personnes de rang social élevé qui portent un nom scandinave, mais il ne précise pas leur ascendance. Puis, au cours du xie siècle, on trouve à la tête de certaines seigneuries des hommes qui, en dépit de leur baptême et de leur assimilation alors consommée, ont conservé un nom de type nordique ; l'exemple le plus souvent cité est celui d'Ansketil de Harcourt, dont le père s'appelait Thorketil ; son grand-père, qui vivait dans la seconde moitié du xe siècle, était Torf. Dans plusieurs actes de Richard II_datant des deux premières décennies du xie siècle, on relève, parmi les témoins, qui étaient tous des personnages de rang aristocratique, nombre d'anthroponymes scandinaves.

Dans l'extrême ouest du duché, où le « comté de Cotentin » avait été donné en 867 par Charles le Chauve au chef breton Salomon, des immigrés bretons sont à l'origine de lignages seigneuriaux dont on a trace au XIᵉ siècle.

D'Ile-de-France sont venus les Tosny, qui reçoivent, au milieu du Xᵉ siècle, des terres dans la région de la Basse-Seine, prélevées sur le patrimoine foncier de l'église cathédrale de Rouen par l'archevêque Hugues, qui appartenait à la même famille. A cette époque prend pied en Normandie Yves de Creil, dont l'origine est incertaine (Maine ? Beauvaisis ?) ; il est l'ancêtre de la famille de Bellême.

Au début du XIᵉ siècle, on voit de nouveaux arrivants, en assez grand nombre : tel ce Raoul, venu d'Anjou, qui est à l'origine du lignage des Taisson. Vers le même temps apparaît la première ébauche d'une hiérarchie dans ce groupe aristocratique. Le duc place des comtes à la tête de certains *pagi ;* ce sont des membres de la famille ducale, souvent nés d'une union avec une *frilla ;* ces comtés sont créés d'abord dans les régions frontalières. Les autres *pagi* sont confiés à des vicomtes (littéralement : celui qui tient la place du comte). On ne peut, vers l'an Mil, parler encore de féodalité normande. Certes, Richard II a créé des fiefs, appelés alors « bénéfices » ; mais la féodalisation du groupe aristocratique restera, jusque vers le milieu du XIᵉ siècle, « inachevée, médiocrement ordonnée, mal dégagée du compagnonnage du siècle précédent, incertaine dans sa démarche et ses structures » (L. Musset).

La famille ducale était, elle, de pure souche scandinave. Dudon de Saint-Quentin, inspiré sans doute par Raoul d'Ivry, lui donnait une origine danoise et, pendant longtemps, cette assertion a été acceptée sans guère de réserve. Puis, vers 1880, des historiens norvégiens l'ont contestée, réclamant pour leur pays la gloire d'avoir donné à la Normandie son premier prince. Des controverses passionnées naquirent alors, dont le point culminant fut atteint lors du Congrès du millénaire tenu à Rouen en 1911. La plupart des historiens suédois soutenaient, pour d'évidentes raisons de sympathie politique, la thèse danoise. Les Suédois supportaient fort mal la perte de la Norvège qui venait d'acquérir l'indépendance. Aujourd'hui, on admet assez généralement que Rollon (forme diminutive et romanisée de Hrôlfr) était fils du *jarl* norvégien de Möre et qu'il s'exila en raison de l'opposition qu'il avait faite, dans son pays, à la politique unificatrice du roi Harald Hârfagr ; toutefois, la plupart de ses compagnons d'aventure étaient danois.

Le titre donné à Rollon, après la cession de 911, dans les sources du temps, est, le plus souvent, celui de prince, ou de comte. Celui de duc ne s'impose vraiment qu'à partir du milieu du xie siècle ; c'est par simple commodité que nous l'appliquons aujourd'hui à tous les princes qui ont régné sur la Normandie au xe siècle. Quelle était exactement la nature du pouvoir concédé à Rollon en 911 par le roi carolingien ? On a suggéré qu'il pouvait avoir hérité purement et simplement les droits et les devoirs du comte carolingien de Rouen, dont la présence dans cette ville est encore attestée, peut-être, vers 905.

Ce qui est, en tout cas, certain, c'est que le chef viking ne devient pas d'emblée vassal du roi. Charles le Simple lui-même, dans un acte daté de 918, dit qu'il a donné une « terre aux Normands de la Seine, c'est-à-dire à Rollon et à ses compagnons », ce qui exclut l'hypothèse d'un lien vassalique dont on sait qu'il était essentiellement personnel. La scène de l'hommage prêté à Saint-Clair-sur-Epte, que Dudon décrit en termes cocasses, est une des nombreuses inventions de cet auteur. C'est seulement en 940 que l'hommage en bonne et due forme fut prêté au roi Louis IV d'Outremer par Guillaume Longue-Epée, fils et successeur de Rollon. Ce prince engagea fermement le processus d'intégration de ses compagnons scandinaves à la culture française. Mais ce sont les deux longs règnes de Richard Iᵉʳ (942-996) et de Richard II (996-1026) qui permirent une remarquable consolidation du pouvoir ducal. Le duc possède encore, en dépit de quelques restitutions qu'il a dû faire, une très large part du sol normand : les terres abandonnées par les abbayes et par des seigneurs laïcs ; il a réussi à maintenir, ou à rétablir après une brève éclipse, une fiscalité directe ; la frappe de la monnaie, les taxes sur la circulation et la vente des marchandises lui procurent des profits considérables.

Facteur d'efficacité dans l'exercice du pouvoir, cette richesse contribua aussi au prestige des ducs et de leur Etat. On sollicite leur générosité en faveur d'entreprises de vaste portée, tel le grand pèlerinage organisé vers la Terre sainte en 1026 par le célèbre réformateur lorrain Richard de Saint-Vanne, ou de lointains sanctuaires comme ceux du Sinaï. Ce prestige de l'opulence est resté attaché, dans la mémoire du peuple, à la personne de Richard Iᵉʳ. Vers la fin du xiᵉ siècle, l'auteur des *Miracles de saint Ouen* raconte que ce saint apparut en songe au duc et lui reprocha les dépenses excessives qu'il faisait pour la construction de son palais de Bayeux et pour son habillement ; et le même Richard Iᵉʳ figurera, sous le nom de Richard le Vieux, parmi les héros que la légende épique célébrera bientôt autour de l'empereur à la barbe fleurie.

C'est seulement sous Richard II que les immenses domaines fonciers du prince commencent à s'amenuiser ; la création de fiefs les ampute sévèrement. Mais il y a une contrepartie qui, à cette époque, paraît sûrement avantageuse : en cédant des terres, le duc se fait des vassaux dont le nombre et la fidélité confortent son pouvoir ; il disposera bientôt, de ce fait, d'une puissante armée. Déjà Richard II tient une place de premier plan parmi les princes territoriaux du royaume de France, sinon même de l'Europe occidentale ; témoin les relations qu'il entretient avec les puissances étrangères et ses interventions dans quelques-unes des grandes affaires du temps.

La construction de l'Etat normand devait nécessairement comporter, au xe siècle, une remise en ordre des
structures ecclésiastiques dont l'élément fondamental,
l'épiscopat, avait été mis à mal. Rappelons que deux
évêques avaient, au ixe siècle, été assassinés par les
Vikings : Baufroi de Bayeux en 858 et Lista de Coutances
en 890. Adalhelm de Sées avait été, lui, fait prisonnier et,
comme tel, réduit à la condition d'esclave et envoyé à
l'étranger. Les sièges de Bayeux et de Coutances étaient
demeurés vacants pendant plusieurs décennies, celui de
Lisieux pendant un siècle. Les listes épiscopales
d'Avranches et d'Evreux montrent aussi des lacunes dans
la seconde moitié du ixe siècle. A Rouen, l'interruption fut
sans doute de très courte durée ; l'archevêque y revint très
peu de temps après l'installation de Rollon, mais il
rencontra les pires difficultés lorsqu'il tenta d'intégrer les
nouveaux venus scandinaves dans le peuple chrétien. Le
baptême que reçurent beaucoup de Vikings, à l'imitation
de leur chef, ne fut pas accompagné d'une véritable
conversion. Ils continuèrent de se comporter en païens et
de pratiquer les rites de leur religion ancestrale. Nous
possédons une correspondance dans laquelle l'archevêque
de Rouen, Gui, demande à son collègue de Reims, Hervé,
des conseils sur la conduite à tenir en pareil cas. Hervé lui
répondit, après avoir consulté le pape, par des conseils de
modération et de patience. Le fait est que l'on dut baptiser
une seconde fois des Vikings relaps.

Pourtant, dès avant la fin du xe siècle, l'institution
épiscopale était restaurée partout dans le duché, grâce
surtout à Richard Ier. Mais cette remise en ordre s'accompagne, ici comme généralement dans l'Occident chrétien,
d'une mainmise systématique du pouvoir princier sur
l'épiscopat ; les sièges les plus importants sont donnés à
des membres de la famille ducale. Dans un tel régime, la
qualité de l'évêque est — faut-il le rappeler ? — en relation
étroite avec celle du prince qui le choisit. Si les prélats
normands furent, au xe siècle, parfois de bons gestion-

naires du patrimoine foncier de leur église, ils ne semblent s'être guère souciés de l'évangélisation de leur diocèse. D'autre part, le mal simoniaque et nicolaïte qui affecte alors l'ensemble de l'Eglise est sensible en Normandie comme ailleurs.

Quant aux paroisses rurales, elles avaient été créées à partir du VIᵉ siècle et leur réseau devait s'amplifier jusqu'au XIIᵉ siècle. Parfois, l'église paroissiale avait pris la place d'un lieu de culte païen, sanctuaire privé du propriétaire d'un grand domaine ; d'autres fois, elle avait été implantée en un point choisi pour qu'elle fût facilement accessible aux populations de plusieurs habitats circonvoisins. Il y eut aussi des paroisses fondées par l'évêque dans les *vici*, c'est-à-dire dans les bourgs indépendants des domaines privés et situés généralement sur les itinéraires les plus fréquentés de l'Antiquité romaine. En revanche, les églises de domaines (*villae*) étaient des tôndations privées sur lesquelles leurs fondateurs conservèrent très longtemps des droits. Dès l'époque carolingienne, les paroisses les plus anciennes, qui desservaient des habitats répartis sur plusieurs dizaines de kilomètres carrés s'étaient fractionnées ; d'anciens oratoires qui se trouvaient dans leur ressort avaient été promus au rang d'église paroissiale. Vers l'an Mil, ce mouvement est en plein développement. La paroisse tend à coïncider avec une unité de peuplement : le village.

La restauration des institutions et de la vie monastique fut une œuvre de longue haleine, qui demanda quelque cent cinquante ans. Après le grand essor du VIIᵉ siècle, aucune nouvelle abbaye n'avait été créée dans la future Normandie avant l'arrivée des Vikings ; les maisons fondées au VIIᵉ siècle, Fécamp, Jumièges, Fontenelle, Saint-Ouen de Rouen avaient pris un grand développement sous le régime de la règle bénédictine, mais sous le contrôle étroit de la royauté. Leur fortune foncière et mobilière s'était largement accrue. Elles étaient donc des proies tentantes et faciles pour les pirates scandinaves. Après avoir subi les premières attaques, les moines avaient peu à peu émigré vers des destinations fort diverses, emportant avec eux leurs reliques et ce qui restait de leurs biens mobiliers. Pendant quelques décennies, les plus obstinés tentèrent de garder en main, à distance et vaille que vaille, la gestion de leurs domaines fonciers. Mais lorsque Rollon et ses compagnons s'établirent dans la région de la Basse-Seine, les terres monastiques étaient abandonnées ; ils purent donc s'en saisir aisément. Parmi les illustres abbayes de la Haute-Normandie, la première à renaître, bien timidement, fut Saint-Ouen de Rouen : quelques moines revinrent, peu après 911, de Condé-sur-Aisne où ils s'étaient mis à l'abri. Entre 930 et 940, Guillaume Longue-Epée tenta de ranimer Jumièges ; témoin de cet essai, l'église Saint-Pierre est aujourd'hui en partie conservée. Mais tout se passa comme si la Normandie n'avait pas en elle-même les ressources spirituelles nécessaires à une véritable restauration de la vie monastique. C'est de Flandre que vint, vers 960, Gérard de Brogne, le restaurateur de Fontenelle (abbaye que l'on désignera désormais de plus en plus habituellement du nom de son fondateur saint Wandrille) ; son œuvre fut menée à son terme par Mainard, venu lui aussi du monastère Saint-Pierre de Gand, et qui, en 966, rétablit la vie bénédictine au Mont-Saint-Michel. A Fécamp, Richard Ier fit reconstruire et consacrer en 990 l'église abbatiale de la Trinité ; mais la communauté n'avait pas véritablement repris vie ; c'est en Bourgogne, cette fois, que Richard Ier, puis Richard II cherchèrent le concours indispensable. L'abbé de Cluny Maïeul, pressenti le premier, refusa en alléguant la réputation de barbarie qui, à cette date encore, pesait sur les Normands. Quelques années plus tard, une nouvelle démarche faite par Richard II auprès de Guillaume de Volpiano, abbé de Saint-Bénigne de Dijon, qui était une filiale de Cluny, eut plus de succès. Guillaume accepta, non sans avoir hésité, de rétablir à Fécamp la vie monastique selon la règle bénédictine.

Mais en Moyenne et Basse-Normandie, tout restait à faire. Les monastères antérieurs à la venue des Vikings avaient disparu, à l'exception, peut-être, de bien timides foyers de vie régulière au Mont-Saint-Michel et dans l'énigmatique *abbatia* de Portbail. Mais les grandes abbayes de la Basse-Seine avaient naguère tenu des domaines en Normandie occidentale ; vers l'an Mil, elles en avaient recouvré quelques-uns ; ce fut sans doute l'origine d'une entreprise de restauration monastique, à partir de la Haute-Normandie, que développèrent vers l'ouest ces abbayes au cours du XIᵉ siècle, avec l'aide des ducs et de quelques-uns de leurs principaux barons.

Il serait injuste d'oublier que, pendant l'éclipse du monachisme bénédictin, d'une extrémité à l'autre de la Normandie, de Fécamp au Mont-Saint-Michel, des communautés de chanoines maintinrent la tradition de la vie régulière avec ou sans interruption, au siège de monastères désertés. Les écrivains bénédictins de l'époque leur ont fait une fâcheuse réputation ; l'un d'eux oppose les *carnales canonici* aux *spirituales monachi :* propos malveillant, à n'en pas douter, qui exprime la mauvaise conscience et la rancœur de moines qui trouvèrent souvent, la paix revenue, occupées par des chanoines les maisons qu'ils estimaient appartenir, de manière imprescriptible, aux fils de saint Benoît.

La grave crise des institutions séculières et régulières de l'Eglise engendra, bien entendu, un recul général de la culture ; ici encore, le redressement fut lent. Comme avant les destructions opérées par les Vikings, les monastères auraient pu être, dès lors qu'ils furent restaurés, des centres d'élection pour la vie intellectuelle. Mais les bibliothèques avaient plus ou moins complètement disparu ; les moines n'avaient emporté, semble-t-il, dans leur fuite que peu de manuscrits ; encore ceux-ci ne furent-ils pas tous rapatriés ; et ceux qui avaient été laissés sur place en exil ne furent pas la proie des seuls Vikings. Il fallut beaucoup de temps pour reconstituer les bibliothèques.

Vers l'an Mil, on est encore, à cet égard, au creux de
la vague. Pour écrire l'histoire de la dynastie ducale,
Richard II doit appeler auprès de lui un étranger, chanoine de Laon, Dudon de Saint-Quentin. La seule œuvre
historique sortie d'un monastère normand au Xe siècle est
la *Chronique de Fontenelle* dont les auteurs font montre
d'une culture et d'une information bien indigentes. Les
rarissimes œuvres littéraires de cette époque naissent, un
peu avant ou un peu après l'an Mil, de la cour ducale :
celle de Dudon, déjà citée, et le poème satirique de Garnier
de Rouen. Il faut toutefois, dans cette pauvreté, réserver
une place de choix à la *Complainte* sur la mort dramatique
de Guillaume Longue-Epée, petit poème en vers latins
assez fruste, mais auquel nous devons quelques informations fort précieuses sur la vie des deux premiers ducs.

On construisit en Normandie quelques églises au Xe siècle, mais les travaux furent certainement conçus et exécu-
tés par des maîtres d'œuvre et des maçons étrangers.
L'église Saint-Pierre de Jumièges reste fidèle, au milieu du
Xe siècle, à un modèle carolingien des plus banal. La
grande abbatiale de Fécamp, consacrée en 990, comportait
une abside occidentale, dispositif alors commun dans
l'ancienne Austrasie ; et la première église normande que
l'on puisse dire romane, l'abbatiale de Bernay, sera
l'œuvre de l'Italo-Bourguignon Guillaume de Volpiano.
Lorsque les Vikings avaient fait irruption dans la vallée de
la Seine, la Normandie cultivait une décoration architectu-
rale dont la technique (très faible relief), ni les thèmes,
n'étaient bien originaux. La plupart des morceaux sculptés
aujourd'hui connus ont été trouvés en remploi dans des
édifices plus récents. Pour le IXe et le Xe siècles, ils sont en
ombre très restreint, si bien que l'on ne peut raisonnablement esquisser, même dans ses grandes lignes, l'évolution
des thèmes iconographiques, ni celle des techniques de
cette sculpture monumentale, ni discerner la part qu'elle
eut dans la genèse de la sculpture romane.

LA NORMANDIE DANS LE ROYAUME ET DANS L'EUROPE

Pendant les premières décennies qui suivirent la donation de 911, le statut de la nouvelle principauté normande à l'égard du roi de France ne fut rien moins que clair. Aussi bien les Vikings de Rouen, bénéficiaires à titre collectif, avec leur chef Rollon, de cette concession, continuaient-ils à se conduire, peu ou prou, en pirates insubordonnés. La politique d'assimilation accélérée que pratiqua Guillaume Longue-Epée suscita, surtout en Normandie occidentale, la résistance d'éléments scandinaves peu enclins à se laisser absorber. C'est seulement en 940, au dire de l'annaliste rémois Flodoard, que Guillaume se serait « commis » au roi Louis IV ; dans le langage très strict de Flodoard, cette expression signifie qu'il devint, en connaissance de cause, le vassal du roi et se vit confirmer en fief la possession de la Normandie. Après la mort inopinée de Guillaume (942), Louis IV se prévalut peut-être de la qualité de seigneur, que précisait l'inféodation de 940, pour tenter de prendre en main le gouvernement du duché pendant la minorité de l'héritier, le futur Richard Ier, encore tout jeune enfant. Hugues le Grand, duc de France, prêta main-forte au roi dans cette entreprise. Sur quoi les Scandinaves de Normandie occidentale firent appel, pour appuyer leur résistance, à deux bandes de Vikings qui vagabondaient alors, en quête d'aventure, sur les mers voisines. Le roi de France dut céder, bien que le duc de Saxe Otton, le futur empereur Otton Ier le Grand, fût venu à son aide. C'est vers 965, semble-t-il, que Richard Ier devint vassal du duc de France. Rien de surprenant, dès lors, à ce qu'il ait, dans la crise dynastique de 986-987, soutenu la cause de Hugues Capet.

Durant la seconde moitié du xe siècle, la Normandie dut

faire face à l'hostilité de deux de ses voisins : au nord-est, le comte de Flandre ; au sud-est, le comte de Chartres qui était alors, lui aussi, vassal du duc de France. Le comte de Flandre redoutait une éventuelle expansion des Normands vers le nord, le long des côtes de la Manche. A plusieurs reprises, vers 940, d'anciens Vikings venus de Normandie avaient lancé dans cette direction des raids de pillage. D'autre part, le mariage de Guillaume Longue-Epée avec la sœur du comte de Vermandois avait inauguré une longue période de connivence entre les deux familles ; et le comte de Vermandois était alors l'un des plus puissants et entreprenants princes du nord-ouest de la France. C'est le comte Arnoul de Flandre qui fit, en 942, assassiner Guillaume Longue-Epée à l'issue d'une entrevue qui les avait réunis dans la vallée de la Somme, à Picquigny. Seules, sans doute, les difficultés qui marquèrent les premières années de la minorité du jeune Richard Ier empêchèrent une réaction belliqueuse des Normands contre la Flandre.

A cette époque, le comte de Blois et de Chartres est le fameux Thibaut le Tricheur (v. 940-977), qui acquiert la Touraine, conquiert la partie orientale de l'Anjou, intrigue jusqu'en Bretagne ; c'est sur ce dernier terrain sans doute que ses ambitions se heurtèrent à celles de Richard Ier. En 962, Thibaut envahissait la Normandie, s'emparait d'Evreux et progressait le long de la rive gauche de la Seine ; c'est en face de Rouen, à Ermentruville (aujourd'hui Saint-Sever) que Richard l'arrêta et lui infligea une très dure défaite. Mais le duc normand avait appelé à son aide une bande de Vikings ; il les avait chargés de piller les terres de Thibaut, et peut-être aussi celles du roi de France, dont le comportement en cette affaire ne paraît pas avoir été bien droit. Lorsque la paix fut enfin conclue à Gisors (966) sur la frontière franco-normande, Richard eut bien du mal à se débarrasser de ses encombrants alliés vikings ; selon Dudon, il les aurait éloignés en leur signalant les profits que pourrait leur rapporter le pillage des côtes de la Galice et du Portugal. Une quarantaine d'années plus tard, le fils de Thibaut, Eudes, entrait en guerre contre Richard II qui, comme son père, fit appel à l'aide de deux chefs vikings ; mais l'intervention du roi de France abrégea le conflit et ramena la paix qui fut conclue, une fois de plus, sur les confins franco-normands à Coudres (1013) ; on sait que le duc de Normandie avait le privilège de faire l'hommage au roi de France, son seigneur, non point à la résidence de celui-ci, mais seulement à la frontière de leurs deux Etats : c'est ce que l'on appelle l' « hommage en marche ».

Les relations de la Normandie ducale avec l'Angleterre, d'une part, et la Scandinavie, d'autre part, sont si imbriquées qu'il est impossible d'en étudier les vicissitudes sinon dans le cadre géographique de l' « espace viking ». La reprise en main progressive de l'Angleterre de l'est par la royauté anglo-saxonne avait provoqué l'émigration vers le continent de colons danois établis d'abord dans le Danelaw. Peut-être espéraient-ils trouver en Normandie un milieu de vie plus compatible avec leur atavisme scandinave. Ils furent sans doute déçus, car si la monarchie franque n'avait pas tenté, ou du moins réussi, une conquête politico-militaire analogue à celle que ces Vikings avaient fuie outre-Manche, l'assimilation culturelle des immigrés nordiques à la population autochtone était en bonne voie dans les territoires concédés à Rollon, puis à son fils. Mais, en dépit de ce processus que les ducs de Normandie favorisèrent dès avant le milieu du xe siècle, ces mêmes princes restaient, dans une certaine mesure, fidèles à la solidarité viking. Ils accueillaient, et parfois même appelaient, comme on l'a vu, des flottilles de pirates scandinaves. A partir de 980, lorsque ceux-ci redoublèrent d'activité, particulièrement contre l'Angleterre, ils trouvaient assez habituellement un refuge commode, pour la saison d'hiver, sur les côtes normandes. De ce fait, le risque d'un conflit majeur entre deux Etats chrétiens, l'Angleterre et la Normandie, était si alarmant que le pape

Jean XV, alerté sans doute par les évêques des pays en cause, décida de s'interposer. A son initiative, des contacts furent pris qui aboutirent, en mars 991, à un accord conclu entre le duc Richard Ier et le roi Ethelred II ; chacun de ceux-ci promettait de ne plus donner aide aux ennemis de l'autre. En fait, ce traité demeura, ou peu s'en faut, lettre morte. La pression des Danois sur l'Angleterre s'accentuait ; à l'été de 991, une armée danoise, ou peut-être dano-norvégienne, débarquée dans le sud-est britannique écrasait à Maldon les troupes anglo-saxonnes envoyées à sa rencontre ; une bataille comme tant d'autres, mais qu'a immortalisée un poème fameux, écrit en vieil anglo-saxon. Vers l'an Mil, les Anglais exaspérés lancèrent un raid de représailles contre le nord-est du Cotentin ; ils durent faire face à un soulèvement en masse de la population locale ; les femmes même combattirent les assaillants — ce qu'elles ne semblent pas avoir jamais fait dans cette région contre des Vikings. Puis, en 1002, nouveau rapprochement anglo-normand scellé par le mariage d'Emma, sœur de Richard II, avec Ethelred qui était alors veuf ; et, l'année suivante (1003), c'est avec Sven de Danemark que Richard II conclut un accord ; s'il faut en croire Guillaume de Jumièges qui résume les clauses de ce traité, il s'agissait bel et bien de fournir aux Danois une assistance, fût-elle non proprement militaire, dans leurs entreprises contre l'Angleterre : le butin que les Danois arracheraient à leurs « ennemis » (dont l'identité n'est pas autrement précisée) serait apporté en Normandie pour y être vendu ; ceux des leurs qui seraient blessés au cours des combats devraient être accueillis et soignés en Normandie. Il faut sans doute comprendre que cette convention excluait l'asile inconditionnel dont les Vikings avaient, en fait, bénéficié jusque-là dans le duché normand. Mais, de toutes ces péripéties, c'est le mariage d'Emma avec Ethelred qui devait engendrer les conséquences les plus lourdes. Le dernier roi anglo-saxon, quelques années plus tard, fut ainsi amené à choisir, pour lui-même et pour ses fils, la Normandie comme terre d'exil lorsque le danois Sven eut, en 1013, remporté sur lui la victoire décisive et conquis la couronne d'Angleterre. Comme il a été rappelé ci-dessus, Emma devait, après la mort d'Ethelred, épouser Cnut, fils et successeur de Sven sur le trône anglais. Mais c'est son premier mariage avec Ethelred qui sera, un demi-siècle plus tard, allégué par Guillaume le Bâtard, son petit-neveu, à l'appui de sa candidature à la couronne d'Angleterre.

L' « espace viking », c'était les terres et les mers du nord et du nord-ouest de l'Europe ; les Normands de Normandie s'y trouvaient encore à l'aise au début du XIe siècle ; on a trouvé des deniers de Rouen depuis la Grande-Bretagne jusqu'aux extrémités orientales de la Chrétienté. Or là commençait un autre « espace viking » qui se développait vers le sud et le sud-est jusqu'au Proche et au Moyen-Orient. On y rencontrait plus rarement, sans doute, au Xe siècle et au début du XIe, des sujets du duc de Normandie, mais ils n'en étaient pas tout à fait absents. Il est avéré que l'on vit certains d'entre eux, en qui l'atavisme vagabond était plus fort, sur la route qui, par le Piémont, Rome, les ports italiens de l'Adriatique et les Balkans conduisait vers Byzance.

Lorsqu'il mourut en 1026 après trente ans de règne, Richard II laissait au moins six enfants. L'aîné des fils lui succéda sous le nom de Richard III ; il avait été marié à la petite Adèle, encore enfant, fille du roi de France Robert le Pieux et avait déjà constitué pour elle un important douaire, fait de terres réparties à travers la Normandie, lorsqu'il mourut prématurément et, semble-t-il, assez soudainement après un an de règne. On parla peut-être dès ce moment d'un empoisonnement criminel, mais cette rumeur n'est clairement exprimée par quelques historiographes qu'au siècle suivant ; certains même formulent une accusation précise : Richard aurait été empoisonné par son frère cadet, Robert, qui lui succéda. Il est, bien entendu, impossible de confirmer ou de nier le bien-fondé de cette imputation. En ce temps-là, toute mort subite ou très rapide est suspecte ; faute d'en pouvoir donner une explication médicale, on y voit l'effet soit d'une sanction divine, soit d'un acte criminel. Dans le cas de Robert, toutefois, les soupçons n'étaient pas tout à fait sans vraisemblance. Son père Richard II lui avait confié avant de mourir le comté d'Hiémois dont le nom (*pagus Oximensis*) rappelait celui de l'ancienne ville d'Exmes ; celle-ci avait connu, à l'époque mérovingienne, une certaine importance et avait même été quelque temps, peut-être, le siège d'un évêché ; au début du xie siècle, ce n'était plus qu'une bourgade rurale ; la principale place forte du comté était alors Falaise. On avait construit là depuis peu un château consistant en une assez vaste enceinte palissadée ou, plus probablement, maçonnée, avec une porte fortifiée ; à l'abri du rempart se trouvaient non seulement l'habitation princière, mais aussi des maisons abritant une partie de la population. Peu après la mort de Richard II, Robert avait tenté de se soustraire à l'autorité de son frère, le duc Richard III, et celui-ci avait dû mettre le siège devant le château de Falaise ; il avait attaqué le rempart avec des béliers et des engins lanceurs de très grosses pierres, que Guillaume de Jumièges appelle « balistes » ; il n'en avait pas fallu moins pour contraindre à la soumission le jeune comte d'Hiémois et ses compagnons de révolte.

PREMIERE PARTIE

Le Bâtard

LA NORMANDIE AU TEMPS DE GUILLAUME

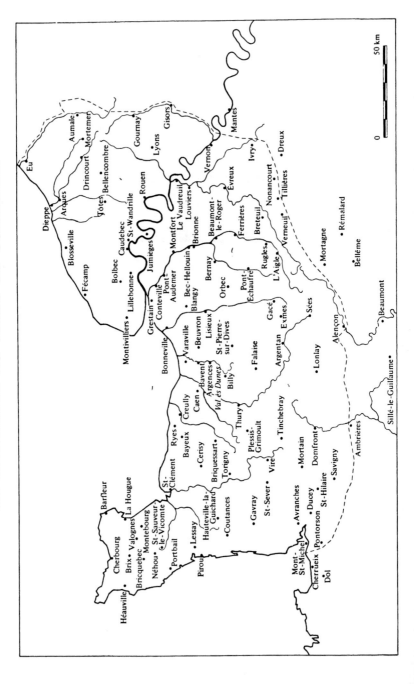

50 km

Robert le Magnifique

L'ÂGE INDISCIPLINÉ

De tous les ducs de Normandie, Robert, père de Guillaume le Bâtard, est sans doute la personnalité la plus déroutante. La postérité lui a donné les surnoms de « Libéral » ou de « Magnifique », par allusion à sa prodigue munificence ; tout porte à croire que ces qualificatifs étaient justifiés. En revanche, on doit dénoncer l'étrange confusion qui s'établit assez tard (sans doute vers la fin du Moyen Age) entre le duc Robert et un personnage légendaire appelé Robert le Diable. Bien que cette méprise ait été souvent et dûment dénoncée, il n'est pas rare de voir encore aujourd'hui le père du Bâtard nommé Robert le Diable dans des livres d'histoire ou des ouvrages de référence, telle l'*Encyclopaedia Britannica* qui le mentionne, dans la liste des ducs de Normandie, comme « *Robert I called the Magnificent or the Devil* ». Robert le Diable est parfois cité par des moralistes ou des prédicateurs du XIIIᵉ siècle comme un aventurier dépravé, séducteur de nonnes ; mais on ne l'identifie pas à un personnage ayant réellement vécu. Seules quelques versions tardives de la légende tentent d'insérer dans la trame de l'histoire ce suppôt de Satan que sa mère, dit-on parfois, aurait voué au Malin avant même sa naissance. Un livret imprimé à Rouen au XVIIIᵉ siècle, qui fait partie de la fameuse

« Bibliothèque bleue » vendue par les colporteurs, est intitulé *Histoire de Richard sans Peur, duc de Normandie, fils de Robert le Diable, lequel par sa valeur fut roi d'Angleterre*; il est bien clair qu'en aucune manière ce Robert ne peut être le père de Guillaume le Bâtard ; en dépit d'un sommaire habillage pseudo-historique, nous sommes bien encore ici dans le domaine de la légende.

A l'époque où Robert le Magnifique devient duc de Normandie, un vent de contestation souffle à l'intérieur de la plupart des grandes principautés territoriales nées à la fin du IXe et au Xe siècle. Les contestataires sont des vassaux des princes, souvent des châtelains chargés par ceux-ci de tenir une place forte ; ils entendent exploiter à leur profit personnel les droits qu'ils avaient exercés jusque-là au nom du prince et pour son compte. En Normandie, cette tendance avait été sévèrement tenue en respect par Richard II. Robert le Libéral eût pu poursuivre, à cet égard, la politique de son père en oubliant l'incartade qu'il avait commise lorsqu'il était comte d'Hiémois ; il n'en fit rien et toléra, voire encouragea souvent les actions brutales de seigneurs laïcs qui se saisirent de biens fonciers appartenant aux églises cathédrales ou aux plus célèbres monastères du duché. Pareil comportement est, de la part d'un prince territorial, tout à fait aberrant. Robert n'avait pas besoin de se constituer une clientèle de « fidèles » ; celle que lui avait léguée son père était bien suffisante. On a remarqué que les seigneurs déprédateurs étaient, pour la plupart, des jeunes gens, comme le duc lui-même qui, à son avènement, était âgé d'environ 17 ans ; et l'on a mis au compte de cette jeunesse les atteintes portées à l'ordre public que Richard Ier et Richard II avaient si laborieusement établi. Au demeurant, cet ordre était si solide qu'assez vite ⌐obert dut s'y rallier. Dans plusieurs chartes qui datent des trois ou quatre dernières années de son court règne (1027-1035), il fait amende honorable en même temps qu'il rend aux églises les terres et les droits qui leur ont été usurpés. On lit, par exemple, dans un acte

de restitution à l'abbaye de la Trinité de Fécamp :
« Sachent tous nos fidèles présents et à venir que, sous la
pression de certains de mes conseillers peu soucieux
d'équité envers l'Eglise de Dieu, j'ai donné à mes chevaliers diverses possessions du monastère de la Sainte-
Trinité. Mais bientôt... comprenant que j'avais mal agi,
j'ai remis à cette église la totalité des biens dont elle avait
été dépouillée. » C'est vers le même temps qu'il se
réconcilie avec son oncle Robert, archevêque de Rouen ; il
l'avait attaqué dans sa ville d'Evreux et contraint de
chercher asile à la Cour de France.

Avait-il été vraiment, dans son adolescence, victime de
mauvais conseillers ? Les chartes de restitution aux
abbayes l'affirment ; mais le texte de ces documents a été
préparé par les abbayes elles-mêmes auxquelles elles
étaient destinées, car le duc de Normandie n'a pas encore,
à cette époque, de chancellerie ; peut-être les moines ont-
ils voulu ménager le coupable venu à résipiscence et dont
ils avaient tout intérêt à ne pas saper l'autorité. L'historiographe Guillaume de Jumièges s'attache aussi, quoique
avec plus de discrétion, à excuser les erreurs commises par
le jeune duc pendant les premières années de son règne.
Mais ce changement de politique devait inévitablement
dresser contre le prince certains des seigneurs contestataires qui avaient pu d'abord, à bon droit, le considérer
comme un des leurs. A la frontière méridionale de la
Normandie se constituait alors une vaste seigneurie dont le
territoire étiré d'est en ouest sur une centaine de kilomètres allait de Bellême et Mortagne à Domfront et comprenait notamment la place forte d'Alençon. Guillaume Ier de
Bellême, qui tenait cette place en fief du duc de Normandie, tenta d'éluder les obligations de vassal auxquelles il
était astreint, comme Robert lui-même, alors comte
d'Hiémois, l'avait fait, peu d'années auparavant, à
Falaise ; l'ancien rebelle, investi maintenant de l'autorité
ducale, se montra plus dur encore qu'on ne l'avait été pour
lui. Avant d'accorder son pardon à Guillaume de Bellême,

il l'humilia publiquement, l'obligeant à porter en public sur ses épaules une selle équestre. Comme les deux fils du rebelle, Fouque et Robert, refusaient de suivre leur père dans sa soumission et s'étaient réfugiés avec leurs partisans dans la forêt de Bellême, il envoya contre eux une troupe ; Fouque fut tué dans le combat et Robert put s'enfuir. Ce n'était que le premier épisode d'un conflit qui devait opposer pendant plus d'un siècle les ducs de Normandie à leur vassal, seigneur de Bellême.

Pourtant, en dépit de ces vicissitudes internes, le duché de Normandie demeurait au premier rang des principautés territoriales de la France. C'est au duc Robert que le jeune roi de France Henri Ier fit appel lorsqu'à la mort de son père Robert le Pieux (1031), sa mère Constance ourdit une intrigue pour l'écarter du trône au profit de son frère cadet. En pareil cas, le vassal était tenu de prêter main-forte à son seigneur. Robert alerta son oncle Mauger, comte de Corbeil, qui était fils de Richard Ier et de Gonnor et dont l'intervention armée permit au roi Henri de faire prévaloir son droit. Le roi n'était nullement tenu de payer l'assistance qui venait de lui être apportée. C'est donc par pure bonté qu'il fit don à Robert le Magnifique du territoire compris entre l'Epte, frontière de 911, et l'Oise : c'était le Vexin français, tandis que la région limitée par l'Epte et l'Andelle était le Vexin normand. Don empoisonné que celui-là, car les rois capétiens, dès qu'ils auront consolidé leur pouvoir, n'auront de cesse que le Vexin français fasse retour à leur domaine. Mais, dans l'immédiat, le duc Robert en prit très réelle possession ; une des très rares chartes émanant de lui qui indiquent le lieu où elles ont été données, le fut à Mantes.

De même, Robert le Magnifique intervint en Flandre pour soutenir le comte Baudouin IV contre son fils, le futur Baudouin V qui avait réussi à soulever contre lui une bonne partie de l'aristocratie du comté. Baudouin IV, contraint de s'exiler, avait cherché refuge en Normandie ; c'est avec le secours d'une armée normande, commandée par le duc en personne, qu'il put rentrer chez lui et y reprendre le pouvoir.

Entre Bretagne et Normandie, les relations étaient alors riches d'ambiguïtés. On se rappelle qu'au IXe siècle, Charles le Chauve avait cédé au prince breton Salomon le Cotentin et l'Avranchin, peut-être simplement parce qu'il ne se sentait pas en mesure de les protéger contre les Vikings. Des Bretons s'étaient dès lors installés dans la région et sans doute même plus loin vers l'ouest. Dans les années 1020-1030, leurs descendants s'y trouvaient encore, mais apparemment bien assimilés. D'autre part, on croyait alors en Normandie, ou du moins à la Cour ducale, que Rollon avait reçu de Charles le Simple, en 911, des droits sur la Bretagne. Dudon de Saint-Quentin venait de l'affirmer nettement dans l'ouvrage qu'il avait achevé, quelques années plus tôt, à la demande de Richard II et sous l'inspiration de Raoul d'Ivry. Selon ce témoignage, le chef viking aurait fait remarquer au roi Charles, en 911, que les territoires concédés dans la région de la Basse-Seine avaient beaucoup souffert des raids scandinaves, que l'on ne pouvait en tirer de bien appréciables revenus ; il aurait, en conséquence, demandé et obtenu le droit de chercher une compensation en Bretagne. Dudon affirme encore que deux comtes bretons seraient venus à Rouen, vers 945, pour prêter l'hommage vassalique au jeune duc Richard Ier. En fait, le comte de Rennes Alain Barbetorte était bien venu à Rouen en 942, mais c'est au roi de France qu'il avait fait l'hommage, et non au duc de Normandie. Du récit de Dudon, rien n'est à retenir sinon que vers la fin du règne de Richard II, le duc voulait faire admettre que la Bretagne relevait féodalement de lui. Ici encore existait donc une situation conflictuelle qui devait se prolonger longtemps. On avait bien essayé de pallier par des mariages ces difficultés. Le duc Richard II avait épousé Judith, sœur du comte Geoffroi de Bretagne et celui-ci avait pris pour femme Hawise, sœur de Richard. A la mort de Geoffroi, survenue au cours d'un pèlerinage (1008), sa veuve Hawise avait eu la tutelle de leurs deux enfants, Alain III et Eude ; bien entendu, Richard II avait assisté sa sœur dans cette charge et n'avait pas manqué de prendre en main, pour une bonne part, le gouvernement de la Bretagne. Guillaume de Jumièges affirme que, vers 1030, Alain III devenu comte de Bretagne, refusa le « service » qu'il devait à Robert le Magnifique : entendez le service vassalique. Robert entreprit donc de fortifier sa frontière sur le Couesnon, construisit un château à Cherrueix et envahit la Bretagne d'où il rapporta un important butin. Mais il n'était pas plus tôt rentré chez lui qu'Alain III lança une contre-offensive dans l'Avranchin où il buta sur la défense que le duc normand y avait installée. Les Bretons subirent de très lourdes pertes ; Guillaume de Jumièges rapporte que leurs cadavres jonchaient les rives de l'estuaire du Couesnon, « aussi nombreux que les moutons » (qui faisaient donc déjà partie du paysage des prés salés).

Vis-à-vis de l'Angleterre, Richard II s'était montré discret depuis qu'une dynastie danoise, avec Sven, puis Cnut, avait conquis le trône en 1013. Sans doute avait-il accueilli à Rouen le roi anglo-saxon vaincu, Ethelred, sa femme Emma, fille de Richard Ier et leurs deux fils. Mais Emma, veuve depuis 1016, avait accepté d'épouser Cnut ; celui-ci, devenu roi par droit de conquête, ne négligeait rien de ce qui pût donner à ses sujets l'impression de la continuité dans l'exercice du pouvoir monarchique. Maître de l'Angleterre, du Danemark et aussi, à partir de 1030, de la Norvège, il était à même de tenir un rôle incomparable dans l'intégration du monde scandinave à l'économie et à la culture de l'Europe occidentale. Les commerçants anglais voyaient s'ouvrir à eux de nouveaux marchés ; la sécurité des populations, la paix religieuse étaient assurées. Après une dizaine d'années de gouvernement, il put, avec l'aide de l'archevêque d'York Wulfstan, mettre au point un véritable code, appelé *Lois de Cnut,* qui amendait la législation du dernier roi anglo-saxon Ethelred. C'est dire que, dans sa masse, la population anglo-saxonne ne devait plus guère regretter la dynastie nationale qui s'était, en 1013, effondrée dans le désordre et la médiocrité. Il semble que, dans le même esprit d'apaisement, Cnut ait voulu établir des relations pacifiques, voire amicales, avec la Normandie. Sa sœur Estrith étant veuve, il proposa au jeune duc Robert le Magnifique de l'épouser, mais ce projet tourna court ; si le mariage eut lieu, ce qui n'est pas certain, Robert répudia très vite son épouse danoise. Guillaume de Jumièges rapporte, sans toutefois donner une date précise, qu'il envisagea même un débarquement en Angleterre au profit des deux fils d'Ethelred, Edouard et Alfred ; sans doute était-il bien mal informé de l'état des esprits outre-Manche. Après avoir adressé à Cnut un ultimatum qui resta sans réponse, il rassembla en peu de temps à Fécamp une flotte venue de tous les points de la côte normande. Mais les préparatifs avaient été bâclés ; on mit à la voile par un temps incertain et la flotte, après avoir subi des dommages du fait d'une tempête, se retrouva bientôt dans les parages de Jersey. Et le moine de Jumièges conclut : « Je pense que cela advint par la volonté de Dieu, qui entendait qu'Edouard retrouvât le trône de son père sans effusion de sang. » Après un long séjour dans les eaux de Jersey, où le retenait un vent contraire, Robert décida de désarmer une partie de la flotte et d'envoyer le reste piller les côtes bretonnes. Beaucoup d'historiens ont nié ou mis en doute la réalité de cette expédition manquée, parce que Guillaume Caillou est seul à en parler ; cette objection paraît vraiment bien faible si l'on tient compte des précisions que donne le chroniqueur. Quoi qu'il en soit, on ne saurait douter que les relations anglo-normandes aient été sérieusement détériorées dans les dernières années du règne de Cnut.

Tandis que les navires envoyés de Jersey harcelaient la Bretagne, Robert se préparait à envahir celle-ci avec une armée de cavaliers. Le comte Alain III, peu rassuré, demanda l'intervention de l'archevêque de Rouen, qui était oncle des deux adversaires ; il était, en effet, frère de

Richard II et Alain III était fils de Geoffroi qui avait épousé Hawise, sœur de Richard II. Une réconciliation intervint au Mont-Saint-Michel, sous les auspices du prélat.

Le Bâtard, fils de Herleue

A Falaise, où il séjournait souvent, du temps qu'il était comte d'Hiémois, Robert avait connu une jeune fille que les historiens appellent aujourd'hui Arlette. Elle est nommée, pour la première fois, sous la forme latine *Herleva,* vers 1110 dans les interpolations qu'Orderic Vital ajoute aux *Gesta normannorum ducum* de Guillaume de Jumièges ; sans doute, dans la langue parlée, disait-on *Herleue.* Plus tard, vers 1170, Wace, dans le *Roman de Rou,* la nomme *Arlot,* qui pourrait être un diminutif familier. On ne sait pas à quel âge elle rencontra Robert ; celui-ci était alors âgé de 16 à 18 ans. On ignore tout des origines de la jeune fille, car si sa liaison avec le jeune duc valut à sa famille une sensible promotion sociale, aucun texte antérieur ne parle de ses parents. Certes, les écrits de cette époque ne sont aujourd'hui conservés qu'en nombre infime ; mais si les contemporains avaient été mieux informés que nous, il est peu probable que la légende et les affabulations de la « presse du cœur », alors orale, eussent pu se donner libre cours, comme il advint très vite. Guillaume de Jumièges et Guillaume de Poitiers, chapelain de la Cour ducale au temps de Guillaume, qui achève vers 1072 ses *Gesta Willelmi ducis,* ne pouvaient éviter de mentionner assez souvent la mère du Bâtard ; mais ils ne donnent pas son nom, ni celui de ses parents. Dans ses interpolations de 1110, Orderic Vital dit, d'une part, que le père de Herleue s'appelait Foubert et qu'il était *cubicularius ducis,* c'est-à-dire chambrier du duc ; mais, dans un autre passage, il rappelle que ce Foubert avait

exercé le métier de *polinctor,* terme que l'on peut traduire
par « tanneur » ou, peut-être, « embaumeur de cadavres ». Wace, vers 1170, fait de Foubert un *parmentier,*
mot qui, dans le contexte où il se trouve, paraît bien
désigner un tanneur ; mais un des manuscrits du *Roman de
Rou* dit *pautonier,* terme que Wace emploie en d'autres
passages de son œuvre pour désigner des gens de très basse
condition. Tout bien pesé, il faut sans doute retenir que
Foubert était artisan tanneur, et que la faveur ducale lui
confia une charge de chambrier à la Cour lorsque sa fille
devint mère de l'héritier du trône. Les deux frères de
Herleue, Osbern et Gautier, bénéficièrent de la même
ascension sociale ; ils fréquentèrent la Cour au temps de
Guillaume le Bâtard. On trouve leurs noms accompagnés
de la mention « oncle du duc » parmi ceux des notables
qui souscrivent au bas de chartes ducales ; et une fille de
Gautier épousa le puissant seigneur de Cinglais, Raoul
Taisson.

On ne peut guère mettre en doute que Robert et
Herleue se soient connus à Falaise ; les diverses traditions
sont à peu près d'accord entre elles sur ce point. Mais la
famille de la jeune fille était-elle originaire de cette ville ?
Un clerc de l'église de Huy, dans la vallée de la Meuse,
entre Namur et Liège, rapporte, dans une addition qu'il
fit, dans la seconde moitié du XIIIᵉ siècle, à la célèbre
Chronique d'Aubry des Trois-Fontaines, qu'un tanneur
des environs de Florennes, non loin de Huy, nommé
Herbert, et sa femme appelée Doue, auraient émigré en
Normandie, se seraient installés à Falaise où leur fille
aurait épousé le duc de Normandie. Ce témoignage est
généralement tenu pour peu digne de foi parce qu'il est
tardif. Il n'est toutefois pas invraisemblable ; peut-être
l'écrivain du XIIIᵉ siècle a-t-il recueilli une tradition orale
concernant deux habitants de la région mosane qui
auraient connu, loin de leur patrie, un destin tout à fait
exceptionnel pour une famille d'artisans. Le fait même
d'une migration de cette famille de la vallée de la Meuse

vers la Normandie est parfaitement plausible au xiᵉ siècle. A cette époque naît et se développe rapidement à Andenne, entre Huy et Liège, une industrie de la poterie dont les productions attestent une émancipation à l'égard de l'influence qu'avaient exercée jusque-là, dans la région, les grands centres producteurs des environs de Maastricht. Les archéologues belges qui ont étudié la plus ancienne céramique d'Andenne ont beaucoup insisté sur les ressemblances qui la rapprochent de celle que l'on produisait alors dans l'ouest de la France ; les potiers qui créèrent au xiᵉ siècle les ateliers d'Andenne pourraient être venus d'Anjou, de Touraine ou de Normandie. On sait, d'autre part, que les clercs les plus doués du diocèse de Bayeux étaient alors envoyés à l'école épiscopale de Liège pour y faire des études supérieures de philosophie et de théologie.

La rencontre dont naquit le Bâtard ne fut certainement pas une aventure passagère. Robert et Herleue eurent au moins deux enfants : Guillaume et une fille nommée Adélaïde, qui devait épouser successivement le comte Enguerrand de Ponthieu, puis Lambert de Lens, enfin le comte Eude de Champagne. De toute évidence, Herleue fut considérée comme la *frilla* du duc Robert ; en s'unissant à elle, celui-ci se comporta comme l'avaient fait tous ses ancêtres ; mais ce fut, dans la famille ducale de Normandie, le dernier exemple d'une union *more danico*. Aucune source crédible ne donne explicitement la date de la naissance du Bâtard ; on ne sait même pas s'il était l'aîné ou le cadet de sa sœur Adélaïde. Orderic Vital et Guillaume de Malmesbury sont à peu près d'accord pour donner 7 à 8 ans au petit Guillaume lorsque mourut son père (1035) ; il serait donc né, très vraisemblablement, dans les dernières semaines de l'année 1027.

Les histoires colorées que racontent au xiiᵉ siècle Wace et Benoît de Sainte-Maure, dans sa *Chronique des ducs de Normandie,* prétendent occuper les lacunes de l'information historique. Concernant les relations de Robert et d'Herleue, la naissance et les premières années du Bâtard, les sources du xi siècle sont, en effet, muettes. Lorsque Guillaume de Jumièges et Guillaume de Poitiers achèvent leurs récits, il n'est plus question du Bâtard, mais du Conquérant, qui est encore vivant, au sommet de sa puissance. Leur discrétion n'a rien de surprenant. C'est seulement au xii siècle que prendra fin le silence prudent des écrivains. Orderic Vital est le premier, dans une de ses interpolations au texte de Guillaume de Jumièges (vers 1110), à donner le sobriquet de Bâtard *(nothus)* au fils du duc Robert ; mais depuis longtemps, sans doute, les langues allaient bon train. Racontars romanesques, d'abord : Robert, alors comte d'Hiémois, aurait aperçu un jour, soit au cours d'une promenade, soit depuis une fenêtre du château de Falaise, la jeune Herleue, dansant avec des compagnes dans un pré, ou, selon une autre version, lavant du linge dans la petite rivière, l'Ante, qui coule au pied de la forteresse. Frappé par sa beauté, il l'aurait fait amener près de lui et aurait passé avec elle la nuit suivante. Au moment de se donner à Robert, Herleue aurait déchiré de haut en bas sa chemise ; « elle put donc s'abandonner sans relever ce vêtement » (Wace) ; et comme Robert lui demandait une explication, elle aurait répondu : « Il n'est pas convenable que le bas de ma chemise qui touche mes pieds soit tourné vers votre bouche, et que ce qui est à mes pieds effleure votre visage. » Puis, quand elle s'endormit, elle vit en songe un arbre qui sortait de son corps, montait vers le ciel et couvrait de son ombre toute la Normandie. Selon la *Chronique des ducs de Normandie,* de Benoît de Sainte-Maure, l'arbre rêvé couvrait non seulement la Normandie, mais la mer et « toute la terre anglaise ». La signification de ce rêve est bien claire ; quant au thème de l'arbre, il s'agit d'une assez banale réminiscence biblique, qui renaît, au fil des siècles, dans les récits mythiques des sociétés les plus diverses.

Comme il était d'usage dans le cas d'un enfant engendré

d'une *frilla,* le petit Bâtard naquit et passa ses premières années chez sa mère ; sur ce point encore, les sources historiques du xie siècle sont muettes. Sans doute Robert fut-il assez souvent à Falaise ; mais durant les sept années de son règne, il fut souvent aussi en voyage ou en campagne guerrière. Aucune des chartes données par lui et conservées aujourd'hui n'indique Falaise comme lieu d'émission.

Wace raconte encore qu' « à peine sorti du ventre de sa mère, le nouveau-né fut couché sur une paillasse » ; tandis que la matrone qui avait effectué l'accouchement s'était éloignée un instant, le bébé s'agita, prit de la paille de ses deux mains et en fit un tas sur lui ; ce que voyant à son retour, la femme s'exclama : « Ha, seigneur ! Quel homme tu seras ! Combien tu conquerras et posséderas, car tu as su si tôt et seul remplir tes mains et tes bras ! »

On lit aussi dans le *Roman de Rou* une prédiction qu'aurait faite alors le terrible Guillaume Talvas, seigneur de Bellême, celui-là même qui avait tenté de soustraire Alençon, dont il avait la garde, à l'autorité de Robert le Magnifique. Comme il passait par Falaise, un habitant l'interpella et lui dit malicieusement : « Sire, entrez donc dans cette maison et voyez le fils de votre seigneur ; cette visite sera bien vue et donnera une preuve de votre fidélité. » Guillaume Talvas entra donc et se fit apporter l'enfant. « Je ne sais, dit Wace, ce que fit le nourrisson, s'il pleura ou s'il sourit. Mais quand Talvas l'eut regardé de près, il s'écria par trois fois : " Malheur à toi, car par toi et par ta famille, la mienne sera gravement abaissée, et de toi et de ton lignage mes héritiers recevront grand dommage ! " »

Wace se complaît dans ce genre d'anecdotes ; il n'en a pas trouvé la matière dans les écrits de ses devanciers, notamment dans les *Gesta normannorum ducum* de Guillaume de Jumièges, qu'il suit souvent pas à pas ; mais nous savons qu'il eut d'autres sources d'information aujourd'hui disparues ; il nomme l'une d'elles lorsqu'il raconte l'opposition faite, vers le milieu du Xᵉ siècle, par les Vikings obstinés de Normandie occidentale à la politique d'assimilation menée par le duc. « Je ne veux pas raconter de fables, écrit-il ; ceux de Fécamp peuvent en témoigner... Dans mon enfance, j'ai entendu raconter par des jongleurs que Guillaume (Longue-Epée) fit jadis crever les yeux à Osmond... ; mais je n'en puis trouver confirmation, et faute de celle-ci, j'aime mieux n'en point parler. » De telles protestations d'objectivité, que Wace réitère à maintes reprises, font partie du boniment traditionnel des conteurs. Mais il a pu être prouvé en plusieurs cas que des faits relatés dans le *Roman de Rou* sous une forme lyrico-épique s'étaient réellement produits ; la mémoire n'en avait été conservée que dans la tradition orale. Sur les « années obscures » de la vie du Bâtard, celles de sa petite enfance, Wace apporte aussi quelques données non anecdotiques. « L'enfant grandit car Dieu l'aima et l'orienta vers le bien ; le duc ne l'aima pas moins que s'il fût né de sa femme légitime ; il le fit élever noblement et richement ; c'est à Falaise que Guillaume reçut pendant un assez long temps cette éducation. »

PÈLERINAGE ET MORT DE ROBERT

Il était dans sa septième année lorsque Robert le Magnifique décida d'entreprendre le pèlerinage de Jérusalem. Les auteurs qui, au XIIᵉ siècle, l'accusent d'avoir empoisonné son frère aîné Richard III voient dans ce pieux voyage l'aveu du crime et le désir d'expiation du fratricide. A la vérité, en ce premier tiers du XIᵉ siècle qui marquait le millénaire de la Rédemption, nombreux furent, dans toute la Chrétienté, les pèlerins à destination des Lieux saints. Il est toutefois surprenant que Robert ait envisagé d'abandonner pour de longs mois son duché où tout n'était point encore parfaitement en ordre. Dans beaucoup de principautés territoriales de l'Occident fermentait alors l'insubordination de ceux que l'on appelle les « pouvoirs mineurs », c'est-à-dire les petits et moyens seigneurs. En Normandie, le retournement radical opéré par le duc Robert, d'abord favorable à ces contestataires, puis décidé à maintenir, à l'exemple de ses deux prédécesseurs, les prérogatives de l'autorité princière, avait suscité beaucoup d'amères déceptions. Les relations de la Normandie avec certaines puissances étrangères n'étaient pas non plus au beau fixe ; avec la Bretagne, avec l'Angleterre, on était entre deux crises. Si pacifiques que fussent les intentions du roi Cnut, il ne pouvait ignorer que les deux fils d'Ethelred, réfugiés à Rouen, nourrissaient des projets de revanche. Edouard et Alfred supportaient mal le remariage de leur mère Emma avec celui qui avait ravi le trône de leur père. En France, la nouvelle dynastie fondée quelque cinquante ans plus tôt par Hugues Capet n'avait plus de compétiteurs de souche carolingienne ; ses possessions foncières, l'efficacité de son autorité n'avaient pas fait de bien grands progrès durant ce demi-siècle ; du moins jouissait-elle déjà d'une réelle stabilité ; il était à prévoir qu'elle réclamerait, dès qu'elle en aurait le pouvoir, le retour au domaine royal du Vexin français que le roi Henri Ier avait dû, sous l'empire de la nécessité, céder à Robert le Magnifique. De surcroît, pour assumer le gouvernement de la Normandie durant une longue absence de son prince, qui choisir ? Beaucoup de descendants de Richard Ier et de Richard II étaient alors vivants ; plusieurs d'entre eux avaient été mis à la tête de comtés : en premier lieu l'archevêque de Rouen Robert, fils de Richard Ier ; il était en même temps comte d'Evreux ; mais on sait qu'un grave conflit, imparfaitement apaisé sans doute, l'avait opposé à Robert le Magnifique ; ce prélat n'avait guère la confiance de son neveu. Quant aux autres « Richardides », comme on les appellera bientôt, aucun ne s'imposait particulièrement. Richard III avait laissé un fils, Nicolas, issu d'on ne sait quelle union para-matrimoniale, mais sûrement pas du mariage de Richard avec Adèle de France, conclu en 1026 ou 1027, et non consommé en raison du très jeune âge de la princesse. Ce Nicolas eût pu normalement succéder à son père en 1027, mais son oncle Robert le Magnifique l'avait habilement écarté ; il était moine à Fécamp avant de devenir abbé de Saint-Ouen de Rouen. D'emblée, Robert avait donc décidé de faire reconnaître pour son héritier le petit Bâtard, né de son union avec Herleue.

En janvier 1035, il réunit à Fécamp, autour de l'archevêque de Rouen, les évêques et les principaux barons laïques ; de ceux-ci, aucune source écrite ne donne la liste précise, mais il y avait évidemment parmi eux plusieurs « Richardides ». Guillaume de Jumièges, dans une très brève relation, les montre atterrés à l'annonce du prochain départ de leur prince ; ils redoutaient pour le pays, pendant cette absence, des troubles de toute sorte. Robert avait amené avec lui son fils, le petit Guillaume. Voici la scène telle que la raconte Wace. Après avoir entendu les barons exprimer leurs craintes, Robert leur répond : « Seigneurs, vous dites vrai ; je n'ai ni enfant, ni héritier, sinon le fils que voici. Si vous l'acceptez, je vous le donnerai ; il sera sous la protection du roi de France. Il est jeune, certes, mais grandira, avec l'aide de Dieu, et deviendra fort. » Aucune objection semble n'avoir été faite, au moins sur-le-champ. A cette date pourtant, dans tout autre Etat chrétien, l'accession d'un enfant bâtard au trône princier aurait certainement fait l'objet de protestations de la part des hommes d'Eglise ; et même en Normandie la pratique du mariage *more danico* était en train de disparaître. Guillaume de Jumièges se borne à rapporter sobrement l'acceptation chaleureuse des barons qui auraient, le jour même, prêté au jeune héritier le serment de fidélité. Selon Wace, le petit Bâtard aurait ensuite été conduit par son père auprès du roi de France pour lui faire l'hommage et recevoir de lui en fief le duché.

A cette date, Herleue était certainement déjà mariée

selon le rite chrétien à un seigneur de la moyenne Normandie, Hellouin de Conteville. La date de leur mariage n'est pas connue avec précision. On a parfois supposé qu'il avait été conclu en 1034, sous les auspices du duc Robert, soucieux d'assurer avant son départ la sécurité de sa compagne très aimée. A la vérité, c'est beaucoup plus tôt qu'Herleue épousa Hellouin. Ils eurent deux fils, Eude et Robert, qui tinrent l'un et l'autre une place éminente dans la vie ecclésiastique et politique de la Normandie au XIe siècle. Eude devint évêque de Bayeux en 1049, choisi par son frère utérin Guillaume le Bâtard. Si vraiment sa mère ne s'était mariée qu'en 1034, et en admettant qu'il fût l'aîné des deux frères, il n'aurait eu, tout au plus, que 14 ans lorsque lui fut confié un siège épiscopal. Compte tenu des habitudes du temps, la chose n'est pas tout à fait impossible ; mais dans ce cas, il est fort probable que les historiens ecclésiastiques du XIIe siècle, et notamment Orderic Vital peu suspect de complaisance envers le duc Guillaume, n'auraient pas manqué de souligner cet abus du népotisme. Or Orderic dit simplement, vers 1110, dans une interpolation au texte de Guillaume de Jumièges : « L'évêque de Bayeux Hugues étant mort, le duc confia cet évêché à son frère Eude. Celui-ci, dès sa consécration, entreprit de construire une cathédrale en l'honneur de la Sainte Mère de Dieu. » Plus tard, dans son *Historia Ecclesiastica* (vers 1140), le même Orderic précise qu'Eude était devenu évêque « dans son adolescence », ce qui n'exclut pas que le fils de Herleue ait eu alors une vingtaine d'années. Le mariage de ses parents pourrait donc remonter jusqu'aux années 1028-1030 ; il pourrait trouver son explication non pas dans le départ imminent de Robert pour la Terre sainte, mais dans le profond changement qui intervint dans son comportement vers l'an 1030.

Il semble que le duc repentant ait quitté la Normandie peu après la réunion tenue à Fécamp et la visite au roi de France qui la suivit. Le froid de l'hiver sévissait encore, au moins durant la première partie du voyage. De celui-ci, Guillaume de Jumièges, la source la plus fiable dont nous disposions, dit fort peu de chose ; il n'indique même pas l'itinéraire suivi. Mais sur ce point, son silence n'importe guère ; les routes possibles pour un tel pèlerinage n'étaient pas nombreuses, et nous les connaissons ; des hospices y étaient installés aux principales étapes. Wace nous dit que Robert et ses compagnons passèrent par Langres, Besançon, le Grand-Saint-Bernard, la Lombardie, puis Rome. De Rome à Constantinople, l'itinéraire n'est pas indiqué ; sans doute les pèlerins s'embarquèrent-ils sur la côte de Pouille pour traverser l'Adriatique, après avoir fait une halte au sanctuaire du Monte Gargano où déjà les Normands se rendaient volontiers pour y prier saint Michel ; puis ils gagnèrent la capitale byzantine à travers les Balkans. Il existait toutefois une autre route qui passait non par l'Italie, mais par la vallée du Danube : c'est celle-là qu'avait suivie le pèlerinage organisé une dizaine d'années plus tôt par l'abbé lorrain Richard de Saint-Vanne et financé par le duc Richard II.

Des incidents qui auraient marqué le long voyage du duc Robert vers les Lieux saints, on connaît surtout le récit donné par Wace sous forme anecdotique, empreint d'une certaine saveur épique. Alors se trouve posé, une fois encore, le délicat problème des sources du *Roman de Rou*. Petits poèmes lyrico-épiques, sortes de *midrashim*, élaborés autour de quelques souvenirs transmis par la tradition orale ? C'est seulement vraisemblable en bien des cas ; mais parfois aussi on découvre dans la chaîne de la tradition un maillon particulièrement solide. Parmi les anecdotes contées par Wace à propos de ce pèlerinage, quelques-unes figurent déjà dans les additions apportées, vers la fin du XIᵉ siècle, aux *Gesta* de Guillaume de Jumièges, sans doute par un moine de Saint-Etienne de Caen ; or celui-ci précise que l'allemand Isembard, qui fut abbé de la Trinité-du-Mont à Rouen et mourut en 1054, aimait à narrer ces souvenirs ; nous avons donc là un témoignage postérieur de moins de vingt ans aux faits qu'il relate. Toutes ces anecdotes se rapportent à deux traits du comportement de Robert sur le chemin de Jérusalem : l'humilité qui sied au pécheur repentant, mais aussi une prodigalité ostentatrice ; il semblerait qu'en choisissant de mettre en valeur deux attitudes aussi contradictoires, les narrateurs aient voulu faire apparaître le caractère fantasque et déconcertant du personnage. C'est en Bourgogne que la tradition situe la première scène évoquée. Un matin, le duc et ses compagnons doivent franchir la porte d'une ville ; avec eux attendent d'autres voyageurs. Robert fait lever le gardien qui, tiré de son sommeil, voudrait accélérer le passage de ces gens ; il les houspille, un bâton à la main, dont il frappe les traînards. Le duc avait choisi d'entrer le dernier, ce qui lui vaut de recevoir un coup de trique sur le dos. Par humilité, il courbe l'échine, mais les Normands accourent et menacent d'assommer avec leurs bourdons le brutal portier ; Robert s'y oppose. « Allez donc, dit-il à ses compagnons ; laissez ce fou, ne le touchez pas ; nous sommes des pèlerins et ne devons pas être cause de bagarres, ni de tensions ; qui commence une rixe agit mal ; acceptons donc tout avec patience ; nous devrions souffrir bien des maux pour expier nos péchés. Si ce valet m'a frappé, je méritais bien pis ; j'aime mieux ce coup qu'il m'a donné que toute ma ville de Rouen. »

Après cet acte d'extrême humilité, voici maintenant une manifestation de provocante suffisance. La scène se passe à Rome. Le duc s'arrête devant la statue équestre d'un empereur que l'on pensait être Constantin ; voyant ce personnage nu, Robert le Magnifique fait acheter un très riche manteau et en revêt la statue ; puis il s'en va en raillant « ces Romains qui laissent leur seigneur dévêtu hiver comme été, alors qu'ils devraient bien l'honorer en lui donnant un manteau par an ».

On aimerait connaître l'accueil que firent au groupe normand les populations de l'Italie centrale et méridionale, et savoir si les compagnons de Robert eurent des contacts avec leurs compatriotes qui avaient émigré depuis une vingtaine d'années en Campanie et en Pouille, où ils cherchaient aventure et s'étaient acquis une bien mauvaise réputation. Au cœur même de l'Empire byzantin, d'ailleurs, l'image de marque des Normands n'était pas meilleure ; selon une tradition qui remonte sans doute à l'abbé rouennais Isembard († 1054), ils y passaient pour des gens « habitués à extorquer et piller l'or des autres peuples » ; en ces contrées lointaines, on voyait donc encore, au XIe siècle, dans les habitants du duché de Normandie, les dignes descendants des Vikings.

C'est pour démentir cette fâcheuse réputation que Robert, à l'approche de Constantinople, aurait donné l'ordre de remplacer les fers, aux pieds de sa mule, par des garnitures d'or, qui ne pouvaient y adhérer que de façon bien précaire ; défense était faite aux gens de la suite ducale de les ramasser lorsqu'ils tombaient. Arrivé dans la capitale de l'Empire byzantin, le duc de Normandie fait visite au souverain qui était alors un usurpateur, Michel IV surnommé le Paphlagonien ; au mépris du protocole, il s'assied avant d'y avoir été invité ; à défaut de sièges, ses compagnons et lui étendent sur le sol leurs manteaux qui étaient somptueux. L'empereur étonné demande alors si cet élégant visiteur est le roi de France ; on lui répond qu'il s'agit, non du roi, mais du plus illustre des princes de son royaume, qui sollicite l'autorisation de traverser les territoires byzantins pour gagner Jérusalem. L'empereur, sensible à cette démarche, ordonne à ses agents de donner aux Normands tout ce dont ils auront besoin durant leur séjour à Constantinople ; et Robert de répondre avec hauteur qu'il n'est pas réduit à mendier. A quoi, l'empereur irrité riposte en prescrivant aux marchands de la capitale de ne vendre aucun ravitaillement à ces étrangers arrogants et de leur refuser, en particulier, le bois dont ils ont besoin pour faire cuire leurs aliments. Mais le duc tourne la difficulté en faisant ramasser par ses hommes des coquilles d'amandes et de noix pour servir de combustible.

Alors l'empereur cède à ces gens « dont l'astuce est imbattable » et donne à ses sujets l'ordre de leur vendre tout ce qu'ils demanderont.

Wace, lui, donne une autre version de l'incident qui aurait marqué la visite du duc Robert à l'empereur Michel IV ; mais ici encore, le récit traditionnel veut mettre en valeur l'extrême susceptibilité des Normands soucieux de démentir la rumeur publique selon laquelle ils seraient des pillards besogneux et avides. A la fin de l'audience impériale, ils négligent de reprendre les beaux manteaux sur lesquels ils s'étaient assis ; comme un officier de la cour leur fait remarquer cet oubli, Robert lui répond fièrement : « Quand je suis en visite, je n'ai pas l'habitude d'emporter mon siège avec moi. » Et le conteur de conclure : « A cause de la fierté des Normands qui se servirent de leurs manteaux comme de bancs, l'empereur fit installer des sièges tout autour de la grande salle d'audience ; car auparavant, ceux qui désiraient s'y asseoir devaient le faire à même le sol. »

S'il y a quelque part de vérité dans ces récits, on peut admettre que Robert le Magnifique ait voulu jeter de la poudre aux yeux des riches Byzantins dont l'opulence était alors proverbiale en Occident, où l'on ne frappait plus, depuis des siècles, de monnaie d'or ; on utilisait, pour les paiements importants, des « besants », c'est-à-dire des pièces d'or frappées dans l'Empire byzantin, ou des dinars musulmans. On imagine aisément l'émerveillement des braves gens de Normandie qui entendirent raconter cette histoire dorée, car elle y fut certainement « chantée », comme dit Wace, par des jongleurs ; on reconnaît sans peine dans ces passages du *Roman de Rou* la recherche des effets de style oral qui captivaient l'attention des auditoires populaires sur les champs de foire ou aristocratiques dans les châteaux. Les uns et les autres devaient être d'autant plus éblouis par la richesse et la prodigalité prêtées au duc Robert que généralement le financement d'un long pèlerinage était chose très malaisée ; les sommes que ces voyageurs emportaient, en argent monnayé, étaient le plus souvent modestes ; le mérite du pèlerinage résidait d'ailleurs, pour une bonne part, dans l'austérité à laquelle était contraint celui qui l'entreprenait. Ainsi Robert le Magnifique, lorsqu'il parvint à Jérusalem trouva-t-il, aux portes de la ville, une foule de pauvres gens qui, au terme de l'épuisant voyage, se voyaient interdire l'entrée de la cité sainte, faute de pouvoir verser la pièce d'or que le maître musulman des Lieux saints exigeait des pèlerins. Alors le généreux duc, ému à la vue de ces « pauvres, chétifs et égarés » — c'est encore Wace qui raconte — décide de verser pour eux la taxe requise. Mais quand le gouverneur de Jérusalem entend parler de la magnanimité de Robert, il fait entrer librement les malheureux qui s'étaient placés sous la protection du prince normand ; qui plus est, il remet à celui-ci le montant des taxes qui avaient été versées ce même jour par d'autres visiteurs pour l'accès au Saint Sépulcre, et Robert distribue cet argent aux pèlerins nécessiteux.

Plusieurs de ces anecdotes mirobolantes se retrouvent dans des œuvres littéraires aussi diverses que la *Sigurdarsaga,* sensiblement postérieure au *Roman de Rou,* le récit du pèlerinage de Mangold de Werde écrit vers 1120, ou la chanson de geste *Aimeri de Narbonne.* La source à partir de laquelle on a bâti ces affabulations pourrait être les souvenirs des compagnons de Robert le Magnifique qui échappèrent aux périls du voyage et revirent la Normandie. Il faudrait alors faire mention toute particulière de Toustain, chambrier ducal, qui fut chargé par son maître de porter à l'abbaye de Cerisy, qu'il avait restaurée, les reliques acquises en Terre sainte ; ce Toustain était peut-être, d'ailleurs, le grand-père de Wace. Le monastère de Cerisy pourrait avoir joué un rôle majeur dans l'élaboration de la légende épique concernant le duc Robert. Cette légende a retenu presque uniquement les gestes fastueux du prince ; elle semble oublier le caractère pieux du voyage, exception faite du coup de bâton reçu et humblement accepté à l'entrée d'une ville de Bourgogne. Mais la traversée des Balkans et surtout celle de l'Asie Mineure n'étaient pas alors une partie de plaisir, ni en hiver ni en été. Même les pèlerins riches étaient à la merci des rigueurs du climat : vers 1050, le prince anglo-saxon Sven Godwinesson mourut de froid en Anatolie et ne put atteindre Jérusalem. Il y a tout lieu, d'ailleurs, de tenir pour véridique une autre anecdote que rapporte Wace. Au cours du voyage d'aller, entre Constantinople et Jérusalem, Robert le Magnifique tomba malade au point de ne pouvoir marcher, ni monter à cheval ; afin de ne pas arrêter son convoi, il fit engager quelques « povres sarazins » pour le « porter en litière comme on porte un corps en bière ». Un pèlerin normand, originaire de Pirou en Cotentin, vint à passer, revenant de Jérusalem ; il ne put retenir ses larmes à la vue de son duc si malade et demanda quelles nouvelles il devait donner, à son retour en Normandie. « Tu diras à mes amis, et aux gens de mon pays, répondit Robert, que je me fais porter au paradis par des diables. » Pour une fois, Wace indique ici sa source : le pèlerin de Pirou, dont le témoignage oral fut conservé et sans doute enjolivé dans la tradition locale.

C'est en plein été que Robert le Magnifique entreprit son voyage de retour ; on sait qu'il mourut à Nicée le 2 ou le 3 juillet 1035 et y fut enseveli dans la basilique dédiée à Notre-Dame. Guillaume de Jumièges dit laconiquement qu'il était tombé malade dans cette ville. Wace, lui, affirme que le duc fut empoisonné et que l'un de ses compagnons, Dreu, comte de Vexin, qui avait absorbé le même breuvage, en mourut aussi. Il semble que cette version d'un attentat criminel ait circulé assez tôt en Normandie. L'auteur anonyme de l'*Inventio et miracula sancti Vulfranni* s'en fait l'écho vers 1080 ; il précise même que l'auteur du crime serait un de ces hommes qui ne pardonnaient pas au duc le changement radical de politique et de comportement qu'il avait accompli vers 1030. Guillaume de Malmesbury donne le nom du coupable, un certain Raoul Mowin qui appartenait à l'entourage du prince et aurait ambitionné la succession au trône ducal; revenu en Normandie et reconnu coupable, il aurait été condamné à l'exil. On ne sait d'où l'auteur des *Gesta regum Anglorum* tient ces précisions, qu'il est d'ailleurs seul à donner; on ne sait rien non plus du personnage qu'il met en cause et, s'il a jamais existé, on ne voit pas comment il aurait pu prétendre succéder à sa victime sur le trône ducal. En revanche, il est possible que la manœuvre criminelle à laquelle aurait succombé le duc ait été révélée par son chambrier Toustain, qui était présent à Nicée et recueillit les dernières volontés de son maître.

Si le règne de Robert le Magnifique n'avait pas été si court — huit ans à peine — il est probable qu'au regard de l'histoire, les incidents qui en marquèrent la première phase n'apparaîtraient pas en fort relief. Les institutions ecclésiastiques en furent les seules victimes et les sources écrites qui nous sont parvenues émanent d'elles. Encore l'erreur y est-elle mise au compte de mauvais conseillers qui ont dévoyé leur très jeune prince. Et dès que prennent fin les usurpations, les écrivains ecclésiastiques rivalisent d'éloges à l'égard de Robert; sa mort survenue au cours d'un pèlerinage acheva de magnifier sa figure. « Je n'estime pas injuste de croire et d'écrire, dit Guillaume de Jumièges, que le Maître de la Jérusalem céleste l'a reçu dans la gloire éternelle »; et l'auteur de l'*Inventio et miracula sancti Vulfranni* renchérit : « On doit croire qu'un tel homme n'est pas mort seulement à cause de la méchanceté d'individus pervers, mais plutôt par la volonté divine, car il était devenu l'un de ces êtres dont le monde, selon la parole de l'Apôtre, n'est pas digne. »

Si les effets de la conversion survenue dans la conduite du duc vers 1030 sont fort visibles grâce aux quelques textes conservés, il est peut-être téméraire d'en chercher les mobiles. Pression extrême exercée par l'archevêque de Rouen, les évêques et les abbés des principaux monastères? Inquiétude devant la possible déstabilisation d'un ordre socio-politique encore fragile ? Ou véritable crise de conscience ? Le fait que Robert ait délibérément encouru les risques très sérieux que comportait, pour lui-même et pour son duché, son départ en pèlerinage donne quelque poids à cette dernière hypothèse.

Quoi qu'il en soit, la politique de Robert le Magnifique ne déroge pas, pour l'essentiel, à celle de ses prédécesseurs. Si les institutions du pouvoir central n'ont pas encore la solide structure qu'on leur connaîtra bientôt, le duc n'est pas seul. Sur ce point, ce sont les chartes données par Robert qui nous renseignent, et particulièrement les souscriptions par lesquelles elles se terminent d'habitude ; elles nous font connaître l'entourage du prince. On y voit, en tête, l'archevêque de Rouen, qui était alors Robert, fils de Richard Ier, puis les autres évêques et parfois quelques abbés des plus importants monastères ; parmi les laïcs, des membres de la famille ducale, tels Gilbert de Brionne, Guillaume d'Arques, Mauger de Corbeil, et des fidèles, Onfroy de Vieilles, Galeran de Meulan, le sénéchal Osbern, le bouteiller Robert, le connétable Turold et ce Rabel à qui le duc confia le commandement de la flotte envoyée contre l'Angleterre ; et, dans quelques cas, des vicomtes. Parfois aussi souscrivent des personnages de marque étrangers au duché, mais séjournant en simple visite ou plus longuement auprès de Robert : en premier lieu Alfred et Edouard, fils du roi anglo-saxon détrôné Ethelred. L'entourage habituel de Robert le Magnifique n'était ainsi guère différent de celui que l'on avait vu auprès de Richard Ier et de Richard II. Il contribua certainement à maintenir, pour l'essentiel, dans la politique ducale la continuité.

D'autre part, la restauration de la vie monastique fut poursuivie, même si l'on a moins parlé de cette œuvre positive que des déprédations dont furent victimes certains monastères. C'est sous le règne de Robert que Jean de Ravenne, neveu de Guillaume de Volpiano, est choisi pour diriger l'abbaye de Fécamp, et que l'Allemand

Isembard, chapelain ducal, est placé à la tête de la Trinité de Rouen ; et c'est le duc lui-même qui restaure l'abbaye de Cerisy, victime un siècle et demi plus tôt des raids des Vikings.

En vérité, l'accident grave, générateur de discontinuité, ne fut pas l'avènement de Robert le Magnifique, ni même les incartades commises à son initiative ou avec sa connivence durant les deux ou trois premières années du règne, mais bien sa mort prématurée, survenue très loin de la Normandie, alors que l'héritier choisi était un enfant de sept ans.

Par quelle voie la nouvelle de cette mort parvint-elle en Normandie ? Peut-être fut-elle apportée d'abord par des membres de l'entourage ducal ; le témoignage du chambrier Toustain, qui avait assisté le duc à ses derniers instants, ne laissa place à aucun doute.

Crise et restauration
de l'Etat normand

LES TROUBLES DE LA MINORITÉ

On ne sait pas avec certitude comment avait été assuré
le gouvernement de la Normandie pendant le pèlerinage
de Robert. Incontestablement, le premier personnage
après le duc était l'archevêque de Rouen ; son nom figure
toujours en tête de tous les souscripteurs au bas des
chartes ducales. Après la brouille assez grave qui avait
opposé l'archevêque Robert à son neveu, il avait retrouvé
cette place éminente et tenu un rôle de premier plan dans
la vie politique de l'Etat normand ; c'est, en particulier, lui
qui avait dirigé, en janvier 1035, la réunion de Fécamp au
cours de laquelle Robert le Magnifique avait annoncé sa
décision d'entreprendre le grand pèlerinage. Il semble
cependant n'avoir pas revendiqué la charge de tuteur de
l'héritier mineur ; le comte Alain III de Bretagne qui était,
par sa mère Hawise, petit-fils de Richard Ier affirmait avoir
été désigné par Robert le Magnifique pour exercer cette
responsabilité, mais pareille prétention ne fut pas, en
Normandie, considérée comme fondée. En fait, la réalité
du pouvoir paraît bien avoir été détenue par l'archevêque
Robert jusqu'à sa mort survenue le 16 mars 1037 ; il était
assisté dans sa tâche par les membres de la cour ducale qui
n'avaient point participé au pèlerinage et, en premier lieu,
par le sénéchal Osbern de Crépon qui portait le surnom,

significatif entre tous en cette rude époque, de « Pacifique » ; il était proche des Richardides puisque son père Herfast était frère de Gonnor, la *frilla* de Richard Ier. A partir de 1037, Mauger qui succède à Robert sur le trône archiépiscopal de Rouen occupe la première place dans la hiérarchie de l'aristocratie normande ; il était fils du duc Richard II et de sa *frilla* nommée Papia. Dans les chartes et les textes narratifs qui se rapportent à cette période, divers autres personnages apparaissent, portant des titres tels que « tuteur » ou « maître » du jeune duc ; parmi eux, le plus notable est assurément Gilbert de Brionne, petit-fils de Richard Ier ; quant à Osbern, sa fonction de sénéchal comportait une responsabilité très étendue concernant la maison ducale, qui n'avait pas alors de siège permanent.

Mais il apparaît vite que l'archevêque Mauger n'a pas l'expérience ni l'autorité dont avait fait preuve son prédécesseur ; très tôt se manifestent de sauvages rivalités entre les hommes qui détiennent ou aspirent à détenir une part du pouvoir. C'est ainsi que Gilbert de Brionne, « tuteur » du Bâtard, est assassiné alors qu'il se promène à cheval avec un ami, petit seigneur de l'Hiémois, Gauchelin de Pont-Echanfré ; l'instigateur du meurtre est démasqué : c'est un autre Richardide, Raoul de Gacé, fils de feu l'archevêque Robert ; il s'institue aussitôt « tuteur » du petit duc. Peu après, le « précepteur » de celui-ci, nommé Turold, est à son tour assassiné. Puis le sénéchal Osbern tombe sous les coups de Guillaume de Montgommery dans la résidence que les ducs possédaient au Vaudreuil ; il est égorgé de nuit dans la chambre qu'il voulait partager avec le Bâtard, pour le mieux protéger. Cette fois, le crime sera bientôt vengé ; un agent domanial d'Osbern, son prévôt Barni, pénètre, les armes à la main, dans la demeure de Guillaume de Montgommery et le tue.

Les sources narratives du XIIe siècle, en premier lieu Orderic Vital, ne citent dans leurs récits de ces sanglantes vendettas que les noms des personnages de premier plan, proches de la Cour ducale ; mais le désordre gagna bien d'autres milieux. L'aristocratie normande n'a pas encore, en ce temps-là, de structures bien solides ; les comtes en forment la couche supérieure ; issus de la famille ducale, en général fils de *frilla,* ils sont étroitement soumis à l'autorité du prince ; mais, celle-ci venant à faire défaut, on les voit, durant la minorité du Bâtard, s'entre-déchirer. Les vicomtes, au nombre d'une quinzaine à cette époque, avaient été plus strictement encore tenus en main par le duc ; après la mort de Robert le Magnifique, ils semblent avoir résisté quelque temps à la vague déferlante du désordre ; mais quelques-uns d'entre eux y succomberont avant la fin de la crise. Quant à la masse de l'aristocratie, elle était fort hétéroclite et pas encore bien structurée. On y voyait des familles de souche scandinave ou se prétendant telles, des nouveaux venus accourus vers la fin du xe siècle des régions les plus diverses : de France, de Bretagne, d'Anjou et peut-être même de terres étrangères au royaume de France ; tout s'était alors passé comme s'il s'agissait de combler en Normandie un grand vide social ; le robuste gouvernement de Richard Ier et de Richard II avait su contrôler strictement, s'il n'avait toujours appelé, cette immigration. Mais ici encore, dans les années qui suivent 1035, la carence du pouvoir princier laisse libre cours aux antagonismes au sein d'un groupe social trop peu cohérent. Il n'est pas impossible, en particulier, qu'un sentiment de supériorité frustrée se soit alors fait jour dans les lignages d'ascendance viking ; comment interpréter autrement le qualificatif de « Normand entre tous les Normands » dont un Roger de Montgommery s'affuble dans une de ses chartes ? Et l'on peut imaginer bien d'autres sujets de litiges entre ces hommes qui n'avaient guère en commun que leur allégeance assez récente à l'égard d'un même prince ou d'un des barons de ce prince. En cette première moitié du xie siècle, en effet, les liens de dépendance entre les hommes sont, en Normandie, de nature personnelle beaucoup plus que territoriale. Tous ceux qui détiennent une richesse foncière, un pouvoir de fait, rassemblent autour d'eux une clientèle de fidèles ; les textes appellent souvent ceux-ci *milites,* que l'on traduit par « chevaliers ». La formation de ces clientèles, la prise de possession de terres nouvelles : autant d'occasions possibles de conflits entre voisins.

C'est dans ce climat d'extrême désordre que s'achève l'enfance du petit Bâtard. De ce que fut son existence pendant ces sombres années, on ne sait à peu près rien ; les sources narratives, dont les plus anciennes datent d'environ 1070, ne font presque jamais mention de lui ; elles parlent, en termes voilés, des incompétents qui l'entourent ; quant à ceux qui lui créent des difficultés, ils sont rarement nommés ; de cette discrétion, Guillaume de Jumièges donne avec humour le motif : « J'écrirais leurs noms si je ne craignais d'attirer sur moi leur haine inexorable ; car ils ne sont autres (je vous le dis à l'oreille) que ceux qui se disent aujourd'hui (vers 1070) fidèles et que le duc a comblés des plus grands honneurs. »

En fait, durant les premières années de sa minorité du moins, la personne du petit duc semble n'avoir été guère contestée. Sans doute Guillaume de Jumièges note-t-il brièvement que sa qualité de bâtard lui valait le dédain de l'aristocratie normande et particulièrement des Richardides ; mais il est difficile de croire que, vers 1035-1040, ces derniers pussent considérer comme bâtard, au sens chrétien et infamant du terme, un fils de *frilla :* tel était, en effet, le cas de la plupart d'entre eux. Ce grief de bâtardise est, en revanche, concevable dans la bouche d'un seigneur de souche française, comme Roger de Tosny. Il se trouvait, lorsque le duc Robert partit pour Jérusalem, au-delà des Pyrénées, occupé à guerroyer contre les musulmans ; c'est seulement à son retour qu'il aurait appris que le fils de Herleue avait été reconnu comme duc ; il aurait alors déclaré ne vouloir accepter comme prince un enfant illégitime. Mais, en aucune manière, il ne tenta de s'attaquer directement au petit duc, ni de le chasser du pouvoir. Son refus d'allégeance se traduisait seulement par des agressions contre les terres de ses voisins, c'est-à-dire par des violations de la paix publique. C'est donc seulement en sa qualité de gardien et de garant de cette paix que le pouvoir ducal est indirectement attaqué. Rappelons que dès avant l'an Mil, le duc s'était assuré l'exclusivité de la justice concernant les atteintes majeures à l'ordre public; il était, en particulier, seul qualifié pour juger les coupables de violation de domicile à main armée (*hamfara*); or, pendant la minorité du petit Guillaume, les infractions de ce type se multiplient et ne sont pas sanctionnées; la porte est ainsi ouverte aux vengeances privées, qui s'exercent en chaîne. On voit même alors, comme il est advenu en d'autres temps troublés et notamment pendant les incursions des Vikings, se constituer dans les campagnes des groupes spontanés d'auto-défense. Orderic Vital, dans une de ses interpolations au texte de Guillaume de Jumièges (vers 1110) raconte longuement un épisode dont le souvenir s'était conservé bien vivant, après quelque 70 ans. Dans la région de Sées, un certain Guillaume Soreng, aidé de ses trois fils Richard, Robert et Avesgot, vivait de pillages; un jour, ils s'emparèrent de l'église cathédrale Saint-Gervais de Sées, y entreposèrent leur butin, y installèrent des litières pour leurs chevaux. L'évêque Yves de Bellême, voyant son église ainsi transformée en « caverne de brigands et en lupanar de prostituées », alerte alors le peuple et appelle à l'aide d'un seigneur de l'Hiémois, Hugues de Grentemesnil. Comme l'église allait être prise d'assaut, les malfaiteurs se réfugient dans la tour-clocher et criblent de leurs flèches les assaillants, blessant plusieurs d'entre eux. En désespoir de cause, l'évêque décide d'incendier la tour; mais lorsqu'on met le feu aux fagots apportés par les habitants, un coup de vent imprévu pousse les flammes vers l'église qui se trouve rapidement transformée en brasier. Guillaume Soreng et ses fils réussissent à s'enfuir avec leurs armes, dont ils se servent pour couvrir leur retraite, et se dispersent. L'aîné des fils, Richard, trouve asile dans une cabane, au bord d'un étang, mais il y sera surpris, tandis qu'il dormait, par un seigneur du voisinage, Richard de Sainte-Scolasse, dont il avait pillé les terres ; il parvient pourtant à s'enfuir, cette fois encore, mais un paysan qu'il avait naguère volé et enchaîné l'abat d'un coup de hache. Son frère Robert, qui avait réussi à gagner Ecouché, est pris en chasse et abattu par un groupe de paysans. Le troisième fils, Avesgot, est transpercé par une flèche alors qu'il s'attaquait à la population de Chambois.

Il s'agit ici de justes châtiments, même s'ils ne sont pas précédés d'un jugement en règle. Mais souvent, les actes de vengeance prennent un caractère d'inutile et sauvage cruauté. La famille de Bellême s'est tristement illustrée dans ce genre d'excès. Installée aux confins méridionaux de la Normandie, elle s'était signalée déjà, du vivant de Robert le Magnifique, par son indiscipline et ses intrigues. La faiblesse du pouvoir ducal après 1035 laisse le champ libre à ses agissements. Son chef est alors Guillaume Talvas, fils de cet autre Guillaume qui avait tenté de soustraire la place d'Alençon à l'autorité de Robert le Magnifique. Il était, nous dit-on, « peureux et débile au combat », mais redoutable par sa ruse. Il avait réussi à recouvrer la totalité de l'héritage de son père, grâce à l'aide de quelques-uns de ses fidèles, dont Guillaume, fils d'un certain Géré, qui, venu de Bretagne, avait reçu, quelques décennies auparavant, des terres dans la région. De sa femme Heudebourg, Guillaume Talvas avait deux enfants, Arnoul et Mabille, mais il était en conflit de plus en plus aigu avec cette épouse qui lui reprochait âprement sa conduite fourbe et cruelle. Un matin, alors qu'elle se rendait à l'église, il la fit étrangler par deux hommes à sa solde ; puis il demanda en mariage une fille de Roger, seigneur de Beaumont et fils d'Onfroi de Vieilles, lequel avait occupé une place éminente auprès de Robert le Magnifique et venait de fonder l'abbaye de Préaux, près de Pont-Audemer (1034). Parmi les invités aux noces se

trouvait Guillaume-Fils-Géré. Un frère de celui-ci, moine
à Marmoutier, surnommé « le Clerc » à cause de son
exceptionnelle culture littéraire, mais aussi « Malecou-
ronne » parce qu'il était réputé préférer les armes à la vie
monastique, poussé par un funeste pressentiment, voulut
dissuader Guillaume d'accepter cette invitation, mais il ne
fut pas écouté. Guillaume, confiant peut-être en sa haute
taille et sa force physique peu commune, vint à Alençon
sans armes, accompagné seulement de douze chevaliers.
Le sire de Bellême lui fit bon accueil, mais confia
secrètement à ses gens qu'il soupçonnait cet invité de
trahison et leur enjoignit de ne pas le perdre de vue, puis il
partit à la chasse ; alors ses familiers se jetèrent sur le fils
de Géré, l'entraînèrent hors de la maison et, devant des
témoins atterrés et paralysés par la crainte, lui crevèrent
les yeux, lui coupèrent le nez et les oreilles. Le malheureux survécut à ces blessures et, trois ans plus tard,
chercha refuge au monastère du Bec. Mais deux des frères
de la pitoyable victime avaient juré de la venger ; ils
saccagèrent les terres de Guillaume Talvas, s'avançant
jusqu'aux portes des châteaux où il se cachait et le
sommant, mais en vain, de sortir et de se battre. Pareille
lâcheté finit par révolter les fils même de Guillaume de
Bellême ; l'un d'eux, Arnoul, réussit à contraindre son père
à sortir de son refuge fortifié, le condamnant ainsi à
tomber sous les coups de ses ennemis. Cet Arnoul devait
lui-même, peu après, mourir misérablement ; au cours
d'une randonnée de pillage, en compagnie de quelques-
uns de ses fidèles, il avait volé un porc appartenant à une
religieuse ; celle-ci le poursuivit en le suppliant de lui
rendre son unique propriété, mais sans aucun succès.
Arnoul fit abattre le porc et improvisa avec ses compagnons une telle ripaille qu'il s'endormit lourdement ;
pendant son sommeil, il fut étranglé ; le meurtre fut
imputé à l'un de ses frères, Olivier, qui avait la réputation
d'un bon chevalier et, dans sa vieillesse, revêtit l'habit
monastique à l'abbaye du Bec.

De tels enchaînements de violences sont alors monnaie commune ; on voit des hommes réputés droits ne point hésiter à recourir au meurtre pour punir un crime dont ils n'ont été, ni eux-mêmes, ni leurs proches, les victimes : conséquence extrême d'une carence générale de la justice.

Le souvenir de cette sombre époque devait hanter longtemps les mémoires : témoin la place que font, dans leurs écrits, au récit de ces atrocités Guillaume de Jumièges vers 1070, Orderic Vital vers 1110 puis vers 1140. L'auteur anonyme de l'*Inventio et miracula Sancti Vulfranni,* vers 1080, les évoque aussi en termes grandiloquents, sortant ainsi de son sujet ; qui plus est, il situe dans les premières années de la minorité du Bâtard diverses calamités qui se produisirent à d'autres dates : comme si rien ne pouvait assez noircir le récit d'une époque maudite. « Au début du règne, dit-il, se produisit une très grave famine qui affecta tout le pays ; elle dura sept ans et ravagea les villes aussi bien que les villages : on n'y voyait plus que des maisons en ruines avec çà et là quelques occupants seulement. Le manque d'aliments fut tel que l'on vit des cas d'anthropophagie. Des épidémies se déclarèrent, d'une ampleur que l'on n'avait jamais vue ni entendu raconter ; le feu céleste (l'érysipèle ?) fit de tels ravages que les chemins étaient encombrés de cadavres ; on en voyait surtout aux voisinages des églises où les malades tentaient de parvenir pour y implorer la protection des saints... En outre, les luttes intestines auxquelles se livraient librement les seigneurs, car le duc était un enfant, dévastaient le pays qu'ils parcouraient en tous sens, se livrant au meurtre, au vol et à l'incendie ; ils transformèrent en désert les endroits jadis remarquables par leur fertilité et leur beauté. » L'exagération littéraire est ici manifeste, mais elle atteste le caractère atroce qui demeurait attaché à ces événements, après quarante ans passés, dans la mémoire des Normands. Guillaume de Jumièges et Orderic Vital mentionnent des faits anecdotiques dont le souvenir n'aurait guère pu être conservé s'ils n'avaient été consignés en de petits écrits comparables à ces « complaintes » dont le public populaire était encore si friand, au siècle dernier, en bien des régions de France et notamment en Normandie.

Il n'est guère douteux que, de ces désordres, c'est surtout la Basse-Normandie qui eut à souffrir ; à cela rien d'étonnant si l'on se rappelle que les institutions et les moyens d'action du pouvoir ducal y étaient, au début de la crise, beaucoup moins robustes que dans la partie orientale de l'Etat normand. Les foyers privilégiés de civilisation qu'étaient alors les monastères commençaient à peine à y renaître ; pourtant, ce mouvement de renaissance n'y fut pas vraiment arrêté pendant la décennie qui suivit la mort de Robert le Magnifique. Ainsi, dans le sombre tableau d'une époque de misères, peut-on discerner quelques petits foyers lumineux, annonciateurs d'un renouveau. Le processus de cette résurgence monastique reste le même que pendant les décennies antérieures ; mais l'initiative ducale, provisoirement absente, est relayée par celle de quelques-uns des plus riches seigneurs normands. Il ne suffisait cependant pas, pour fonder ou faire revivre une abbaye, de donner des terres, des privilèges, des droits d'usage ; on ne pouvait encore trouver sur place des clercs accoutumés à la vie régulière. On puisa donc dans les réserves qu'offraient les grands monastères de la Normandie orientale ; c'est ainsi que la Trinité de Fécamp avait fourni à Richard II l'équipe de moines et l'abbé qui constituèrent le premier noyau de la communauté de Bernay. Robert le Magnifique, pour restaurer Cerisy, au diocèse de Bayeux, avait dû faire appel au concours de Saint-Ouen de Rouen. C'est aussi de Saint-Ouen que l'abbaye de la Croix-Saint-Leufroi, au diocèse d'Evreux, relevée de ses ruines vers 1035, reçut son premier abbé et ses premiers moines. Vers le même temps, Roger de Tosny ne put fonder l'abbaye de Conches, au diocèse d'Evreux, qu'en faisant venir quelques religieux de la Trinité de Fécamp ; et lorsqu'Onfroi de Vieilles restaura le monastère Saint-Pierre de Préaux, encore au diocèse d'Evreux, et y adjoignit une abbaye de femmes dédiée à saint Léger, les premiers membres de ces deux communautés lui furent envoyés de Saint-Wandrille. C'est cette même maison qui intervint dans la fondation d'une abbaye de moniales, créée à Saint-Désir, près de Lisieux, par une grande dame, Lesceline, femme du comte d'Eu, Guillaume, qui était fils bâtard du duc Richard Ier.

La liste de ces fondations, qui naquirent à la fin du court règne de Robert le Magnifique et pendant les troubles années qui suivirent sa mort, fait clairement apparaître le développement d'est en ouest du mouvement de restauration monastique. Chacune de ces maisons fut, comme le voulait la tradition, confortablement dotée dès l'origine par le duc ou par un des membres de la haute aristocratie. Celle-ci, d'ailleurs, ne devait pas tarder, dans beaucoup de cas, à mettre la main sur les abbayes qu'elle avait créées, en plaçant à la tête de ces maisons des hommes ou des femmes issus de son sein.

A tous égards, Le Bec fait ici exception. Dans ce cas, point de riche bienfaiteur à l'origine ; point de contribution des prestigieuses abbayes de la Haute-Normandie à la formation de la première communauté. Le fondateur est un jeune seigneur, Hellouin, né dans les toutes dernières années du Xe siècle. Son père, Ansgot, d'ascendance vraisemblablement scandinave, avait des terres dans la vallée de la Seine et dans les régions de Brionne et d'Orbec ; il était, à ce titre, vassal du comte Gilbert de Brionne. C'est à la cour de celui-ci que le jeune Hellouin avait reçu l'éducation chevaleresque ; puis il avait continué d'y mener, nous dit son biographe Gilbert Crespin, « une vie fort agréable ». Mais, vers l'âge de 35 ans, « son esprit commença à s'enflammer d'amour et de crainte de Dieu ; son goût pour le monde s'atténuait ; son attention se détournait du monde extérieur pour se porter sur sa vie intérieure ; il allait très souvent à l'église, priait avec dévotion, fondait souvent en larmes, se dépouillait de tout ornement. On le voyait déjà moins souvent à la Cour. Il passait souvent la nuit en prière dans les églises ; son esprit était tourmenté, tiraillé entre divers choix. Il désirait par-dessus tout quitter la chevalerie et le monde. Mais que faire ensuite ? Quel nouveau genre de vie embrasser ? Renonçant au mode de vie chevaleresque, vêtu pauvre-ment, ne se rasant plus la barbe ni les cheveux, il continua quelque temps, néanmoins, son service à la Cour comme un vrai Hébreu se préparant à quitter l'Egypte. A la table de son seigneur, garnie de plats variés, au milieu des convives, il ne prenait que du pain dur et de l'eau. On le tournait en dérision, taxant de folie tout ce qu'il faisait. Son seigneur et ses compagnons ne purent le détourner de ce comportement ni par des menaces, ni par des pro-messes, ni par des vexations, ni en lui confiant les charges les plus désagréables ». Impressionné par une telle obsti-nation, Gilbert de Brionne éprouva le besoin d'en connaî-tre le mobile ; prenant à part Hellouin, il le supplia de s'en expliquer. « J'ai trop négligé Dieu et moi-même, répondit le chevalier, en aimant le monde et en me consacrant à son service ; en ne me souciant que de mon corps, je n'ai pas fortifié mon âme. Puisque de la sorte j'ai acquis un droit à ta reconnaissance, je te prie de me laisser aller afin que je puisse passer dans un monastère le temps qui me reste à vivre. »

En vérité, ce qui attirait Hellouin, c'était beaucoup moins la vie conventuelle que la solitude érémitique. L'Occident chrétien connaissait alors ce que l'on a pu nommer une « crise du cénobitisme ». Gilbert Crespin écrit presque un siècle plus tard, alors que la crise est passée parce que l'on a su discipliner cette soif désordon-née d'isolement et de macération ; il ignore peut-être, ou, plus probablement, ne veut pas dire clairement qu'Hel-louin connut cette tentation et y céda en un premier temps. Nous savons qu'à cette époque, il n'était pas rare que des moines s'enfuient subrepticement de leur abbaye pour chercher asile dans quelque ermitage improvisé. Jean de Ravenne, qui fut abbé de Fécamp de 1028 à 1078, dut faire face à cette crise ; on a conservé de lui une « lettre à des moines insoumis » où s'exprime une intelligente et paternelle autorité ; sans nier les valeurs de l'érémitisme, il rappelle les dangers de la vie solitaire, clairement dénoncés par la règle de saint Benoît : ceux-là seuls peuvent les affronter qui, « non pas dans la ferveur naïve d'une vocation naissante, mais à l'épreuve quotidienne de la vie conventuelle ont appris à combattre le démon, déjà instruits par l'aide de nombreux frères et formés par cette armée fraternelle au combat singulier de l'ermite ; ils peuvent alors sans le soutien d'autrui, avec l'aide de Dieu, combattre seuls les vices de la chair et les pensées coupables ».

Hellouin reçut de son père quelques arpents de terre, sur le plateau qui domine la Risle, dans l'actuelle commune de Bonneville-sur-le-Bec. Le site était ingrat et l'eau rare. C'est là, néanmoins, qu'il résolut, avec quelques compagnons, de construire un modeste bâtiment ; sa mère l'avait suivi dans cette retraite, après avoir sans doute joué un rôle déterminant dans sa conversion. « Non seulement, dit encore Gilbert Crespin, il dirigeait la construction, mais il participait au travail, creusant la terre, portant sur ses épaules les pierres, le sable et la chaux et confectionnant lui-même les murs. Quand ses compagnons s'absentaient, il restait pour préparer les matériaux, ne s'offrant aucun repos durant tout le jour. Il ne prenait qu'un seul repas frugal, sauf les jours de fête, après la fin du travail. Faute de pouvoir le faire dans la journée, il passait une grande partie de la nuit à apprendre le psautier, et c'est avec joie que le nouveau serviteur du Christ se livrait à ces exercices. » C'est alors aussi qu'âgé de près de 40 ans, il acquit une certaine culture littéraire. Peut-être ne découvrit-il qu'à ce moment la règle de saint Benoît et décida-t-il alors de mieux s'informer des conditions de la vie monastique. Son biographe raconte les mésaventures qu'il connut au cours de cette enquête. « Il s'était rendu dans un monastère afin de s'informer de la règle. Après avoir fait sa prière, il s'était approché avec révérence et respect de la porte du cloître, comme si c'était celle du Paradis ; il brûlait de connaître les us, les coutumes et la piété des moines. Or, il constata que, loin de pratiquer ce que prescrit la règle, ils étaient tous de mœurs corrompues ; il en fut troublé, ne sachant plus quel genre de vie il devait choisir. Alors le portier du monastère, le voyant entrer, le prit pour un voleur, le frappa du poing, de toutes ses forces, sur le cou, le saisit par les cheveux et le jeta dehors. Malgré cette brutalité, très maître de lui, Hellouin n'eut pas un mot d'impatience à l'égard du moine. A la Noël suivante, il se rendit dans un autre monastère plus fameux ; les frères sortaient en procession pour la fête ; il les vit adresser, avec une indécente amabilité, des sourires aux laïcs, faire étalage de leurs beaux ornements et se bousculer pour franchir plus vite la porte de l'église ; il vit un moine frapper du poing un autre qu'il trouvait trop pressé et le jeter à terre d'un coup à la mâchoire. »

Mais la nuit suivante, alors qu'il priait seul, modestement dissimulé dans un coin de l'église abbatiale, il vit arriver un moine qui, sans le voir, se prosterna dans une prière fervente. L'émotion qu'il en éprouva effaça la mauvaise impression qu'il avait gardée de l'incident de la veille. Même s'il ne faut sans doute pas ajouter totalement foi à ces anecdotes par lesquelles le zèle hagiographique de Gilbert Crespin s'efforce de souligner le mérite d'Hellouin, on peut retenir que celui-ci, après avoir d'abord cédé à l'appel de la solitude, se découvrit une vocation proprement cénobitique et que son âme tourmentée trouva le repos dans la règle bénédictine.

Le fait est qu'en 1035 l'évêque de Lisieux vint consacrer la pauvre chapelle qu'Hellouin et ses amis avaient construite de leurs mains ; il donna la tonsure à l'ancien chevalier de Gilbert de Brionne et le revêtit de l'habit monastique. Dès lors vinrent se joindre à la toute petite communauté des bâtisseurs de nouveaux compagnons attirés par cette expérience, si différente de ce qu'offraient les autres abbayes ; en 1037 ou 1038, l'évêque diocésain confiait à Hellouin la charge abbatiale. Le renom de sainteté fait au nouvel abbé se répandit vite ; c'est lui qui, sans doute, attira au Bec, en 1042, Lanfranc de Pavie. Hellouin ne mourut qu'en 1078, à l'âge de 84 ans. Son abbaye dont il avait transféré le siège en un site plus accueillant, dans la basse vallée du Bec, avait alors acquis une richesse foncière et un rayonnement intellectuel incomparables ; mais l'abbé fondateur garda jusqu'au bout la frugale simplicité des origines. Lorsqu'en 1959 on a ramené, de l'église paroissiale au monastère, son sarcophage et qu'on l'a ouvert, on a constaté que la crosse abbatiale, qui reposait le long du corps, n'était qu'un simple bâton, sans aucun ornement.

Quel contraste entre cette volonté de détachement, d'humilité et le déchaînement de violences qui, dans le même temps, désolait le pays ! C'est au Bec, on l'a vu, que se réfugia telle des victimes de ces brutalités et, le temps du repentir venu, tel de leurs auteurs. L'aspiration à la paix dans une vie de simplicité, d'effacement, voire de radicale pauvreté, qui anima Hellouin, était-elle alors très exceptionnelle ? La place unique que tient Le Bec dans le monachisme de cette époque semblerait le prouver. Et pourtant, c'est aussi vers 1040, très probablement, que fut composée en Normandie la plus ancienne version française de la *Chanson de saint Alexis*. Née en Syrie au Ve siècle, puis largement diffusée dans le monde gréco-byzantin, c'est l'histoire légendaire d'un fils de famille riche qui, le jour même de son mariage non consommé, quitte la maison paternelle pour mener au loin la vie de mendiant. Après des années de misère, il revient frapper à la porte de son père, mais personne ne le reconnaît ; on lui permet toutefois de s'abriter dans un réduit, sous l'escalier ; il y restera dix-sept ans, jusqu'à sa mort. A coup sûr, ce poème en langue vulgaire était destiné à des auditoires laïcs ; on peut donc penser que, dans ces milieux, le rêve de l'évasion spirituelle était parfois à l'unisson de l'appel qui poussait vers la solitude et le dénuement des hommes décidés à quitter, sans la moindre réserve, le monde, ses pompes et ses œuvres dont ils sentaient quelques relents au sein même de la vie conventuelle.

La très grave crise qui affectait la Normandie ne pouvait, bien entendu, laisser indifférents ses voisins. Dans ce second quart du XIe siècle, les frontières des principautés territoriales sont encore mouvantes ; chacune de celles-ci tend à gagner du terrain dans la direction où la résistance du voisin paraît moins robuste. Concernant la Normandie, ces voisins sont principalement la Flandre, le domaine capétien, le comté de Blois et de Chartres, la Bretagne. Avec tel ou tel d'entre eux, le duché normand avait connu de sérieuses difficultés durant le Xe siècle et les premières décennies du XIe. Avec la Flandre, le conflit qui avait porté sur le contrôle politique des territoires qui la séparaient de la Normandie, Vimeu et Ponthieu était en bonne voie d'apaisement. Quant au comté de Blois, il s'était montré très agressif au temps de Thibaut le Tricheur à l'égard de tous ses voisins. On se rappelle qu'une attaque menée par Thibaut contre la Normandie avait été repoussée d'extrême justesse sous les murs de Rouen par le duc Richard II. Mais, pour le roi de France, la maison de Blois n'était pas un voisin plus rassurant, surtout lorsqu'au début du XIe siècle elle eut acquis le comté de Chartres et celui de Champagne. Quand la veuve du roi Robert le Pieux avait tenté d'écarter du trône son fils aîné Henri pour lui substituer le cadet Robert, le comte Eudes II de Blois avait pris le parti de celui-ci, tandis que le duc de Normandie accordait son appui à Henri. Le jeu politique est, à cette époque, extrêmement confus. Entre la Normandie et le comté de Blois-Chartres, la tension est décroissante. Avec le roi capétien, les rapports de son vassal normand demeurent ambigus ; en réalité, c'est le rapport des forces réelles qui donne alors entre eux, à tel ou tel moment, un contenu variable aux notions de seigneur et de vassal. Le duc normand avait fait chèrement payer au roi l'aide vassalique qui, en bonne règle, était due gratuitement : il avait obtenu de lui la cession du Vexin français. En 1035, la disparition prématurée de Robert donnait au roi Henri une belle occasion de revanche. Il ne semble pas toutefois, contrairement à ce qu'affirmeront au XIIe siècle des historiens anglais, tels Guillaume de Malmesbury et Henry de Huntingdon, qu'Henri Ier ait exercé, ni même réclamé l'administration de la Normandie durant la minorité du petit Bâtard ; il en avait cependant le droit. Mais il accueillit à sa cour, avec beaucoup de faveur, les trublions normands réduits ou condamnés à l'exil : ainsi, entre 1035 et 1040, Roger de Montgommery qui avait été chassé de Normandie « pour sa perfidie ». Ces hommes le persuadèrent d'intervenir pour éliminer l'équipe, dirigée par Raoul de Gacé, qui gouvernait alors le duché. Le motif ou le prétexte mis en avant par le roi pour entrer en Normandie, les armes à la main, fut la menace qu'aurait fait peser sur le domaine capétien le château de Tillières-sur-Avre. Il s'agissait d'une enceinte d'assez grandes dimensions, entourée d'un rempart de pierre, dont le plan est encore aujourd'hui visible sur le sol. Elle avait été construite, dans les premières années du XIe siècle, par Richard II sur la frontière méridionale de son Etat, pour se protéger contre une éventuelle agression venant du comté de Blois ; puis, le comte Eudes de Blois avait cédé au roi de France la ville de Dreux et son territoire. Ainsi, vers 1040, Henri Ier était-il devenu le voisin que pouvait inquiéter le château de Tillières ; inquiétude feinte, d'ailleurs, sans aucun doute, car à cette époque la Normandie n'était guère en mesure de nourrir des intentions agressives à l'égard d'aucun des Etats féodaux qui l'entouraient. Le château était alors tenu par Gilbert Crespin à qui Richard II en avait naguère confié la garde. Gilbert avait été, sous le règne de Robert le Magnifique, familier de la Cour ducale ; on voit sa souscription au bas de plusieurs chartes. Henri Ier se présenta devant la forteresse et demanda au châtelain de lui en ouvrir les portes : c'était un droit strict du seigneur vis-à-vis de son vassal. Gilbert Crespin refusa, bien que Raoul de Gacé lui eût demandé de ne pas s'opposer au roi. Celui-ci avait obtenu, semble-t-il, l'accord de Raoul pour détruire le château ; moyennant quoi, il s'était engagé à ne pas le reconstruire pour son propre compte, ni pour celui d'aucun de ses vassaux, pendant quatre ans : on notera que ce délai correspondait assez exactement au temps qui devait encore courir jusqu'à ce que le Bâtard atteignît sa majorité. Gilbert Crespin ne céda, en fin de compte, qu'à une démarche faite personnellement par le jeune duc Guillaume. Alors Henri Ier incendia le château ; sans doute faut-il entendre par là qu'il détruisit par le feu les maisons qui se trouvaient à l'intérieur du rempart, et dont les habitants pouvaient constituer, en cas d'hostilités, une garnison pour la forteresse. Puis le roi poursuivit sa marche vers l'Ouest, pilla et incendia Argentan et, chargé de butin, revint à Tillières ; là, il remit en état le rempart de pierre et, en violation de la promesse qu'il avait faite, y installa une garnison à lui.

Manifestement, Raoul de Gacé et le jeune Bâtard avaient craint un affrontement avec Henri Ier ; mais l'essai de résistance opposé par Gilbert Crespin aux exigences de celui-ci montre que la prudence dont firent preuve, en cette occasion, les dirigeants de l'Etat n'était point approuvée par les agents locaux du pouvoir public, qui avaient été formés au cours des règnes précédents. Un nouvel incident, survenu vers le même temps, fit apparaître un autre genre de désaccord ; cette fois aussi, c'est un agent local du pouvoir ducal, le vicomte d'Hiémois Turstin Goz, qui refuse obéissance à ce pouvoir. C'était un homme de souche scandinave : son père s'appelait Ansfred le Danois. Ce Turstin avait joui de la confiance de Richard II. Vers le temps où le roi Henri Ier effectuait en Normandie une facile promenade militaire, il se dressa contre le gouvernement de Raoul de Gacé et s'enferma dans le château de Falaise ; on a cru parfois qu'imitant Gilbert Crespin, il voulait, par ce geste, se désolidariser de la faiblesse manifestée par le jeune duc et ses conseillers à l'égard du roi. Au vrai, il s'agissait sans doute de tout autre chose. Guillaume de Jumièges qui est, sur tous ces événements, la source la plus crédible, affirme que le vicomte d'Hiémois vola au secours du roi de France dont la cause lui semblait définitivement triomphante. Les hommes d'armes qu'il recruta pour occuper le château de Falaise étaient, pour la plupart, des Français. On ne sait si Henri Ier avait vraiment fomenté cette action ou s'il la laissa seulement se développer. Quoi qu'il en fût, Raoul de Gacé réunit la « milice » (*militia*) ducale dont il était le chef et, avec cette troupe de chevaliers étroitement attachés au duc, s'en vint assiéger Falaise ; sans doute le petit Bâtard l'accompagnait-il dans cette campagne et prenait-il ainsi pour la première fois part à une opération militaire. On n'en connaît pas la date exacte : sans doute vers 1042 ; Guillaume avait donc alors 14 ou 15 ans. Les projectiles lancés par des engins de siège ayant ouvert une importante brèche dans le rempart du château, Turstin Goz se rendit. Il fut exilé, mais devait reparaître en Normandie et rentrer en grâce quelques années plus tard. On doit noter l'efficacité dont fit preuve en cette circonstance le gouvernement de Raoul de Gacé : il fut en mesure de réunir la « milice » et, dans un court délai, de réduire à merci le vicomte insubordonné.

Peut-être faut-il voir dans ce succès un effet de la progressive prise en main du pouvoir par le jeune Guillaume ; mais, faute de connaître la chronologie précise de tous ces événements, on ne peut l'affirmer. Il est toutefois probable que Guillaume de Jumièges vise les environs de l'année 1042 lorsqu'il écrit : « Le duc Guillaume, dans la fleur d'une très heureuse jeunesse, se prit à embrasser dans son cœur volontaire le culte de Dieu, à écarter de lui la foule des incapables, à recourir aux conseils des sages, à briller dans le métier des armes aussi bien que dans les affaires publiques. » Guillaume de Poitiers, sans donner non plus de date précise, rapporte que le jeune duc fut, vers ce temps-là, fait chevalier parce qu'en lui l'intelligence et la force corporelle suppléaient à l'âge : « C'était, dit-il, un spectacle à la fois gracieux et redoutable que de le voir tenir les rênes, embelli par l'épée et le bouclier brillant. » L'auteur de l'*Histoire de Guillaume le Conquérant* était particulièrement capable d'apprécier les qualités militaires de son héros, car il était son aîné d'une dizaine d'années et avait lui-même mené la vie chevaleresque avant d'entrer dans les ordres vers 1045.

La fin du commencement

Il semblerait donc qu'un retour progressif à l'ordre et à la paix civile se soit manifesté en Normandie à partir d'environ 1042. Mais le calme n'était sans doute pas encore complètement rétabli lorsque, trois ou quatre ans plus tard, se produisit une nouvelle crise, plus redoutable que la précédente : cette fois, le pouvoir ducal était directement mis en cause. Il ne s'agissait plus de luttes désordonnées entre seigneurs voisins, mais d'une véritable conspiration, savamment ourdie, dont le but était d'éliminer le Bâtard et de lui substituer sur le trône ducal un Richardide, Guy de Bourgogne ; petit-fils par sa mère Adèle de Richard II et fils du comte Renaud de Bourgogne, il avait été élevé en Normandie avec le jeune Bâtard, et celui-ci lui avait fait donner le château de Brionne après la mort tragique de son premier possesseur Gilbert. On trouve son nom parmi ceux des bienfaiteurs de diverses abbayes, dont Le Bec (1041), Saint-Ouen de Rouen ; peu après 1043, on trouve à nouveau sa souscription au bas d'une charte de donation en faveur de Jumièges : il était donc, à cette date, encore en faveur à la

Cour ducale. On ne sait, à vrai dire, quand prit naissance le complot qui visait à le porter au pouvoir.

Il est remarquable que tous les protagonistes de ce complot sont des seigneurs et des officiers ducaux de la Normandie occidentale, même si le prétendant choisi par eux est le comte de Brionne, en Normandie moyenne ; la crise des années 1037-1042 avait, au contraire, secoué presque exclusivement celle-ci, c'est-à-dire la région comprise entre la Risle et la Dives. Au premier rang des conjurés, on trouve, cette fois, Raoul II Taisson, seigneur de Cinglais, qui avait son principal château à Thury (aujourd'hui Thury-Harcourt) : lui aussi était un des familiers de l'entourage ducal ; il n'en prêta pas moins, avec les autres comploteurs, le serment de « férir Guillaume » ; il s'agissait donc bien d'une véritable conjuration, au sens exact du terme. Le lien d'association créé par un serment mutuel était connu depuis très longtemps ; c'est lui qui, par exemple, unissait entre eux les membres des ghildes marchandes et sera bientôt le ferment du mouvement communal ; mais d'autres groupements de ce type se sont certainement développés dans l'ombre ; ce recours au serment était très suspect aux yeux des hommes d'Eglise.

Grimout du Plessis, lui, possédait une vaste seigneurie couvrant plus de 10 000 hectares, d'un seul tenant, ce qui était rare à l'époque ; il résidait habituellement au centre de ce territoire, dans une enceinte fermée par un énorme rempart de terre couronné d'un mur ; on y accédait par une porte ouverte dans la partie basse d'une robuste tour. D'importants vestiges de cette fortification sont encore visibles aujourd'hui dans le petit village du Plessis-Grimoult, entre Aunay-sur-Odon et Condé-sur-Noireau. A la différence de Raoul II Taisson, Grimout ne semble pas avoir appartenu à l'entourage habituel du jeune duc. A la tête du complot se trouvait aussi le puissant seigneur de Creully, en Bessin, Hamon surnommé le Dentu, sans doute à cause d'un fort prognathisme dentaire. Ils s'étaient

assuré la connivence des vicomtes de Bessin et de Cotentin, Renouf de Briquessart et Néel de Saint-Sauveur.
Rappelons que les vicomtes étaient apparus vers l'an Mil,
sous le règne de Richard II ; ils étaient chargés d'administrer un comté à la tête duquel n'avait pas été placé un
comte. Choisis par le duc, révocables à son gré, ils ne
pouvaient, à la différence des comtes, garder par-devers
eux le montant des revenus ducaux qu'ils étaient chargés
de percevoir ; au temps de Robert le Magnifique, ce corps
d'agents locaux constituait déjà la solide ossature d'une
efficace administration. Pourtant, les vicomtes de Basse-
Normandie avaient réussi très vite à rendre moins stricte
leur subordination à l'égard du pouvoir princier, notamment en faisant admettre par celui-ci le privilège de
transmettre héréditairement leur charge. D'autre part, ils
profitaient volontiers de l'autorité dont ils disposaient
pour acquérir dans le comté des terres et des droits ; si
d'aventure ils étaient menacés de révocation, ce patrimoine devenait pour eux le point d'appui d'une possible
résistance. Mais rien ne laissait sans doute prévoir la
trahison des vicomtes de Bessin et de Cotentin ; pendant
les années troubles qui avaient suivi la mort de Robert le
Magnifique, ni l'un ni l'autre n'avait failli à son devoir ;
leur souscription figure au bas de plusieurs chartes du
jeune duc pendant cette période. Qui plus est, Néel de
Saint-Sauveur avait été chargé par le duc Robert de
missions de confiance pour la défense de la Normandie
aux frontières du sud et de l'ouest.

Les historiens du temps, Guillaume de Jumièges et
Guillaume de Poitiers ne racontent certainement pas tout
ce qu'ils savent concernant cette crise qui, à les en croire,
aurait éclaté très brusquement. A l'époque où ils écrivent,
vers 1070, certains de ceux qui avaient participé au
complot vivent encore et sont rentrés en grâce auprès du
prince. Les deux auteurs s'accordent pour dire, assez
brièvement, que l'âme de l'affaire avait été Guy de
Brionne ; c'est une ambition exacerbée qui aurait poussé

ce Richardide à fouler aux pieds le lien de parenté, le souvenir d'une camaraderie d'enfance, le devoir de gratitude pour les faveurs reçues, sans parler de la fidélité due par le vassal à son seigneur. C'est lui qui aurait recruté des complices et, parmi ceux-ci, Néel de Saint-Sauveur aurait tenu un rôle majeur. Nous ne saurions rien de plus des premiers développements de la crise si Wace ne les avait racontés par le détail, dans le *Roman de Rou,* écrit, rappelons-le, vers 1170. Les détails, et notamment les précisions topographiques qu'il donne inspirent confiance ; ici encore, Wace a manifestement disposé, pour son information, de traditions orales ou écrites conservées à Caen et peut-être même, plus précisément, à l'Abbaye-aux-Hommes où il fut, nous dit-il lui-même, « clerc lisant », c'est-à-dire chargé de la lecture à haute voix et aussi de fonctions de secrétaire et d'archiviste.

Il semblerait que Guy de Brionne et ses comparses aient d'abord tenté de s'emparer de la personne du Bâtard, alors que celui-ci s'était rendu pour chasser dans la région de Valognes, non loin de Saint-Sauveur-le-Vicomte où Néel avait son château. Sans doute ce coup de main devait-il être effectué par les hommes du vicomte de Cotentin. Un soir de 1046, le jeune Guillaume alors âgé de 19 ans était couché dans sa résidence de Valognes ; les gens de son entourage étaient aussi au lit, ou déjà endormis, lorsque le « fou » de la Cour, un simple d'esprit nommé Goles, vint frapper à la chambre du duc ; il avait surpris une conversation échangée entre quelques-uns des gens de Néel qui se préparaient à enlever ou à tuer le duc ; ainsi, des conjurés se trouvaient dans l'entourage immédiat de celui-ci. Goles venait d'apprendre que l'attentat devait avoir lieu cette nuit même. « Ouvrez, ouvrez, criait-il ; vous allez tous mourir ; levez-vous ! Où est Guillaume ? Pourquoi dort-il ? Si ses ennemis le trouvent ici, il ne pourra s'échapper du Cotentin ; il ne vivra pas jusqu'à demain matin. » Guillaume, sans demander d'explications, se hâta de s'habiller sommairement, jeta une chape sur ses épaules, sauta sur un cheval et, sans hésiter, prit la route du sud ; il ne se sentait donc pas en sécurité dans le Cotentin. Il faisait encore nuit lorsqu'il franchit la Vire au gué de Saint-Clément ; il y avait là une chapelle où, selon Wace, il s'arrêta un instant pour une courte prière. La route la plus directe vers l'est passait par Bayeux, chef-lieu de la vicomté qu'administrait Renouf de Briquessart. Le jeune duc avait-il des soupçons concernant la fidélité de celui-ci ? Il le semblerait, car il choisit un chemin qui passait entre Bayeux et la mer. Au lever du soleil, il arrivait à Ryes. Le seigneur du lieu, nommé Hubert, fut stupéfait de voir son prince vêtu à la diable, sur un cheval manifestement épuisé. Il le fit entrer dans sa demeure, lui donna son meilleur cheval, puis s'adressant à ses trois fils : « En selle, leur dit-il ; conduisez votre seigneur jusqu'à Falaise en suivant tel et tel chemin, mais surtout, ne traversez aucune ville. » Suivant cette consigne, Guillaume et ses trois compagnons gagnèrent la vallée de l'Orne, traversèrent la rivière au gué de Foupendant (Le hêtre penché) et arrivèrent à Falaise. Cependant, les conjurés s'étaient, de Valognes, lancés à la poursuite du fuyard. Lorsqu'ils arrivèrent, à leur tour, à Ryes, Hubert, questionné par eux sur la direction prise par le duc, les lança sur une fausse piste.

Wace parle aussi de l'émotion qui aurait saisi les populations lorsque se propagea très vite dans le pays la nouvelle de l'attentat manqué. Malheureusement, nous ne sommes pas en mesure d'assigner une date précise à chacun des épisodes de cette crise. Le *Roman de Rou* n'est pas une chronique, ni une histoire ; il est plus proche de l'épopée, qui se soucie assez peu du facteur diachronique. On aimerait savoir, en particulier, combien de temps s'écoula entre l'arrivée de Guillaume à Falaise et le voyage qu'il fit pour rencontrer le roi Henri Ier. Qu'il ait jugé nécessaire de requérir l'aide de son seigneur indique assez qu'il ne sous-estimait pas la force de ses ennemis. Il semblerait que le roi ait décidé, sans beaucoup hésiter, de donner à son vassal l'appui militaire que celui-ci lui demandait. Il y était, sans aucun doute, strictement tenu puisque le duc de Normandie était injustement troublé dans la tranquille possession du fief qu'il tenait de lui. Mais, d'autre part, Henri Ier jugeait peut-être opportun d'éviter un affaiblissement de la Normandie qui eût pu réveiller les appétits conquérants du comte de Blois et de Chartres ; cette maison seigneuriale, qui possédait aussi la Champagne, avait pris en tenaille l'essentiel du domaine capétien. De son côté, le Bâtard fit rassembler tous les chevaliers dont il pouvait disposer en Haute et en Moyenne-Normandie, dans le Pays de Caux, le Roumois, l'Evrecin, le Lieuvin, le Pays d'Auge et l'Hiémois ; en donnant cette nomenclature, Wace confirme très claire- ment que, de son temps déjà, le soulèvement apparaissait bien comme ayant été circonscrit à la seule Basse- Normandie, à l'est de l'Orne. Seuls nous sont connus les noms des seigneurs qui prirent les armes contre le duc. Dans quelle mesure la population, dans sa masse, approuva-t-elle cette révolte ? Et quelle fut l'attitude du clergé ? Il semblerait que l'abbaye du Mont-Saint-Michel ait épousé la cause des rebelles ; elle était très sollicitée par les comtes de Bretagne ; deux d'entre eux, Conan Ier et Geoffroy Ier, morts respectivement en 992 et en 1008 s'y étaient fait enterrer, et l'on a suggéré que l'illustre abbaye ambitionnait peut-être de devenir le lieu privilégié de sépulture des princes bretons, comme la Trinité de Fécamp l'avait été pour les ducs de Normandie. Dans cette perspective, un affaiblissement de la puissance normande pouvait servir ses intérêts.

On ne sait à quel moment de l'année 1047 se fit la concentration des troupes adverses ; la date du 10 août, indiquée sur la colonne commémorative que fit ériger Arcisse de Caumont en 1841, est assez vraisemblable, mais ne repose sur aucune donnée vraiment solide. Un soir, donc, du printemps ou de l'été 1047, Henri Ier parvient avec une petite armée dans la partie orientale de la plaine de Caen, au bord d'une petite rivière, la Muance ; le lendemain matin, une messe est célébrée dans l'église de la paroisse voisine de Valmeray, dédiée à saint Brice ; le roi y assiste. Ce même matin, Guillaume le Bâtard et ses chevaliers, venant du nord, en remontant le cours de la Muance, rejoignent le contingent français. Les rebelles, eux, ont réuni leurs effectifs à une lieue environ de là, vers l'ouest. Au début de la matinée, les deux armées s'avancent l'une vers l'autre ; elles se rencontreront à mi-chemin de leurs points de départ respectifs, aux environs du village de Billy. De la bataille qui va s'y livrer, nous n'avons qu'un seul récit détaillé, celui de Wace ; il est postérieur de plus d'un siècle, mais l'auteur a disposé, ne l'oublions pas, de sources écrites et de traditions orales aujourd'hui disparues ; ce long passage du *Roman de Rou* (400 vers) est émaillé de clichés épiques, mais cela ne saurait suffir à le disqualifier : on peut, en particulier, noter l'exactitude des données topographiques qu'il apporte. On sait, d'ailleurs, que les historiens de l'art militaire ne dédaignent pas de chercher aujourd'hui leur information dans les récits de bataille que leur offrent les chansons de geste.

Le lieu où s'affrontèrent les deux armées était connu sous le nom de Val-ès-Dunes ; ce toponyme n'est plus aujourd'hui employé, mais, dans la région, les lieux dits « Le Val » sont nombreux. Il s'agit d'une plaine légèrement onduleuse. Wace dit qu'elle est ceinturée vers le sud et le sud-ouest par une rivière, et tel commentateur a fait observer que c'est là un trait commun à la plupart des champs de bataille décrits dans les chansons de geste. Cliché épique ? Peut-être, mais, dans le cas présent, il correspond à la réalité : le front des troupes qui se déployaient dans la plaine auprès de Billy pouvait s'appuyer au sud et au sud-ouest sur la Muance.

Quant à l'effectif des troupes en présence, on sait que les chiffres donnés par les sources médiévales sont rarement crédibles. Dans le cas de la bataille du Val-ès-Dunes, une seule donnée numérique nous est offerte : Wace évalue à cent quarante le nombre des chevaliers qui accompagnent Raoul II Taisson ; or nous savons, par l'enquête faite en 1172 (c'est-à-dire au temps même où Wace écrivait le *Roman de Rou*) que le chef de l'honneur des Taisson avait alors le service de quarante-cinq chevaliers. Raoul II n'en avait très vraisemblablement pas beaucoup plus ni beaucoup moins en 1047. On peut dès lors conjecturer que les adversaires du Bâtard purent aligner contre lui, au Val-ès-Dunes, quelque deux cents chevaliers et six cents à huit cents hommes de pied ; quant à l'effectif de l'armée franco-normande, aucune source ne l'indique. Les traditions rapportées par Wace ne font mention que du combat des chevaliers ; il est cependant très probable que l'une et l'autre armée comptaient, parmi les hommes de pied, des archers. A l'instant où les opérations allaient commencer, les lignes adverses auraient donc été distantes l'une de l'autre d'un peu plus qu'une portée de flèche. Ainsi, chacun des deux ennemis pouvait observer de près l'adversaire. Du côté des rebelles, Raoul II Taisson semblait, nous dit-on, faire bande à part, si bien que le roi Henri se demanda s'il s'agissait d'un allié ou d'un ennemi. « Guillaume, demande-t-il, qui sont ces gens si richement équipés ? Connaissez-vous leurs intentions ? — Sire, répondit le duc, je crois qu'ils sont de mon parti ; leur chef s'appelle Raoul Taisson ; il n'a aucun motif d'être mécontent de moi. » Il serait, au vrai, bien surprenant que Guillaume n'ait pas su, à cet instant, que Raoul avait partie liée avec les conjurés. En fait, le seigneur de Cinglais hésitait, au moment d'affronter son seigneur les armes à la main. Il avait, certes, à Bayeux, prêté serment de « férir Guillaume où qu'il lui arrivât de le rencontrer » ; mais ses chevaliers l'incitaient à reprendre cette parole donnée ; « quiconque, lui disaient-ils, porte les armes contre son seigneur perd de ce fait son fief ». En fin de compte et avant le début du combat, Raoul se rendit à leur insistance ; éperonnant son cheval, il se dirigea au galop vers son duc, après avoir commandé à ses hommes de ne pas le suivre. Arrivé auprès de Guillaume, il lui donna avec son gant une chiquenaude, puis, en riant : « Me voici quitte de mon serment ; j'avais promis de vous frapper ; c'est maintenant fait ; je ne suis point parjure. Ne vous offensez pas de mon geste. » Après quoi, il rejoignit ses hommes et quitta le champ de bataille.

La palinodie au moyen de laquelle il éluda l'exécution du serment prêté n'a rien d'insolite à cette époque ; on en connaît d'autres exemples. La mise en scène avait, d'ailleurs, été complète. Raoul avait foncé, au galop de son cheval, vers le duc, comme s'il voulait vraiment l'attaquer, en poussant son cri de guerre : « Toirie ! » ou « Turie ! » ; les divers manuscrits du *Roman de Rou* donnent l'une ou l'autre de ces deux graphies. On y voyait naguère une invocation au dieu scandinave Thor : « *Thor aïe* », c'est-à-dire : « Que Thor me vienne en aide ! » ; il a été démontré que cette interprétation n'est pas recevable car l'exclamation « *Thor aïe* » compte trois syllabes, et le vers où elle se trouve serait faux ; d'ailleurs Raoul Taisson, fils d'un père et d'une mère angevins, n'avait aucune raison d'invoquer un dieu de la mythologie scandinave ; son cri de guerre n'était autre que le nom de son principal château : Thury.

Pour les rebelles, la défection de cet allié était un coup très dur. Ils engagèrent néanmoins la bataille, chacun d'eux lançant son cri de guerre. Pour Néel et ses hommes, c'est : « Saint-Sauveur ! », vocable de l'église près de laquelle le vicomte de Cotentin avait sa forteresse. Hamon le Dentu et ses gens crient : « Saint-Amand ! », nom d'un sanctuaire voisin de Torigny qui, avec Creully, appartient à ce seigneur. Renouf de Briquessart invoque saint Sever, patron d'un monastère voisin de Vire.

Dans l'autre camp, le cri de ralliement est, pour les Français, « Montjoie ! », qui était souvent accompagné d'une invocation à saint Denis. Pour les Normands, c'est traditionnellement « *Deus aïe* » (Que Dieu nous aide !).

Il semble que le combat n'ait duré que quelques heures

et la relation qu'en donne Wace n'en fait connaître que des péripéties ; nous ne pouvons nous faire aucune idée de la tactique employée par l'un et l'autre adversaire, et, en particulier, de la part que prirent à la bataille les combattants à pied. Mais nous savons qu'un des hommes de Néel de Saint-Sauveur, peut-être un fantassin, désarçonna le roi de France ; celui-ci ne dut la vie sauve qu'à la qualité de son haubert ; ce fait d'armes demeura dans les mémoires et, au temps de Wace, dans les campagnes de la Normandie occidentale, on connaissait encore le dicton : « Du Cotentin est venue la lance qui abattit le roi de France. » Henri Ier, pour faire oublier cette mésaventure, accomplit des prouesses. Hamon le Dentu fut tué par un Français ; on trouva au sol son corps étendu sur son bouclier. Quant au duc Guillaume, il stimulait ses hommes par sa téméraire bravoure ; on le vit se porter à la rencontre d'un chevalier bayeusain, nommé Hardrez, connu dans la milice de Renouf de Briquessart pour sa robustesse et son audace ; d'un coup d'épée, porté d'estoc, il lui transperça le cou « entre la gorge et le menton ».

Dès lors, le combat tourne à l'avantage des Franco-Normands. Dans le camp des rebelles, on redoute, après celle de Raoul Taisson, d'autres défections ; pris de panique, Renouf de Briquessart s'enfuit après avoir jeté sa lance et son bouclier ; les plus couards de ses hommes en font autant. Il ne reste plus alors au combat, des chefs de la conjuration, que Néel ; il se bat encore avec acharnement ; on l'appela, depuis ce jour, Tête de Faucon ; « Si tous ses compagnons avaient eu sa bravoure, les Français auraient chèrement payé leur intervention. » Pourtant, les pertes des rebelles ne cessent de croître ; leurs adversaires se font de plus en plus pressants. Enfin, Néel abandonne à son tour la lutte, la mort dans l'âme ; les vaincus s'enfuient en désordre, espérant traverser l'Orne et se réfugier en Bessin ; ils sont poursuivis, harcelés par les Français et les hommes de Guillaume. Il y avait, entre Allemagne (aujourd'hui Fleury-sur-Orne) et Fontenay (aujourd'hui

Saint-Martin-de-Fontenay), un excellent point de franchissement de l'Orne : le gué d'Athis. Les fuyards s'y bousculèrent ; nombre d'entre eux se noyèrent et leurs corps, poussés par le courant, obstruèrent le bief d'un moulin voisin.

Grimoult du Plessis, dont Wace ne fait pas mention dans sa narration de la bataille, avait pris la direction du sud-ouest, dans l'espoir de gagner sa résidence fortifiée. Les traditions populaires et la toponymie locale conservent aujourd'hui encore le souvenir de cette fuite éperdue et de la chasse à l'homme à laquelle se livrèrent les poursuivants. Au-dessus de Caumont-sur-Orne, où Grimoult aurait franchi le fleuve, on voit la chapelle dédiée à Notre-Dame de Bonne-Nouvelle. « Bonne Nouvelle ! » se seraient exclamés les chevaliers du Bâtard lorsque les paysans de l'endroit leur apprirent que Grimoult venait de passer par là. Le seigneur du Plessis fut rejoint avant d'avoir pu regagner son repaire ; il fut emprisonné à Rouen, enchaîné, les fers aux pieds et fut trouvé mort peu après, le jour même où l'un de ses chevaliers, Salle de Lingèvres, devait tenter de le justifier par la procédure du duel judiciaire. De tous les rebelles vaincus, lui seul subit ce châtiment. Néel de Saint-Sauveur fut privé de ses fiefs, banni et se réfugia en Bretagne. On ne sait quelle peine fut infligée à d'autres, notamment à Renouf de Briquessart ; mais comme on retrouve, quelques années plus tard, leur souscription au bas de chartes ducales, il y a lieu de penser qu'ils rentrèrent bientôt en grâce.

Quant à Guy de Brionne, Wace ne mentionne à son actif aucune action d'éclat au cours du combat. A cette époque, les princes dirigent parfois une opération militaire sans y prendre une part directe ; ils se tiennent alors en marge du champ de bataille, en un point d'où ils peuvent le dominer ; si, au contraire, ils entendent être à la tête de leurs troupes, ils délèguent à l'un des leurs, guerrier expérimenté, la charge de direction tactique ; tel fut peut-être le cas, au Val-ès-Dunes, en ce qui concerne Guy de

Brionne ; car il était certainement présent sur les lieux. Tandis que la masse des rebelles vaincus fuyait vers l'ouest et le sud-ouest, lui se dirigea en hâte vers son château de Brionne. C'est lui que Guillaume choisit de poursuivre, mais Guy put atteindre son refuge sans être rejoint et s'y enfermer. Cette forteresse n'était pas le donjon que l'on voit aujourd'hui dominant la Risle et qui n'a été élevé qu'au XIIᵉ siècle ; c'était une enceinte protégée par un rempart de pierre et située dans une île que forme le dédoublement en deux bras du cours de la Risle. « Cette forteresse, dit Guillaume de Poitiers qui en a certainement connu le site, paraissait inexpugnable grâce à son site aussi bien qu'à ses structures ; ni l'un ni l'autre des bras du fleuve qui l'entouraient n'était facilement franchissable à gué. » Aussi Guillaume se borna-t-il à bloquer la place en construisant de part et d'autre de l'île, c'est-à-dire en amont et en aval, des ouvrages de siège. Ce n'est qu'après un long siège, qui dura peut-être trois ans, que Guy accepta de se rendre. Le duc lui offrit son pardon, à la condition que la fortification fût détruite ; mais il promettait à son cousin félon de le recevoir à sa Cour. Cette proposition généreuse ne fut pas acceptée ; le coupable savait fort bien qu'il n'était plus *persona grata* en Normandie, tout particulièrement dans l'entourage ducal ; il préféra se retirer dans sa Bourgogne natale.

Il est remarquable que les deux historiens contemporains, Guillaume de Jumièges et Guillaume de Poitiers, aussi bien que Wace cent vingt ans plus tard, définissent en termes à peu près semblables la portée politique de la victoire du Val-ès-Dunes. « Heureuse bataille, écrit Guillaume Caillou, où en un seul jour s'écroulèrent tant de châteaux, repaires de méchants et de criminels. »

Tant de châteaux ? Mais le combat fut livré en rase campagne. Après tout, Guillaume aurait pu châtier Guy de Brionne en prenant d'assaut sa résidence fortifiée, comme on le faisait alors le plus souvent en pareil cas. S'il en décida autrement, c'est qu'il avait compris, sans aucun doute, qu'il lui fallait avant tout détruire en Basse-Normandie les forces vives d'une opposition qui devenait extrêmement redoutable. Et si les témoins contemporains parlent de châteaux détruits, c'est parce que, depuis quelques décennies, l'insubordination des vassaux à l'égard du prince se traduit par la construction de châteaux. Lorsque Guillaume de Jumièges évoque les troubles des années 1037-1042, il écrit : « Alors que le duc était enfant, de très nombreux Normands, trahissant la fidélité qu'ils lui devaient, élevèrent un peu partout des fortifications de terre qui devaient être pour eux des repaires très sûrs. » La construction d'un tel château, non autorisée, bien sûr, par le prince, était le signe d'une volonté d'émancipation. Certes, construire un château de pierre, grand rempart ceinturant une enceinte ou bien donjon, n'était pas à la portée de la plupart des seigneurs. Seuls pouvaient y prétendre le duc ou ceux que l'on commence d'appeler, vers le milieu du XIᵉ siècle, ses barons, c'est-à-dire les plus riches de ses vassaux directs, nantis d'importants biens fonciers et de droits lucratifs. Pour mener à bien pareille entreprise, il faut, en effet, d'importantes quantités de matériaux que l'on ne trouve point partout. Du bois de charpente, sans oublier celui qui est nécessaire à la construction des échafaudages ; le droit exclusif que possèdent beaucoup de seigneurs sur les étendues boisées les met, à cet égard, en position favorable ; il est significatif que les fondateurs de monastères prévoient presque toujours au bénéfice de la future communauté le don d'une forêt ou, pour le moins, le droit de prendre du bois de charpente dans une forêt seigneuriale. Il faut aussi de la pierre ; s'il n'existe pas pour les seigneurs de droit exclusif sur les carrières, encore faut-il que celles-ci se trouvent à proximité du lieu choisi pour la construction : les transports de matériaux pondéreux sont, en effet, techniquement difficiles et économiquement coûteux. Et surtout la construction d'un château de pierre est l'affaire de maçons qui, au XIᵉ siècle, ne se trouvent pas dans tous les villages ; il faut faire appel à des ouvriers et à des cadres itinérants que l'on doit payer en espèces sonnantes et trébuchantes : or, l'on sait que la plupart des petits et moyens seigneurs, à cette époque, ne disposent pas de numéraire en quantité suffisante pour financer pareille entreprise. Mais ces moyens et petits seigneurs, dont les terres ne couvraient guère que l'équivalent de la superficie d'une paroisse, rarement d'un seul tenant, pouvaient fort bien élever une motte ou un petit rempart de terre, de plan circulaire ou ovale, dans lequel ils construisaient une demeure de pierre, ou plus souvent de charpente sur un solin maçonné, avec quelques dépendances. Terrasser le sol, élever une motte ou un rempart de terre était à la portée de tous les tenanciers agricoles ; abattre des arbres, les débiter en poteaux ou en planches, les assembler, n'exigeait pas non plus, dans la plupart des cas, l'intervention de charpentiers spécialisés. Tout seigneur pouvait faire effectuer ces travaux par les paysans demeurant sur son domaine et astreints vis-à-vis de lui à des prestations de main-d'œuvre. S'ils n'y suffisaient pas, le seigneur n'hésitait pas à recruter par la contrainte les tenanciers ruraux d'une abbaye voisine ; les archives monastiques font mention de maints exemples de pareils abus perpétrés surtout pendant les périodes de troubles et de carence de la puissance publique, c'est-à-dire au temps où beaucoup de seigneurs élevaient hâtivement et de leur seule initiative ces demeures fortifiées faites de terre et de charpente. Il reste aujourd'hui à travers la Normandie plusieurs centaines de ces installations, dont quelques-unes ont fait, durant les dernières décennies, l'objet de fouilles archéologiques.

La victoire du Val-ès-Dunes ne fit assurément pas disparaître tous ces châteaux, mais elle endigua la vague d'insubordination dont ils étaient à la fois le symbole insolent et le principal moyen d'action militaire.

Depuis plus d'un demi-siècle, d'autres régions du royaume de France avaient eu à souffrir des guerres privées entre seigneurs, des déprédations et de l'insécurité générale qu'elles engendraient. La puissance publique, c'est-à-dire le roi et les grands princes territoriaux qui avaient acquis la majeure partie de ses prérogatives, n'était plus en mesure d'assurer l'ordre ; en particulier, les institutions judiciaires d'origine carolingienne, qui avaient tant bien que mal continué à fonctionner dans les comtés jusque vers l'an Mil, avaient disparu sans qu'une relève fût assurée, sauf dans quelques rares cas. Dans cette conjoncture, les autorités de l'Eglise avaient retrouvé le rôle de « défenseurs » que les évêques avaient souvent assumé pendant et après les Invasions barbares. Des initiatives de cette nature avaient été prises d'abord par des évêques du Midi et du centre-ouest de la France ; et très tôt, l'ordre de Cluny, alors en plein essor, avait suivi leur exemple. A la faillite de la paix publique, assurée naguère par le roi et par ceux qui en tenaient de lui la charge, les hommes d'Eglise imaginèrent de porter remède en instituant la « Paix de Dieu ». Les textes de l'époque emploient un vocabulaire instable, parlant de la « Paix de Dieu » ou de la « Trêve de Dieu » sans établir toujours une nette distinction entre ces deux expressions. Au vrai, la « Paix de Dieu » est une institution destinée à protéger en tous temps de la violence armée les personnes *inermes,* c'est-à-dire désarmées, sans défense : notamment les clercs, les paysans, les marchands. La « Trêve de Dieu », elle, interdit l'exercice légitime de la guerre privée durant certaines périodes, par exemple les jours de la semaine où l'on commémore la Passion, la Mort et la Résurrection du Christ, puis les temps de pénitence comme l'Avent, le Carême. Comme il est advenu en d'autres temps troublés, le mot « Paix » exprime une aspiration parfois confuse, mais extrêmement puissante et capable de soulever les masses. On put voir des foules paysannes surexcitées se répandre sur les routes en criant ce mot sacralisé.

La défaillance conjoncturelle des pouvoirs publics n'était d'ailleurs pas l'unique facteur de cet état de choses.

Dans l'amalgame culturel créé par la formation des royaumes barbares en Occident, et notamment des royaumes mérovingiens, la tradition séculaire de la *faida,* ou vengeance élevée à la hauteur d'une institution, avait solidement survécu. « Un meurtre se paie par un meurtre ; un droit s'exige par la force ; c'est le régime de l'exécution privée. Or, à cette époque, l'individu n'est jamais isolé ; autour de lui, la famille entière est en armes pour le soutenir et, derrière la famille, les vassaux et les tenanciers, petite armée que les liens de la parenté ou les liens féodaux obligent à soutenir son chef envers et contre tous. Entre les groupes adverses de combattants, plus ou moins nombreux suivant la puissance féodale du chef, l'exercice de la vengeance privée se traduit par la guerre. Meurtres, pillages, incendies, saisie des biens, des animaux, des personnes, tels en sont les moyens » (J. Yver).

En Normandie — faut-il le répéter ? — une pratique, à défaut d'une véritable législation inexistante à cette époque, s'était instaurée au temps de Richard Ier et de Richard II ; elle s'inspirait à la fois de règles d'origine carolingienne, tôt remises en vigueur, et d'usages scandinaves jamais oubliés. Cette pratique, en fait, reconnaissait au prince la responsabilité du maintien de l'ordre public. En affirmant de manière éclatante la renaissance de l'autorité ducale, le redressement politique accompli de 1042 à 1046, puis la victoire du Val-ès-Dunes avaient ramené le duché au *statu quo ante.* Sur ce point, tous les écrivains contemporains sont d'accord. « Cette victoire apaisa, écrit Guillaume de Poitiers, enfin pour longtemps dans notre région les guerres intestines. »

Il ne sembla toutefois pas superflu, au lendemain de ce succès militaire, d'en corroborer les effets par un recours aux institutions de Paix adoptées déjà dans d'autres Etats féodaux du royaume de France. Une première tentative en ce sens avait été déjà faite en 1042, par Richard de Saint-Vanne. Peut-être le jeune Bâtard, qui s'essayait alors à prendre en main le pouvoir, avait-il appelé auprès de lui

cet abbé bénédictin de Verdun, dont le renom de sagesse
s'étendait au loin et qui avait d'ailleurs séjourné déjà, sous
Richard II, à la Cour ducale. En quoi consista, cette fois,
son action ? Probablement l'abbé commença-t-il par prendre des contacts avec les évêques ; ils furent décevants.
L'épiscopat normand était alors colonisé par les Richardides, c'est-à-dire par la haute aristocratie qui se souciait
peu, sans doute, d'une intervention de l'Eglise. En tout
cas, aucune assemblée ne fut réunie pour étudier le projet.
L'échec de Richard de Saint-Vanne fut donc total. Son
biographe, le moine Hugues de Flavigny, ne cherche pas à
le cacher ; il en impute la responsabilité à « certaines gens
de mauvaise volonté qui repoussèrent comme inouïes ses
propositions, disant qu'ils ne voulaient pas enfreindre les
usages de leurs pères en acceptant des nouveautés insolites ». On sait combien le reproche de « novelleté », c'est-
à-dire d'innovation, avait alors de poids. Hugues de
Flavigny présente comme un châtiment du Ciel la disette
et l'épidémie de « feu sacré » dont le duché souffrit à cette
époque.

Il apparaît probable toutefois que l'abbé Richard ait
reçu à Rouen, dans les milieux ecclésiastiques, un meilleur
accueil qu'en Normandie occidentale ; c'est encore
Hugues de Flavigny qui nous l'apprend et son témoignage
est particulièrement digne de foi car on sait qu'il a utilisé
les archives du monastère Saint-Vanne de Verdun. L'archevêque de Rouen et son clergé auraient prêté grande
attention aux conseils de l'abbé lorrain, notamment en
matière de liturgie, et fait exécuter selon ses directives un
missel qui demeura longtemps dans la bibliothèque de
l'église cathédrale et fut nommé *le Livre Richard*.

Si, en 1047, le projet d'institution de la Trêve de Dieu
est repris en considération, il faut y voir peut-être un effet
différé de la campagne faite cinq ans plus tôt par Richard
de Saint-Vanne. Il y avait alors à Rouen deux hauts
dignitaires ecclésiastiques, proches parents du duc Guillaume le Bâtard : l'archevêque Mauger, fils de Richard II,

et l'abbé de Saint-Ouen, Nicolas, fils de Richard III et, par conséquent, cousin germain du jeune duc.

Il importe au plus haut point, bien sûr, de savoir qui, cette fois, prit l'initiative de relancer le projet en vue d'introduire en Normandie la Trêve de Dieu. Pour se conformer à la procédure suivie en pareil cas partout ailleurs, il fallait réunir une assemblée — on disait alors : un concile — de hauts personnages laïcs et ecclésiastiques. Le lieu choisi pour cette réunion est lourd de signification : il se trouvait au voisinage de la *villa* de Caen, à laquelle Richard II avait accordé le statut privilégié de « bourg » pour y attirer de nouveaux habitants ; plus précisément, dans un domaine appartenant à l'abbaye de Fécamp, à guère plus de deux lieues du champ de bataille du Val-ès-Dunes. Ce choix fut certainement dicté, sinon imposé, par le Bâtard. Au cours de la réunion, on devait « inviter », suivant l'usage, les participants, et particulièrement les seigneurs laïcs, à prêter sur des reliques le serment de respecter les décisions qui devaient être prises. Or ces reliques furent apportées de Rouen ; les plus vénérées étaient celles de saint Ouen ; on avait construit pour les abriter un petit oratoire. Ainsi peut-on penser avec beaucoup de vraisemblance que l'initiative de convoquer et d'organiser le concile fut prise conjointement par le duc Guillaume, pour qui le choix du lieu, en Basse-Normandie, avait un sens politique, et par ses deux parents rouennais, l'archevêque et l'abbé de Saint-Ouen, dépositaires l'un et l'autre des suggestions faites naguère par Richard de Saint-Vanne.

L'historicité de ce concile de Caen ne peut être mise en doute. Il est, en revanche, assez inexplicable que ni Guillaume de Jumièges, ni Guillaume de Poitiers n'en soufflent mot. Il nous est connu, d'une part, grâce à des récits hagiographiques relatifs au transport des reliques de saint Ouen ; d'autre part, à travers le texte des décisions qui furent arrêtées et promulguées au cours de l'assemblée ; elles nous sont données par six manuscrits aujourd'hui conservés à Rouen, à Douai, à Laon, à Paris, à Wolfenbüttel (Basse-Saxe) et au Vatican. Dans ce dernier, le texte est intitulé : « Décret synodal de Paix, appelée communément Trêve de Dieu, qui fut institué par le duc Guillaume et les évêques de Normandie. » Il s'agit très probablement d'une ordonnance promulguée par les évêques normands, chacun dans son diocèse, au retour du concile.

On admettait naguère, sur la foi de dom Bessin, qui publia en 1717 un recueil d'actes des conciles normands, que l'assemblée de Caen s'était réunie en 1042. Cette date est tout à fait irrecevable, compte tenu du témoignage de Hugues de Flavigny qui atteste qu'en 1042 la Trêve de Dieu n'était pas encore instituée en Normandie ; on sait d'ailleurs que la tentative alors faite par Richard de Saint-Vanne avait échoué. Richard mourut en juin 1046 ; si le premier concile normand de la Paix avait eu lieu de son vivant, Hugues de Flavigny n'aurait pas manqué de porter ce succès au crédit du saint homme dont il raconte admirativement la vie.

On lit, dans le recueil des *Miracles de saint Ouen* composé à Rouen entre 1087 et 1092, une anecdote propre à confirmer la date de 1047. L'abbaye de Saint-Ouen possédait le patronage d'une petite église paroissiale, Rots, située à deux lieues environ à l'ouest de Caen ; elle voulut y exposer à la vénération des fidèles les reliques du saint que l'on avait apportées à Caen pour le concile. La procession qui escortait la châsse avait parcouru la moitié du chemin lorsque arriva au galop un messager du Bâtard : le duc demandait instamment qu'on voulût bien l'attendre pour achever la route, car il tenait à porter le corps saint « sur ses propres épaules » jusqu'à l'église de Rots. En 1042, le jeune duc avait 14 ans ; en 1047, 19 ans. Il n'est pas douteux que l'épisode raconté par l'auteur des *Miracles* est mieux à sa place à la seconde date qu'à la première.

Peut-être est-il possible de préciser davantage la date de

l'assemblée de Caen. C'est encore dans les *Miracles de saint Ouen* que l'on trouve une indication utile à cet égard. L'auteur du recueil signale, dans la foule qui se rendait à la grande foire de Caen, un prêtre porteur d'une pièce de lin « qu'il apportait à la foire pour la vendre » ; cette marchandise lui fut volée et l'on put identifier le voleur grâce à un miracle survenu dans la chapelle où étaient exposées les reliques apportées pour le concile. Si la foire en question est bien celle du Pré, qui se tenait à la Saint-Denis, l'assemblée aurait eu lieu dans la première quinzaine du mois d'octobre 1047.

Selon les décisions prises par le Concile de Caen, la Trêve s'étend du mercredi soir au lundi matin, du début de l'Avent à l'octave de l'Epiphanie, du début du Carême à l'octave de Pâques, du début des Rogations (c'est-à-dire, du lundi précédant l'Ascension) à l'octave de la Pentecôte ; pour les violences commises pendant ces périodes contre des personnes sont prévues des peines de nature diverse : peines ecclésiastiques de caractère strictement spirituel, telle l'excommunication dont on ne sait d'ailleurs pas exactement quels étaient alors tous les effets, ou de caractère temporel, telle la réparation pécuniaire ; peines civiles, tel le bannissement pour une durée de trente ans. Si le coupable mourait, même en exil, avant d'avoir purgé sa peine, la sépulture religieuse devait lui être refusée. Pour les agressions commises contre les biens meubles ou immeubles, les peines étaient moins sévères. Une mention particulière était faite des marchands et des étrangers dont la sécurité devait être assurée en tout temps : il s'agit donc, sur ce point, d'une mesure relevant de la Paix et non de la Trêve de Dieu.

Il était, en outre, prescrit aux prêtres de prier, les dimanches et jours de fête, pour ceux qui observent la Trêve et de maudire en chaire les infracteurs. Si quelqu'un affirmait avoir involontairement violé la Trêve, il devait se justifier par le serment et l'épreuve du fer rouge : c'était une des ordalies alors pratiquées pour confier à Dieu la désignation d'un coupable que la justice des hommes n'avait pu découvrir, ou pour tester la sincérité d'un serment ; la personne mise en cause devait tenir dans sa main, pendant quelques instants, un morceau de fer chauffé au rouge : l'aspect de la plaie produite indiquait si l'intéressé était ou non coupable ou sincère. Si l'épreuve se révélait défavorable, le coupable devait accomplir une pénitence de sept ans, mais n'était point banni.

Enfin, le roi de France et le duc de Normandie étaient exemptés des obligations de la Trêve puisqu'ils étaient par vocation les défenseurs de l'ordre public.

Ainsi apparaît-il que les institutions de paix, adoptées tardivement en Normandie, y ont pris une forme assez originale, mais non exclusive, car on l'observe aussi en d'autres régions du nord de la France ; dans cette zone, on n'a guère connu que la Trêve de Dieu ; les textes ou fragments de textes relatifs à la Paix de Dieu y sont incomparablement moins nombreux que dans les régions méridionales où le pouvoir royal avait cessé d'être présent dès la fin du xe siècle. On y propose aux laïcs, à l'initiative concertée du pouvoir civil et de l'autorité religieuse, une pratique pieuse consistant à renoncer, durant certaines périodes tenues pour sacrées, à des actions de vengeance ou de guerre privée considérées comme licites en temps ordinaire. A la différence de ce que l'on constate en d'autres régions, le pouvoir ecclésiastique ne se substitue pas à l'autorité civile dans la charge du maintien de l'ordre public ; ici, l'on n'a pas créé de ces milices qui, sous le commandement de clercs, se chargeaient de pourchasser et de punir les perturbateurs de la Paix de Dieu ; de telles initiatives avaient bien rarement réussi à rétablir la paix ; elles avaient parfois engendré des drames : ainsi lorsque, vers 1030, l'archevêque de Bourges Haimon avait rassemblé une troupe de paysans et les avait lancés contre des seigneurs pillards : ces braves gens sans armes avaient été presque tous massacrés.

Il n'y a donc pas lieu de tenir, en Normandie, l'instauration de la Trêve de Dieu, complétée par une mesure ponctuelle de Paix permanente, pour un pur et simple effet d'une carence de la puissance publique. Au terme d'une difficile crise, vers le milieu du XIe siècle, elle apporta au duc un appoint d'efficacité dans son œuvre de restauration de l'ordre public ; mais à aucun moment, elle n'échappa au contrôle du prince, tandis qu'au bénéfice de l'évêque ne resta très vite que le droit de percevoir une amende en cas d'infraction. On a pu dire à juste titre qu'en Normandie, la Trêve de Dieu fut la trêve du duc.

La vie de Guillaume : soixante ans divisés en trois tranches d'égale durée. De la naissance à 1047 environ, c'est l'enfance obscure, puis la lente émergence d'une personnalité ; de 1047 à 1067, c'est la construction de l'Etat normand, couronnée par la Conquête de l'Angleterre ; de 1067 à 1087, la consolidation du patrimoine normand et l'organisation du royaume conquis.

Agé de 20 ans à peine, le Bâtard a fait preuve de quelques-unes des qualités qui ne cesseront de s'affirmer au fil des années. Nous pouvons seulement imaginer, compte tenu de la discrétion des historiens contemporains, les frayeurs, les angoisses qu'avait connues l'enfant : le sénéchal Osbern égorgé sauvagement, une nuit, dans la chambre qu'ils partageaient au Vaudreuil ; tout au long de sa vie, il reportera sur le fils, puis le petit-fils de son fidèle gardien l'affection qu'il avait eue pour celui-ci. La vie errante qu'il dut parfois mener, évitant de justesse de mortels dangers, lui avait appris à juger les hommes et à discerner leurs intentions. « Il amassait, dira Orderic Vital, dans son cœur d'enfant une force virile. » On ne saurait, si l'on veut comprendre l'homme et apprécier son œuvre, perdre de vue ces débuts douloureux d'une vie qui devait être prestigieuse.

Dès sa première grande bataille, au Val-ès-Dunes, il a

donné de sa personne, se portant en avant de ses hommes, au cœur de la mêlée, ce que l'éthique chevaleresque n'exigeait pas d'un chef d'Etat. Ce que l'on pourrait prendre pour l'impétuosité irréfléchie d'un jeune chevalier fait place, lorsque la paix est revenue, à une surprenante prudence politique : témoin la sage modération dont il fait preuve à l'égard de son indigne cousin Guy de Brionne ou la mansuétude avec laquelle il traite les vaincus de 1047 ; certes, Renouf de Briquessart et Néel de Saint-Sauveur se virent retirer leurs fiefs ; Néel dut s'exiler pendant quelques années ; mais dès avant 1055, l'un et l'autre étaient rentrés en grâce, avaient recouvré leurs fiefs et, qui plus est, leur charge vicomtale. Un siècle plus tard, Wace a fort bien défini, en quelques vers, cette habile modération du jeune Guillaume :

« Les barons se réconcilièrent avec le duc.
Ils lui promirent et lui donnèrent tant
Qu'il leur octroya et conserva sa paix
Et les tint pour quittes de leurs infidélités. »

Il était mis fin, du même coup, au processus qui, depuis un siècle, tendait à faire de la Normandie occidentale une région mal intégrée à l'Etat normand. Le fait est que dorénavant et pour longtemps ne s'y manifesteront plus guère de tendances sécessionnistes. Guillaume y veillera, d'ailleurs, et ne négligera rien pour parachever cette œuvre d'unification.

LES NORMANDS EN ITALIE

S'il faut en croire Guillaume de Poitiers, historiographe officiel du règne et chapelain de la cour ducale, les barons normands auraient demandé, après 1047, à leur prince de se marier sans plus attendre, afin d'assurer la continuité de la dynastie. « Ils cherchaient d'un commun accord à le proclamer leur seigneur jusque dans sa descendance, qu'ils ne pouvaient encore choyer autrement qu'en espérance. »

Ce mariage devait être l'objet d'une sérieuse tension des rapports de la papauté avec le duché normand. La cause véritable et la gravité de cette crise ont été souvent exposées de manière assez inexacte. Pour voir clair en cette affaire, il est indispensable d'en situer l'examen dans le très large cadre de l'histoire de la papauté vers le milieu du XIᵉ siècle. Au demeurant, la restauration de l'institution pontificale, préludant à une profonde réforme de l'Eglise latine, et, d'autre part, la rapide ascension politique du duché de Normandie sont à retenir parmi les événements majeurs de cette époque qui voit l'Europe émerger de la pénombre des *dark ages*. A cette même époque prennent corps les premières principautés créées par des Normands immigrés en Italie méridionale, où leur infiltration se fait de plus en plus active ; les relations de la papauté avec la Normandie ne pouvaient manquer de s'en ressentir.

Le développement de l'aventure normande en Italie méridionale est, à bien des égards, lié aux événements dont la Normandie fut le théâtre dans la première moitié, et plus particulièrement dans le second quart du XIᵉ siècle.

Peu avant l'an 1020, des voyageurs normands (peut-être des pèlerins) étaient entrés dans des circonstances d'ailleurs peu claires, au service des princes de Capoue et de Salerne. Cette dernière ville était rançonnée par les Sarrasins qui lui avaient imposé le versement d'un tribut annuel ; une année où celui-ci n'avait pas été payé, « les Sarrasins étaient venus avec une grande flotte, frappaient et tuaient et ravageaient la terre ». Ainsi s'exprime un historien, Aymé, moine du Mont-Cassin, qui écrit quelques décennies après ces événements ; son *Histoire des Normands* est notre plus ancienne source concernant la pénétration des Normands en Italie méridionale. Il rapporte que quarante pèlerins venus de Normandie demandèrent à Gaimar, prince de Salerne, de leur donner des chevaux et des armes, puis attaquèrent et mirent en déroute une troupe de Sarrasins ; en reconnaissance de quoi le prince et les habitants de la ville leur donnèrent des cadeaux et leur proposèrent même de demeurer dans le pays pour défendre les Chrétiens. Les Normands « ne voulurent pas accepter de l'argent en rétribution de ce qu'ils avaient fait pour l'amour de Dieu, et s'excusèrent de ne pouvoir rester ». En fait, s'ils quittèrent Salerne, ce fut pour chercher fortune ailleurs dans la région. Ils avaient bien vite, semble-t-il, compris que la désorganisation politique et les rivalités intestines faisaient de cette partie de l'Italie un terrain d'élection pour une entreprise de colonisation. Ils décidèrent donc, dit avec quelque exagération le moine Aymé, d'appeler auprès d'eux tous les seigneurs de Normandie. « Avec leurs messages, ils leur envoyèrent des agrumes, des noix confites, des tissus byzantins, des objets de fer incrustés d'or, et les invitèrent à venir dans le pays qui produisait de si belles choses. »

Il est peu probable que ces pionniers aient envisagé dès lors de conquérir pour leur propre compte des territoires dans le Mezzogiorno ; sans doute envisageaient-ils seulement, au moins en un premier temps, de faire de petites fortunes en se mettant à la solde des princes du pays. Ainsi avaient agi les Varègues vis-à-vis des Slaves du Dniepr. Ici, les Normands de Normandie furent d'abord de vrais mercenaires, vendant leurs services. Comme l'empereur germanique Henri II avait déposé, puis condamné à l'exil le prince de Capoue Pandolf IV, ils offrirent à celui-ci de soutenir sa cause, les armes à la main, et réussirent à le réinstaller dans sa principauté ; ils s'étaient alliés, à cette fin, au gouverneur byzantin Bojoannès ; leur chef semble avoir été, dans cette affaire, un nommé Rainolf Drengot, arrivé depuis peu en Italie avec ses quatre frères. Il avait dû quitter sa patrie normande pour avoir tué, dans un accident de chasse, un seigneur nommé Guillaume Repostel, ami du duc Robert le Magnifique ; Orderic Vital, lui, rapporte que Guillaume Repostel s'était, en présence de plusieurs seigneurs, vanté d'avoir violé la fille de Rainolf Drengot et que celui-ci, après avoir tué l'insulteur, se serait réfugié d'abord en Bretagne, puis en Angleterre avant de gagner l'Italie. Avant même d'être frappé d'une peine d'exil, qu'il devait redouter, et pour échapper à la vengeance que ne manquerait pas d'exercer la famille de sa victime, il s'était donc volontairement expatrié ; si ses frères l'avaient suivi, c'est qu'ils se sentaient eux aussi menacés, car l'exercice de la vengeance privée mettait en cause toute la famille proche de l'offenseur comme celle de la victime. Il est avéré que, parmi les Normands qui partirent pour l'Italie méridionale, beaucoup étaient des bannis, condamnés par la justice ducale, ou des hommes qui, pour diverses raisons, ne se sentaient plus en sécurité dans leur pays. A ce propos, les sources du temps font des récits souvent peu crédibles, mais qui évoquent toujours l'instabilité sociale dont souffrit le duché pendant le second quart du XIe siècle. Il arrive qu'elles s'éloignent davantage encore de la vérité lorsqu'elles rapportent les prouesses par lesquelles les Normands s'imposèrent à l'admiration et au respect craintif des populations du Mezzogiorno et de leurs chefs. Selon Orderic Vital, dans son *Histoire ecclésiastique* achevée vers 1140, le combat de Salerne aurait opposé cent chevaliers normands à vingt mille Sarrasins ; pour pallier quelque peu l'invraisemblance d'une victoire remportée à un contre deux cents, le moine de Saint-Evroult précise que les musulmans, lorsqu'ils furent attaqués, étaient assis sur l'herbe et prenaient leur repas entre le rivage et la ville. Il y a mieux encore. Dans une de ses interpolations au texte de Guillaume de Jumièges, le même Orderic Vital raconte l'histoire, évidemment légendaire pour une bonne part, d'un certain Turstin Scitel. Le personnage a existé : Aymé du Mont-Cassin parle de lui et le nomme Turstin le Bègue. Alors qu'il était au service de Gaimar V, prince de Salerne, il aurait un jour arraché à un lion la chèvre que celui-ci commençait à dévorer et, comme le fauve se jetait sur lui, il l'aurait saisi et lancé, tel un simple caillou, par-dessus le mur d'enceinte du palais. Alors les Lombards (c'est-à-dire les gens de Salerne) jaloux de ses exploits, l'attirèrent dans une caverne où venait souvent un dragon, et où se trouvaient aussi beaucoup de serpents ; puis, voyant arriver le monstre, ils se sauvèrent. Tandis que Turstin, ne soupçonnant pas le piège qu'on lui avait tendu, demandait à son écuyer la raison de cette fuite, le dragon surgit et prit dans sa gueule la tête du cheval que montait le Normand ; alors celui-ci, d'un coup d'épée, abattit la bête qui crachait le feu ; mais trois jours plus tard, il mourait à son tour, empoisonné par le souffle du monstre qu'il avait reçu en pleine face, car son bouclier avait été en un clin d'œil consumé par la flamme sortie de la gueule de la bête.

De semblables affabulations, on peut retenir, pour le moins, qu'au début du xiie siècle, les pionniers de la colonisation normande en Campanie et en Pouille étaient devenus des héros de légende ; sans doute Orderic Vital a-t-il, dans son abbaye de Saint-Evroult, recueilli de la bouche de quelque voyageur venu d'Italie le récit héroïque du combat de Turstin contre le dragon ; on sait qu'il aimait interroger les hôtes de passage qui séjournaient à l'hôtellerie du monastère.

C'est Rainolf Drengot qui, le premier parmi les mercenaires normands, obtint par une voie légitime, une importante terre en Italie. Le duc de Naples, Serge IV, pour l'attirer à lui, lui accorda la main de sa sœur et remit en dot à celle-ci le territoire d'Aversa, que traversait la principale route de Rome à Naples par Capoue ; Rainolf, comte d'Aversa, évadé de Normandie, devenait ainsi vassal du duc de Naples. Pareil succès fit certainement rêver, en Normandie, les candidats à l'émigration. Qu'ils aient été si nombreux, dans les années 1030-1040, donne à penser que la crue démographique avait commencé, au moins une vingtaine d'années auparavant, et qu'elle avait été assez forte pour compenser les nombreuses morts que causèrent, dans la classe seigneuriale, les guerres intestines et les vengeances en chaîne ; au cours d'un seul épisode de cette sombre histoire, parmi beaucoup d'autres, on avait vu tomber quatre seigneurs de premier plan : Roger de Tosny et deux de ses fils, puis Robert de Grentemesnil.

Le fait est qu'au premier rang des Normands qui s'illustrèrent en Pouille et en Calabre, on trouve la nombreuse famille de Tancrède de Hauteville. Leur étonnante destinée nous est principalement connue par un écrivain normand, Geoffroy Malaterra, ancien moine de l'abbaye de Saint-Evroult ; il était entré au monastère après avoir fait « une malheureuse carrière dans le monde », carrière dont il n'indique d'ailleurs pas la nature. On ne sait pas davantage pourquoi, peu après 1050, il partit pour le Mezzogiorno avec un groupe de compatriotes ; il est toutefois établi que, pendant la seconde moitié du xie siècle, se produisit un notable courant d'émigration monastique de France vers l'Italie. Geoffroy se dit lui-même « récemment devenu italien et même sicilien » ; il séjourna successivement à l'abbaye de la Trinité de Venosa (Pouille), puis à celles de Sainte-Euphémie et de Mileto, en Calabre, enfin en Sicile lorsque les Normands furent maîtres de l'île. C'est là que le comte Roger, le dernier des fils de Tancrède de Hauteville, lui demanda d'écrire l'ouvrage qui nous est parvenu sous le titre *Histoire de Roger de Calabre, comte de Sicile, et du duc Robert Guiscard, son frère.* « Les Normands sont, pour lui, une race astucieuse, prompte à venger les injures, dédaignant la terre natale quand s'offre l'espoir d'être plus riche ailleurs ; ils sont avides de conquête et de domination, habiles en toutes circonstances à la dissimulation et aux feintes, tenant un juste milieu entre la prodigalité et l'avarice. Leurs chefs, eux, sont généreux pour la gloriole d'être réputés tels. C'est une race qui sait flatter ; ils manient si habilement les mots que même leurs enfants ne sont pas, à cet égard, inférieurs à des rhéteurs. Ils sont capables de supporter, en cas de nécessité, peines, disettes, souffrances. Ils pratiquent la chasse et le dressage des oiseaux de chasse. Ils recherchent le faste dans le costume, l'armement et le harnachement des chevaux. » Notons au passage que Geoffroy Malaterra considère les habitants de la Normandie, vers 1080, comme de purs descendants des Vikings : « Ces hommes ont donné leur nom à la terre qu'ils occupent. *North,* en effet, signifie en anglais *septentrion;* et comme ils sont venus du septentrion, on les appelle Normands et ils ont appelé leur terre Normandie. »

Il se trouve, dans cette province, continue Geoffroy, une ville nommée Coutances, et, dans son voisinage, un village appelé Hauteville ; ce nom ne lui a pas été donné à cause de sa situation sur une hauteur, mais en raison du glorieux destin que devait connaître la famille des seigneurs de ce lieu. Pour Geoffroy, historiographe officiel, cette famille était, dès le début du xie siècle, illustre ; son chef s'appelait alors Tancrède. A la vérité, celui-ci ne possédait que fort peu de terre. D'une première femme, nommée Maurielle, il eut cinq fils : Guillaume, dit Bras-de-Fer, Dreu, Onfroy, Geffroy et Serlon. « Leur mère étant morte, Tancrède, homme honnête abhorrant les relations illicites, mais d'un âge et d'une verdeur qui lui interdisaient la continence, se remaria, préférant ainsi se satisfaire d'une unique et légitime épouse, plutôt que de se salir dans la fréquentation de concubines, et se rappelant le mot de l'apôtre : " Que chacun prenne une femme afin d'éviter la fornication. " »

De cette seconde épouse, Frédésende, il eut sept fils, sans compter des filles dont le nombre n'est pas connu. Le premier des fils, Robert, surnommé Guiscard, devait jouer un rôle de premier plan dans la conquête de la Pouille et de la Calabre ; venaient ensuite Mauger, Guillaume, Alfred, Hubert, Tancrède et enfin Roger qui devait conquérir et posséder la Sicile.

Tous ces garçons reçurent une éducation chevaleresque, s'entraînant au maniement des armes et au combat à cheval. « Mais ils virent bientôt autour d'eux, des parents étant morts, leurs enfants se disputer à propos de l'héritage qui, divisé en plusieurs parts, ne suffisait plus à faire vivre chacun des héritiers. Ils délibérèrent alors entre eux des moyens d'éviter pour eux-mêmes pareil inconvénient. D'un commun accord, les aînés à qui l'âge donnait la supériorité de la force sur les cadets encore jeunes, quittèrent le pays natal, puis, cherchant un peu partout à tirer profit de leurs armes, arrivèrent enfin, Dieu les guidant, en Pouille. »

Rien ne permet de mettre en doute, pour l'essentiel, cette version des faits. Orderic Vital, qui a connu l'ouvrage de Geoffroi Malaterra, mais ne le suit pas servilement, confirme ses dires sur ce point ; selon lui, Tancrède aurait décidé de désigner, comme héritier de son maigre patrimoine, son fils Geffroy, né du premier mariage. Parmi les nombreux Normands que l'on vit en Italie méridionale, ce sont ces fils besogneux d'une petite famille seigneuriale qui se taillèrent la part du lion. Mais ils ne s'imposèrent, en un premier temps, qu'en recourant systématiquement à la violence, au pillage et à la ruse. Les historiens du temps semblent n'éprouver aucune gêne à le raconter, même Guillaume de Pouille, dont le poème *Gesta Roberti Wiscardi* a pour objet la glorification des faits et gestes de Robert Guiscard.

Lorsque les fils de Tancrède de Hauteville arrivent au Mezzogiorno, il n'y a plus guère d'espoir de conquête en Campanie. Rainolf Drengot est installé à Aversa, où il a fait naître une ville de ce qui n'était auparavant qu'une bourgade ; beaucoup de compagnons l'ont dès lors rejoint ; il annexera bientôt à son comté Capoue et son territoire. Aussi les frères de Hauteville, sous le commandement de l'aîné d'entre eux, Guillaume Bras-de-Fer, vont-ils chercher fortune en Pouille. D'autres Normands y avaient guerroyé, mais sans réussir à s'y implanter ; ils avaient notamment prêté le concours de leurs armes à un Byzantin nommé Mélès qui se trouvait en conflit avec l'administration impériale de Byzance, laquelle avait, en ce temps-là, fort à faire pour tenir tête aux musulmans de Sicile qui lançaient fréquemment des raids en Calabre. Vers 1040, Mélès étant mort, les frères de Hauteville se mirent au service de son fils Argyros ; or, dans ce même temps, l'empereur de Byzance envoyait en Italie un général nommé Maniacès avec mission de reprendre le contrôle des régions du Mezzogiorno qui avaient secoué le joug de son autorité et, si possible, de reconquérir la Sicile sur les musulmans. Un groupe de Normands s'étaient mis à son service et l'avaient aidé, au printemps de 1040, à remporter une victoire sur les Sarrasins, près de Messine, puis s'étaient brouillés avec lui.

Maniacès étant revenu en Pouille après son succès en Sicile, pour y mater la rébellion d'Argyros, se heurta aux hommes de Guillaume Bras-de-Fer ; ceux-ci lui infligèrent, en quelques mois, trois défaites et se trouvèrent ainsi maîtres de la Pouille occidentale ; ils installèrent leur commandement à Melfi. C'est de là qu'ils devaient lancer, durant les années suivantes, des attaques contre la Pouille orientale dont la capitale était Bari, sur l'Adriatique, et vers le sud, contre la Calabre ; sur ce dernier front devait s'illustrer Robert Guiscard ; il rejoignit ses frères aînés en Italie entre 1045 et 1047, au moment même où, en Normandie, se tramait la conjuration que le Bâtard devait écraser sur le champ de bataille du Val-ès-Dunes. A cette date, Guillaume Bras-de-Fer était mort ; son frère Dreu lui avait succédé ; c'est lui qui accueillit le jeune Robert Guiscard, dont le surnom signifie « avisé ». « C'était, nous dit Guillaume de Pouille, un jeune homme dur à la peine, prudent, capable de tout, ingénieux, toujours avide de grandeur, aimant les louanges et les honneurs. Il lui était égal de vaincre par la ruse ou par les armes ; car un esprit astucieux accomplit souvent ce que la force ne peut faire. Il était éloquent ; consulté, il donnait avec vivacité des réponses excellentes. Si on lui demandait un conseil, il savait le donner sagement. »

Son frère aîné Dreu lui confia la charge de conquérir la

152 GUILLAUME LE CONQUÉRANT

Calabre, lui concédant à l'avance les territoires dont il se rendrait maître. Quelques chevaliers avaient rejoint Robert, dans l'espoir de participer au butin. Ils se mirent sans retard à la tâche, pillant partout, mais surtout dans les régions appartenant à Dreu, ce qui, pensait-il, comportait moins de risques. A cet égard, il se trompait car un jour où il dînait avec son frère, celui-ci se jeta sur lui ; Robert tira son épée ; il fallut l'intervention rapide de leurs compagnons pour les séparer. Le jeune Guiscard fut enfermé pendant quelque temps, puis Dreu, pour éviter le retour de semblables difficultés, le conduisit vers le sud, à l'entrée de la Calabre, en un lieu nommé Scribla, à faible distance au nord de l'actuelle ville de Castrovillari. Il y avait là, dans une large vallée où coulait un petit fleuve côtier, un monticule rocheux, de forme oblongue, haut d'une vingtaine de mètres et long de deux à trois cents ; butte-témoin qui avait résisté à l'érosion et n'a guère subi de changement jusqu'à nos jours. On y voit encore les restes assez imposants d'une fortification maçonnée qui peut dater du XIIIe siècle ; mais des fouilles récentes y ont mis au jour les vestiges d'un rempart de terre, de plan ovale, qui pourrait avoir été élevé par Robert Guiscard et ses compagnons. Ceux-ci se trouvaient là en pays ennemi ; mais surtout, la malaria sévissait dans ces basses terres côtières. Aussi, après peu de temps, les Normands avancèrent-ils vers le sud jusqu'à un site de hauteur occupé aujourd'hui par la petite ville de San Marco Argentano. Une émergence rocheuse, qui domine la localité, y a manifestement été aménagée de main d'homme ; on l'a enrobée dans un amas de terre rapportée, de manière à former une « motte ». Sur ce tertre s'élève encore une tour ronde, ceinturée par un rempart maçonné ; entre l'un et l'autre, une étroite cour dont le plan est donc annulaire. La tour porte aujourd'hui, dans le pays, le nom de *Torre Normanna ;* l'ensemble du dispositif est du même type que les châteaux de Châtillon-sur-Indre (Indre) et de Château-sur-Epte (Eure) et peut être daté des environs de l'année

1100. Avant cette tour de pierre, la motte de San Marco Argentano a certainement porté des constructions de charpente : sans doute une tour située à l'intérieur d'une palissade de plan circulaire. Aymé du Mont-Cassin dit que cette première fortification était faite de *legname,* c'est-à-dire de bois. Les Normands étaient à cette époque, dans leur propre pays, déjà maîtres dans la construction et l'utilisation militaire de ce type d'installation.

Robert Guiscard et ses compagnons se trouvaient là, derechef, en pays hostile ; à leur approche, les habitants avaient caché leurs réserves de vivres. Si bien qu'un soir, le sénéchal chargé du ravitaillement fit savoir à Robert qu'il n'avait plus de provisions, ni d'argent pour en acheter. Il était donc urgent d'entreprendre un raid de pillage ; encore fallait-il chercher un secteur assez éloigné, où les autochtones ne fussent pas sur le qui-vive. Robert avait réussi à recruter, pour étoffer le petit contingent de Normands qui l'avait accompagné, une soixantaine d'hommes du pays ; il leur avait promis une bonne part du butin à conquérir ; c'est à eux qu'il demanda de lui indiquer l'endroit où l'on pourrait opérer, dans les meilleures conditions, une expédition de ravitaillement. Ils lui répondirent qu'au-delà des hautes montagnes, dans une vallée à laquelle on accédait par un sentier abrupt, on trouverait d'abondantes réserves de vivres ; encore fallait-il y pénétrer par surprise. Les habitants avaient précisément, ce jour-là, célébré une fête ; ils avaient beaucoup bu ; on pouvait espérer les trouver encore endormis le lendemain matin. La troupe se mit donc en route pour une marche nocturne. Robert l'accompagnait, déguisé en paysan de la région. Comme il avait été prévu, un abondant butin fut aisément saisi ; mais tandis que les pillards se repliaient vers San Marco, leurs victimes se lancèrent à leur poursuite ; ils étaient deux cents hommes à cheval. Les hommes de Robert Guiscard qui, eux, étaient à pied furent vite rejoints. Un combat s'engagea, qui tourna à l'avantage des pillards ; nombre de leurs assaillants furent tués et leurs chevaux capturés ; les survivants ne furent relâchés que moyennant rançon. Geoffroi Malaterra met au compte de Robert, de son intrépidité, de son ascendant sur ses hommes, le mérite de cette victoire ; et il conclut : « Ayant pu ainsi ravitailler le château avec le butin et la rançon des prisonniers, il continua de harceler de plus belle les Calabrais. »

Une autre anecdote racontée par le même Geoffroi montre que les ruses où, nous dit-il, excellaient les Normands, confinaient parfois au banditisme. Dans une petite ville située à quelques lieues au sud de San Marco, à Bisignano, vivait un notable appelé Pierre de Tyre ; « supérieur à tous ses concitoyens par la richesse, la sagesse et l'intelligence, il était considéré par eux comme leur chef » ; les historiens grecs du temps rapportent qu'il était gouverneur de la ville. Il arrivait que Robert Guiscard fît appel à son arbitrage lorsqu'un différend naissait entre les Normands et les Calabrais ; mais, dans le même temps, il cherchait le moyen de capturer cet homme, de saisir sa fortune et d'occuper la ville de Bisignano. Lorsque les deux hommes se rencontraient, ils étaient l'un et l'autre accompagnés d'une solide escorte armée ; l'entrevue avait lieu, non dans la ville, mais dans la campagne environnante. Un jour où Pierre de Tyre est venu, comme d'habitude, avec un grand nombre des siens, Robert lui fait dire par un messager qu'il désire ne pas se trouver mêlé à cette foule, de peur qu'un incident n'éclate entre ses gens et ceux de Pierre ; il propose que les deux chefs se rencontrent seuls, leurs compagnons demeurant à l'écart ; lui-même avait prévenu les siens de se tenir prêts à intervenir auprès de lui dès qu'il leur ferait signe. La rencontre entre Robert et Pierre a donc lieu au milieu du terrain vide d'occupants. Au moment où les deux hommes allaient se séparer après un long entretien, Robert « mesure d'un coup d'œil la masse imposante que constitue le corps de son interlocuteur, puis, sûr de ses forces — il était en tout très audacieux et prêt aux plus difficiles entreprises —, saisit Pierre par le milieu du corps, le hisse sur ses épaules et l'emporte vers les Normands. Ceux-ci, et les gens de Bisignano, se précipitent, les uns pour délivrer Pierre, les autres pour aider Guiscard ; Pierre se débat de toutes ses forces, mais Robert réussit, tantôt en le portant, tantôt en le faisant rouler, tantôt en le traînant, à l'amener jusque chez les Normands. Quant aux Calabrais, désespérant du sort de leur chef et ne désirant nullement affronter les Normands, ils se réfugient en hâte dans leur ville, tandis que les hommes de Guiscard, heureux comme d'un triomphe, amènent Pierre de Tyre au château de San Marco ». Après quelques jours de captivité, le prisonnier recouvra la liberté au prix d'une énorme rançon. Aymé du Mont-Cassin, qui connaît aussi cette anecdote, ajoute qu'après avoir obtenu la rançon désirée, Robert Guiscard se jeta en pleurs aux pieds de sa victime et lui demanda pardon, avouant qu'il avait commis une faute mais qu'il y avait été contraint par sa douloureuse pauvreté. Quant à la ville de Bisignano, les Normands ne purent l'occuper, bien que Pierre de Tyre la leur eût cédée sous la contrainte, car les habitants s'y opposèrent.

Si les Normands progressaient ainsi, par tous les moyens, aussi bien vers l'est en Pouille que vers le sud en Calabre, ils devenaient de plus en plus impopulaires dans toute l'Italie méridionale. On avait vite oublié la part qu'ils avaient prise à la lutte contre les pirates musulmans. Maintenant que ceux-ci se trouvaient définitivement écartés des provinces continentales de l'Italie méridionale, on estimait que les Normands ne valaient pas mieux que ces Infidèles ; dès avant le milieu du xıe siècle, on les appelle *novi Agareni*, c'est-à-dire « les nouveaux Sarrasins ».

Assez tôt, le pape avait été saisi de plaintes formulées contre eux et la mauvaise réputation des Normands s'était répandue dans l'Etat pontifical, sinon même dans l'Italie du nord ; on associait d'ailleurs dans une même réprobation les conquérants du Mezzogiorno et leurs compatriotes de Normandie. Vers le milieu du xıe siècle, l'abbé de la

Trinité de Fécamp, Jean de Ravenne, revenant de Rome, fut assailli par la population de Radicofani, à quelque distance au nord de la Ville Eternelle ; ses bagages furent volés et ses gens molestés. Nous savons, d'autre part, que les Normands en route vers l'Italie méridionale avaient bien soin de ne point porter d'armes lorsqu'ils traversaient le territoire pontifical ; parfois même, ils arboraient des insignes de pèlerinage.

Tout ceci se passait au temps où le duché de Normandie traversait épreuves sur épreuves, puis, sous la conduite du Bâtard, montait vers les sommets.

CRISE ET RÉFORME DE L'EGLISE

L'Eglise aussi, en ce temps-là, connaissait une crise d'une rare gravité, puis amorçait un redressement.

Après la disparition d'Otton III (1002), son successeur Henri II le Saint doit mener une guerre contre la Pologne ; la pression impériale sur la ville de Rome et sur la papauté s'en trouve affaiblie ; mais, de ce fait même, les clans de l'aristocratie romaine reprennent le contrôle de l'élection pontificale. Plus désunis que jamais, ces clans se groupent, dans la première moitié du XIe siècle, derrière deux chefs de file : la famille des comtes de Tusculum (aujourd'hui Frascati) qui avaient leur principale place forte dans la campagne romaine, à une trentaine de kilomètres à l'est de la ville ; et la famille de Jean Crescentius qui, elle, était mieux implantée dans Rome même. Le souvenir des interventions germaniques dans la vie romaine, au temps des Ottoniens, était encore assez vivant. Le clan des Tuscolani se disait défenseur des droits et des prérogatives de l'empereur, désormais absent pour un temps. Les Crescenziani, au contraire, incarnaient le patriotisme romain face à toute domination étrangère. Le premier de ce lignage, avec qui le nom de Crescentius apparaît dans l'histoire romaine, avait dirigé en 998 une insurrection contre l'empereur Otton III ; assiégé dans sa forteresse du château Saint-Ange, il avait été, après deux mois de résistance, capturé et mis à mort avec douze de ses lieutenants. Son fils Jean avait assumé sa succession à la tête du parti des Crescenziani et dominé la Ville éternelle, contrôlé l'élection pontificale, peuplant de ses partisans l'administration romaine jusqu'à sa mort survenue en 1012. Alors les Tuscolani reprennent le dessus ; ils chassent le pape élu par les Crescenziani et lui substituent le fils du comte de Tusculum, nommé Théophylacte, qui prend le nom d'Urbain VIII. En 1013, Henri II le Saint, qui vient enfin de conclure une trêve avec les Polonais, peut descendre en Italie. Le 14 février 1014, il est couronné empereur par le pape Benoît VIII qui introduit dans le rite du sacre un élément nouveau et significatif : Henri II reçoit de lui un globe d'or surmonté d'une croix, symbole de son pouvoir universel. Mais quelques jours plus tard, les Crescenziani provoquent une émeute en ville et le nouvel empereur doit regagner précipitamment l'Allemagne. Il reviendra au printemps de 1022, appelé par le pape pour combattre en Italie méridionale le retour offensif des Byzantins, auxquels tentent alors de s'opposer les princes lombards de Capoue et de Salerne et leurs mercenaires normands. A sa mort, survenue en 1024, s'éteint la dynastie ottonienne et décline à nouveau l'influence impériale dans le développement des affaires romaines.

En dépit de toutes ces vicissitudes et malgré l'étroit assujettissement de l'autorité pontificale tantôt à l'empereur romain germanique, tantôt aux factions romaines, un ferment de réforme agissait de plus en plus visiblement dans l'Eglise. Simonie et nicolaïsme, c'est-à-dire, rappelons-le, trafic des charges ecclésiastiques et, plus généralement, des choses saintes, d'une part, dégradation des mœurs cléricales, de l'autre, étaient maintenant dénoncés sans ambiguïté. On distinguait, dans cette aspiration à la réforme, plusieurs courants. Cluny y tenait, depuis près d'un siècle, une place éminente ; çà et là, en Lorraine, à Chartres, en Allemagne, en Italie du Nord, des évêques et des moines préconisaient aussi un retour à la stricte observance de règles canoniques tombées en désuétude. Mais ces efforts manquaient de coordination. Personne ne se dissimulait l'énormité des difficultés à vaincre ; tels étaient l'état de décadence des institutions et des mœurs ecclésiastiques, et si patente la déchéance de la papauté, que la plupart des partisans d'un renouveau ne voyaient guère comment on pourrait le mener à bien si l'empereur n'en assumait la tâche. Quelques-uns, pourtant, assez peu nombreux, redoutaient une immixtion trop active du pouvoir temporel dans les affaires de l'Eglise. Ces deux tendances sont perceptibles dès la première moitié du XIe siècle ; elles croîtront et se durciront pendant les décennies suivantes.

En Allemagne, le duc de Franconie Conrad avait été élu roi après la mort d'Henri II le Saint ; très sollicité par les menaces qui pesaient sur ses frontières de l'est et du sud-est, il ne put faire en Italie que deux voyages. A Rome dominait toujours le clan des Tuscolani, ses partisans, qui manipulaient à leur gré l'élection du pape. Conrad reçut donc sans difficulté le sacre impérial. « Il était, nous dit le moine bourguignon Raoul Glaber, hardi, robuste, mais pas très ferme dans la foi. » La rudesse dont il usa dans ses rapports avec les gens d'Eglise explique peut-être la sévérité de ce jugement. Du moins ne découragea-t-elle pas ceux qui comptaient sur l'empereur pour restaurer les institutions et les mœurs ecclésiastiques. Son fils Henri III, qui lui succède en 1039, est sans doute au Moyen Age la plus parfaite incarnation de ce qu'on appelle le césaropapisme ; il est lui-même profondément convaincu qu'il lui appartient de guider la Chrétienté vers le renouveau. Le pape est alors Benoît IX, fils du comte de Tusculum ; il a été élu très jeune, peut-être à douze ans seulement. A force d'excès — on l'a même accusé d'assassinat —, il finit par lasser les Romains qui se soulèvent, vers la fin de 1044, l'assiègent dans le palais du Latran, d'où il réussit à s'enfuir pour se réfugier dans le château de son père, à Tuscolo. Une majorité de Romains élit alors un autre pape, l'évêque de Sabine, qui devient Sylvestre III. En choisissant ce nom, déjà porté deux fois par des pontifes étroitement liés au pouvoir impérial, il voulait certainement signifier que, pour avoir supplanté un membre de la famille Tusculani, il ne devait pas être considéré comme un ennemi de l'Empire. Mais quelques semaines plus tard, Benoît IX reparaît à Rome, fort de l'appui militaire de ses deux frères ; il ne réussit pourtant pas à s'y maintenir, tant la majorité de la population lui est hostile. Alors il décide d'abdiquer en bonne et due forme la charge pontificale. Il avait un parrain, homme riche et de très bonne réputation, nommé Jean Gratien, chanoine du Latran. Celui-ci l'encouragea à se retirer et promit de lui verser une pension qui lui permettrait de vivre honorablement. Après quoi, Gratien est élu pape et prend le nom de Grégoire VI (5 mai 1045) ; dans les milieux réformistes, à Cluny notamment, son élection est très favorablement accueillie ; l'un des plus connus animateurs de ces milieux écrit : « Une colombe revient à l'arche, apportant un rameau d'olivier. »

C'est précisément ce qui ne pouvait manquer d'inquiéter le clan des Tuscolani ; ils alertèrent l'empereur. Henri III était alors occupé à consolider les frontières orientale et sud-orientale de son royaume germanique. Dès qu'il en a terminé, un an plus tard, il descend en Italie. Le 20 décembre 1046, date majeure dans l'histoire des rapports de la papauté et de l'Empire, il réunit un concile ; on y voit surtout des évêques allemands qui l'ont accompagné. Sylvestre III et Grégoire VI ont été convoqués ; ils sont présents ; quant à Benoît IX qui s'était régulièrement désisté de sa charge, on l'ignore. Henri III préside l'assemblée. Sylvestre III est sommairement déposé et condamné à vivre dans un monastère. Quant à Grégoi-

re VI, on l'interroge sur l'aide financière qu'il a donnée à
Benoît IX pour l'écarter définitivement ; comme il ne nie
pas le fait, affirmant seulement la droiture de son intention, il est déclaré simoniaque et déposé lui aussi ; il sera,
peu après, exilé en Allemagne où il mourra.

La veille de Noël, Henri III parvenu à Rome, y tient un
nouveau synode et, de sa seule autorité, désigne pour pape
un évêque de sa suite, Suidger de Bamberg, qui prend le
nom de Clément II ; celui-ci, le lendemain, donne le sacre
impérial à son souverain. Quelques jours plus tard, Henri
III et Clément II publient conjointement une condamnation des pratiques simoniaques ; puis le nouvel empereur
est rappelé en Allemagne où de nouvelles difficultés se
sont produites, en son absence, à la frontière hongroise.
Quelques mois après son départ, Clément II meurt après
avoir été contraint de quitter Rome en raison de l'hostilité
d'une partie de la population. Son successeur est, cette fois
encore, désigné par l'empereur : c'est Poppon, évêque de
Brixen, dans le Tyrol ; intronisé à Rome le 17 juillet 1048,
sous le nom de Damase II, il meurt assez soudainement
trois semaines plus tard. A cette nouvelle, Henri III réunit
un synode à Worms en Rhénanie, pour désigner un
nouveau pontife. C'est l'évêque de Toul, Bruno, qui est
choisi. Né en Alsace, de la famille des comtes d'Egisheim,
il avait fait ses études et reçu une formation religieuse en
Lorraine ; sur la recommandation du clergé diocésain —
procédure traditionnelle mais alors généralement oubliée
— Conrad II l'avait, en 1026, nommé au siège épiscopal de
Toul, où il avait fait preuve de qualités très remarquables
d'administrateur et d'esprit réformateur. Sans refuser
péremptoirement l'élection dont il venait de faire l'objet
au synode de Worms, il mit à son acceptation une
condition : il se rendrait à Rome, se présenterait au clergé
et au peuple et n'accepterait la charge pontificale que s'il
était agréé par eux. Ainsi fut fait et, le 12 février 1049, il
était intronisé à Saint-Pierre sous le nom de Léon IX.
Avec lui, l'esprit de réforme, jusque-là diffus dans l'Occi-

dent chrétien, s'installait à la tête de l'Eglise. Bruno de Toul avait d'ailleurs amené de Lorraine avec lui un certain nombre de collaborateurs éprouvés, parmi lesquels un moine de Moyenmoutier, Humbert, qu'il fit évêque de Sylvacandida et donc cardinal ; ce fut un des plus sévères pourfendeurs de la simonie.

LE MARIAGE DU BÂTARD

Quelques semaines après son intronisation, le nouveau pape convoque à Rome un synode ; il y renouvelle la condamnation déjà portée contre la simonie ; mais, cette fois, des sanctions sont immédiatement prises contre les coupables ; plusieurs évêques présents doivent s'expliquer sur les circonstances de leur élection, et quelques-uns sont déposés. De France et d'Allemagne, deux prélats seulement avaient répondu à la convocation ; le Français est Halinard, archevêque de Lyon, partisan déterminé de la réforme. Trois ans auparavant, Henri III était allé le chercher au monastère Saint-Bénigne de Dijon pour l'installer sur le siège archiépiscopal de Lyon ; mais lorsqu'il s'était agi de prêter au souverain le serment de fidélité selon le rite alors courant de la « dation des mains », Halinard avait refusé de placer ses mains jointes dans celles de Henri III. « L'Evangile et la règle de Saint-Benoît, avait-il objecté, m'interdisent de prêter un tel serment. Si je ne respecte pas cette interdiction, comment peut-on attendre que je respecte le serment qu'on veut me faire prêter aujourd'hui ? Dans ce cas, il est préférable que je ne devienne pas évêque. » La scène se passait à Spire où se trouvait alors la Cour ; les évêques présents étaient, pour la plupart, allemands ; ils s'indignèrent : « Qui est donc celui-ci pour désobéir aux ordres du roi dans son palais, chose qu'aucun de nous n'a jamais osée. Qu'il prête serment, ou qu'on le chasse. »

Pourtant, sur les instances de quelques évêques lorrains

qui se trouvaient là, Henri III avait consenti à dispenser Halinard du serment ; c'était en 1046, alors qu'Henri, roi des Romains, allait partir pour Rome pour y perpétrer le coup de force que l'on sait et recevoir le sacre impérial.

Halinard était donc, au synode romain d'avril 1049, le seul représentant de l'épiscopat du royaume de France. D'Allemagne était seul venu l'archevêque de Trèves, Eberhard. Puisque les évêques ne veulent pas venir à Rome pour y recevoir les consignes réformistes, le pape ira donc à eux. Dès le mois de mai 1049, il est en Allemagne où il rencontre Henri III ; et comme l'archevêque de Reims lui demande de venir consacrer sa cathédrale reconstruite, il en saisit l'occasion pour annoncer la réunion d'un concile dans cette ville. En dépit des difficultés soulevées par le roi de France Henri Ier, simoniaque endurci, le concile de Reims eut lieu le 3 et le 4 octobre 1049. Une vingtaine d'évêques, une cinquantaine d'abbés y vinrent siéger.

Etaient présents, parmi les évêques normands, Hugues d'Avranches, Geoffroy de Coutances, Hugues de Bayeux, Yves de Sées, Herbert de Lisieux ; Lanfranc, prieur du Bec, y était aussi. En revanche, l'archevêque de Rouen, Mauger, oncle de Guillaume le Bâtard, s'était abstenu de venir à Reims. Le pape Léon IX réitéra la condamnation des pratiques simoniaques et somma plusieurs des évêques de se disculper des soupçons qui, à cet égard, pesaient sur eux. Geoffroy de Montbray, évêque de Coutances, était du nombre ; il parvint sans doute à se justifier car il ne fut pas déposé.

Le pontife rappela, en outre, quelques prescriptions canoniques concernant le mariage ; elles font l'objet des canons XI et XII du concile. « Que personne ne contracte d'union incestueuse. » « Que personne n'abandonne son épouse légitime pour en prendre une autre. » Puis, selon son habitude, il passa, séance tenante, à l'exécution de ces règles. « Il excommunia, disent les actes du concile, les comtes Engelrai et Eustache qui avaient commis l'inceste, et Hugues de Braine qui avait répudié son épouse et s'était remarié avec une autre femme. Il interdit au comte de Flandre Baudouin de donner sa fille en mariage à Guillaume de Normandie et à celui-ci de la prendre pour épouse. Il convoqua, d'autre part, le comte Thibaut (de Blois) qui avait renvoyé sa femme. »

Ce texte passablement laconique a mis à rude épreuve la sagacité des commentateurs. Les termes dans lesquels est catégoriquement interdit le mariage de Guillaume avec Mathilde de Flandre donnent à penser qu'à cette date (octobre 1049), la procédure en vue de cette union était déjà bien avancée ; sans doute avaient été déjà conclus les *sponsalia per verba de futuro,* fiançailles comportant un engagement en principe irrévocable. Que l'interdiction pontificale se trouve associée, dans les actes du concile de Reims, à des mesures concernant des infractions à la loi canonique du mariage, on en a conclu que celle-ci était en cause dans cette interdiction ; et l'on a cherché à préciser le lien de parenté qui pouvait exister entre Guillaume et Mathilde. A la vérité, ce lien devait être très évident pour les contemporains ; s'il ne l'est pas au même degré pour nous, c'est que, dans l'Eglise catholique, aujourd'hui, la loi canonique concernant les empêchements de mariage est très différente de ce qu'elle était au xie siècle ; au temps de Léon IX, elle fixait au septième degré de parenté le seuil au-dessous duquel le mariage était illicite ; en Normandie, le concile tenu à Rouen en 1072 devait encore confirmer cette règle. C'est seulement le second concile de Latran (1139) qui ramènera ce seuil au quatrième degré. Or Guillaume et Mathilde, descendant l'un et l'autre de Rollon, étaient cousins au cinquième degré. D'autre part, une fille de Richard II, Eléonore, avait épousé le comte de Flandre Baudouin IV ; à vrai dire, Baudouin V, père de Mathilde, n'était pas né de ce mariage, mais d'une première union de Baudouin IV avec la princesse anglo-saxonne Aelfgiva ; toutefois, l'extrême rigueur qui caractérisait alors la législation canonique du mariage peut fort

bien avoir fait considérer que, de ce chef, Guillaume et
Mathilde étaient cousins au troisième degré, c'est-à-dire
que Guillaume aurait été, comme nous disons, l'oncle à la
mode de Bretagne de Mathilde. Mais il y a davantage
encore. Richard III avait, on le sait, épousé la petite Adèle
de France, fille du roi Robert le Pieux ; certes, le mariage
n'avait pas été consommé lorsque mourut Richard III,
Adèle étant, à cette date, encore enfant ; mais au XIe siècle, la *desponsatio,* même non suivie de consommation,
crée entre les contractants le lien matrimonial ; une lettre
de Grégoire VII, datée de 1079, ne laisse aucun doute à
cet égard. Cependant cette manière de voir n'était point
partagée par certains canonistes qui se montraient moins
rigoureux et se réclamaient d'une longue tradition plus
tolérante. En revanche, il n'est pas douteux qu'aux yeux
de Léon IX, il y avait eu *desponsatio* entre Richard III et
Adèle, et que, par conséquent, Guillaume et Mathilde
devaient être considérés comme cousins germains.

Vers le milieu du XIXe siècle, un notable érudit britannique, Thomas Stapleton, a tenté d'expliquer d'une autre
manière l'opposition faite par Léon IX au projet d'alliance
matrimoniale entre la Normandie et la Flandre. Mathilde
aurait été, en 1049, déjà mariée à un avoué de l'abbaye de
Saint-Bertin, nommé Gerbold ; elle en aurait eu deux
enfants dont une fille appelée Gondrée ; l'histoire connaît,
de fait, une femme de ce nom qui épousa plus tard un
seigneur normand établi en Angleterre, Guillaume de
Warenne. Pour faire d'elle une fille de Mathilde de
Flandre, Stapleton s'appuyait sur une copie très tardive et
peu fiable d'une charte dont l'original est perdu. Au
demeurant, il serait tout à fait invraisemblable que
Mathilde ait eu, en 1049, deux enfants. Le mariage de ses
parents, Baudouin V et Adèle de France, n'avait pu être
consommé avant 1031, en raison du jeune âge d'Adèle. De
cette union naquirent quatre enfants, dont rien ne permet
de penser que Mathilde ait été l'aînée ; elle ne pouvait

donc être âgée, lors du concile de Reims, que d'une quinzaine d'années.

L'interdiction formulée par le concile de Reims était assurément conforme au droit canonique de l'époque ; on doit seulement se demander si ce droit pouvait être généralement appliqué dans toute sa rigueur. Les membres de la classe aristocratique, milieu restreint et fermé, devaient avoir bien du mal à trouver mari ou femme avec qui ils ne fussent pas consanguins au-dessous du septième degré. Dans le monde paysan même, qui constituait alors les trois quarts des populations, la très faible mobilité de celles-ci engendrait une assez nette endogamie. Les autorités ecclésiastiques étaient donc contraintes de fermer les yeux sur la plupart des manquements commis à la législation canonique du mariage. Celle-ci, toutefois, pouvait être appliquée lorsque l'Eglise pensait avoir d'autres raisons, non moins sages, de s'opposer à une union.

Tel fut certainement le cas du projet de mariage entre Guillaume le Bâtard et Mathilde, encore que l'étroitesse du lien de consanguinité qui les unissait eût suffi à justifier la sévérité du pape. Il est remarquable qu'aucun des historiens du XIᵉ siècle ne nie l'existence de ce lien. Mais la gêne qu'ils ne parviennent pas à dissimuler (surtout l'historiographe officiel qu'est Guillaume de Poitiers) lorsqu'ils parlent de cet épisode de la vie de leur duc, donne à penser que le projet de mariage normanno-flamand ne comportait pas des implications seulement canoniques.

Le pape Léon IX était, comme beaucoup d'autres partisans déterminés de la réforme de l'Eglise, convaincu que cette régénération ne pourrait être menée à bien sans le concours actif du pouvoir impérial. L'empereur Henri III lui paraissait capable d'assumer dignement ce rôle ; or le comte Baudouin V de Flandre était alors en conflit avec l'Empire ; il venait .d'incendier, en 1047, le palais impérial de Nimègue. Depuis les origines de la principauté, la Flandre avait relevé de deux seigneurs : du souverain germanique pour les territoires situés à l'est de l'Escaut ; du roi de France pour ceux qui se trouvent à l'ouest de ce fleuve. Durant le Xe siècle, la politique expansionniste de la Flandre en direction du sud-ouest avait inquiété les princes normands. Au milieu du XIe siècle, ces alarmes sont bien oubliées ; un état-tampon s'est développé, à la frontière nord-orientale de la Normandie, le comté de Ponthieu, dont les maîtres acquièrent même des domaines au sud de la Bresle, sans que ces empiètements semblent émouvoir les ducs. Le comte de Ponthieu deviendra d'ailleurs bientôt vassal du duc de Normandie. La Flandre, elle, a dès lors tourné ses ambitions vers le nord-est, c'est-à-dire vers l'Empire ; elle avait fait alliance, dans ce but, avec le duc de Lorraine ; en 1049, l'année même du concile de Reims, Henri III était fort préoccupé par ce mouvement d'insubordination vassalique à la frontière occidentale de son royaume germanique. Le pape, lorrain d'origine, était, à coup sûr, bien informé de ces difficultés ; il allait d'ailleurs, deux semaines après l'assemblée de Reims, tenir un autre concile à Mayence, où il rencontra l'empereur. Il ne pouvait que s'inquiéter de tout ce qui mettait en danger l'autorité du saint empereur germanique. Il était, d'autre part, tout à fait hostile aux entreprises et au comportement des Normands immigrés en Italie méridionale ; il avait reçu maintes plaintes formulées contre eux par les populations du Mezzogiorno ; il n'allait d'ailleurs pas tarder à prendre les armes contre ces « nouveaux Sarrasins ». Comme la plupart de ses contemporains, il ne faisait pas de distinction entre ces aventuriers et les habitants du duché de Normandie.

Quant au comte de Flandre et au duc de Normandie, on aimerait savoir quel calcul avait dicté un projet matrimonial appelé, de toute évidence, à susciter l'hostilité du pape et celle de l'empereur. Et d'abord, laquelle des deux parties en cause en avait eu l'initiative ? Selon Guillaume de Jumièges, ce fut le Bâtard. « Ayant appris que Baudouin de Flandre avait une fille nommée Mathilde, issue de souche royale, physiquement très fine et d'esprit noble, il demanda sa main à son père après avoir pris l'avis de ses conseillers. » Guillaume de Poitiers tombe dans la grandiloquence lorsqu'il célèbre les mérites de Baudouin V, qu'il dit, contre toute vraisemblance, « apparenté à la noblesse de Byzance ». Certes, le duc de Normandie aurait facilement trouvé femme chez les rois de contrées lointaines ; « mais on préféra s'allier à des princes voisins, de graves raisons ayant déterminé ce choix ». Ces « graves raisons », l'historiographe de Guillaume le Bâtard en connaît certainement le détail ; mais ici, comme pour tout ce qui touche au mariage de son duc, sa réserve est extrême ; il nous faut donc tenter de discerner, dans le contexte politique du temps, ce qu'il refuse de nous dire.

Si, depuis le début du xie siècle, Normandie et Flandre ne connaissaient plus de difficultés frontalières, il s'en fallait de beaucoup que leurs vues fussent concordantes à l'égard de maints problèmes. L'une et l'autre avaient d'actives relations commerciales avec le royaume d'Angleterre ; marchands normands et flamands étaient rivaux dans le port et sur le marché de Londres. Lorsque le Danois Cnut avait chassé du trône anglo-saxon le roi Ethelred II, le comte de Flandre aussi bien que le duc de Normandie avaient soutenu la cause de celui-ci, puis celle de ses fils exilés ; il s'agissait manifestement de se concilier les bonnes grâces de ceux qui semblaient appelés à recouvrer un jour le pouvoir en Angleterre. Pourtant, lorsque Cnut mourut, Baudouin IV soutint sa veuve Emma la Normande, bien que celle-ci fût reniée par ses fils Albert et Edouard et rejetée par le duc de Normandie. Emma se vit même offrir asile en Flandre lorsque, son fils Edouard le Confesseur ayant recouvré à Londres le trône de son père, elle dut quitter définitivement l'Angleterre. Ce même Edouard soutenait activement l'empereur Henri III dans le conflit qui opposait celui-ci à Baudoin V ; il avait envoyé une flotte harceler la côte flamande et l'estuaire de l'Escaut. Il importait donc au comte de Flandre, ainsi pris entre deux feux, de se réconcilier avec le roi d'Angleterre. Il ne pouvait à cette fin trouver meilleur intermédiaire que le Bâtard, dont le père et le grand-père avaient donné en Normandie l'hospitalité au prince Edouard durant un exil long d'un quart de siècle.

Le Bâtard, quant à lui, voyait dans une alliance matrimoniale avec la maison comtale de Flandre une corroboration de son autorité politique. De surcroît, la jeune Mathilde était, par sa mère Adèle, petite-fille du roi de France Robert le Pieux et nièce du monarque alors régnant, Henri Ier. La bienveillance du roi de France était particulièrement souhaitable à l'heure où de graves menaces commençaient à peser derechef sur la frontière méridionale, encore instable, de la Normandie. En contrepartie, ce rapprochement avec la France ne pouvait qu'indisposer le pape, car le roi Henri Ier avait tout fait pour retarder ou empêcher la tenue du concile de Reims ; un contemporain a écrit de lui qu'il était « encore plus simoniaque, si possible, que Simon le Magicien lui-même ».

Quelle fut, en l'occurrence, l'attitude des hommes d'Eglise normands ? Ici encore, le laconisme embarrassé des écrivains contemporains nous laisse dans l'incertitude. La province ecclésiastique de Rouen était à Reims, avec cinq évêques présents au concile, l'une des mieux représentées du royaume. Peut-être ces cinq prélats, en répondant à la convocation du pape, avaient-ils cédé à une consigne du Bâtard qui, sachant qu'il allait être mis en cause, espérait avoir en eux des avocats. On ne sait comment ils se comportèrent ; sans doute étaient-ils plus inquiets de leur propre sort, suspects qu'ils étaient de simonie, que de celui de leur prince. Remarquable, et certainement remarquée, fut l'absence de leur chef, l'archevêque de Rouen Mauger, qui avait négligé ou refusé de se rendre à Reims. C'était un bien étrange personnage ; comme beaucoup de prélats de son temps, il laissa une descendance et notamment un fils chevalier qui fut reçu avec égards à la Cour du roi de France ; mais vers 1045, il avait réuni à Rouen un synode provincial pour condamner avec éclat les pratiques de simonie. Lui-même et ses évêques suffragants approuvèrent au moins tacitement le veto mis à Reims par le pape au projet de mariage entre Guillaume et Mathilde. Telle fut aussi l'attitude de Lanfranc, alors prieur de l'abbaye du Bec.

Tant d'oppositions ne parvinrent cependant pas à faire reculer le Bâtard. Le mariage fut célébré en 1050 ou peu après. Baudouin V avait accompagné sa fille Mathilde jusqu'à la frontière du duché de Normandie. Guillaume était là pour l'accueillir. Il n'y eut aucune des festivités accoutumées en pareil cas dans les grandes familles princières. Le Bâtard se rendit à Eu accompagné, selon Guillaume de Jumièges, d'une importante troupe de chevaliers ; mais ni Guillaume Caillou ni Guillaume de Poitiers ne signale la présence d'aucun personnage de la haute aristocratie normande ni d'aucun membre de la hiérarchie ecclésiastique. Même Robert, petit-fils de Richard Ier, qui tenait alors le comté et le château d'Eu, n'est pas mentionné. En revanche, Herleue et son mari Hellouin de Conteville étaient là pour accueillir Mathilde. Peut-être leur présence avait-elle déterminé les Richardides à ne pas venir ; depuis la mort de Robert le Magnifique, ils ne manquaient aucune occasion de marquer leur dédain à l'égard de la *frilla* du défunt duc et de son mari Hellouin de Conteville, qui n'était qu'un seigneur de modeste rang. Le Bâtard souffrit des affronts faits à sa mère et parfois s'emporta violemment contre leurs auteurs. Lors de son mariage, il préféra la présence de Herleue au faste qui aurait accompagné celle de hauts personnages laïcs ou ecclésiastiques. On ne sait qui unit, dans la collégiale d'Eu ou dans la chapelle du château, les deux époux. Guillaume de Poitiers était là ; il le laisse entendre implicitement, comme avec un peu de gêne ;

mais à cette date, il n'était sans doute pas encore chapelain de la cour.

Quoi qu'il en soit, ce mariage fut célébré dans des conditions insolites ; nous dirions aujourd'hui : dans l'intimité.

Guillaume le Bâtard est né au temps où la conversion définitive de la Normandie à la culture chrétienne-franque achève de se consommer. Sa naissance et la situation de sa mère, qui n'auraient pas posé de problème cinquante ans plus tôt, en posent dans le second quart du xie siècle, même pour les Richardides dont la plupart, cependant, sont eux-mêmes des bâtards ou des fils de bâtards. Guillaume, pour justifier la légitimité de son titre de duc et pour rester profondément attaché à sa mère, doit agir à contre-courant des mœurs désormais dominantes dans son pays et dans son milieu ; il lui a fallu beaucoup de ténacité. L'histoire de cette lutte ne se laisse pas facilement déchiffrer parce que les écrivains ecclésiastiques du xie siècle, Guillaume de Jumièges et Guillaume de Poitiers, ont pris le parti du silence touchant cette affaire ; on ne doit pas oublier, d'autre part, qu'ils écrivent une vingtaine d'années plus tard, alors que le Bâtard est devenu le Conquérant.

Au dire d'un contemporain, auteur anonyme du *De obitu Willelmi ducis,* Guillaume était « d'une stature supérieure à la moyenne, mais non excessive ». Lors du saccage de l'abbatiale Saint-Etienne de Caen, en mai 1562, ses ossements furent dispersés ; seul un fémur put être sauvé. Le vieil historien de Caen, Charles de Bras, dit que cet ossement, qu'il a vu, était « plus long de la largeur de quatre doigts au moins que celui d'un bien grand homme ». Or cette pièce osseuse a été exhumée le 22 août 1983 en vue d'un examen approfondi ; il s'agit d'un fémur gauche ; sa longueur est exactement de 0,487 mètre, ce qui, d'après les tables de Manouvrier, indique une stature d'1,73 mètre. Puisque cette taille était, nous dit-on, exceptionnellement haute, il faudrait admettre que la stature moyenne, dans la Normandie d'alors, n'était pas aussi élevée qu'on l'a généralement cru. Le « mythe normand » serait-il, une fois encore, ici responsable de l'erreur ? On n'a pas, à ce jour, fait d'enquête systématique sur les restes osseux des Normands du Xe et du XIe siècles. On sait, en revanche, qu'à la fin de l'époque mérovingienne, les populations vivant en Normandie occidentale étaient d'assez petite taille (1,65 mètre pour les hommes, 1,50 mètre ou guère plus pour les femmes). L'apport viking n'aurait-il pas sensiblement modifié ce type, dominant dans la région depuis les temps néolithiques ? Le bienheureux Hellouin, fondateur du Bec, dont les restes furent exhumés en 1959 et minutieusement examinés, ne mesurait qu'1,63 mètre ; or son ascendance paternelle était scandinave.

L'observation du fémur gauche de Guillaume a récemment montré que l'homme était robuste ; l'empreinte des ligaments musculaires est fortement marquée ; cette observation confirme le témoignage de l'auteur du *De obitu* selon qui le duc était « de corpulence large et robuste ». Il ajoute que sa voix était rauque, qu'il parlait beaucoup, avec exubérance. Certaines anecdotes le font apparaître comme un homme jovial, parfois à la limite de la truculence. Il prenait, certain jour, un repas avec quelques compagnons à La Hougue de Biville, dans le nord-ouest du Cotentin, non loin du prieuré d'Héauville, qui dépendait de l'abbaye de Marmoutier ; étaient notamment présents Roger de Montgommery, Guillaume-Fils-Osbern et un certain Hugues, préposé à l'administration des forêts ducales dans la région. Comme, au cours du repas, le duc annonçait son intention d'accorder aux tenanciers du prieuré un allègement de leurs redevances, le forestier Hugues, zélé défenseur des droits ducaux, se permit de faire des réserves ; alors Guillaume, prenant à pleines mains l'os du jambon qu'il était en train de manger, menaça l'impertinent de l'en frapper. Une autre fois, le duc, présent à Rouen, se rend à l'abbaye de la Trinité du

Mont pour lui faire don d'une terre ; en pareil cas, l'acte juridique de donation pouvait être matérialisé par la remise d'un objet, parfois un couteau. Comme l'abbé de la Trinité s'approchait de Guillaume, la main tendue pour recevoir l'objet symbolique, le Bâtard brusquement leva le bras et feignit de vouloir planter la lame dans la paume du religieux ; puis, éclatant de rire, il s'écria : « C'est ainsi qu'il faut donner une terre ! » De telles plaisanteries ont assez vivement frappé les contemporains pour que ceux-ci les gardent en mémoire et les mentionnent dans les notices relatant les donations en question. Cet humour n'était cependant pas le trait dominant du caractère du Bâtard. Les dramatiques épreuves qu'il a connues dans son jeune âge l'ont, à coup sûr, prématurément mûri. Dès l'âge de 23 ans, lorsqu'il épouse Mathilde, il possède l'expérience d'un prince accompli. Particulièrement remarquable est l'habile modération avec laquelle il avait traité les révoltés de 1046-1047 ; dès la fin de l'adolescence, il fait preuve de cette sagesse que loue Guillaume de Poitiers, son chapelain : « Si, pour des motifs graves, il se voyait contraint de renoncer à l'amitié de quelqu'un, il préférait la détendre progressivement plutôt que de la rompre brusquement » ; et l'auteur du *De obitu* parle de cette « invincible patience dont Guillaume usa toujours ». Cette maîtrise de soi, dont témoignent des actes du Bâtard encore jeune, sera parfois balayée, dans l'âge adulte et à l'approche de la vieillesse, par des explosions de colère incontrôlée ; ainsi verrons-nous, au fil des années, apparaître, se préciser ou se modifier les traits du caractère de l'homme qui devait construire l'Etat normand, puis accomplir une des plus mémorables conquêtes qu'ait connues l'Europe occidentale au cours du Moyen Age.

De Mathilde de Flandre, nous ne savons presque rien. Sa personne physique ne nous a été longtemps connue que par les conventionnelles et plates allusions faites par quelques contemporains à sa beauté et à sa grâce. C'est ainsi que l'iconographie de la fin du Moyen Age et des

Temps modernes a dû, faute de données utiles, imaginer de toutes pièces la stature et le visage de l'épouse de Guillaume. Comme celui-ci était d'une taille supérieure à la moyenne, on a fait de Mathilde une femme plutôt grande, assez corpulente et majestueuse. Ainsi apparaissait-elle sur les peintures qui décoraient encore, au XVIIIe siècle, certaines pièces et les couloirs de l'Abbaye-aux-Hommes, et que le voyageur anglais Ducarel a dessinées.

Or, en 1961, on a ouvert, dans le chœur de l'Abbaye-aux-Dames, la tombe de Mathilde ; exhumés déjà en 1562, puis à l'époque révolutionnaire, ses ossements avaient été, en dernier lieu, en 1819, placés dans un coffret de plomb ; l'inventaire précis en avait été dressé par un chirurgien de l'hôpital de Caen ; ce que l'on trouva en 1961 dans le coffret était tout à fait conforme à cet inventaire. L'examen anthropologique montra que l'épouse de Guillaume était une petite personne, d'une taille inférieure à 1,50 m, et fort mince. Quant aux traits de sa personnalité morale, ils sont assez malaisément saisissables. A travers les récits des contemporains, on la devine souvent présente, parfois agissante ; mais c'est à peine si, durant la trentaine d'années où elle fut duchesse de Normandie, puis reine d'Angleterre, l'historiographie lui concède trois ou quatre fois de sortir vraiment de l'ombre. Il faut attendre sa mort pour que l'épitaphe gravée sur son tombeau nous donne enfin, en clair, son portrait moral. En revanche, la légende et la presse du cœur ont été beaucoup plus loquaces que les historiens ; mais on n'y peut glaner aucune information sérieuse. Il n'y a, en particulier, rien à retenir du récit selon lequel Mathilde, informée par son père de la demande en mariage qu'avait formulée le duc de Normandie, aurait riposté avec véhémence que, pour rien au monde, elle n'épouserait un bâtard. Le propos ayant été rapporté à Guillaume, celui-ci accourt en Flandre, brutalise la jeune fille, la jette à terre, la foulant aux pieds et déchirant sa robe à coups d'éperons. Sur quoi Mathilde, domptée par cette violence, aurait accepté le mariage offert. Cette affabulation, qui apparaît pour la première fois dans quatre textes du XIIIe siècle, a peut-être sa source dans quelque écrit satirique antinormand. Il est toutefois digne de remarque que, de la personnalité et des comportements de Guillaume, la légende ait retenu seulement quelques accès de brutalité ; à partir de cette donnée, on a pu amplifier, imaginer des épisodes nouveaux ou prêter à Guillaume — on ne prête qu'aux riches — des actes de cruauté que la tradition populaire attribuait auparavant à d'autres personnages, historiques ou légendaires.

En passant outre l'interdiction formulée à Reims par Léon IX, Guillaume et Mathilde ne pouvaient ignorer les conséquences probables de leur désobéissance. Avec le sens politique qu'on lui connaît, le Bâtard avait certainement pesé les risques et les avantages. Les avantages ? Ni le comte de Flandre, ni le duc de Normandie n'était, à coup sûr, porté à en minorer le poids ; l'un et l'autre avaient, à ce moment précis et de toute urgence, besoin de consolider leur autorité à l'intérieur de leur Etat, et de se faire craindre, à l'extérieur, d'ennemis actuels ou potentiels. Les risques ? En ce milieu du XIe siècle, plus d'un prince chrétien, tels le roi Henri Ier ou le comte d'Anjou Geoffroi Martel, bravaient quasi impunément les sanctions canoniques portées par le pape.

Les écrivains tout à fait contemporains, Guillaume Caillou et Guillaume de Poitiers ne font aucune mention de la réaction de Léon IX à l'acte d'insubordination effrontément commis par le Bâtard et par le comte de Flandre, c'est-à-dire par les deux personnages nommément mis en cause au concile de Reims ; le nom de Mathilde n'y avait pas été mentionné. Il faut attendre le début du XIIe siècle pour que les langues se délient. Orderic Vital, dans une interpolation au texte de Guillaume de Jumièges, puis, en Angleterre, Guillaume de Malmesbury, abordent enfin le sujet qui n'est plus brûlant. « Le duc Guillaume, écrit Orderic Vital, se voyait reprocher par certains·hommes d'Eglise d'avoir épousé sa cousine ; il envoya des messagers à Rome pour demander au pape conseil à ce sujet. Le pontife, considérant que s'il ordonnait aux époux de se séparer, un grave conflit pourrait éclater entre la Flandre et la Normandie, choisit d'absoudre les conjoints de leur faute et leur imposa une pénitence. » L'emploi du mot « pénitence », sous la plume du moine lettré qu'était Orderic, donnerait à penser qu'une sanction avait été portée. Vers 1130, Milon Crespin, moine du Bec, est plus précis. « Par décision du pontife romain, toute la Normandie avait été privée du culte chrétien et frappée d'interdit » ; c'est Lanfranc qui, en 1059, aurait obtenu du pape Nicolas II la levée de cet interdit, à charge pour Guillaume et Mathilde de créer deux abbayes. Cette version des faits, qui n'apparaît que trois quarts de siècle après ceux-ci, a néanmoins été le plus souvent acceptée par les historiens. Or, elle est tout à fait irrecevable. Que le mariage célébré et consommé malgré l'interdiction du pape ait causé une tension des rapports entre la Normandie et Rome, on n'en peut douter ; mais les relations ne furent jamais rompues. Si l'épiscopat normand et les personnages les plus en vue du monde monastique s'étaient montrés réticents ou franchement opposés au projet de mariage lors du concile de Reims, leur attitude changea bientôt, à de rares exceptions près. En 1051, le Normand Robert Champart, ancien abbé de Jumièges, puis évêque de Londres et enfin archevêque de Cantorbéry, se rend à Rome pour y recevoir des mains du pape le *pallium,* insigne de sa nouvelle charge ; on sait qu'au début de ce voyage, il s'est arrêté en Normandie où il a rencontré le Bâtard. La date exacte de ce voyage et celle du mariage ducal n'étant pas connues, on ne sait si l'entrevue de l'archevêque et de Guillaume eut lieu peu avant ou peu après le mariage litigieux ; si elle lui est antérieure, on peut admettre que le duc, décidé à enfreindre le veto du pape, tenta de faire revenir celui-ci sur sa décision ; si elle lui est postérieure, Robert Champart aurait été chargé et aurait accepté de plaider à Rome la cause du fautif. Vers le même temps, l'abbé de la Trinité de Fécamp Jean de Ravenne, italien d'origine, se rendit aussi auprès du pape. Léon IX le chargea d'accomplir en Normandie une mission confidentielle. C'est au cours du voyage de retour que l'abbé Jean et ses compagnons furent agressés et détroussés par les habitants de Radicofani et d'Acquapendente. Dans une lettre au ton pathétique, écrite de Fécamp après son retour, Jean de Ravenne se plaint au pontife de ces mauvais traitements et demande réparation ; il aurait même, dit-il, essuyé des brimades de la part des Romains, en dépit de sa qualité de légat pontifical : exemple éloquent de l'impopularité qui frappait alors, même en Italie centrale et jusque dans la Ville éternelle, un voyageur venu de Normandie. L'abbé de Fécamp ne mentionne pas, dans cette lettre, l'objet de la mission dont il était chargé. Mais, sans aucun doute, il s'était entretenu avec Léon IX des difficultés suscitées par le mariage de Guillaume et de Mathilde. « Je ne puis taire, écrit-il, les opinions défavorables que j'entends formuler ici concernant mon seigneur le pape, pour qui j'ai une spéciale dévotion et que je voudrais sans reproche auprès de Dieu et des hommes. On parle à tort et à travers du comte Thibaud et du duc de Bourgogne Renaud qui, au mépris des décisions pontificales, confondent le licite et l'illicite et, après avoir brisé le lien du mariage légitime, s'égarent dans des unions déshonnêtes et consanguines : d'où les quolibets du peuple et les insultes que je reçois lorsque je défends votre honneur en affirmant que votre sincérité ne consent pas à ces dérèglements ; alors ils m'objectent et me jettent à la face que Thibaut (de Blois) lui-même a été reçu par vous et qu'aucune mesure adéquate à sa faute n'a été prise contre lui. » Un jugement aussi sévère prend un poids singulier sous la plume du doux Jean de Ravenne, que ses contemporains appelaient *Joanninus,* c'est-à-dire « petit Jean », à cause de sa modestie exemplaire plus encore que de sa petite taille. S'il dit vrai, et rien ne permet de mettre en doute l'exactitude de son témoignage, on commençait en Normandie, peu après le mariage de Guillaume, à faire le procès du pape. Si Léon IX se montrait si débonnaire à l'égard de certains des hommes qu'il avait condamnés à Reims et réservait sa sévérité au Bâtard, c'est bien que les motifs profonds de cette hostilité n'étaient pas d'ordre religieux. Les sentiments antinormands du pape étaient connus ; venu de Lorraine, il avait fait siens très tôt les griefs et l'animosité de ses sujets italiens. Jean de Ravenne en dénonce, dans sa lettre, le caractère excessif. « La haine des Italiens contre les Normands est telle qu'aucun de ceux-ci ne peut sans danger, même s'il est pèlerin, circuler dans aucune partie de la péninsule sans être assailli, arrêté, dépouillé, frappé, mis aux fers dans une prison où souvent il périra dans la misère et la saleté. » Non seulement Léon IX ne répondit pas à la requête de l'abbé Jean, qui lui demandait d'intervenir auprès de ses sujets xénophobes mais, quelques années plus tard, il prenait lui-même la tête de troupes que lui avait fournies l'empereur Henri III et marchait contre les Normands d'Italie méridionale. Ceux-ci, après l'avoir vaincu en Pouille, sur le champ de bataille de Civitate (18 juin 1053) et fait prisonnier, le traitèrent avec beaucoup d'égards, mais ne lui rendirent la liberté qu'au bout de six mois, après avoir obtenu son pardon, sa bénédiction et conclu avec lui un *modus vivendi* reconnaissant, au moins implicitement, la légitimité des conquêtes qu'ils avaient faites en Campanie et en Pouille. C'est là une date cardinale dans la genèse du futur royaume normand de Sicile, mais elle marquait aussi le début d'une réhabilitation des Normands dans l'opinion italienne. Ainsi le temps travaillait-il pour le Bâtard, dans la mesure où l'hostilité du pontife romain visait son appartenance ethnique et son alliance avec la Flandre, autant que sa désobéissance à la loi canonique du mariage.

Dans cette conjoncture naquit entre Guillaume et Lanfranc une confiante amitié qui, après quelques nuages, tint une place de première importance dans la vie de l'un et de l'autre.

Né en Lombardie vers l'an Mil, et après y avoir acquis, grâce à des dons exceptionnels, une excellente formation dans les sciences profanes alors enseignées aussi bien qu'en philosophie et en théologie, Lanfranc quitta vers l'âge de 35 ans son pays natal pour la France ; attiré sans doute en Normandie par son compatriote Suppo, abbé du Mont-Saint-Michel, il enseigna pendant quelque temps à l'école épiscopale d'Avranches. Puis, vers 1042, saisi par la soif de solitude et d'ascétisme qui torturait alors tant de clercs, il quitta la vie séculière, à la recherche d'un refuge qui répondît à ses désirs. Faut-il croire, comme le raconte vers 1130 son biographe Milon Crespin, qu'il n'avait, en quittant Avranches et le monde, aucun projet précis ? Milon rapporte qu'ayant rencontré sur son chemin des voyageurs, il leur demanda de lui faire connaître le plus humble et le plus pauvre monastère qui fût dans la contrée ; on lui indiqua Le Bec ; il s'y rendit et y fut admis ; la communauté de l'abbé Hellouin comptait alors une trentaine de moines. Pendant trois ans, Lanfranc y vécut obscurément même si, pendant cette période, Hellouin lui confia la charge de prieur ; puis, sur le conseil de l'abbé, il accepta de reprendre une activité d'enseignement. Il s'agissait d'abord d'instruire les novices ; l'abbé Hellouin se rappelait au prix de quels efforts il avait dû acquérir cette instruction, sans maître. Bientôt, on reçut aussi des élèves de l'extérieur. Ce fut l'origine de l'Ecole du Bec, appelée à devenir, avant la fin du XIe siècle, l'une des plus illustres de la Chrétienté.

La première rencontre entre le duc et Lanfranc eut lieu entre 1047 et 1050, alors que Guillaume faisait assiéger son cousin rebelle Guy dans son château de Brionne et fit certainement d'assez fréquentes visites aux assiégeants. A cette époque, l'abbaye du Bec était encore sur le plateau dominant la Risle, mais néanmoins à trois lieues seulement de Brionne ; elle ne put donc demeurer étrangère à des opérations militaires qui se développaient dans son voisinage. Hellouin avait servi naguère, avant 1034, à la cour seigneuriale de Brionne. Mais on ne sait, à vrai dire, quelle attitude lui-même et ses moines prirent au cours des événements de 1046-1047 et durant les trois années qui suivirent. Ni Gilbert Crespin, biographe de Hellouin, ni Milon Crespin, biographe de Lanfranc, ne se hasarde à en parler. Il semblerait, en tout cas, que le premier contact entre Lanfranc et le Bâtard ait été assez rude. S'il n'eut lieu qu'après 1049, le jeune duc pouvait être mécontent de l'opposition faite par le prieur du Bec à son projet de mariage. On a parlé aussi d'une humiliation infligée par le savant Lanfranc au chapelain ducal, nommé Herfast, qui aurait été publiquement convaincu d'ignorance au cours d'une visite qu'il avait faite à l'abbaye. Milon Crespin rapporte que l'abbé Hellouin reçut alors l'ordre d'expulser de son abbaye l'impertinent et ne put qu'obéir, au grand déplaisir des moines. On ne pouvait prendre à la légère un ordre ou une menace du Bâtard : il venait d'incendier, près de l'abbaye, une ferme ou un petit hameau, appelé Le Parc, qui appartenait au Bec. Si pauvre était encore la communauté qu'elle ne put donner à Lanfranc, pour s'exiler, qu'un vieux cheval dont trois pattes seulement étaient encore valides, si bien qu'à chaque pas la pauvre bête baissait profondément la tête. C'est dans ce triste appareil que Lanfranc, s'éloignant du Bec, vint à rencontrer le duc et sa suite en route vers l'abbaye. Comme Guillaume se gaussait du voyageur et de sa piteuse monture, le moine lui rétorqua : « C'est sur ton ordre que je quitte la région vaille que vaille ; si tu veux me voir partir plus vite, donne-moi un meilleur cheval. — Depuis quand, répondit le Bâtard, un coupable qui n'a pas encore accompli sa peine demande-t-il un cadeau à son juge ? » Le dialogue était engagé ; l'habileté oratoire de Lanfranc lui permit d'y prendre l'avantage ; la scène se termine par des embrassades et le duc ramène Lanfranc à l'abbaye, où il est accueilli dans la joie, au chant du *Te Deum*. En fait,

Guillaume et le prieur du Bec avaient bien des raisons d'être amis plutôt qu'ennemis. S'il y avait un vieux contentieux entre le duc et l'abbaye, Lanfranc, nouveau venu, ne pouvait guère y être impliqué ; et sans doute Guillaume fut-il séduit d'emblée par la vivacité d'esprit du Lombard ; il n'avait guère, à cette date, dans son entourage, d'esprit de cette qualité.

Au cours de la décennie qui commence en 1051, Lanfranc fit à Rome plusieurs séjours ; il est extrêmement probable qu'il les mit à profit pour plaider auprès du pape la cause du prince qui était devenu son ami. La cause, en effet, demeurait pendante devant la Cour de Rome. Que, contrairement aux dires de Milon Crespin, le Bâtard n'ait point été excommunié, ni son duché frappé d'interdit, il suffirait, pour le prouver, d'alléguer le fait suivant. En 1055, un synode provincial est tenu à Lisieux. Le Bâtard y est présent et y tient un rôle de premier plan ; or le pape Victor II, qui vient de succéder à Léon IX, y a délégué un légat, l'évêque de Sion-en-Valais, Ermenfroi ; il est rigoureusement impensable que ce messager du pape ait siégé dans une assemblée canonique aux côtés d'un prince qui eût été retranché de la communauté des chrétiens.

En vérité, le duc de Normandie ne manquait pas, en Italie, d'amis capables de suspendre la menace de sanction qui frappait alors d'autres princes ou seigneurs coupables de la même infraction que lui. Divers indices montrent qu'existaient des liens solides entre le duché et certains milieux ecclésiastiques de l'Italie du nord. C'est de la qu'étaient venus, après un stage en milieu Clunisien, Guillaume de Volpiano, le réformateur de Fécamp, puis son neveu Jean de Ravenne, qui lui succéda à la tête de l'abbaye de la Trinité ; et encore Suppo, abbé du Mont-Saint-Michel et Lanfranc. On sait, d'autre part, que des moines normands atteints par la frénésie de la solitude et ne supportant plus la vie conventuelle, furent envoyés en Lombardie ou en Ombrie, ou en Toscane. C'est dans cette Italie septentrionale et centrale que Romuald, fondateur de l'ordre des Camaldules, avait créé des maisons où l'on s'efforçait de concilier le goût de la solitude érémitique et le minimum nécessaire de vie communautaire. Sur cette région rayonnait la très forte personnalité de Pierre Damien qui animait l'un des principaux courants de la réforme ecclésiastique ; ce courant était, en particulier, marqué par le souci de ne pas mettre en cause de manière agressive les droits acquis des princes, même en ce qui concernait le brûlant problème du choix et de l'investiture des évêques ; on entendait faire confiance au pouvoir civil pour mener à bien, en concertation avec lui, la réforme des mœurs du clergé. D'autre part, Pierre Damien et beaucoup de ses amis ou disciples avaient sévèrement blâmé la politique agressivement antinormande de Léon IX et la folle équipée qui devait s'achever par le désastre de Civitate.

Les années passant, le couple formé par Guillaume et Mathilde était de plus en plus généralement présenté comme exemplaire. Comme il avait échappé, jusqu'en 1055 au moins, à la sanction dont l'avait menacé Léon IX à Reims, peut-on penser qu'une sentence d'excommunication ait été portée contre lui après cette date ? C'est fort peu probable. Certes, en 1058 monte sur le trône de Saint-Pierre un pape de tendance rigoriste, Nicolas II ; il est beaucoup plus proche du belliqueux cardinal Humbert de Moyenmoutier que du modéré Pierre Damien et, dans la définition de la simonie que préconise Humbert, on voit déjà poindre la menace d'un grave affrontement avec les princes à propos de l'investiture épiscopale. Mais, d'autre part, Nicolas II rompt totalement avec la politique antinormande de plusieurs de ses prédécesseurs ; en 1059, par le concordat de Melfi, il légitime explicitement les conquêtes effectuées en Italie méridionale par les fils de Tancrède de Hauteville ; bien mieux, il les constitue, en fait, protecteurs du Saint-Siège, alors que cette charge revenait de droit au saint empereur romain germanique.

Durant les années 1050-1059, les milieux ecclésiastiques

français et romains avaient été très gravement préoccupés par la diffusion d'une doctrine concernant l'Eucharistie, qu'avait élaborée un prêtre angevin nommé Bérenger. Né vers l'an Mil, il avait été l'élève de l'évêque Fulbert à l'école épiscopale de Chartres, puis moine à Saint-Wandrille, avant d'enseigner à son tour à l'école épiscopale de Tours. Se référant à une thèse soutenue au IXe siècle par le philosophe Jean Scot Erigène, il professait que toute connaissance doit être soumise au contrôle de la raison, laquelle ne doit pas nécessairement s'incliner devant l'autorité des Pères de l'Eglise ; philosophie et religion ne peuvent se contredire puisque l'une et l'autre émanent de la sagesse divine. Scot Erigène avait écrit : « L'autorité procède de la raison, et non point la raison de l'autorité. Toute autorité qui n'est pas approuvée par la raison apparaît sans valeur. » Mais, dans l'application de ces adages, Bérenger se montre beaucoup moins prudent que n'avait été Scot Erigène. Soumettant le dogme chrétien de l'Eucharistie à l'épreuve de la raison, il soutient qu'après la consécration les « accidents » du pain et du vin, c'est-à-dire la couleur, la figure, le goût, ne peuvent demeurer sans la substance, au sens aristotélicien du terme, qui leur sert de substrat ; ainsi, dit-il, ne peut-on parler d'un changement de substance, d'une transsubstantiation ; le corps et le sang du Christ sont assurément présents dans les espèces consacrées, mais d'une manière voilée. On penserait volontiers que pareille thèse était propre à émouvoir la masse du peuple chrétien ; or il n'en fut rien ; on ne connaît à cette époque aucune « hérésie populaire » dont l'inspiration puisse être imputée à Bérenger ; en revanche, plusieurs princes prirent position pour ou contre celui-ci ; le comte d'Anjou Geoffroi Martel soutint d'emblée sa cause. Le Bâtard se montra plus circonspect. Assez tôt, Bérenger chercha en Normandie des partisans ; il avait, dans le duché, d'anciens condisciples ou d'anciens élèves ; il n'est pas exclu que Lanfranc lui-même ait écouté, pendant un temps assez bref, ses leçons à l'école de Tours. Le fait est que les deux hommes échangèrent une correspondance amicale et que Lanfranc dut se disculper d'avoir jamais adhéré à la doctrine soutenue par le maître de Tours. Bérenger se rendit d'abord, en 1047 ou 1048, à l'abbaye de Préaux, près de Pont-Audemer, dont il connaissait l'abbé Ansfroi ; on ne sait quel accueil il y reçut. Le siège du château de Brionne, non loin de Préaux, était alors en cours. Bérenger ne craignit pas de s'y rendre et de solliciter une rencontre avec le Bâtard. Celui-ci l'écouta et, faute de pouvoir discuter utilement avec lui, proposa une rencontre avec quelques clercs normands : on appelle souvent ce conciliabule « concile de Brionne ». Lanfranc, prieur du Bec, ne put y prendre part ; il était, à cette date, à Rome où le pape Léon IX l'avait appelé. Il fit part au pontife de l'inquiétude que lui causait la propagande faite par Bérenger ; il avait déjà, semble-t-il, constitué un dossier philosophique et théologique sur l'affaire. C'est vers ce moment que le brillant philosophe qu'il était, fameux pour son enseignement du *trivium* et du *quadrivium,* amorce une conversion vers la théologie. A deux reprises, en 1050 et 1051, devant des conciles convoqués par Léon IX à Rome puis, en Lombardie à Vercelli, Lanfranc instruit savamment le procès de l'hérésiarque qui, régulièrement cité, a refusé de comparaître. Rentré en Normandie, Lanfranc s'emploie très activement à contrebattre l'influence dont Bérenger commençait à y disposer. Le prieur du Bec reçoit à cet effet l'appui total du Bâtard. De ce fait, celui-ci s'acquiert, pendant la période où son mariage est encore contesté, des mérites auprès de la papauté.

Tous les historiens qui, à partir d'environ 1110, évoquent la tension que fit naître dans les rapports de la Normandie avec Rome le mariage de Guillaume et de Mathilde s'accordent à dire que les deux époux obtinrent du pape la reconnaissance de ce mariage en faisant le vœu de construire deux abbayes. De fait, la fondation d'un monastère était considérée, de la part d'un prince, comme une œuvre pie ; mais, dans le cas présent, cette œuvre comportait beaucoup plus d'avantages pour le duc que pour le pape. Elle entrait, en effet, dans le dessein formé par lui d'accélérer le développement du noyau urbain né spontanément sur le site de l'actuelle ville de Caen. C'est là, en effet, à l'est et à l'ouest de l'agglomération naguère dotée par Richard II du statut de bourgage, que Guillaume et Mathilde implantent un monastère d'hommes sous le vocable de Saint-Etienne et un monastère de femmes sous celui de la Sainte-Trinité. Vers la même date, le duc fortifie l'éperon rocheux qui domine le site et entoure d'un rempart le Bourg-le-Duc. Autour des deux nouvelles abbayes se développeront le Bourg-l'Abbé et le Bourg-l'Abbesse. L'exploitation des domaines fonciers dont elles sont dotées stimulera l'économie agricole de la région. Quelques décennies plus tard, Caen sera devenue une véritable ville, la seconde du duché par le chiffre de sa population, et le centre de cette économie agricole. Il est donc indéniable que, si la fondation de deux monastères était une action pieuse et fut présentée au pape comme un geste de réparation, elle entrait à merveille dans un plan d'équipement politique et militaire de la Normandie occidentale. Sans doute le Bâtard, né à Falaise, profondément attaché à sa mère et à la famille de celle-ci, éprouvait-il pour cette partie de son duché un attrait particulier. Mais il avait certainement aussi, avec un sens politique prématurément mûri, tiré la leçon de la crise de 1046-1047. Au Xe siècle, les ducs installés à Rouen ou à Fécamp s'étaient bornés à combattre et à briser les oppositions qui naissaient en Basse-Normandie ; mais rien de positif n'avait été fait pour rallier cette partie occidentale du duché, travaillée par des ferments sécessionnistes. Le choix de Bayeux fait par Richard Ier pour y installer un château n'était guère judicieux, et d'ailleurs le duc n'y séjournait que rarement ; en revanche, tout au long du Xe siècle avaient reflué dans l'Ouest les éléments hostiles à la politique de rapide acculturation que menaient les ducs.

La désorganisation de l'Eglise, après la pénétration des Vikings, y dura beaucoup plus longtemps qu'ailleurs ; au milieu du xie siècle, la restauration de la vie monastique n'y est pas encore vraiment amorcée. On peut certes noter que, dans la première moitié de ce siècle, des familles aristocratiques dont l'implantation principale est dans les régions de la Seine et de la Risle, acquièrent en Normandie occidentale et jusque dans le Cotentin des terres et des droits ; mais on n'en connaît, à vrai dire, que d'assez rares exemples, et l'on ne voit pas clairement l'intérêt que pouvaient alors présenter de semblables acquisitions. Même si l'on suppose que le duc les encouragea, espérant ainsi introduire quelques éléments fidèles dans une région qui l'était moins, l'opération n'avait encore guère porté de fruits dans les années 1040-1050. La révolte des barons et des vicomtes, en 1046-1047, dont les éventuelles résonances populaires ne nous sont pas connues, avait été l'aboutissement brutal d'un processus d'opposition au pouvoir ducal, que celui-ci n'avait pas réussi à rompre. Guillaume en tire la leçon ; il comprend que le pouvoir ducal doit avoir en Basse-Normandie un très solide point d'appui politique et militaire, pour lequel la basse vallée de l'Orne est le site le plus indiqué. De là part, vers le sud, vers la vallée de la Loire, un itinéraire commode qui traverse les riches campagnes de Caen, d'Argentan, d'Alençon, puis, au-delà du Mans, conduit à Tours. D'autre part, perpendiculairement à cette voie, un itinéraire direct relie le Cotentin à la vallée de la Seine et à la Normandie orientale. Il est surprenant que l'importance stratégique de ce carrefour n'ait pas attiré l'attention de princes aussi remarquables que Richard Ier ou Richard II. Mais, à leur époque, le souci majeur de tout chef d'une principauté territoriale est de protéger ses frontières ; ainsi les principales fortifications se trouvaient-elles à la périphérie de l'Etat normand ; cette obsession de la défense frontalière, cette mentalité d'assiégés était d'ailleurs si profondément enracinée qu'on en trouve encore une expression vers 1080 dans l'*Inventio et miracula Sancti Vulfranni;* l'auteur anonyme, moine de Saint-Wandrille, résume en ces quelques mots ce qu'il pense être le mérite majeur du Bâtard : « Il installa sur ses frontières un réseau serré de fortifications pour en interdire l'accès aux populations limitrophes. » Bien différente est la vérité. Si Guillaume veille attentivement à la sécurité de ses frontières, il prend conscience du vide intérieur qu'a engendré une trop exclusive politique de défense extérieure, et s'efforce d'y porter remède ; de cette politique nouvelle s'inspirent manifestement les initiatives prises en vue de développer rapidement la ville naissante de Caen. A la même époque, le même problème se pose en Flandre où le souci trop exclusif d'équiper les frontières a fait négliger l'aménagement de la partie centrale du comté ; la création de la ville de Lille par les soins de Baudouin V est contemporaine de l'élan donné par Guillaume à la croissance de Caen ; elle exprime une préoccupation du même ordre.

La lutte contre les Richardides

On ne discerne pas bien clairement les mobiles de l'hostilité que manifestèrent à l'égard du Bâtard les nombreux descendants directs de Richard Ier et de Richard II. Le duc Guillaume était, après tout, lui aussi un Richardide et, à ce titre, il avait droit au bénéfice de la solidarité du lignage, alors aussi puissante que jamais. Quant au grief de bâtardise, il ne semble pas avoir été formulé par les membres de la dynastie richardide, sinon tardivement et pour motiver subsidiairement une opposition dont les vrais motifs étaient tout autres. Lorsque Guillaume prend en main personnellement le pouvoir, il manifeste à coup sûr attachement et confiance à la famille de sa mère. Dès 1049, le siège épiscopal de Bayeux étant vacant à la mort du Richardide Hugues, il le donne à son demi-frère Eude, fils de Herleue et d'Hellouin de Conteville ; Eude est, à cette date, très jeune encore et ce choix parut sans doute d'autant plus entaché de favoritisme. Mais si le Bâtard l'a fait, n'est-ce point parce que déjà les Richardides ont perdu sa confiance ? Qui donc, en définitive, était responsable, au sein du lignage, d'une cassure dont les effets allaient être redoutables ?

Vers 1050, la plupart des comtés étaient aux mains de Richardides ; ils leur avaient été confiés par les ducs précédents parce que ces proches parents pouvaient être considérés comme fidèles entre les fidèles. Or cette fidélité, depuis que Guillaume exerce lui-même le pouvoir, s'est muée en sourde, mais systématique hostilité ; dès lors s'effondre un des appuis les plus fermes de l'autorité du prince. D'autant plus dangereuse est la situation ainsi créée que ces comtés se trouvent principalement aux frontières, où ils sont appelés à monter la garde.

Le premier heurt sérieux se produit vers 1050. Guillaume Werlenc, arrière-petit-fils de Richard Ier, est alors en possession du comté d'Avranches, aux confins sudouest de la Normandie. Un jeune chevalier de sa mesnie, nommé Robert Bigot, vient un jour le trouver et lui fait part de son découragement ; comme beaucoup de jeunes gens de la classe aristocratique, particulièrement dans ces régions pauvres de la Normandie occidentale, il désespère de pouvoir jamais acquérir, avec des terres, une situation convenable ; il envisage donc d'émigrer en Italie, où dit-on, tous les espoirs sont permis, et demande à son seigneur de lui octroyer son congé. « Qui donc t'a mis cette idée en tête ? lui demande le comte. — La pauvreté dont je souffre, répond-il. — Si tu veux m'en croire, repartit Guillaume Werlenc, reste donc avec nous ; car d'ici à quatre-vingts jours viendra en Normandie le moment où tu pourras impunément mettre la main sur tout ce que tes yeux désirent. » Très peu de temps après, le jeune Robert Bigot, recommandé par un de ses parents, entrait au service du Bâtard ; au cours d'une conversation qu'il avait avec le duc, il lui rapporta les propos tenus par le comte d'Avranches. Celui-ci, convoqué par Guillaume, ne put qu'avouer, sans s'expliquer toutefois sur la nature de l'événement attendu auquel il avait fait allusion. Alors le duc : « Tu as décidé de troubler la paix en fomentant une sédition dans le duché et de me déposséder perfidement ; c'est ainsi que tu as fait espérer à un pauvre chevalier une possibilité de pillage. Mais, avec le secours de Dieu que j'espère, la paix sera maintenue. Quant à toi, quitte le pays et n'y reviens jamais tant que je vivrai. » De fait, le comte, dépossédé de sa charge et de ses fiefs, dut partir misérablement pour la Pouille, accompagné d'un seul écuyer. Aussitôt, le Bâtard donna le comté à son demi-frère Robert, né du mariage de Herleue avec Hellouin de Conteville. A nouveau donc, une charge occupée jusque-là par un Richardide est confiée à un membre de la famille maternelle de Guillaume. Toutefois, le territoire naguère administré par Guillaume Werlenc fut divisé en deux parties ; la région de Mortain fut seule confiée à Robert, tandis que la région d'Avranches était placée sous la garde d'un vicomte.

Y avait-il eu vraiment un début de conspiration contre le duc, comme le laissait entendre le conseil donné par Guillaume Werlenc à Robert Bigot ? On n'en trouve aucune trace dans les documents du temps ; et la sentence d'exil prononcée par le duc fut jugée, même à la Cour sans doute, trop sévère. Guillaume de Poitiers qui, bien entendu, connaissait l'incident, n'en souffle mot. Orderic Vital, dans son *Histoire Ecclésiastique* en fait une brève mention qu'il accompagne d'un blâme discret : « Pour un seul propos, le duc déposséda Guillaume Werlenc, comte de Mortain. » Vingt ans après l'événement, des seigneurs normands établis en Angleterre récapitulent dans un document écrit les griefs qu'ils ont contre le Conquérant et disent, eux aussi : « Pour un seul propos qu'il avait tenu, le comte de Mortain a été privé de sa charge et chassé de Normandie. » Cette excessive sévérité a donc été assez généralement reprochée à Guillaume, et sans doute, dans les griefs qui furent longtemps colportés par ses ennemis, revenait ce trait propre à frapper les esprits : « Pour une seule parole, un comte a été privé de tous ses biens, puis exilé. »

La remarquable promotion donnée à Robert, fils de Herleue, frappa certainement les contemporains et leur indiqua que le duc s'engageait décidément dans une politique antirichardide. « C'est ainsi, écrit vers 1110 Orderic Vital, qu'il humilia durement les orgueilleux parents de son père et qu'il éleva aux honneurs la modeste famille de sa mère. » Soixante ans avant que s'exprime ainsi Orderic, beaucoup en avaient conscience, mais, bien entendu, personne n'eût osé l'écrire. Il est, à cet égard, tout à fait remarquable que les additions apportées par Orderic Vital au texte de Guillaume de Jumièges, au début du XIIᵉ siècle, comblent systématiquement des lacunes dues non pas à une déficience involontaire dans l'information de cet auteur, mais à sa discrétion savamment calculée.

C'est à l'une de ces additions que nous devons aussi la première mention de l'incident grave qui mit aux prises le Bâtard et son oncle Guillaume Busac, petit-fils de Richard Iᵉʳ et comte d'Eu. Ce Richardide aurait tenté d'arracher le pouvoir ducal à son neveu ; il multipliait contre celui-ci les menaces et les provocations. Le Bâtard finit, sans doute vers 1050, par mettre le siège devant le château d'Eu et le contraignit à capituler, puis il exila le rebelle ; cette sanction empruntée aux pratiques des monarchies scandinaves naissantes était, entre les mains du prince, dans la Normandie du XIᵉ siècle, une arme redoutable dont personne ne contestait la légitimité. Guillaume Busac se retira auprès du roi de France Henri Iᵉʳ, qui lui fit bon accueil et lui donna le comté de Soissons. Quant au comté d'Eu, il fut alors confié, semble-t-il, à Robert, frère de Busac, qui souscrit pour la première fois en qualité de comte d'Eu, en 1051, une charte ducale ;

le comté devait ensuite et pendant plusieurs générations, appartenir aux descendants directs de ce Robert. Cette fois encore, le Bâtard réprime donc rapidement et fermement la désobéissance d'un grand vassal, mais il a soin de circonscrire aussi étroitement que possible les effets de la sanction prise : Guillaume Busac est seul frappé ; de ses deux frères, l'un reçoit le comté d'Eu, l'autre, Hugues, évêque de Lisieux, conserve aussi la bienveillance du prince ; il choisit d'ailleurs, peu après, pour archidiacre, le chapelain ducal, historiographe de la Cour, Guillaume de Poitiers.

Avec un autre Richardide, Guillaume d'Arques, fils de Richard II, le Bâtard eut affaire à beaucoup plus forte partie. Cette fois, Guillaume de Poitiers n'hésite pas à raconter tout au long le conflit, tant il est sûr du bon droit de son duc ; sans doute même noircit-il à plaisir le portrait qu'il fait de ce rebelle de haut rang. Chargé vers 1038 d'administrer le comté de Talou, dans le pays de Caux, ce Guillaume y avait édifié une puissante forteresse au sommet de l'abrupt éperon formé par le confluent d'un petit fleuve côtier, la Varenne, et d'une rivière appelée aujourd'hui la Béthune. Elle ne comportait pas encore le gros donjon rectangulaire que l'on y voit aujourd'hui, et qui n'est pas antérieur au XIIᵉ siècle ; c'était une enceinte de pierre, flanquée de plusieurs tours ; on y pénétrait par le rez-de-chaussée d'une robuste tour-porte ; ainsi conçu, ce château appartenait au type le plus commun des grandes forteresses princières du nord et de l'ouest de la France au XIᵉ siècle. La possession d'une telle résidence fortifiée confortait singulièrement la puissance de la famille qui l'occupait et consolidait son pouvoir de commandement sur sa mesnie et sur les populations de la région. Il est, à cet égard, significatif qu'à partir de l'apparition de ce château, le comté de Talou sera communément appelé comté d'Arques. Dans une charte pour l'abbaye de Jumièges, donnée peu après 1040, Guillaume d'Arques a l'audace de s'intituler « comte par la volonté du Roi des Cieux », récusant ainsi tout concept de dépendance à l'égard de quelque pouvoir humain que ce fût ; ainsi le roi de France, par exemple, se disait-il « roi par la grâce de Dieu ».

Selon Guillaume de Poitiers, le comte d'Arques aurait été le chef d'orchestre clandestin de l'opposition, tantôt larvée, tantôt ouverte, menée par les Richardides contre le Bâtard. « Lâche et perfide rejeton d'une illustre race, il n'était retenu par aucune loi divine ou humaine. » Au mépris des prérogatives du pouvoir ducal, il avait plusieurs fois interdit au Bâtard l'accès de son château ; il lui avait, d'autre part, refusé une fois au moins le service d'ost auquel, comme vassal, il était strictement tenu. Le Bâtard aurait sans doute, s'il n'avait été retenu par d'autres graves soucis, réprimé dès le début ces manquements. C'est seulement en 1052, semble-t-il, qu'il se saisit du château d'Arques et y place une garnison à lui : mesure parfaitement légitime puisque la forteresse n'était pas un bien patrimonial, mais un fief attaché à l'exercice de la fonction comtale. Or, tandis que le duc, après avoir « mis dans sa main », comme on disait, le château de son oncle, se trouvait en Cotentin, on apprit que Guillaume d'Arques avait réussi à corrompre la garnison installée par le Bâtard ; il était rentré, sans rencontrer d'opposition, dans sa forteresse et se préparait à y soutenir un long siège, réquisitionnant des vivres et des hommes et renforçant les défenses. A cette nouvelle, le Bâtard prend à cheval, avec quelques compagnons seulement, la route vers l'est, franchissant la Dives à Varaville et la Touques à Bonneville ; ce chemin très direct existe encore aujourd'hui. Le duc et ses compagnons chevauchent si vite qu'avant d'avoir atteint Arques, toutes leurs montures, sauf six, ont succombé. Dès que, la Seine franchie, il pénètre dans le pays de Caux, le Bâtard mesure l'extrême gravité de la situation : la région est littéralement razziée par les gens du comte d'Arques ; la défection de la garnison ducale provoque la panique ; on voit des traîtres partout. Un groupe de chevaliers ducaux, qui se trouvaient à Rouen, ayant appris ce qui se passe à Arques, ont rassemblé en hâte trois cents cavaliers et se sont mis en campagne pour tenter de s'opposer aux activités du comte rebelle. Mais, parvenus aux environs du château d'Arques, ils sont à leur tour pris de panique ; on dit qu'il y a dans le château des milliers d'hommes d'armes ; alors les chevaliers venus de Rouen se prennent à douter de la fidélité des hommes qu'ils ont amenés avec eux ; et, tandis qu'ils se retirent vers l'ouest, ils rencontrent la petite troupe qui accompagne le Bâtard et supplient celui-ci de ne pas aller plus avant tant qu'il n'aura pas avec lui des effectifs plus nombreux ; tout le pays, disent-ils, bascule dans le camp du rebelle. Mais Guillaume garde son sang-froid. « Quand ils me verront, dit-il, ils n'oseront rien faire contre moi », puis il part au galop, avec sa petite compagnie, en direction d'Arques. Le comte rebelle était sorti de sa forteresse et se tenait, entouré de nombreux guerriers, auprès de celle-ci. Quand ils virent approcher le duc, ils se replièrent en hâte à l'intérieur du rempart et fermèrent la porte fortifiée. « Nous relatons, dit Guillaume de Poitiers, ce fait tel qu'il se produisit, sachant bien que la postérité aura du mal à nous croire. » Le Bâtard envisagea d'abord de prendre d'assaut le château et l'investit avec les troupes qui l'avaient rejoint ; mais les flancs de l'éperon sont très escarpés ; le rempart n'était accessible que d'un côté, protégé par la tour-porte, aux étages de laquelle veillaient des archers. Il fut donc décidé de bloquer la place ; on éleva, à la naissance du chemin qui gravissait la hauteur, une fortification de siège, peut-être une motte ; ainsi les assiégés ne pourraient-ils recevoir ni renforts, ni ravitaillement ; on comptait, le temps aidant, les réduire par la famine : c'était là tactique qui avait réussi à Brionne, quelques années plus tôt.

Or, tandis que le duc avait quitté les lieux, sûr de l'efficacité du dispositif qu'il y avait mis en place, on apprit que le roi de France, avec qui Guillaume d'Arques avait partie liée, approchait à la tête d'une armée de secours qu'accompagnait une colonne de ravitaillement. A cette nouvelle, une partie de l'armée ducale de siège quitta ses positions et se porta vers le village de Saint-Aubin-le-Cauf où les gens du roi avaient établi leur camp ; les hommes de Guillaume n'étaient pas en force pour attaquer cet adversaire, mais comptaient tendre des embuscades et tomber à l'improviste sur de petits groupes qui s'éloigneraient de leur base. Cette tactique ne donna pas le résultat espéré, car si l'armée royale subit des pertes, elle sut riposter à ces harcèlements ; plusieurs chefs de contingents de l'armée ducale, dont le comte de Ponthieu Enguerran II, furent tués dans ces opérations, qui eurent lieu vers la fin d'octobre 1053. A la faveur de la confusion née de ces attaques et contre-attaques, la colonne de ravitaillement amenée par le roi de France avait pu s'avancer jusqu'au château et y pénétrer. Satisfait de ce succès, Henri Ier ne tenta pas d'attaquer en force les assiégeants, et se retira. Informé de ce demi-échec, le Bâtard décida de reprendre lui-même la direction du siège ; il séjourna quelque temps sous les murs de la forteresse de son ennemi. C'est probablement dans les premiers mois de 1054 que Guillaume d'Arques, à bout de ressources, capitula. Quand s'ouvrit la porte de l'enceinte, on vit sortir en triste appareil ce qui restait de la garnison : avec les chevaliers normands du comte, il y avait quelques Français qui avaient convoyé la colonne de secours. « Quel triste spectacle ! Quelle fin lamentable ; les uns affalés sur des juments faméliques dont les sabots ne résonnent plus sur le sol et n'y soulèvent plus la poussière ; les autres portant encore bottes et éperons mais ne ressemblant plus à des guerriers ; beaucoup portant sur leur dos courbé par l'épuisement les selles de leurs chevaux ; quelques-uns réussissant à peine à se tenir debout » (Guillaume de Poitiers).

Cette fois, l'alerte avait été particulièrement grave ; l'un des plus hauts personnages de l'aristocratie normande, en rébellion contre son duc, avait cherché appui auprès d'un prince étranger, le roi de France ; il y avait eu de longues et coûteuses opérations militaires, et beaucoup de morts. Néanmoins, comme il l'avait fait à l'égard de Guy de Brionne, le Bâtard offrit à son oncle infidèle un règlement honorable ; il lui retira, certes, son comté, mais lui offrit de rester en Normandie où « de vastes possessions d'un grand rapport » lui seraient concédées. Bien que la peine de l'exil n'ait pas été prononcée contre lui, Guillaume d'Arques préféra quitter le pays ; il se retira chez le comte Eustache de Boulogne.

L'intervention armée du roi Henri Iᵉʳ dans cette affaire envenima les rapports du roi de France avec son vassal normand ; elle attisa peut-être aussi les sentiments d'aversion que les Normands passaient pour nourrir à l'encontre des Français et aviva les reproches qu'ils leur faisaient. « Depuis que les Normands ont commencé de cultiver les champs de Neustrie, les Français ont accoutumé de leur vouloir du mal ; ils ont incité les rois à se dresser contre eux, disant que les Normands ont arraché par la force les terres que possédaient leurs ancêtres » (Guillaume de Jumièges). Un siècle plus tard, Wace fait écho à ce grief :

> « Longtemps a duré et longtemps durera
> Et jamais, croit-on, fin ne prendra
> L'animosité et la grande envie
> Que les Français ont envers la Normandie. »
> *(Roman de Rou,* v. 4773-76).

Telle est l'origine d'un antagonisme séculaire qui s'accroîtra lorsque Angleterre et Normandie seront gouvernées par un même prince ; mais il est antérieur à la conquête de l'Angleterre par Guillaume le Bâtard.

En 1054, celui-ci a réussi à liquider l'opposition que faisaient à son autorité les comtes de souche richardide. Restait en place, néanmoins, le membre le plus éminent de cette famille : Mauger, archevêque de Rouen, fils de

Richard II. L'hostilité qu'il nourrissait envers son neveu le duc Guillaume était manifeste ; il n'avait pas assisté à son mariage mais, au contraire, s'était probablement joint au groupe d'hommes d'Eglise qui, à la suite du pape et dans un souci affiché de rectitude canonique, avaient condamné cette union. Pur opportunisme de sa part ; il s'en fallait, en effet, que Mauger fût un prélat modèle. Cupide et sans scrupules, il dilapidait les biens de son église métropolitaine pour faire face aux dépenses qu'exigeait un train de vie trop fastueux. A plusieurs reprises, publiquement ou en privé, le Bâtard l'avait rappelé à l'ordre, mais aucun compte n'avait été tenu de ces avertissements. Vis-à-vis du pape, Mauger montrait la même désinvolture, refusant notamment de se rendre aux conciles convoqués par Léon IX ; celui-ci avait exprimé sa désapprobation d'un tel comportement en refusant de remettre à l'indigne archevêque de Rouen le *pallium,* insigne de la dignité archiépiscopale. Guillaume de Poitiers laisse entendre que l'on reprochait à Mauger beaucoup d'autres fautes ; cependant, il ne les énumère pas, refusant de « s'attarder à révéler des vices dont la mention paraîtrait malséante et la connaissance inutile ». Mais Wace ne s'astreint pas à la même réserve ; natif de Jersey, où Mauger passa la fin de sa vie, il a recueilli des traditions qui, après plus de cent ans, hantaient encore la mémoire du peuple. On parlait de la liaison de l'archevêque avec une certaine Guisla et des enfants qu'il avait eus d'elle ; l'un de ceux-ci, Michel de Baines, devait être plus tard distingué et honoré en Angleterre. On racontait aussi que Mauger avait commerce avec un petit démon qui se faisait appeler Toret et répondait docilement chaque fois que le prélat l'appelait ; sans doute faut-il voir là une expression de la croyance, très répandue encore au siècle dernier, selon laquelle, en prononçant une formule magique écrite dans un livre, on peut faire apparaître le diable. Nanti d'une telle réputation, Mauger se trouvait être fort vulnérable. Au concile tenu à Lisieux en 1055, en présence d'un légat

du pape Victor II, il fut unanimement reconnu indigne et
déposé. Le Bâtard proposa, pour lui succéder à Rouen,
Maurille, moine de Fécamp, qui avait fait un long séjour
en Italie ; c'était un partisan éclairé de la réforme de
l'Eglise, dans le sens souhaité par Pierre Damien dont il
avait d'ailleurs reçu l'enseignement en Ombrie et en
Toscane avant de lui succéder dans la charge d'abbé du
monastère Sainte-Marie de Florence. Si la désignation de
ce remarquable et saint homme sembla sans doute, aux
yeux des réformistes, aller de soi, elle n'en était pas moins
contraire à une tradition solidement établie en Normandie ; ici, depuis près d'un siècle, l'usage était de confier les
évêchés à des proches de la famille ducale, sans trop tenir
compte de leur valeur spirituelle ni de leur expérience de
la vie ecclésiastique. En rompant avec cet usage, le Bâtard
marquait un nouveau point dans sa lutte contre les
Richardides ; il donnait, d'autre part, un gage aux partisans romains de la réforme de l'Eglise. Autant que la
fondation des deux abbayes de Caen, le choix de Maurille
pour le siège métropolitain de Rouen contribua certainement à l'apaisement du conflit que le mariage de Guillaume avait fait naître entre la papauté et le duché de
Normandie.

En raison de sa contribution à la lutte contre l'hérésie
bérengarienne, mais surtout après le concile de Lisieux, le
Bâtard fait figure de défenseur de l'orthodoxie et de
soutien de la cause réformiste ; et cela, quelques années à
peine après l'acte de désobéissance et de défi que constituait, à l'égard de la papauté, son mariage. Son comportement contrastait de façon éclatante avec celui de tel ou tel
de ses puissants voisins, le simoniaque Henri Ier, roi de
France, ou le comte d'Anjou Geoffroi Martel, principal
appui politique de l'hérésiarque Bérenger. Or, la Normandie se trouvait alors en conflit ouvert avec ces deux
personnages.

MENACE AUX FRONTIÈRES

Les menaces qui avaient pesé, au xe et durant la première moitié du xie siècle, sur plusieurs secteurs de la frontière normande tendent ensuite à se concentrer sur le secteur sud-ouest ; ailleurs, cette frontière a été stabilisée. Entre le Perche et le Domfrontais, la seigneurie des Bellême est un obstacle à pareille stabilisation. Cette famille relève toujours, en effet, de plusieurs seigneurs souvent rivaux entre eux ; pour Bellême, son seigneur est le roi de France ; pour Domfront, c'est le comte du Maine ; pour Alençon, c'est le duc de Normandie, au moins depuis que Robert le Magnifique, vers 1030, a fait plier le terrible Guillaume Ier Talvas. Durant la première moitié du xie siècle, les Bellême étendent leur influence dans le comté du Maine ; l'évêché du Mans, dont le roi de France a le privilège de désigner le titulaire, est toujours donné à l'un des leurs ; et par le jeu d'alliances matrimoniales, leur influence atteint même parfois l'archevêché de Tours. Vers 1050, le mariage de Mabille, fille de Guillaume Ier Talvas avec Roger de Montgommery, l'un des plus fidèles lieutenants du Bâtard, annonce un glissement de la seigneurie de Bellême dans l'orbite de la Normandie ; mais il faudra plusieurs années encore pour que le chef de la famille, Yves, évêque de Sées, abandonne définitivement le parti du comte d'Anjou et que l'on voie réapparaître son nom parmi les souscripteurs des chartes du duc de Normandie.

La puissance de la famille comtale de Blois-Chartres, dont l'ascension avait été fulgurante au temps d'Eude II (996-1037) avec l'acquisition de la Champagne et une tentative de percée vers le Berry, est gravement atteinte par la défaite que lui inflige en 1044 le comte d'Anjou Geoffroi Martel. L'Anjou sera désormais, pour deux décennies, la principauté dominante dans la région. Ainsi, dès 1050, sinon même un peu plus tôt, une lutte à mort est-elle inévitable entre Anjou et Normandie, lutte dont seront l'enjeu les territoires situés entre ces deux antagonistes : seigneurie de Bellême et comté du Maine.

Quant aux Capétiens, leurs intentions offensives sont alors dirigées vers le comté de Blois-Chartres, la Champagne, la Bourgogne. Vis-à-vis de l'Anjou et de la Normandie, le roi de France s'en tient à une politique d'équilibre des forces, pesant alternativement sur l'un et l'autre plateau de la balance.

C'est probablement à la fin de 1049 ou au début de 1050 que le roi Henri Ier fait appel au Bâtard, son vassal, pour l'assister dans une opération militaire qu'il veut entreprendre contre l'Anjou. L'objectif désigné est le château de Mouliherne (aujourd'hui en Maine-et-Loire, canton de Longué) ; probablement s'agissait-il de l'énorme motte castrale, puissamment fossoyée, que l'on voit encore à cet endroit. Guillaume de Poitiers, qui terminait alors ses études en Poitou, rapporte que l'on parla beaucoup, autour de lui, de cette campagne et qu'il entendit avec fierté vanter la part déterminante prise à l'offensive par le contingent normand. Quant aux prouesses du jeune duc, l'historiographe les exalte sans mesure. « On disait qu'il excellait entre tous par l'intelligence, l'habileté, la force. Le roi (Henri Ier) le consultait volontiers, de préférence à tous autres conseillers, lorsqu'il devait prendre une décision. Il ne lui reprochait qu'une chose : la témérité avec laquelle il s'exposait aux dangers et n'hésitait pas à engager le combat lorsqu'il rencontrait l'ennemi alors qu'il n'avait avec lui qu'une petite dizaine de compagnons. » Louange banale sous la plume d'un courtisan ? Certainement pas ; très nombreux sont, en effet, les témoignages qui attestent la téméraire passion avec laquelle le Bâtard, dans le combat, donnait de sa personne. Cette fois encore, à propos de la campagne de Mouliherne, Guillaume de Poitiers rapporte un épisode de ce genre. Guillaume, étant parti en reconnaissance avec quatre chevaliers seulement, se heurte à un groupe de quinze adversaires, engage sans hésiter le combat; pointant sa lance sur l'un de ces ennemis, il lui brise la hanche et le jette à terre; comme les autres s'enfuient, il les poursuit sur une distance de plusieurs milles et réussit à faire prisonniers sept d'entre eux.

A cette invasion de l'Anjou, Geoffroi Martel riposta en pénétrant dans le Maine, s'empara de Château-du-Loir et du Mans dont l'évêque dut s'enfuir et se réfugia en Normandie; puis, sans rencontrer de résistance, le comte d'Anjou occupa les places d'Alençon et de Domfront; il se trouvait dès lors aux portes même de la Normandie, mais ne chercha point à progresser plus avant vers le nord; sans doute entendait-il seulement s'assurer le contrôle de ces deux Etats-tampons qu'étaient, entre Anjou et Normandie, la seigneurie des Bellême et le comté du Maine. Tournant alors ses armes dans une autre direction, il s'empara de Tours après avoir capturé le comte Thibaud III de Blois, à qui appartenait la ville.

A l'automne de 1051, le Bâtard se mit en campagne pour chasser de Domfront la garnison angevine que Geoffroi Martel y avait installée. Il espérait enlever la place par surprise; à cette fin, il effectua un raid de reconnaissance, accompagné d'une cinquantaine de chevaliers; mais « le coup de main fut dénoncé à la garnison par la félonie de l'un des grands de Normandie » (Guillaume de Poitiers). Qui était ce traître? Peut-être Guillaume d'Arques puisque nous savons que pendant le siège de Domfront, il quitta furtivement le camp, sans en avoir demandé l'autorisation au duc.

Le château de Domfront, construit quelques décennies auparavant sur un escarpement rocheux, consistait alors en un rempart de pierre ceinturant une superficie d'environ deux hectares; on y accédait, comme à Arques, par une tour-porte. Puisque l'attaque par surprise n'avait pu être menée à bien, le seul moyen de prendre la place était de l'assiéger et d'attendre que la famine contraignît les défenseurs à se rendre.

En ce temps où le château est, à la fois, le siège et le symbole du pouvoir et le principal instrument de commandement sur les hommes, il devient aussi l'objectif majeur de toute action militaire qui se veut décisive ; or il apparaît que la Normandie, dès le milieu du xi⁰ siècle, possède à un haut degré la technique de la guerre de siège. Il s'agit, pour les assiégeants, d'être assez nombreux pour investir totalement le pourtour du château ; comme celui-ci est généralement construit sur un site élevé, aux pentes abruptes, la mise en place du dispositif d'investissement n'est pas toute simple. Ce dispositif doit être à même, d'autre part, de contenir une éventuelle sortie en force des assiégés et de faire front à l'intervention toujours possible d'une troupe venant au secours de la place investie. A cette fin, on construisait, dans le périmètre de celle-ci, en des points stratégiquement importants, des ouvrages de terre et de charpente, mottes ou enceintes, complétées parfois par de hautes tours de bois. Il est assez rare que subsistent dans le paysage actuel des traces de telles installations ; on en a repéré cependant ici et là quelques-unes.

C'est ainsi que fut mené par le Bâtard, en 1051-1052, le siège de Domfront. Une opération de dégagement tentée par Geoffroi Martel tourna court. Le comte d'Anjou avait pourtant, comme un héros de roman épique, lancé un défi en bonne et due forme au Bâtard ; son héraut envoyé vers Domfront rencontra deux des lieutenants du Bâtard, Roger de Montgommery et Guillaume-Fils-Osbern qui patrouillaient dans la campagne ; il leur fit savoir, au nom de son maître, que l'attaque aurait lieu le lendemain matin ; il donna, par manière de bravade, le signalement du cheval, de l'écu et des armes de Geoffroi, de telle sorte que l'on pût l'identifier sans peine parmi ses chevaliers. Les Normands avaient répondu en indiquant, à leur tour, la couleur du cheval qui porterait leur maître, et en décrivant l'équipement et les armes de celui-ci. Or, le lendemain, alors qu'il approchait de Domfront, le comte d'Anjou apprit que le roi de France se dirigeait, à la tête d'une armée, vers Tours pour reprendre la ville, au bénéfice du comte de Blois qui était alors son allié ; il fit donc volte-face et redescendit vers la Loire. Le duc de Normandie lui-même, très confiant dans l'efficacité de ses installations de siège, ne jugeait pas nécessaire d'y être présent en permanence. C'est ainsi qu'il imagina d'effectuer une attaque surprise contre la ville et le château d'Alençon. La distance à franchir, en partant de Domfront, était d'une quinzaine de lieues, que l'on pouvait donc parcourir en une longue nuit d'hiver. Mais, cette fois encore, la ruse fut éventée. Lorsque Guillaume et ses compagnons arrivent sur les bords de la Sarthe, ils constatent que les habitants de la place les attendent en armes ; un certain nombre d'entre eux se tiennent au sommet de l'une des tours du rempart, de l'autre côté de la rivière. Cette fortification était sans doute, à son sommet, garnie de hourds de charpente, car on nous dit que les défenseurs les avaient recouverts de peaux de bêtes fraîchement écorchées : c'est ainsi que l'on protégeait les parties combustibles des fortifications contre le jet de matières enflammées. Insolemment, les Alençonnais frappaient ces peaux avec des battoirs, comme font les tanneurs, « en criant des insanités » (Guillaume de Jumièges). Guillaume de Poitiers ne souffle mot de l'incident, mais Orderic Vital, vers 1110, précise qu'allusion était ainsi faite au métier de tanneur qu'aurait exercé à Falaise le beau-père du Bâtard. Au siècle suivant, Wace rapporte que ces gens criaient : « *La pel, la pel al parmentier !* » (La peau, la peau du tanneur !) Si telle fut vraiment la scène, et rien ne permet d'en douter, la mésalliance de Robert le Magnifique était communément considérée comme une tare ; la mésalliance et non point la bâtardise, car si la *frilla* Herleue avait appartenu à une famille de rang aristocratique, le sobriquet de « bâtard » n'aurait certainement pas accompagné à travers les siècles le nom du fils de Robert le Magnifique. Mais qui étaient les braillards d'Alençon ? Des Normands ? Ou des hommes du comte d'Anjou ? Il ne semble pas que Guillaume ait cherché à le savoir. Le temps nécessaire à l'assaut de la place ne fut pas suffisant pour calmer sa colère. Entré dans la ville, il se fit amener trente-deux parmi les défenseurs que ses troupes avaient capturés sur le rempart, leur fit couper les mains et les pieds et les envoya ainsi mutilés « pour l'exemple ». C'est l'un des rares exemples d'extrême et gratuite cruauté qu'on lui a reprochés ; le souvenir en a traversé les siècles ; il n'est guère, aujourd'hui encore, de biographie du Bâtard qui n'en fasse mention.

Après avoir installé une garnison dans la ville conquise, le duc reprit le siège de Domfront qui capitula quelque temps après, au début du printemps de 1052. Désormais, cette place et la région qui l'entoure, le Passais, sont annexées à la Normandie et n'en sortiront plus. L'assimilation au duché de ces terres, qui lui avaient été jusqu'à cette date étrangères, fut extrêmement rapide ; moins de cinquante ans plus tard, lorsque la Coutume de Normandie a pris corps, on constate qu'elle est en vigueur dans ce territoire nouvellement acquis aussi bien que dans les régions anciennement soumises à l'autorité ducale, où elle s'était lentement formée. Dans ce premier choc frontal avec la puissance angevine en pleine croissance, Guillaume a donc trouvé l'occasion de rectifier définitivement la frontière de son Etat qui, dans ce secteur, était jusqu'alors incertaine. Afin de prévenir un retour offensif de l'Anjou, le Bâtard, peu après, construit à Ambrières un château ; il se trouvait là, à cinq ou six lieues au sud de Domfront, au confluent de la Mayenne et de la Varenne, dans la seigneurie de Mayenne qui était vassale du comte du Maine.

Ce succès normand et le brusque recul de l'Anjou n'étaient pas sans inquiéter le roi de France. Ce qui détermine alors entre Seine et Loire le jeu des alliances et les revirements politiques, c'est, à coup sûr, la recherche d'un équilibre entre les puissances et la crainte de voir l'une d'elles s'élever trop nettement au-dessus des autres. Dans le souci d'apaiser une telle crainte, le Bâtard se rend auprès du roi Henri Ier au mois de septembre 1052 et assiste à une réunion de la Cour royale ; peut-être avait-il connaissance des tractations que menait le souverain avec le comte d'Anjou, et qui aboutiront le 15 octobre 1052 à un traité d'alliance en bonne et due forme, évidemment dirigé contre la Normandie. L'hostilité du roi de France à l'égard de celle-ci ne se traduira pourtant, durant quelques mois, que par des interventions camouflées ; il accueille volontiers à sa cour les seigneurs normands hostiles au Bâtard ; il semble même, à en croire une discrète allusion faite par Guillaume de Poitiers, qu'il ait été au courant des intrigues de Guillaume d'Arques et qu'ils les ait secrètement favorisées avant la rébellion ouverte. La première intervention à visage découvert fut l'envoi d'une armée de secours aux rebelles assiégés dans le château d'Arques, à l'automne de 1053 ; on sait qu'elle n'obtint pas un franc succès ; mais avant même que le comte d'Arques ait capitulé, Henri Ier attaque sur un autre front ; il réussit à gagner à sa cause le seigneur nommé Guimond, à qui le duc Guillaume avait confié la garde du château de Moulins (aujourd'hui Moulins-la-Marche), à la frontière de la Normandie et du Perche ; il prend possession de cette place forte et y installe une forte garnison commandée par un seigneur poitevin, le propre frère du comte de Poitiers. Mais, à la nouvelle de la chute d'Arques, ces gens se débanderont et le Bâtard recouvrera cette importante forteresse frontalière.

Parmi les Normands qui avaient soutenu Guillaume d'Arques dans sa révolte, beaucoup firent leur soumission et obtinrent leur pardon, au prix parfois d'une peine légère. Mais d'autres, persévérant dans leur animosité, trouvèrent refuge à la Cour du roi de France ; ils pensaient encore qu'une intervention armée de celui-ci pourrait infliger au duc Guillaume une défaite décisive et qu'eux-mêmes pourraient alors revenir en triomphateurs dans le pays qu'ils avaient dû quitter, soit frappés d'une peine d'exil, soit de leur propre initiative. Aucun d'eux néanmoins n'était de taille à briguer le trône ducal et les grands Richardides évincés de leurs comtés ne paraissent pas y avoir alors prétendu. Aussi Henri Ier envisagea-t-il, au cas où il parviendrait à abattre le Bâtard, d'inféoder la Normandie à un prince français, son propre frère Eude.

Avant même la fin de l'hiver de 1053-1054, deux armées, l'une française, l'autre angevine, attaquent la Normandie sur deux fronts. La première, commandée par Eude, frère du roi, assisté des comtes de Valois et de Clermont, franchit la Bresle et doit, à travers le pays de Bray, puis le plateau de Caux, tenter d'atteindre la vallée de la Seine et la ville de Rouen. A la tête de la seconde se trouvent le roi Henri et le comte d'Anjou ; elle entre en Normandie en franchissant l'Avre, envahit le comté d'Evreux et se propose de rejoindre la première à Rouen. Le Bâtard doit donc diviser ses forces en deux corps ; il prend en personne le commandement de celui qui a été levé en Basse-Normandie et s'avance jusqu'au voisinage de la Seine, sur la rive gauche. L'autre corps, formé de chevaliers de la Haute-Normandie, est commandé par le comte d'Eu, Robert, et par le fils du seigneur de Bolbec, Gautier Giffard.

La stratégie mise en œuvre par les alliés franco-angevins est tout à fait classique ; elle était déjà employée par les armées carolingiennes. Il s'agit de diviser ses forces en plusieurs corps qui doivent converger vers un même point où sera livrée la bataille décisive, dans laquelle on espère anéantir les forces de l'adversaire et, par conséquent, le mettre à la merci du vainqueur. Il semblerait qu'en février-mars 1054, Guillaume de Normandie ait subi la stratégie choisie par ses ennemis ; il doit, comme ceux-ci, diviser ses forces en deux corps. Le fait que chacun de ceux-ci ait été levé dans la région où il doit opérer donnerait à penser qu'ils furent formés assez rapidement : le duc aurait voulu, le temps pressant, éluder les délais d'acheminement des troupes vers une destination éloignée.

Si Guillaume a joui assez tôt d'une réputation de quasi-invincibilité, qui ne lui est pas prêtée par ses seuls panégyristes, ses contemporains ne semblent pas avoir été en mesure de discerner une stratégie et une tactique auxquelles seraient imputables ses nombreuses victoires. Il est du moins certain qu'il évitait les batailles rangées. On n'en connaît que deux durant son long règne : le Val-ès-Dunes et Hastings ; et dans ces deux cas, le type de combat lui fut imposé par l'adversaire. Particulièrement remarquable est, en revanche, le soin avec lequel, dans la première phase des hostilités, il observe les mouvements de son ennemi ; il utilise certainement les services d'agents de renseignement ; lorsque les opérations se passent en Normandie, la tâche de ceux-ci est particulièrement aisée. Ainsi peut-il attendre, pour attaquer, le moment favorable ; encore doit-il être toujours en position d'exploiter très rapidement une éventuelle occasion.

On a souvent prêté aux Normands une maîtrise exceptionnelle dans l'emploi de la ruse de guerre ; on a même vu là un atavisme scandinave. De fait, les historiens médiévaux et certains de leurs héritiers modernes décrivent à l'envi des ruses dont auraient usé les Vikings ; mais les stratagèmes qu'on leur attribue sont rarement inédits. En revanche, ils pratiquaient une extrême mobilité qui put, aux yeux de leurs adversaires, donner une impression d'ubiquité ; à cet égard, l'art militaire, dans la Normandie du XIᵉ siècle, est peut-être, pour une part, un legs des Vikings.

En mars 1054, l'armée française qui était entrée en Normandie par la frontière de la Bresle s'avance à travers le Pays de Bray sans rencontrer aucune résistance. Un soir, elle fait halte dans le village de Mortemer-sur-Eaulne ; on y voyait peut-être déjà les deux fortifications de terre encore aujourd'hui conservées ; dans ce cas, elles avaient été évacuées par leurs occupants normands. Mais

Gautier Giffard et ses compagnons étaient certainement aux aguets, pas très loin de là. Sans doute apprirent-ils par quelque messager que les gens du roi de France avaient bu plus que de raison et qu'ils s'étaient endormis sans mettre en place un suffisant dispositif de guet : c'était l'occasion favorable patiemment attendue. A la faveur de la nuit, les Normands s'avancent jusqu'à Mortemer, bloquent les issues de la localité et y mettent le feu. Les Français, en nombre peut-être supérieur, tentent désespérément d'échapper à la souricière dans laquelle ils sont pris ; un très grand nombre d'entre eux y trouveront la mort ; d'autres sont faits prisonniers ; les guerriers de Gautier Giffard, et sans doute même la population locale, font main basse sur les dépouilles des vaincus. « Il n'y eut guère, écrit Wace, d'homme de si modeste condition qui ne fît prisonnier un Français et ne saisît deux ou trois beaux destriers. » Le chef de l'armée française, Eude, frère du roi, s'était enfui parmi les premiers. La victoire des Normands était donc totale. Les détails de l'affaire sont racontés avec une remarquable verve épique dans le *Roman de Rou* qui, pour l'essentiel, ne s'écarte pas des récits plus brefs de Guillaume de Jumièges et de Guillaume de Poitiers ; mais sans doute, ici encore, Wace a-t-il trouvé un complément d'information dans quelque petit poème composé pour être débité par les jongleurs. L'opinion publique et la propagande ducale se trouvèrent d'accord pour exalter, et peut-être majorer, l'importance de la victoire remportée sur le roi de France. Guillaume de Poitiers, par exemple, affirme que Henri Ier avait recruté son armée depuis la Belgique jusqu'à l'Aquitaine. Quelle gloire, dès lors, que d'avoir écrasé un pareil rassemblement !

Le Bâtard, qui se trouvait sur la rive gauche de la Seine avec son corps d'armée, fut informé très vite de la victoire de Mortemer. Il surveillait de près le contingent commandé par le roi Henri et put envoyer vers celui-ci un héraut, Raoul de Tosny qui, monté sur un arbre ou du sommet d'un petit monticule, annonça aux Français leur défaite : « Français, Français, levez-vous ; allez enterrer vos amis qui ont été tués à Mortemer ! » On fut sans doute surpris, dans le camp du roi, par ce message ; généralement, c'est avant le combat qu'un héraut se livrait, au nom de son seigneur, à pareille rodomontade. Mais Henri Ier apprenait, peu après, par des hommes à lui, la gravité de la défaite que venait de subir son frère. Renonçant à livrer bataille, il battit en retraite ; le Bâtard ne tenta pas de le poursuivre, mais entreprit de consolider un secteur de sa frontière méridionale, qui épousait le cours de l'Avre, affluent de l'Eure. Le roi de France y tenait toujours le château de Tillières, où il avait installé une garnison à lui durant la minorité du fils de Robert le Magnifique. Lorsqu'à cette époque on était menacé par le château d'un adversaire et que l'on ne pouvait ou ne voulait pas s'en rendre maître, il arrivait que l'on érigeât dans le voisinage une autre forteresse destinée à le tenir en respect. Ainsi fit Guillaume : il fit construire, non loin de Tillières, le château de Breteuil et en confia la garde à l'un de ses plus valeureux fidèles, Guillaume-Fils-Osbern. C'est alors seulement, vers la fin de 1054 ou le début de 1055, que put être conclue une trêve entre le Bâtard et son roi ; celui-ci obtenait la libération de ses hommes qui avaient été capturés à Mortemer et remplissaient, nous dit-on, les prisons normandes ; en retour, Henri Ier reconnaissait au duc Guillaume la possession légitime des terres qu'il venait de conquérir dans le Passais et même celle d'Ambrières ; il fallait que le roi se sentît en position bien faible pour avaliser de la sorte des conquêtes faites au détriment de son allié Geoffroi Martel.

Mais la croissance de la puissance normande était trop inquiétante à ses yeux pour qu'il renonçât à l'alliance angevine ; et le comte d'Anjou ne désespérait pas de ramener dans sa mouvance les territoires situés entre son Etat et le duché de Normandie, territoires auxquels, depuis une dizaine d'années, le Bâtard s'efforçait opiniâtrement, et non sans succès, d'imposer sa suzeraineté. En construisant le château d'Ambrières, il s'était installé sans droit dans la seigneurie de Mayenne dont le maître, Geoffroy, était vassal du comte du Maine et, à ce titre, protégé du comte d'Anjou. Geoffroy de Mayenne invoqua donc le secours de celui-ci et Geoffroi Martel, trop heureux d'intervenir en faveur d'une juste cause, répondit à cet appel ; il s'était assuré, à cet effet, le concours du duc d'Aquitaine Guy-Guillaume, dont il relevait pour une partie de ses possessions, et celui du comte breton de Penthièvre, Eon de Porhouët. Une armée venue d'Anjou fit donc sa jonction avec les quelques troupes levées par Geoffroy de Mayenne et vint assiéger Ambrières. Mais le Bâtard, promptement alerté, les contraignit à lever le siège avant qu'ils aient pu pratiquer une brèche dans le rempart ; au bélier qu'ils manœuvraient à cette fin, les défenseurs de la place avaient opposé un contre-bélier plus robuste qui, le heurtant de front, l'avait fait voler en morceaux ; au cours du combat, Geoffroy de Mayenne fut fait prisonnier par le Bâtard lui-même ; conduit en Normandie et traité honorablement, il dut se reconnaître vassal du duc. Gravement atteint par cet échec, le comte d'Anjou perdait, vers le même temps, plusieurs appuis. Il avait épousé vingt ans plus tôt, Agnès, veuve du duc d'Aquitaine ; n'ayant pas eu d'elle l'héritier qu'il désirait, il la répudia et, du même coup, perdit tout espoir d'obtenir dorénavant aucun secours de sa famille. Autre revers : en Bretagne, le comte Eon, qui l'avait aidé dans l'expédition d'Ambrières, est évincé par son neveu Conan et tombe aux mains de celui-ci. Une seule alliance reste donc possible, celle du roi de France. Depuis la défaite de Mortemer, Henri Ier avait évité de s'engager ; mais le rapide déclin de la puissance angevine met un terme à ses hésitations. En mars 1057, il se rend à Angers et prépare avec Geoffroi Martel une nouvelle campagne contre la Normandie. Cette fois, la base de départ des coalisés est le Maine ; de là, ils pénètrent dans l'Hiémois. Fidèle à une stratégie déjà éprouvée, le Bâtard ne se hasarde pas à leur barrer immédiatement la route. Avec l'armée qu'il a réunie, il se tient aux environs de Falaise, c'est-à-dire tout près des envahisseurs puisque nous savons que le roi de France a fait une halte à l'abbaye de Saint-Pierre-sur-Dives. Il ne bouge pas davantage lorsque ses ennemis poursuivent leur marche vers le nord, pillant et incendiant. « Guillaume les laisse dévaster les campagnes pourvu qu'il puisse bien tenir en main ses châteaux ; car il pourra ainsi, dit-il, recouvrer ses terres et réparer les dommages qu'elles auront subis » (Wace). Les Franco-Angevins descendent la vallée de l'Orne, passent près de Caen qui n'avait encore ni château, ni rempart autour du Bourg-le-Duc, et s'avancent jusqu'à la Seulles puis, prenant la direction de l'est, ils franchissent l'Orne. C'est alors seulement que Guillaume quitte la région de Falaise ; ses guetteurs l'ont informé de tous les mouvements de l'armée ennemie ; il sait, en particulier, que la mobilité de celle-ci est diminuée par la présence de nombreux chariots dans lesquels on a entassé le produit des pillages systématiques. Le Bâtard sait aussi que ses ennemis devront passer la Dives au pont de Varaville ; il connaît bien cet itinéraire qui conduit presque en droite ligne vers la Basse-Seine. Les envahisseurs, au contraire, n'ont certainement pas les moyens, ni peut-être le souci, de se tenir informés d'éventuels mouvements de l'armée normande, dont les effectifs étaient d'ailleurs assez réduits ; ils ne peuvent compter sur la connivence des populations qu'ils ont pillées et traitées avec une extrême dureté. Ainsi Guillaume et ses hommes peuvent-ils s'approcher tout près de la route de Varaville. Parvenu à Bavent, c'est-à-dire à guère plus d'une lieue de Varaville, le duc y ameute les paysans ; il les incite à venir avec lui, armés comme ils le pourront d'épieux et de massues. A cette époque, l'estuaire de la Dives s'avançait profondément dans les terres ; les mouvements du flux et du reflux de la mer faisaient varier très sensiblement le débit du petit fleuve côtier. Alors que le roi de France et le gros de son armée ont déjà franchi le pont, le Bâtard tombe à l'improviste sur l'arrière-garde où se trouvent les chariots chargés de butin. Tout en combattant, ses ennemis se hâtent vers le pont, mais dans un tel désordre que celui-ci s'effondre et, comme c'était l'heure de la marée montante, un grand nombre de fuyards se noient en tentant de traverser le fleuve ; les autres tombent, pour la plupart, sous les coups des Normands, guerriers ou paysans, ces derniers ne cessant d'affluer dès que le combat s'est engagé ; on fit aussi quelques prisonniers de marque, dont le comte de Soissons et le comte de Blois Thibaud III. De l'autre côté de la Dives, du haut d'une colline voisine, le roi Henri assiste au massacre des siens ; il aurait voulu, dit Wace, revenir coûte que coûte au lieu du combat, mais ses compagnons l'en dissuadent et le retiennent. « Alors s'en alla le roi de France plein de colère et de douleur ; il ne porta plus écu ni lance — je ne sais si ce fut par pénitence — et n'entra plus jamais en Normandie » (Wace). Qui visite aujourd'hui le site n'a aucune peine à reconstituer en imagination les péripéties que raconte le *Roman de Rou ;* la colline de Bastembourg est toujours là, du haut de laquelle Henri Ier vit, sans pouvoir intervenir, l'extermination de son arrière-garde ; mais le petit fleuve est plus sage et le pont plus large et plus solide.

La victoire remportée par le Bâtard fut donc plénière et décisive, mais, une fois de plus, sans panache. Ce qui compte, pour Guillaume, c'est le succès, non la qualité des moyens employés. Aujourd'hui, les historiens de la littérature estiment assez unanimement que vers le milieu du XIe siècle, circulaient déjà en Normandie des essais poétiques dont devaient bientôt sortir les grands poèmes épiques, telle la *Chanson de Roland,* qui exalteront les valeurs chevaleresques. Le duc Guillaume paraît tout à fait étranger à ce courant culturel et à son expression littéraire. Son éthique est profondément différente de celle qui anime les héros des légendes épiques ; pour lui, la raison d'Etat prime toute autre considération ; il la sert avec une passion qui n'exclut pas la circonspection, le sens de la temporisation, voire la ruse et avec une redoutable efficacité.

Si le roi de France ne devait plus envahir la Normandie, son hostilité à l'égard du Bâtard n'avait pas désarmé ; il est peu probable qu'il lui ait, comme le rapporte Guillaume de Jumièges, spontanément restitué la forteresse de Tillières-sur-Avre ; celle-ci se trouve, en tout cas, aux mains des Normands avant la fin de 1058. Qui plus est, le duc Guillaume s'était avancé en territoire français jusqu'aux environs de Dreux et, à l'été de cette même année 1058, s'était emparé du château de Thimert. Henri Ier tenta bien de le reprendre, mais sans succès ; et tandis que se prolongeait ce siège infructueux, on commença de négocier une paix. Il se pourrait que des envoyés du roi, les évêques de Paris et d'Amiens, aient rencontré à Fécamp des émissaires de Guillaume ; selon une autre source, celui-ci aurait personnellement parlementé avec Henri Ier dans le pays de Dreux, pendant le siège de Thimert.

Avec l'Anjou, les relations étaient au point mort. Après Varaville, Geoffroi Martel n'avait entrepris aucune nouvelle action offensive contre la Normandie ; mais le comté du Maine demeurait, au moins en droit, dans sa mouvance, même si celle-ci s'était trouvée amputée par l'hommage contraint et forcé que Geoffroy de Mayenne avait prêté au Bâtard.

Alors que l'armée française assiégeait encore Thimert, le roi Henri Ier mourut assez soudainement (4 août 1060) ; comme il était souffrant, à Dreux, on avait appelé auprès de lui son médecin Jean de Chartres, surnommé « le Sourd », qui était, dit-on, fort réputé et qui lui administra un remède très énergique, en lui prescrivant la diète la plus complète ; or le roi, tenaillé par une soif insupportable, obtint qu'un de ses chambriers lui donnât un peu d'eau ; peu après l'avoir absorbée, il succomba. Son fils Philippe, né de son mariage avec la princesse russe Anne de Kiev, avait été reconnu comme héritier, associé au trône et couronné l'année précédente ; mais il n'était encore que dans sa huitième année ; il fallait donc confier à un régent le gouvernement du royaume. C'est le comte de Flandre Baudouin V qui fut choisi ; ayant épousé Adèle de France, fille du roi Robert le Pieux, il était par alliance l'oncle du jeune Philippe. Pareil concours de circonstances était exceptionnellement favorable au Bâtard ; il s'empressa de céder aux démarches faites par Baudouin de Flandre, son beau-père, en vue d'un rapprochement franco-normand. Quelques semaines après la mort de Henri Ier, il rencontrait à Dreux le roi Philippe et sa mère et, en bon vassal, faisait hommage à son nouveau seigneur.

Le 14 novembre 1060, Geoffroi Martel disparaissait à son tour ; bien qu'ayant été marié trois fois, il ne laissait aucun héritier direct ; son neveu Geoffroy lui succéda ; il était le troisième comte d'Anjou à porter ce nom ; on le surnommait « le Barbu ». Si détestables avaient été les relations de la Normandie avec Geoffroi Martel que ce changement de prince apparut généralement porteur d'espoirs ; de ceux-ci, Guillaume de Poitiers se fait l'interprète lorsqu'il écrit, une douzaine d'années après : « Le nouveau comte, s'il porte le même nom que son prédécesseur, est différent de lui à cause de sa loyauté ; il craint Dieu et fait le bien pour obtenir la gloire éternelle. »

NOUVEAUX TROUBLES INTÉRIEURS

On ne saurait exagérer l'importance de cette date de 1060 dans l'histoire de la Normandie. Pendant une dizaine d'années, le jeune duc Guillaume avait dû affronter de sérieuses difficultés intérieures, en particulier l'hostilité des Richardides, et protéger la frontière méridionale de son duché, la seule qui ne fût pas encore stabilisée, contre les attaques répétées et souvent convergentes de deux puissants voisins : le roi de France et le comte d'Anjou. Certes, il avait su contenir ou repousser ces attaques, mais l'avenir demeurait incertain tant que la frontière sud de l'Etat ne serait pas nettement définie et consolidée par un glacis protecteur, notamment du côté de l'Anjou.

Désormais sûr de la neutralité bienveillante de la France gouvernée par son beau-père au nom du roi mineur, il va pouvoir mener à bien cette œuvre. Mais auparavant, il veut affermir son autorité en Normandie même. Sans doute les Richardides sont-ils maintenant éliminés ou soumis. Mais les intrigues des ennemis de l'extérieur, celles du roi de France, en particulier, ont mis à l'épreuve la fidélité de certains vassaux ; et le duc, préoccupé de la défense des frontières, n'a peut-être pas donné au maintien de la paix et de la concorde intérieures tout le soin qu'il eût fallu. En se rapprochant des Bellême grâce au mariage de Roger de Montgommery avec Mabille, il a mécontenté tous ceux qui avaient eu à souffrir des agressions et des crimes des descendants de Guillaume Talvas ; même les forfaits de celui-ci, vieux d'un quart de siècle, n'étaient pas tous vengés, ni donc oubliés. Guillaume-Fils-Géré, entre autres, qu'il avait fait atrocement mutiler, vivait toujours à l'abbaye du Bec, et sa famille n'avait pas entériné le pardon qu'il avait, lui, sans doute accordé en revêtant l'habit monastique. Or Roger de Montgommery avait épousé les inimitiés de sa femme Mabille et encouru les haines dont elle faisait l'objet ; il était, d'autre part, l'un des compagnons et des conseillers les plus écoutés du Bâtard. Le duc ne nourrissait certainement pas des sentiments amicaux à l'égard des Bellême, mais il avait résolu de les attirer à lui ; c'est lui, sans aucun doute, qui avait eu l'idée du mariage de Roger et de Mabille ; il ne pouvait guère, cependant, ignorer que celle-ci, de notoriété publique, avait hérité les instincts cruels de son père, le vieux Guillaume Talvas. Qu'il se soit laissé abuser, comme le dit Orderic Vital, par les flatteries de

Roger de Montgommery et de sa femme, c'est assez peu probable ; bien plutôt doit-on retenir, de sa part, un calcul politique auquel il était enclin, par tempérament, à subordonner toute autre considération. Mais ce parti pris engendra des troubles sérieux. L'abbaye de Saint-Evroult (où Orderic Vital a écrit son *Historia ecclesiastica*) était fort hostile aux Bellême. L'abbé Robert de Grentemesnil fut, sur dénonciation de Roger et de Mabille, cité à comparaître devant le conseil du Bâtard, où siégeait avec autorité Roger de Montgommery ; on l'accusa faussement de toutes sortes de méfaits ; on trouva même un moine de Saint-Evroult pour appuyer ces accusations. Alors l'abbé Robert, après avoir pris le conseil de l'évêque de Lisieux, Hugues, décida, pour éviter le pire, de s'expatrier ; il se rendit à Rome auprès du pape, avant d'aller visiter quelques-uns de ses parents dans les territoires d'Italie méridionale soumis aux fils de Tancrède de Hauteville. Le duc, après avoir consulté l'abbé de Préaux, Ansfroi, et Lanfranc, lui donna pour successeur Osbern, prieur de Cormeilles, sans que les moines de Saint-Evroult eussent été consultés. Il fallut toute l'insistance de l'évêque de Lisieux pour que les religieux acceptent cet intrus et consentent à l'éviction de leur légitime abbé chassé par la « fureur tyrannique du prince » (Orderic Vital). Prêtant l'oreille aux accusations portées par Mabille et son mari, le Bâtard exila de même, après confiscation de leurs biens, plusieurs seigneurs de haut rang connus pour leur hostilité à l'égard des Bellême : Raoul de Tosny, Hugues de Grentemesnil, Ernaud-Fils-Géré, seigneur d'Echauffour. Ce dernier, après avoir obtempéré à l'ordre d'exil et gagné la région de Chartres, devait revenir en ennemi, et, pendant de longs mois, harceler, piller, incendier le Lieuvin ; il parvint même, une nuit, avec quatre chevaliers seulement, à réoccuper pour quelques jours son château d'Echauffour où le Bâtard avait installé une garnison à lui. Après quoi, il vint, avec l'aide des mêmes compagnons, semer le désordre dans le voisinage de Saint-Evroult ;

l'épée à la main, ces hommes criaient qu'ils voulaient se saisir de l'abbé Osbern et le tuer. Les habitants de la région purent se croire revenus aux sombres années de la minorité du Bâtard. Mais les moines parvinrent à rétablir le calme ; ils envoyèrent à Ernaud l'un des leurs, le cellérier Hermann, qui lui rappela que son père, Guillaume Géré, avait largement contribué à la restauration du monastère et le supplia d'épargner leur maison par piété filiale. Touché par cette démarche, Ernaud mit un terme à ses déprédations et vint faire la paix avec l'abbé Osbern, puis partit pour la Pouille.

Mais l'expulsion de l'abbé Robert de Grentemesnil était de nature à troubler les relations du Bâtard avec la papauté ; car le pape Nicolas II, après avoir écouté les doléances de la victime, prit son parti. On vit donc revenir en Normandie l'abbé Robert, porteur de lettres apostoliques adressées au duc, et accompagné de deux cardinaux. Fort de cet appui, il annonça son intention de se rendre à la cour ducale, qui se trouvait alors à Lillebonne. Le Bâtard, lorsqu'on le lui apprit, entra dans une de ces colères dont on le savait coutumier. « Si les envoyés du pape viennent me parler de la foi et de la religion chrétienne, je recevrai volontiers ces messagers du Père commun ; mais si un moine de mon pays veut me mettre en accusation, je le ferai pendre ignominieusement au plus haut chêne de la plus proche forêt » (Orderic Vital). Le bon évêque de Lisieux Hugues, informé de ces propos, intervint encore une fois pour conseiller à Robert de Grentemesnil de ne pas affronter le courroux du prince. Ce sage conseil fut écouté ; mais Robert n'abandonnait pas la partie ; il s'en fut demander l'appui de l'abbé de Saint-Denis, Hugues, dont il était parent. Puis, d'accord avec celui-ci, il somma Osbern, qui lui avait succédé à Saint-Evroult, de se rendre à Chartres où, en présence des deux cardinaux envoyés par le pape, on s'expliquerait ; mais Osbern ne répondit pas à cette convocation. Sur quoi, Robert lui fit porter une lettre lui notifiant, en vertu de l'autorité du pape, une sentence d'excommunication et invitant les moines de l'abbaye à rejoindre leur légitime abbé. De fait, un certain nombre de religieux, dont Orderic Vital donne les noms, quittèrent Saint-Evroult et suivirent Robert de Grentemesnil en Calabre où il devait fonder l'abbaye de Sainte-Euphémie.

On imagine sans peine le trouble que causèrent, bien au-delà des murs de l'abbaye d'Ouche, de tels incidents. La rudesse du Bâtard ne fut certainement pas approuvée partout. Il est symptomatique que Guillaume de Poitiers ne dit pas un mot de cette affaire, dont il a certainement connu tous les détails puisqu'il était alors archidiacre de l'évêque Hugues de Lisieux ; il fait d'ailleurs de ce prélat un long éloge où l'on ne relève pas la moindre réserve ; il le loue, en particulier, de « savoir montrer douceur ou sévérité et passer de l'une à l'autre selon qu'il est nécessaire » ; faut-il voir une allusion au couple Montgommery-Bellême lorsqu'il ajoute : « Il déteste ceux dont la langue se plaît à nuire à la réputation d'autrui et refuse de prêter l'oreille à leurs méchancetés » ? Ce petit-fils de Richard Ier fut assurément pour le Bâtard un précieux et discret conseiller. Le duc, pour sa part, était trop sensé pour ne pas mesurer la gravité des conséquences qu'avait engendrées son radical changement d'attitude envers les Bellême ; les ennemis de ceux-ci, qui se trouvaient principalement dans le sud de la Normandie, pouvaient être tentés par une alliance opportuniste avec l'Anjou. Ainsi Robert-Fils-Géré avait-il introduit des guerriers angevins dans ses châteaux de Saint-Ceneri, puis d'Alençon et de la Roche-d'Igé, puis de Bellême. Le duc vint lui-même mettre le siège devant ces deux places ; or, pendant les opérations, Robert-Fils-Géré mourut de façon étrange. Il se trouvait un soir, au coin du feu, avec son épouse, Adélaïde, qui était cousine du Bâtard ; comme celle-ci jonglait avec quatre pommes, il entra dans son jeu et lui en prit deux, puis, ne sachant pas qu'elles étaient empoisonnées, il les mangea, malgré les objurgations de sa femme, et mourut cinq jours plus tard. Orderic Vital, de qui nous tenons ces détails, n'accuse pas nettement Adélaïde d'avoir empoisonné son mari pour le compte du Bâtard, mais il n'insiste guère pour l'en disculper. Ernaud d'Echauffour, neveu de Robert-Fils-Géré, lui succéda et commanda aux garnisons de Saint-Ceneri et de la Roche-d'Igé de poursuivre la résistance aux assiégeants normands ; bientôt cependant, cédant aux avances et aux promesses faites par le duc, il se réconcilia avec lui et se vit confirmer la possession en fief de ses châteaux. Orderic Vital explique cette mansuétude en rappelant que le duc avait grand besoin de tous ses preux chevaliers pour mener à bien les entreprises qu'il projetait contre le Maine et la Bretagne. Raison d'Etat, encore une fois, qui dicta de même au Bâtard une décision de pardon et de retour en grâce en faveur de Raoul de Tosny et de Hugues de Grentemesnil ; l'un et l'autre rentrèrent d'exil et retrouvèrent leurs fiefs. Quant à Ernaud d'Echauffour, il ne profita pas longtemps de la faveur ducale retrouvée. Car Mabille, elle, ne pardonnait, ni n'oubliait ses vieilles haines ; pour les satisfaire, le poison semble avoir été son arme préférée ; Ernaud fut prévenu par des amis qu'elle se préparait à l'employer contre lui. Aussi lorsque, se trouvant à Echauffour, il fut convié à un repas par des amis des Bellême, eut-il soin de ne pas boire la coupe empoisonnée qu'on lui avait préparée. Mais Gilbert, frère de Roger de Montgommery, qui accompagnait Ernaud, ignorant la machination, absorba le breuvage en question et en mourut trois jours plus tard. « Ainsi la perfide femme, qui voulait faire mourir un rival de son mari, tua le frère unique de celui-ci » (Orderic Vital). C'était en 1063.

LA GUERRE DU MAINE

Depuis 1060, le dépérissement de l'influence angevine avait engendré dans le Maine une situation politique fort confuse. Les seigneurs du comté et les bourgeois du Mans, sans doute déjà organisés, pratiquaient une politique de balance entre l'Anjou et la Normandie, soutenant, au gré de la conjoncture, le plus faible contre le plus fort, c'est-à-dire le plus menaçant. Le plus notable et le plus remuant des seigneurs du Maine était sans doute Geoffroy de Mayenne, qui ne pardonnait pas au Bâtard d'avoir pénétré par la force sur ses terres et d'y avoir érigé le château d'Ambrières. Il était secondé par le vicomte du Mans, Hubert de Sainte-Suzanne. Un autre notable était l'évêque du Mans ; le droit de choisir l'évêque appartenait au roi de France, mais Henri Ier avait cédé cette prérogative à Geoffroi Martel, au temps où ils étaient alliés. En 1063, l'évêque était donc une créature du comte d'Anjou. Quant à la famille comtale du Maine, tiraillée en sens contraires par les pressions qu'exerçaient sur elle ce comte, d'une part, et le duc de Normandie de l'autre, elle se trouvait réduite, elle aussi, à pratiquer une politique opportuniste et inconstante ; le comte Herbert II, vassal de l'Anjou, avait été impressionné par la défaite qu'avait essuyée en 1057 Geoffroi Martel ; en 1058, il était venu en Normandie et y avait peut-être fait l'hommage au duc. Pour sceller ce revirement, il avait promis d'épouser l'une des filles du Bâtard, encore dans l'enfance ; on avait aussi envisagé le mariage futur de Robert, fils aîné de Guillaume et de Mathilde, avec Marguerite, sœur de Herbert II, alors âgée d'une dizaine d'années, tandis que Robert était plus jeune encore. Puis Herbert était mort sans enfants en 1062 et avait institué pour héritier le duc de Normandie. Ses vassaux, qu'il n'avait certainement pas consultés avant de prendre cette décision, refusèrent cette annexion pure et simple de leur pays au duché de Normandie. Herbert II avait un oncle, Gautier, comte de Mantes, dans le Vexin français. Ils firent appel à lui tandis que Geoffroy le Barbu, comte d'Anjou depuis 1060, se ralliait à ce choix.

Le Bâtard, qui se considérait comme héritier légitime du Maine en vertu du testament de Herbert II, se trouva donc contraint de faire valoir ce droit par les armes. Tenter de conquérir d'emblée Le Mans eût été bien téméraire ; la vieille ville, siège de l'évêque, était construite sur une hauteur et enceinte d'une muraille faite, en partie, d'importants segments conservés du rempart romain du IVe siècle. Guillaume préféra donc harceler le plat pays, pillant et incendiant les villages, capturant les châteaux où il installa ses propres garnisons. On ne sait combien de temps dura cette campagne d'intimidation. En vain Geoffroy de Mayenne fit-il appel au comte d'Anjou : Geoffroy le Barbu avait alors fort à faire pour mater l'ambition de son frère Foulque le Réchin, qui lui disputait l'héritage de leur père. Les mois passant, la vie devenait de plus en plus difficile dans la ville même du Mans ; si elle n'était pas vraiment assiégée, toutes les routes y conduisant étaient contrôlées par les Normands ; le ravitaillement en souffrait ; l'activité commerciale y était presque réduite à néant ; or la classe des marchands y était riche et influente. Aussi la ville finit-elle par capituler. Comme il advint souvent ailleurs, les bourgeois, tout compte fait, préféraient à l'insécurité de la guerre la paix civile, fût-elle assurée par la dure férule d'un prince étranger. Au contraire, les seigneurs qui se trouvaient dans la ville avaient, eux, une autre éthique. Ils abandonnèrent la place avant la capitulation, sous la conduite de Geoffroy de Mayenne. Quand ils ouvrirent leurs portes, les habitants du Mans firent au Bâtard et à ses hommes un accueil où la crainte tempérait peut-être un peu l'empressement. Guillaume de Poitiers en fait une description ironique. « C'est en posture de suppliants, avec de grandes marques d'honneur, qu'ils le reçoivent. Les notables, les hommes de condition moyenne, les humbles font tout pour l'apaiser. Ils s'empressent, l'appelant leur seigneur, s'inclinent profondément à son passage ; ils prennent des airs et des accents joyeux et applaudissent. » Gautier de Mantes, que les Manceaux avaient choisi pour comte, n'avait pas quitté la ville avec les seigneurs ; il accepta la victoire des Normands et renonça au comté du Maine. S'opposer plus longtemps au Bâtard dans le Maine eût été mettre en péril sa principale possession, le comté de Mantes, que sa position à la frontière de la Normandie rendait fort vulnérable ; aussi bien le duc Guillaume y avait-il envoyé déjà, à titre d'avertissement, une petite troupe. Le comte Gautier et sa femme devaient mourir peu de temps après, peut-être au château de Falaise où ils étaient les hôtes forcés du Bâtard ; le bruit courut qu'ils auraient été empoisonnés sur ordre de celui-ci. Cette accusation figure, entre beaucoup d'autres, dans le réquisitoire passionné qu'une dizaine d'années plus tard, en Angleterre, des seigneurs révoltés dresseront contre Guillaume ; mais, dans son *Historia ecclesiastica,* Orderic Vital ne la reprend pas à son compte ; il dit seulement que Gautier et Biota furent « l'un et l'autre empoisonnés, selon la rumeur publique, grâce à une machination de leurs ennemis ».

Comme Robert, fils aîné du Bâtard et de Mathilde avait épousé *per verba de futuro* Marguerite, fille héritière du défunt comte Herbert II, il était appelé à posséder le Maine. Renonçant à revendiquer pour lui-même la suzeraineté sur ce comté, son père lui fit prêter au comte d'Anjou l'hommage et le serment de fidélité. Conformément à un privilège auquel tenait le duc de Normandie, cet hommage fut fait non pas à la résidence du seigneur, c'est-à-dire en Anjou, mais « en marche », près de la frontière normande, à Alençon.

Restait à vaincre les seigneurs insoumis. Geoffroy de Mayenne s'était retiré dans sa forteresse ; il y avait accumulé tous les moyens nécessaires à une longue résistance : armes, guerriers et vivres. Le château de Mayenne, dont le rempart existe encore, est bâti sur une

hauteur qui domine la rivière du même nom ; les flancs en
sont escarpés. Guillaume de Poitiers, qui sait ce dont il
parle puisqu'avant d'entrer dans les ordres il a été formé à
l'art de la guerre, estime qu'aucune force, aucun engin,
aucune technique alors connue ne permettait de s'en
emparer. Lorsque le Bâtard décide d'y mettre le siège, on
commence à murmurer dans son armée ; de récentes
expériences ont montré qu'il faut un très long temps pour
contraindre pareille forteresse à la capitulation ; or la
longue et pénible guerre du Maine vient à peine de se
terminer et les Normands aspirent à rentrer enfin dans
leurs foyers. Le duc doit s'employer personnellement à
réveiller le moral de ses troupes ; il le fait avec la même
passion qu'il apporte dans toutes ses entreprises ; son
ascendant sur ses hommes, sa force de persuasion sont
déjà, et seront tout au long de son règne, une de ses
meilleures armes. Au pied du rocher de Mayenne, que
tous estiment inexpugnable, il se dit certain de pouvoir
mener ce siège à son terme en un très bref délai. De fait,
quelques jours plus tard, un incendie embrasera les
constructions situées à l'intérieur du rempart, et qui, pour
la plupart, étaient faites de charpente. Que s'est-il passé ?
Aucune machine de siège alors utilisée, à ressort ni à
contrepoids, n'eût été capable de projeter, du pied de
l'escarpement rocheux jusqu'à l'intérieur de l'enceinte qui
le couronnait, des matières incandescentes. Et si l'armée
normande avait disposé d'un engin nouveau, exceptionnellement puissant, Guillaume de Poitiers, ancien chevalier, qui se trouvait sans doute sur les lieux auprès du
Bâtard, n'eût pas manqué d'en faire mention. Or il dit
seulement que l'incendie fut bien allumé par les assiégeants au moyen d'un « habile procédé » ; il est visiblement gêné par la nature de l'artifice employé, qui ne
relevait guère de l'éthique chevaleresque. Aussi doit-on
croire, sans doute, l'explication que donne Orderic Vital :
le duc Guillaume aurait soudoyé deux enfants, que les
gardiens de la forteresse y auraient laissé pénétrer sans

méfiance, et qui auraient allumé l'incendie. Qu'importe la vulgarité du moyen employé, si le but est atteint.

NORMANDIE ET BRETAGNE

Vers 1065, la présence de l'autorité ducale à la frontière et dans les marches au sud-ouest de la Normandie est en très net progrès. Toutes les difficultés ne sont certes pas levées : pendant plusieurs générations encore, les Bellême ne seront pas des fidèles inconditionnels ; et le règlement, adopté en 1064, du problème de la possession du Maine et de sa dépendance vassalique demeure à la merci du rapport des forces entre la Normandie et l'Anjou.

Mais, après la capitulation du Mans et celle de Mayenne, c'est à la frontière bretonne que se posent, pour le Bâtard, les problèmes les plus urgents. Pour comprendre le comportement des Bretons, et notamment leur attitude à l'égard de la Normandie, force est de se rappeler que leur pays a été partiellement occupé pendant plusieurs décennies, au Xᵉ siècle, par des bandes de Vikings norvégiens, que les écrivains du temps appellent « Normands ». Comme beaucoup d'autres, les Bretons continuèrent longtemps de faire l'amalgame entre ces Scandinaves et les habitants du pays qui, depuis le début du XIᵉ siècle, était appelé Normandie.

En raison, pour une part, de cette occupation étrangère dont ils ont souffert, les Bretons ont le sentiment très vif de constituer une ethnie ; mais cela ne les a point amenés, tant s'en faut, à la moindre unité politique. Même le chef prestigieux qu'avait été Alain Barbetorte n'avait point réussi, après son exil, puis son retour et sa victoire décisive sur les Vikings, à retrouver l'autorité qu'avaient exercée au IXᵉ siècle les rois bretons, Nominoé et Salomon. Dans leurs luttes fratricides, les seigneurs cherchent le soutien de princes étrangers. Le duel à mort qui opposa au Xᵉ et au commencement du XIe siècle les comtés d'Anjou et de Blois eut, de ce fait, des prolongements jusqu'en Bretagne où chacun des deux antagonistes cherchait à se créer des clients. Pour départager ces deux compétiteurs, on avait même vu les comtes de Rennes faire appel au duc de Normandie ; dès avant la fin du Xe siècle, en effet, les comtes de Rennes ont acquis en Bretagne une situation dominante ; ils ont contraint un comte de Nantes à leur prêter l'hommage et à leur reconnaître le titre de duc. Mais même en Bretagne orientale, le comte de Rennes, au XIe siècle, ne disposait pas d'un pouvoir incontesté. La création à Dol d'un archevêché, en soustrayant les églises bretonnes à l'autorité de la métropole de Tours, aurait pu aider à l'unification politique ; tel était, sans aucun doute, l'espoir du roi Salomon qui, au IXe siècle, avait institué cette nouvelle métropole ; mais l'archevêque de Tours, soutenu par le pape, refusait de reconnaître le fait accompli, dont les seigneurs bretons n'avaient point tiré le parti espéré.

Jusque vers l'an 1040, la Normandie avait exercé une forte attirance sur les populations et les seigneurs voisins de sa frontière ; elle était pour eux un pays riche, doté d'un solide pouvoir politique. La crise des années 1037-1047, n'affaiblit guère, semble-t-il, cette image. Guillaume de Poitiers qualifie encore de « faméliques » les habitants proches des confins normands. On sait que plusieurs seigneurs vivant dans ces régions avaient acquis des terres à l'intérieur des frontières normandes. Les ducs de Normandie semblent n'avoir rien fait pour les en empêcher ; ce pouvait être, pour eux, un moyen de se faire une clientèle dans le pays voisin. Néanmoins, les incidents frontaliers n'étaient pas rares ; et dès le début de son règne personnel, le Bâtard prend très à cœur la sécurité de sa frontière avec la Bretagne.

Après l'éviction de Guillaume Werlenc, comte d'Avranches, il prend directement en main et fait administrer par un vicomte une partie de ce comté qui confine à la Bretagne ; et lorsque, vers le même moment, Suppo, abbé du Mont-Saint-Michel, part en disgrâce, il impose pour lui succéder un membre d'une famille qui a toute sa confiance, Raoul de Beaumont. L'abbaye du Mont, puissamment fortifiée, tenait, en effet, une place capitale dans la défense de la frontière.

En 1057, un changement politique survenu en Bretagne est de nature à inquiéter le Bâtard. Depuis la mort du comte Alain III survenue à Vimoutiers en 1040, au cours d'une attaque contre la Normandie, le pouvoir était détenu à Rennes par Eon de Penthièvre, qui assurait la régence au nom de l'héritier mineur et s'était assuré l'appui du comte de Nantes. Mais l'héritier Conan II, parvenu à l'âge adulte, demande l'aide des seigneurs de la région de Rennes, écarte cet oncle abusif, prend le titre de duc et met en œuvre très vite une politique de présence active sur tout son territoire, jusqu'à la frontière normande. Au voisinage de celle-ci, il se heurtait au seigneur de Dol, Ruallon, qui était frère de l'archevêque. On voit encore aujourd'hui, non loin de la cathédrale, au cœur de la petite ville de Dol, un château qui a succédé à celui de Ruallon. Ce dernier, après s'être enfermé dans sa forteresse, manifestant ainsi sa rébellion contre son seigneur Conan II, fit appel à l'aide du duc de Normandie. Le Bâtard qui avait, semble-t-il, déjà pris le parti d'Eon de Penthièvre, entreprit de compléter la défense de sa frontière occidentale en élevant un château dans un méandre de la rivière Beuvron ; c'était vraisemblablement un ouvrage de terre et de charpente qui se trouvait ainsi protégé sur trois côtés par le cours d'eau. Il y avait déjà, dans le voisinage, depuis une vingtaine d'années, sous le vocable de Saint-Jacques, un prieuré dépendant de l'abbaye de Saint-Benoît-sur-Loire. De cette époque date aussi, peut-être, le long rempart de terre doublé d'un fossé, qui s'étend, sur près d'un kilomètre et demi, à partir de Beuvron en direction de l'ouest et marquait alors de manière linéaire, fait assez rare, la frontière entre Bretagne et Normandie.

L'initiative de la rupture fut prise par Conan II. Après s'être assuré l'assistance du comte d'Anjou Geoffroy le Barbu, il lança au Bâtard un défi en bonne et due forme, lui faisant connaître la date à laquelle il voulait l'attaquer. En fait, le duc Conan s'employait d'abord à réduire la révolte de son vassal Ruallon et l'assiégeait dans son château de Dol. C'est donc vers cet objectif que le Bâtard se dirigea, au jour fixé par l'adversaire. La Tapisserie de Bayeux montre un épisode de cette marche d'approche et les dangers d'enlisement courus par les Normands lorsqu'ils traversèrent l'estuaire du Couesnon. A leur approche, Conan s'enfuit de Dol ; fuite clandestine, peut-être, car la Tapisserie le montre se laissant glisser le long d'une corde fixée au sommet du rempart ; et Guillaume de Poitiers raconte que Ruallon, averti de cette dérobade, apostropha le fugitif : « Attends donc deux jours encore et tu n'auras plus qu'à négocier ta rançon ! » Que se passa-t-il ensuite ? Les sources contemporaines sont à cet égard déficientes. Selon la Tapisserie de Bayeux, les Normands se seraient d'abord avancés jusqu'à Rennes, sans toutefois y pénétrer, puis auraient gagné Dinan où Conan II se serait retiré ; assiégé dans le château de cette ville, il aurait capitulé ; une scène le montre tendant à Guillaume, au bout d'une lance, les clés de la place. Guillaume de Poitiers, lui, se montre très loquace mais imprécis, comme il arrive lorsqu'il devrait narrer des faits qui le gênent. Après que Conan eût quitté Dol, le Bâtard aurait hésité à le poursuivre « à travers des contrées vastes, faméliques, inconnues ». Les récoltes de l'année précédente étaient presque entièrement consommées ; la population méfiante avait caché ce qui pouvait en rester, ainsi que les troupeaux. La moisson de l'année n'était pas encore mûre ; mieux valait donc se retirer que de susciter des troubles en cherchant à tout prix à vivre sur l'habitant. Or, tandis qu'il rentrait en Normandie, le duc Guillaume apprit que le comte d'Anjou était arrivé en Bretagne avec une forte armée et faisait sa jonction avec celle de Conan II; désireux d'écraser dans un seul et même combat ces deux ennemis, il tourna bride et revint en Bretagne. Il campait près de Dol lorsque Ruallon vint à lui, le suppliant de mettre fin à cette campagne, pour ne pas achever de ruiner un pays déjà bien pauvre; peu importerait aux paysans que les fruits de leur travail annuel fussent détruits par des Normands ou par des Bretons. A cela, le Bâtard objecta que son départ précipité pourrait être regardé comme une fuite; et il proposa de rembourser en or les moindres dégâts dont pourraient être responsables ses soldats. On ne sait combien de jours il demeura dans le pays de Dol, attendant une attaque ennemie; lui-même ne chercha pas à prendre l'offensive, et rentra bientôt en Normandie; c'est, du moins, la version, visiblement embarrassée, que donne de ces événements Guillaume de Poitiers, soucieux de ne pas avouer, dans son panégyrique, le bilan négatif de cette expédition de Bretagne. De l'échec subi, il venge les Normands en donnant de la Bretagne un tableau outrancièrement malveillant. Si ce pays est « rempli de guerriers », c'est qu'un seul chevalier y donne naissance à cinquante autres parce qu'ils ont, comme les barbares, au moins dix épouses; on peut, à cet égard, les comparer aux musulmans, ignorants de la loi divine. Si les Bretons sont pauvres, c'est parce qu'ils ne pensent qu'à la guerre, négligeant l'agriculture; leurs campagnes laissées à l'abandon ne permettent qu'une économie pastorale. Quand ils ne guerroient pas contre des étrangers, ils se déchirent entre eux et se livrent au pillage. On peut cependant leur reconnaître une grande bravoure et un rare acharnement dans les combats. Est-ce cette pugnacité des Bretons qui inspira au Bâtard une circonspection qui n'était guère dans son tempérament? On peut aussi se demander si Guillaume de Poitiers, dans sa diatribe, est l'écho fidèle d'une opinion largement répandue en Normandie.

Tout bien pesé, même si l'expédition de 1064 n'avait pas

été, militairement parlant, un succès, elle se solda, du point de vue politique, à l'avantage des Normands. Tout d'abord, la frontière de l'ouest ne devait plus être, à court ou moyen terme, menacée par les Bretons. D'autre part, dans la querelle qui opposait entre eux Eon de Penthièvre et le duc Conan II, le Bâtard avait fait le bon choix. Certes, Ruallon de Dol paya d'une peine d'exil son alliance avec les Normands ; mais Conan ne devait pas tarder à se brouiller avec le comte d'Anjou. Alors qu'il assiégeait la forteresse de Château-Gontier appartenant à celui-ci, il fut victime de la trahison de son propre chambrier, qu'il avait naguère envoyé en mission auprès du duc Guillaume, et qui avait peut-être épousé secrètement la cause de celui-ci. Ce serviteur infidèle enduisit de poison la corne de chasse de son maître, le dos de son cheval et ses gants. Conan, ayant porté à sa bouche sa main gantée, ne tarda pas à succomber ; et le chambrier s'en fut porter en Normandie la bonne nouvelle et y chercher refuge. Vrai ou faux ? L'histoire est racontée par Orderic Vital, selon qui ce meurtre par le poison — un de plus — aurait été imputé à Guillaume par le groupe de seigneurs normands révoltés contre lui en Angleterre, en 1074-1075. Conan II disparu, son compétiteur Eon de Penthièvre l'emportait enfin ; il se souvint de l'aide que lui avait apportée le duc de Normandie ; plusieurs membres de sa famille devaient prendre part à la Conquête, en 1066.

DEUXIÈME PARTIE

Le Conquérant

L'ANGLETERRE NORMANDE

Le problème anglais

Le Danois Cnut avait constitué ce que l'on a nommé l'Empire danois, rassemblant sous une même couronne une bonne partie de l' « espace viking » du nord-ouest de l'Europe, de la Norvège à l'Angleterre. Cette puissance aurait-elle pu, si elle avait duré, rétablir une certaine prépondérance de l'Europe du nord alors que l'attirance du continent se faisait de plus en plus forte et qu'en particulier l'acculturation de la Normandie au royaume franc commençait à la détacher de cet espace nordique ? A cet égard, les dernières années du règne de Cnut et le démantèlement de son éphémère empire sont un moment cardinal dans l'histoire de l'Europe septentrionale et occidentale.

Cnut, bien que baptisé, conservait, comme beaucoup de ses compatriotes danois à cette époque encore, la pratique du mariage *more danico*. Il avait épousé selon le rite chrétien la normande Emma, sœur du duc Richard II et veuve du roi d'Angleterre Ethelred II ; puis il avait pris pour *frilla* Aelfgifu qui appartenait à une noble famille de Mercie. En Angleterre donc, comme en Normandie à la même époque, l'aristocratie autochtone et chrétienne ne dédaignait pas de se plier à cette pratique lorsque le partenaire nordique était de haut rang. De son union avec

Emma, Cnut avait un fils Harthacnut ; Aelfgifu lui en avait donné deux, Sven et Harold. Elle avait été chargée de gouverner la partie de la Norvège annexée au Danemark. Lorsque des Norvégiens conduits par leur prince Olaf tentèrent de chasser les Danois, ils furent vaincus à Stiklestad (1030) ; Olaf y trouva la mort, ce qui lui valut d'être considéré comme martyr et d'être canonisé par la *vox populi.* Mais moins de cinq ans plus tard, la domination danoise en Norvège prenait fin.

En 1035, Cnut mourait en Angleterre, presque à la même date où Robert le Magnifique rendait à Nicée le dernier soupir. Harthacnut se trouvait alors au Danemark ; il y fut reconnu sans difficulté comme héritier de la couronne royale. La volonté de son père était, sans aucun doute, qu'il lui succédât aussi sur le trône d'Angleterre. Mais, comme il arrivait souvent dans les sociétés où le mariage *more danico* était en usage, une très dure rivalité opposait l'épouse à la *frilla,* surtout lorsque celle-ci était de condition sociale élevée ou prenait un certain ascendant sur son illustre concubin. Du vivant même de Cnut, nombre d'incidents, parfois graves, n'eurent d'autre cause que la haine vouée par Emma à Aelfgifu ; c'est Emma, sans guère de doute, qui est à l'origine de la rumeur, alors fort répandue, selon laquelle Sven et Harold n'auraient pas été engendrés par Cnut.

Or, à la mort de celui-ci, Harthacnut, le fils d'Emma était loin de l'Angleterre et, curieux aveuglement, ne paraissait pas préoccupé d'y venir au plus vite ; sans doute faisait-il confiance à la maîtresse femme qu'était sa mère. D'ailleurs Emma possédait un atout de premier ordre : la trésorerie royale de Winchester. En revanche, sa rivale, la *frilla* Aelfgifu avait sur elle l'avantage d'être anglo-saxonne de naissance ; et l'aristocratie du royaume avait aussi son mot à dire.

Lors de la conquête danoise de 1013, les anciens royaumes anglo-saxons, nés de l'établissement de groupes ethniques, n'étaient plus que des provinces relevant du roi d'Angleterre et administrées par un *ealdorman* issu d'un des lignages de l'aristocratie autochtone. Or, sous le règne de Cnut, le titre anglo-saxon d'*ealdorman* avait été peu à peu remplacé par celui d'*earl,* dérivé du scandinave *eorl,* et ce changement de vocabulaire traduisait une mutation survenue dans le caractère politique de la fonction : l'*ealdorman* était encore, dans une assez large mesure, le porte-parole du peuple qu'il avait charge d'administrer et dont il était issu ; l'earl est avant tout un agent royal envoyé pour gouverner une région dont il n'est pas nécessairement originaire ; il est assez fréquemment présent auprès du roi et souscrit alors les actes émis par celui-ci ; dans les chartes rédigées en latin, il porte le titre de *dux.* Cnut avait, au long de son règne, confié cette charge à d'assez nombreux Danois ; puis le nombre de ceux-ci alla diminuant. Après 1030, un seul était encore en fonctions, Siward, earl de Northumbrie, mais ce Danois avait épousé une petite-fille de l'earl anglo-saxon qui l'avait précédé dans le gouvernement de la Northumbrie. Sa mission était particulièrement lourde : il était chargé de garder la frontière septentrionale du royaume, limitrophe de l'Ecosse, sans cesse menacée par les habitants de ce pays voisin. Cnut avait dû lui-même commander une expédition contre le roi écossais Malcolm, sans guère de succès, d'ailleurs ; mais Siward, lui, par des contre-attaques répétées, avait, en fin de compte, découragé ces voisins agressifs ; il avait pu, d'autre part, agrandir vers l'ouest le territoire de la Northumbrie, au détriment des Ecossais installés depuis une centaine d'années dans le Cumberland.

Vers la fin du règne de Cnut, deux autres personnages occupaient dans le royaume et près du roi une position éminente : Leofric, earl de Mercie et Godwine, earl de Wessex. Leofric appartenait à l'un des principaux lignages aristocratiques de la Mercie ; son père Leofwine avait été *ealdorman ;* lui-même avait reçu de Cnut la charge d'administrer la Mercie. Quant à Godwine, ses origines sont assez obscures ; sa famille avait été installée, semble-t-il, dans le Sussex, mais n'y avait pas occupé un rang bien notable. Lui aussi, comme Leofric, devait à Cnut la charge d'earl de Wessex ; il avait épousé la danoise Gytha, sœur d'un beau-frère du roi et avait dès lors pris rang parmi les familiers de la Cour.

Durant les dernières années du règne de Cnut, les Danois se font de plus en plus rares dans le cercle des conseillers qui entourent le roi. Ce cercle est alors dominé par les personnalités de Leofric de Mercie et de Godwine de Wessex ; l'earl de Northumbrie Siward, qui est un homme de guerre bien plus qu'un politique, n'y occupe qu'une place secondaire ; il fallait, d'autre part, compter avec l'archevêque de Cantorbéry puisqu'il avait le privilège de donner au nouveau roi l'onction qui lui conférait la légitimité.

Tels sont les personnages qui, à la mort de Cnut (1035), eurent à résoudre, avec la famille du roi défunt, le problème de la succession ; très vite apparurent parmi eux deux tendances dont le mobile essentiel était le vieil antagonisme du nord et du sud de l'Angleterre. Emma et l'earl Godwine se prononcèrent en faveur de Harthacnut, bien qu'il fût absent. Leofric préconisait la mise en place d'une régence jusqu'au retour de Harthacnut ; la charge en aurait été confiée à Harold, fils de Cnut et d'Aelfgifu. Cette solution d'attente fut acceptée par tous au cours d'un conseil tenu à Oxford dans les premières semaines de 1036 ; dans un souci d'équilibre entre les parties en cause, il fut décidé qu'Emma conserverait à Winchester la garde du Trésor royal et qu'elle y serait protégée par un détachement de *housecarles;* on appelait ainsi une force militaire permanente placée au service du roi ; le roi Cnut l'avait créée à l'imitation des *huskarlar* scandinaves, guerriers professionnels dont l'arme favorite et redoutable était une puissante hache, au manche très long, qu'ils tenaient à deux mains. Ce compromis ne fut pas longtemps respecté ; quelques semaines après la réunion d'Oxford,

Harold fit enlever par la force à Winchester l'argent et les objets précieux laissés par Cnut. Puis Aelfgifu réunissait en une véritable ligue tous les partisans de Harold qui s'engagèrent par serment à servir la cause de celui-ci. En 1037, Harold était élu roi par une nette majorité de l'aristocratie anglaise, tandis qu'Emma quittait l'Angleterre et cherchait refuge dans le comté de Flandre. Godwine lui-même avait abandonné son parti et s'était rallié à Harold. Mais l'année précédente, un drame avait ensanglanté l'Angleterre, dans lequel l'earl de Wessex et Emma s'étaient conduits avec une extrême duplicité. Emma, n'espérant plus la venue prochaine de Harthacnut et inquiète des progrès du parti de sa rivale Aelfgifu, avait eu l'idée d'appeler en Angleterre Alfred, le fils qu'elle avait eu de son mariage avec Aethelred II et qui vivait en exil en Normandie. Le jeune prince, mal informé sans doute de ce qui se passait outre-Manche, eut l'imprudence de répondre à cette invitation. Il fut arrêté par les hommes de Godwine ; la plupart des compagnons armés qu'il avait amenés avec lui furent mis à mort. Alfred lui-même, enlevé à la garde de Godwine par des marins londoniens, dont la corporation soutenait le clan de Leofric, fut cruellement mutilé et enfermé au monastère d'Ely où il ne tarda pas à mourir. Godwine, même s'il n'avait pas prêté la main à ce crime, en fut tenu pour responsable car, de toute évidence, il l'avait au moins laissé commettre sans intervenir. On notera que, dans cette conjoncture assez trouble, l'épiscopat anglo-saxon ne fit aucune difficulté pour reconnaître comme roi le bâtard Harold, fils de la *frilla* Aelfgifu ; lorsque fut jugé le procès du meurtre d'Alfred, un seul des accusés fut condamné, un comparse : or, c'était l'évêque de Worcester.

Dès avant la mort prématurée du jeune roi Harold Ier (17 mars 1040), Harthacnut avait enfin quitté le Danemark, mais ne s'était pas pressé de gagner l'Angleterre ; il avait rejoint en Flandre sa mère Emma et, peut-être, reçu d'elle des conseils de prudence. Sans aucun doute, Harold avait-il alors son royaume bien en main, grâce à la très active coopération de sa mère Aelfgifu ; mais il était déjà gravement malade, ce qui expliquerait que Harthacnut ait patiemment attendu la vacance du trône. L'aversion que nourrissait à l'encontre d'Emma la majeure partie des Anglais l'incitait à la prudence ; lorsqu'enfin il se résolut à passer en Angleterre, trois mois après la mort de Harold, ce fut sous la protection d'une soixantaine de navires armés que lui avait fournis le comte de Flandre. Pourtant, son accession au trône semble n'avoir rencontré aucune opposition notable, d'autant moins qu'Emma ne l'avait pas accompagné. Il prit même, d'entrée de jeu, des initiatives qui pouvaient passer pour des bravades à l'égard d'Aelfgifu et de son parti ; c'est alors que fut jugée l'affaire du meurtre d'Alfred et que fut ignominieusement exhumé le corps du défunt roi Harold Ier. Godwine, lui, s'en tira en affirmant solennellement, avec la caution de douze co-jureurs choisis, selon l'usage, parmi ses fidèles, qu'il n'avait eu directement ni indirectement aucune part dans la mutilation d'Alfred ; s'il avait arrêté celui-ci, c'était, déclara-t-il, sur l'ordre de Harold. Mais, d'autre part, il fit présent au roi d'un navire de guerre armé de quatre-vingts hommes d'armes. Comment expliquer pareil don, sinon comme une sorte de *wergeld,* compensation due à un lignage pour le meurtre d'un de ses membres ? Une source, certes suspecte de partialité en faveur d'Emma, l'*Encomium reginae Emmae,* affirme que Godwine avait été chargé de conduire Alfred à sa mère, qu'il l'avait d'abord installé à Guildford, lui avait témoigné beaucoup d'égards, et lui avait prêté un serment de fidélité. Ce seraient des hommes du roi Harold qui, de nuit, auraient enlevé le prince. En fait, la plupart des hommes composant le Conseil royal qui jugea Godwine se sentaient sans doute plus ou moins complices du crime commis. Mais, pour la famille d'Emma et notamment pour son fils Edouard, frère de la victime, qui vivait exilé en Normandie, le coupable était bien l'earl de Wessex.

EDOUARD LE CONFESSEUR

Or, dès 1041, Harthacnut invite Edouard à rentrer en Angleterre ; il lui promet de l'accueillir parmi ses conseillers et, peut-être, le désigne déjà pour son successeur, alors que lui-même, âgé seulement d'environ 25 ans, pouvait fort bien nourrir l'espoir d'engendrer un héritier.

En fait, il meurt un an plus tard très soudainement, le 8 juin 1042, tandis qu'il assistait au banquet de mariage d'un ancien compagnon d'armes de son père. « Alors qu'il s'était levé de son siège pour boire, il tomba soudainement au sol et fut pris d'horribles convulsions ; ceux qui étaient près de lui vinrent à son aide, mais il ne prononça pas un seul mot ; il mourut le 8 juin » (*Chronique anglo-saxonne,* versions C et D). Il n'y a, cette fois, guère de compétition possible autour du trône d'Angleterre ; et d'ailleurs un puissant mouvement d'opinion semble bien avoir souhaité le retour au pouvoir de l'ancienne dynastie autochtone qui avait été détrônée par le Danois Sven en 1013. La *Chronique anglo-saxonne,* dans ses diverses versions, fait grand cas de cette pression populaire ; c'est plus tard seulement que quelques écrivains ont prêté à Godwine un rôle déterminant dans le choix du successeur de Harthacnut. Il n'est pas douteux qu'en préconisant le choix d'un descendant de l'ancienne famille royale, le peuple pensait à Edouard, fils d'Aethelred II et d'Emma ; mais, d'un premier mariage, Aethelred avait eu un fils, Edmond, surnommé Ironside, qui avait été, en 1015-1016, le héros de la résistance anglo-saxonne au pouvoir naissant de Cnut ; il était mort en 1016 et ses enfants, pour échapper à la vengeance du Danois, avaient dû chercher asile en Hongrie ; les années passant, et Cnut ayant réussi à pacifier l'Angleterre, ces jeunes princes avaient perdu toute attache avec leur pays d'origine, dont ils ne parlaient même plus la langue. Rien d'étonnant, donc, à ce qu'en 1042 on n'ait plus pensé à eux. Avant même les funérailles de Harthacnut, Edouard, fils d'Emma, était élu roi par acclamations du peuple londonien, vite ratifiées par le Conseil. Ce choix mettait fin à l'union dynastique de l'Angleterre et du Danemark ; en vertu de l'accord de succession mutuelle naguère passé entre Harthacnut et Magnus de Norvège, ce dernier envahit le Danemark ; mais il ne put venir à bout de la résistance dirigée par Sven Estrithson ; toutefois, lorsque celui-ci fit appel à l'Angleterre, ce fut en vain ; une page était tournée, du moins aux yeux des Anglais, dans l'histoire de ce qui avait été l'espace viking ; tout autre était le point de vue du roi de Norvège Magnus ; pour lui, l'accord de succession mutuelle accepté par Harthacnut concernait aussi le royaume d'Angleterre ; il préparait une expédition pour le conquérir lorsqu'il mourut en 1047, léguant à son fils sa couronne et ses obstinées prétentions ; ainsi le péril norvégien demeure-t-il l'un des facteurs dont la politique anglaise devra bon gré, mal gré, tenir compte.

S'il fallait en croire Guillaume de Poitiers, le Bâtard aurait joué un rôle déterminant dans l'élection d'Edouard ; il aurait envoyé en Angleterre des messagers pour faire pression sur les électeurs, et ceux-ci les auraient écoutés « de crainte que le prince des Normands ne vînt lui-même avec une armée pour les contraindre, car la rumeur publique leur avait appris ce dont il était capable à la guerre ». Or, en 1042, Guillaume le Bâtard est dans sa quinzième année. Il n'a encore eu l'occasion, ni sans doute la possibilité, de s'illustrer sur un champ de bataille ni de concevoir aucune entreprise militaire.

Des jugements fort discordants ont été formulés sur la personnalité du roi Edouard ; mais, parmi ces contemporains, nul ne conteste sa simplicité avenante, son souci de justice, sa rectitude morale, sa bonté naturelle dont on voit volontiers la source dans une foi et une piété jugées exemplaires ; le surnom de « Confesseur » qui lui a été donné équivaut à une canonisation par la *vox populi;* peut-être même fut-il l'objet d'un culte populaire dès avant sa mort.

Durant son exil en Normandie, il avait été très proche de la Cour ducale ; son nom figure parmi les souscripteurs de plusieurs chartes de Robert le Magnifique et de Guillaume le Bâtard ; à deux reprises, il s'y intitule roi. Toutefois, il ne semble pas avoir pris une part notable aux activités de guerre privée qui tiennent tant de place dans la Normandie d'alors. Résidant souvent à Rouen, il a pu y satisfaire le goût qui le portait vers l'étude et les pratiques de piété. Il quitte la Normandie à l'époque même où le Bâtard commence à prendre personnellement en main le pouvoir.

On ne sait s'il était informé de la situation intérieure de l'Angleterre ; à vrai dire, on ignore même la date exacte — 1041 ou 1042 ? — à laquelle il répondit à l'invitation de Harthacnut. Il amenait avec lui quelques-uns des compagnons dont il s'était entouré en Normandie ; mais ce ne fut pas l'invasion dont parlent certains historiens, ni même l'escorte armée dont fait mention Guillaume de Poitiers. Le plus notable de ces nouveaux venus était Raoul, surnommé « le Timide », fils du comte de Vexin ; il avait épousé une sœur d'Edouard ; celui-ci le nomma earl de Herefordshire ; c'est alors seulement qu'un groupe de Normands nouvellement immigrés s'établit avec lui dans cette région. D'autres arrivèrent au cours des années suivantes et furent chargés par le roi de construire des châteaux pour protéger la frontière du pays de Galles avec lequel l'Angleterre était alors en état d'hostilités, tantôt larvées, tantôt aiguës ; il est probable qu'Edouard avait fait appel à ces hommes parce que les Anglo-Saxons ne connaissaient pas encore, à cette date, les techniques de construction et d'utilisation des fortifications de terre et de charpente, déjà fort communes en Normandie. De quelques-uns de ces châteaux demeurent aujourd'hui d'importants vestiges, qui ont fait l'objet de fouilles récentes : notamment Richard's Castle, près de Hereford, et Ewias Harold qui commandait l'entrée d'une vallée de primordiale importance stratégique. Tous ces sites se trouvaient dans un territoire administré par Godwine, earl de Wessex ; ils ne purent être fortifiés qu'avec son accord. Sans aucun doute, pendant les premières années de son règne, Edouard gouverne sous l'emprise de Godwine qui est alors l'earl le plus puissant du royaume. En 1043, il marche en armes, avec Leofric et Siward, sur Winchester où Emma était revenue en 1040 ; arrivé à l'improviste il se saisit du Trésor royal dont elle avait la garde ; des bruits couraient alors selon lesquels la veuve du Cnut aurait secrètement soutenu le projet d'invasion de l'Angleterre, formé par Magnus de Norvège, et qu'elle aurait même donné à celui-ci de très grosses sommes d'argent. On savait que le roi de Norvège avait rassemblé une énorme flotte et aspirait à conquérir le royaume dont le trône venait d'être donné à Edouard ; cette expédition aurait certainement eu lieu si, à ce moment, le roi de Danemark Sven Estrithson n'avait menacé d'envahir la Norvège. Magnus mourut brusquement en octobre 1047 ; il eut pour successeur son oncle, Harald Hardrada, demi-frère d'Olaf le Saint, qui avait fait carrière dans la garde varengienne de l'empereur byzantin et venait de rentrer au pays.

En 1045, Edouard épousait Edith, fille de Godwine ; au cours des cinq années suivantes, le pouvoir de l'earl de Wessex ne cesse de croître. Ses deux fils, Sven et Harold obtiennent du roi la charge d'earl, l'un dans l'ouest, l'autre dans l'est du royaume ; pourtant, Sven s'était rendu coupable, quelques années auparavant, de trahison caractérisée. Pareille fortune ne pouvait manquer de susciter inquiétudes et jalousies, particulièrement chez les earls du nord de l'Angleterre, Leofric et Siward. D'autre part, le roi Edouard lui-même, après avoir favorisé, à son corps défendant, l'ascension de Godwine, se sentait menacé ; comment n'aurait-il pas cherché appui auprès des Normands immigrés ? Dès 1044, le moine bénédictin Robert Champart, ancien abbé de Jumièges, avait été fait évêque de Londres ; en 1049, un autre normand, Ulf, reçoit l'évêché de Dorchester ; en 1051, Robert est transféré de l'évêché de Londres à l'archevêché de Cantorbéry ; il est remplacé à Londres, après un bref intervalle, par un clerc normand nommé Guillaume.

LA CRISE DE 1051

La rupture entre le roi, d'une part, Godwine et les siens, d'autre part, éclata au grand jour en 1051. Dès le début de l'année, la promotion de Robert Champart au siège métropolitain de Cantorbéry avait brusquement accru la tension déjà latente des relations d'Edouard avec l'earl de Wessex ; celui-ci avait, en effet, présenté un candidat à l'archevêché de Cantorbéry, un moine qui lui était tout dévoué. Cantorbéry se trouvait dans l'earldom de Wessex, dont Godwine était le chef ; il tenait beaucoup à consolider son autorité dans le Kent, dont les ports contrôlaient l'essentiel du trafic avec la Flandre ; depuis des années, il s'ingéniait à développer des relations étroites avec le comte Baudouin V, ce qui ne pouvait, d'ailleurs, qu'inquiéter le roi d'Angleterre. Ne disait-on pas que celui-ci, pour contrecarrer les visées de Godwine, envisageait de confier le port de Douvres à son beau-frère Eustache de Boulogne ? Or, c'est précisément à Douvres, et du fait d'Eustache que se produit, au cours de l'été, un grave incident. Qu'il ait paru tel aux contemporains, on n'en peut douter, à voir la longueur du récit qu'en font les diverses versions de la *Chronique anglo-saxonne*. Voici comment le rapporte la version E, qui était, à l'époque des événements, rédigée an par an à l'abbaye Saint-Augustin de Cantorbéry et montre une tendance assez favorable à Godwine. A l'été de 1051, donc, Eustache de Boulogne, qui avait épousé Goda, sœur du roi Edouard, vint faire visite à celui-ci, lui exposa certaines demandes, puis se mit en route pour rentrer chez lui en Flandre ; après une halte à Cantorbéry, lui et ses compagnons se dirigèrent vers

Douvres. Avant d'arriver à cette ville, ils revêtirent une armure légère. En entrant à Douvres, chacun d'eux manifesta l'intention de choisir le logement qui lui conviendrait, et l'un d'eux prétendit être hébergé chez un habitant qui refusa de le recevoir ; alors le compagnon d'Eustache frappa et blessa cet homme, lequel, ripostant aussitôt, tua son adversaire. Eustache et ses amis, prévenus de l'incident, accoururent et tuèrent le meurtrier ; ce fut le signal d'une bataille au cours de laquelle tombèrent plus de vingt bourgeois de Douvres, tandis qu'Eustache perdait dix-neuf tués, sans compter un grand nombre de blessés. Le comte de Boulogne dut prendre la fuite avec les rares rescapés de sa compagnie, et vint relater au roi ce qui s'était passé. Edouard, sur la foi de ce seul rapport, convoqua Godwine, puisque Douvres se trouvait dans son earldom, et le mit en demeure de punir les habitants de cette ville, auxquels il imputait la plus grande part de responsabilité dans la tuerie. Mais l'earl de Wessex refusa, déclarant qu'il ne pouvait sévir contre sa propre province. Le roi convoqua donc son Conseil pour juger l'affaire ; la réunion devait avoir lieu à Gloucester au début de septembre. « Or, les étrangers (c'est-à-dire les Normands) avaient construit un château à Hereford et infligé toutes sortes d'injustices et de mauvais traitements aux hommes du roi dans cette région. C'est pourquoi l'earl Godwine et ses fils Sven et Harold, accompagnés d'une nombreuse compagnie, vinrent dans la région de Gloucester pour rencontrer leur royal seigneur et ses conseillers, dans l'espoir de recueillir leur avis et d'obtenir leur aide en faveur des hommes molestés par les étrangers. » Mais les Normands devancèrent leur démarche et persuadèrent Edouard des mauvaises intentions nourries contre lui par Godwine et les siens. Le grief fait aux « étrangers » d'avoir construit un château et, de ce fait, molesté les populations voisines, mérite une mention particulière. Le château dont il s'agit est Ewias Harold, une motte castrale faite de terre et de charpente ; pour élever un ouvrage de ce genre, en Normandie, les seigneurs de moyenne ou modeste condition n'hésitaient pas à requérir la main-d'œuvre de leurs tenanciers et, quand elle n'y suffisait pas, celle des seigneuries ecclésiastiques du voisinage. Dans le duché du Bâtard, cette pratique n'allait pas sans soulever des protestations, surtout de la part des abbayes dont les tenanciers étaient indûment contraints par le constructeur du château. Mais, en Angleterre, cette pratique était proprement inouïe ; même après la Conquête normande, lorsque le sol de l'Angleterre se hérissa de telles fortifications, les Anglo-Saxons ne s'accoutumèrent pas aux nuisances qui en accompagnaient l'édification, ni au renfort qu'elles apportaient éventuellement à l'oppression seigneuriale. La sévère oraison funèbre que la *Chronique anglo-saxonne* consacrera à Guillaume, en 1087, commence par ces mots : « Il a construit des châteaux et durement opprimé le pauvre peuple. »

En 1051, pour la première fois depuis l'avènement d'Edouard, la présence et l'influence jugées excessives des Normands qui l'avaient accompagné en 1042 ou rejoint dans les années suivantes, se trouvaient explicitement alléguées. Le roi comprit que l'épreuve de force était dès lors inévitable ; il requit l'aide des earls Leofric et Siward, qui lui amenèrent de forts contingents d'hommes du Nord. Pourtant, la guerre civile fut évitée ; le Conseil royal parvint à faire accepter par les deux parties un engagement de paix (« une paix de Dieu », dit la *Chronique*) ; une nouvelle réunion devait avoir lieu à Londres le 24 septembre pour juger l'affaire au fond ; mais d'ores et déjà, Sven, fils de Godwine, était dépossédé de son earldom et condamné à l'exil : à la différence de son père et de son frère, il venait, en effet, de se révolter pour la seconde fois, après avoir bénéficié d'une mesure d'indulgence. Godwine accepta de se rendre à Londres, à condition qu'on lui donnât un sauf-conduit et des otages ; ainsi serait-il assuré de pouvoir aller au Conseil ou s'en retirer sans craindre d'être arrêté. Cette demande fut rejetée par

Edouard, qui réitéra sa convocation et précisa qu'aucun membre du Conseil ne devrait être accompagné de plus de douze hommes. Godwine répondit qu'il préférait, dans ces conditions, quitter le pays et demanda un sauf-conduit de cinq jours ; il s'embarqua, accompagné de sa femme, de ses fils Sven, Tosti et Gyrth, à Bosham, près de Chichester ; il possédait là un manoir, qui sera représenté dans la Tapisserie de Bayeux ; la famille devait trouver asile en Flandre ; ils passèrent l'hiver à Bruges, sous la protection de Baudouin V de Flandre, dont Judith, femme de Tosti, était parente. Quant à Harold, il gagna Bristol, en compagnie de son plus jeune frère Leofwine, et s'y embarqua pour l'Irlande.

Dès lors ne restait plus dans le royaume qu'un seul des enfants de Godwine, sa fille Edith, femme du roi. Essayat-elle de soutenir la cause des siens ? Ou simplement Edouard jugea-t-il le moment venu de se débarrasser d'une épouse qu'on lui avait imposée ? Dès avant la fin de 1051, il la priva de tous ses biens et la fit interner à l'abbaye de Wherwell, sous la garde de l'abbesse qui était sœur du roi.

LE BÂTARD HÉRITIER DÉSIGNÉ DU CONFESSEUR

Mais l'événement le plus lourd de conséquences, en cette année 1051, fut le choix fait par Edouard de celui qui devait lui succéder sur le trône d'Angleterre. Les historiens normands affirment que ce choix se porta sur Guillaume le Bâtard ; les sources anglaises sont, à cet égard, presque complètement muettes, mais on s'accorde assez généralement aujourd'hui à retenir le témoignage de Guillaume de Jumièges et de Guillaume de Poitiers. En 1051, le roi Edouard est âgé d'environ 48 ans ; il n'a pas d'enfant, n'a plus de femme puisqu'il a renvoyé Edith et n'entend certainement pas la remplacer : l'insigne piété du

Confesseur s'accommode parfaitement du célibat. La crise
que vient de traverser le royaume d'Angleterre lui a fait
sentir, d'autre part, la précarité de sa situation. Guillaume
le Bâtard est son propre neveu. Il en a, certes, un autre,
nommé Edouard, fils d'Edmond Ironside et petit-fils né
d'un premier mariage d'Aethelred II ; mais ce prince a
toujours vécu en Hongrie et nul, à cette date du moins, ne
pense à lui comme possible héritier du trône. La monarchie anglaise n'a pas alors de tradition successorale ; à trois
reprises, au cours du dernier demi-siècle, il a fallu mettre
sur le trône un prince qui n'était pas le plus proche parent
de son prédécesseur ; le choix a été fait par le *witenagemot,*
assemblée des notables ou des sages (*witan*) ; le pouvoir de
l'aristocratie s'est trouvé de la sorte renforcé. Il ne semble
pas que, cette fois, le Conseil des sages ait été consulté ; il
n'aurait guère pu l'être qu'au cours de la réunion tenue à
Londres le 24 septembre. On peut toutefois supposer que
les earls du nord, Leofric et Siward, étaient en principe
favorables à tout ce qui pouvait contrecarrer les ambitions
de Godwine. L'archevêque de Cantorbéry, Robert Champart, était certainement favorable au choix du Bâtard ;
peut-être même l'avait-il suggéré au roi. L'earl de Wessex
lui-même et sa famille n'avaient pas toujours été hostiles
aux Normands, du moins tant que ceux-ci ne se faisaient
pas trop encombrants en Angleterre. Ils avaient pris part à
la liesse qui avait accompagné le retour d'Edouard au pays
de ses ancêtres et son sacre dans la cathédrale de
Winchester le dimanche de Pâques 1043. Il est d'ailleurs
assez remarquable que, des trois versions aujourd'hui
conservées de la *Chronique anglo-saxonne,* une seule
mentionne les victoires remportées en Normandie par
Guillaume le Bâtard sur ses ennemis de l'intérieur et de
l'extérieur : c'est la version E, dont on sait qu'elle reflète
l'opinion godwiniste. Le fait est que, face au problème de
la succession au trône, la position prise par les earls, sinon
par le roi lui-même, variera au gré des événements et du
rapport changeant des forces. A cet égard, la croissance

rapide et continue de la puissance ducale en Normandie, aussi bien que l'appui souvent maladroit donné par Edouard aux ambitions des Normands immigrés en Angleterre, sont à prendre en compte.

A vrai dire, on ne sait pas à quelle date exacte ni dans quelles formes fut faite par le roi la désignation du Bâtard comme héritier. Précéda-t-elle ou suivit-elle la rupture avec Godwine ? Elle n'a pas la même signification politique dans l'un ou dans l'autre cas. Selon Guillaume de Jumièges, c'est l'archevêque de Cantorbéry, Robert Champart qui, se rendant à Rome pour y recevoir le *pallium,* aurait été chargé par Edouard de faire halte en Normandie et d'y communiquer au duc sa décision. Or, la date du voyage de l'archevêque est connue grâce à la *Chronique anglo-saxonne :* il eut lieu pendant le Carême ; Robert était de retour le 29 juin. Guillaume de Poitiers ajoute qu'Edouard choisit le Bâtard pour héritier « avec l'assentiment des grands du royaume d'Angleterre » ; l'archevêque de Cantorbéry aurait été chargé d'en informer l'intéressé et lui aurait amené deux otages, en caution de l'engagement pris, à savoir un fils et un petit-fils de Godwine. On sait, de fait, que Wulfnoth, fils de l'earl de Wessex et son petit-fils Hakon furent retenus ou détenus en Normandie durant des années à partir d'environ 1051.

Aucune source anglaise ne donne ces précisions ; mais la version D de la *Chronique anglo-saxonne* rapporte qu'en cette même année 1051, le duc de Normandie en personne aurait rendu visite au roi Edouard, en Angleterre, accompagné d'une « grande force de Français » (à cette époque, les Anglais nomment souvent « Français » tous les habitants du royaume de France). Sur la foi de ce témoignage unique, que ne confirme aucune source normande de l'époque, la plupart des historiens d'aujourd'hui admettent que le Bâtard fit bien ce voyage. Il ne pouvait, dès lors, guère avoir eu lieu qu'entre la disgrâce de Godwine et la fin de l'année 1051, c'est-à-dire dans le dernier trimestre de celle-ci. Le duc Guillaume était-il, à ce moment, en mesure de quitter la Normandie pour se rendre en Angleterre ? Ce n'est pas sûr, encore que nous ne soyons pas en mesure de dater exactement ses faits et gestes en cette période de sa vie. Il serait, en tout cas, surprenant, si le Bâtard avait reçu de la bouche même d'Edouard la promesse de sa succession, que mention n'en soit faite ni par Guillaume de Jumièges, ni surtout par Guillaume de Poitiers ; celui-ci, en effet, ne passe sous silence aucun des faits ou des arguments de nature à prouver le droit héréditaire de son héros à la couronne d'Angleterre. Mais, en revanche, il paraît difficile de rejeter sans autre forme de procès l'assertion de la *Chronique anglo-saxonne ;* la version D fut, pour cette période, rédigée dans un milieu où prévalait l'influence d'Ealdred, évêque de Worcester, et peut-être dans cette ville même ; le rédacteur est très attentif aux événements politiques du temps et, concernant les rapports de Godwine avec le roi, assez impartial. Ealdred devait occuper, peu après, le siège métropolitain d'York, devenant ainsi le second personnage de l'Eglise d'Angleterre, et jouer un rôle de premier plan dans l'histoire politique des deux décennies suivantes.

Quoi qu'il en soit des voies et moyens employés, il est établi qu'au cours de l'année 1051 Edouard fit savoir au duc de Normandie qu'il le désignait comme héritier de son trône. Dès lors, plus aucune ambiguïté, ni aucun atermoiement dans la politique du roi d'Angleterre : à l'extérieur du royaume comme à l'intérieur, il s'en remet à ses amis normands.

Une autre principauté du royaume de France ne pouvait demeurer à l'écart de ces événements, ne fût-ce qu'en raison de sa situation géographique : le comté de Flandre. Dès avant 1050, toutefois, l'attention du comte Baudouin V était tournée vers la partie orientale de son Etat, qui se trouvait dans la mouvance de l'Empire germanique ; on sait qu'il n'avait pas craint de soutenir les vassaux de l'empereur Henri III en lutte contre celui-ci, notamment le duc Godefroy de Lorraine ; il avait attaqué et incendié le palais impérial de Nimègue. Il se trouva pourtant impliqué aussi dans les affaires d'Angleterre. En 1049, à la demande de l'empereur, et sans doute aussi du pape Léon IX, Edouard le Confesseur avait levé une flotte pour bloquer les côtes de Flandre en vue d'empêcher Baudouin V de fuir par mer alors qu'il était attaqué par terre, sur sa frontière orientale. C'est sans doute en raison de cet acte d'hostilité que, dès lors et pendant plusieurs années, le comte de Flandre se rapproche de Godwine. En 1050 ou 1051, un fils de celui-ci, le remuant Tosti, épouse Judith, demi-sœur de Baudouin V ; et c'est en Flandre qu'à l'automne de 1051, Godwine se réfugia avec sa famille. Dans le même temps, le roi Edouard cherchait des appuis sur le continent ; c'est ainsi que sa sœur Goda épouse en 1050 le comte Eustache de Boulogne, vassal indiscipliné du comte de Flandre. Quelques mois plus tard survenait l'incident de Douvres au cours duquel les hommes d'Eustache et des sujets de Godwine s'entre-tuèrent, et l'on sait que le roi d'Angleterre prit, dans cette affaire, le parti du comte de Boulogne. En épousant, la même année, Mathilde de Flandre, Guillaume le Bâtard devenait un médiateur possible entre son parent Edouard et son beau-père Baudouin V. Sa désignation comme héritier du trône d'Angleterre lui donnait, en vue d'une telle mission, un surcroît d'autorité ; mais il ne semble pas qu'il en ait usé de manière très active, au moins dans un premier temps, accaparé qu'il était, dans son propre duché, par bien d'autres difficultés.

En quittant l'Angleterre pour Bruges, Godwine n'était certainement pas résigné à l'exil définitif. Il est même vraisemblable que si son fils Harold et lui partirent dans deux directions différentes, l'un pour la Flandre, l'autre pour l'Irlande, c'était dans l'intention de prendre un jour leur revanche et de lancer contre l'Angleterre deux attaques conjuguées de l'ouest et du sud-est. Puisqu'ils n'avaient pas obtenu, à l'été de 1051, le soutien des *thegns*

— cette aristocratie de propriétaires fonciers — dans leur révolte contre le roi, ils envisageaient maintenant d'affronter celui-ci avec des marins mercenaires ; ils se mirent donc en devoir de rassembler deux grandes flottes, l'une sur les côtes flamandes, l'autre dans la mer d'Irlande. Or, en quelques mois, l'outrance et les maladresses de la politique pro-normande menée par Edouard firent basculer l'opinion publique dans son royaume ; les mêmes hommes qui avaient approuvé, au moins tacitement, l'élimination de Godwine et des siens en vinrent à le considérer comme le meilleur rempart contre l'envahissement des Normands dans toutes les structures du royaume. Certains de ces immigrés avaient reçu une charge de *sheriff ;* ils étaient donc au contact de la population confiée à leur administration, alors qu'ils ignoraient tout, ou presque tout, du droit anglo-saxon, des us et coutumes des comtés. Mais Edouard lui-même, après vingt-six ans d'exil, parlait-il, ou même comprenait-il l'anglo-saxon ? Si tel n'était pas le cas, on s'expliquerait mieux, d'abord l'ascendant que prit sur lui, dans les premières années de son règne, l'earl Godwine, puis le besoin impérieux qu'il éprouva de s'entourer de Normands.

ECHEC AU ROI EDOUARD

Lorsqu'au mois de juin 1052, Godwine, parti de la côte flamande, toucha terre avec quelques navires seulement dans le Kent, il y fut bien accueilli ; une flotte envoyée contre lui par le roi fut dispersée par une tempête et Godwine put rentrer en Flandre sans avoir eu à combattre ; mais il avait acquis la certitude de trouver, dans les comtés qu'il avait naguère administrés, l'aide qui lui permettrait d'affronter victorieusement l'autorité royale. Peu de temps après, il prenait à nouveau la mer, mais, cette fois, avec une nombreuse flotte montée par des marins capables de combattre aussi bien à terre que sur mer. Arrivé dans les parages de l'île de Wight, il y demeura pour attendre l'arrivée des neuf navires que Harold avait armés en Irlande et qui avaient atteint déjà l'estuaire de la Severn. En même temps, et peut-être en connivence avec Harold, le roi de Galles du nord, Gruffydd ap Llewelyn, franchissait la frontière anglaise et ravageait le comté de Hereford. Godwine, lorsque son fils l'eut rejoint, fit voile en suivant les côtes du Sussex et du Kent, réquisitionnant tous les navires et les équipages disponibles et du ravitaillement sans rencontrer d'opposition de la part des populations ; il est étrange que la version E de la *Chronique anglo-saxonne,* généralement favorable au parti de Godwine, insiste plus que les autres sur ces exactions. Le roi Edouard, avec l'aide des earls Leofric et Siward, avait armé une cinquantaine de navires qui ne tentèrent pas de se porter au-devant des agresseurs mais demeuraient au mouillage sur la rive nord de la Tamise, protégeant Londres. Arrivés en vue de cette flotte, Godwine et Harold mouillèrent le long de la rive sud du fleuve, en aval du pont qui reliait la ville à Southwark et attendirent la marée montante pour aller plus avant. L'heure venue, ils s'avancèrent vers l'amont et encerclèrent la flotte royale ; avec les navires qu'ils s'étaient procurés dans les ports de la côte sud, leur effectif était très supérieur à celui du roi. Ils n'attaquèrent cependant pas, mais envoyèrent à Edouard des messagers (14 septembre 1052) ; ils demandaient seulement de rentrer en possession des charges et des biens dont ils avaient été injustement dépouillés. En un premier temps, Edouard repoussa cette demande, ce qui provoqua la colère des mercenaires de Godwine ; ils sommaient celui-ci de passer à l'attaque et ne voulaient entendre aucun appel au calme ; ces hommes étaient « marins de métier, mais pirates dans l'âme » (F. M. Stenton). C'est alors que s'interposa l'évêque de Winchester, Stigand, qui avait été naguère un fervent partisan d'Emma lorsque celle-ci avait été dépossédée du Trésor royal et chassée de Winchester (1043) ; pour lors, Emma venait de mourir (6 mars 1052) et les sympathies de Stigand allaient à Godwine beaucoup plutôt qu'au roi. Il fut entendu d'abord qu'aucun des deux camps ne passerait à l'offensive ; on échangea des otages en garantie de cet engagement ; puis une assemblée des *witan* fut convoquée dans les environs de Londres, sur la rive droite de la Tamise, c'est-à-dire sur le territoire qu'Edouard croyait contrôler ; en fait, Godwine avait envoyé des émissaires à Londres où ils avaient trouvé, semble-t-il, un accueil favorable ; la population des marins y était nombreuse et influente ; elle était depuis longtemps acquise à la cause godwiniste ; c'est dire que devant l'assemblée des sages, le roi se trouva d'emblée en position de faiblesse. L'ancien earl de Wessex fut admis à plaider sa cause ; il le fit avec succès ; lui-même et ses fils se virent restituer les charges et les biens qui leur avaient été enlevés douze mois plus tôt. Puis, l'assemblée décida que les Normands devraient perdre les avantages qu'ils venaient d'acquérir abusivement, au détriment des partisans de Godwine ; « on frappa d'exil tous les " Français " qui étaient responsables d'injustices, qui avaient rendu des jugements iniques et répandu de mauvais conseils dans le pays, à l'exception toutefois de ceux que le roi tiendrait à garder auprès de lui, à condition qu'ils soient loyaux envers lui et envers tout le peuple » (*Chronique anglo-saxonne,* versions C et D). Parmi les personnages les plus notables, deux seulement furent admis à profiter de cette faveur : l'évêque de Londres, nommé Guillaume, ancien clerc de la chapelle royale et Raoul le Timide, fils du comte de Vexin et beau-frère d'Edouard. La version E de la *Chronique* accuse explicitement les Normands d'être responsables de la brouille qui s'était produite entre Godwine et son roi. Selon la même version, beaucoup de « Français », avant même la réunion de l'assemblée des *witan,* s'étaient réfugiés les uns vers l'ouest dans le château d'Ewias Harold, sur la frontière galloise, alors tenu par leur compatriote Osbern Pentecôte, les autres vers le nord dans la forteresse récemment édifiée par un Breton, Robert-Fils-Wimarch. L'archevêque de Cantorbéry Robert Champart avait été l'âme de la réaction anti-godwiniste qui venait de sévir pendant un an. La *Chronique* (version E) rapporte qu'il s'enfuit de Londres par la porte orientale, avec une troupe qui maltraita ou massacra beaucoup de jeunes hommes, puis s'embarqua dans un port de l'Essex et regagna le continent ; « telle était la volonté de Dieu, car il avait obtenu sa charge d'archevê-que à l'encontre de cette volonté ». L'assemblée des *witan* n'eut donc qu'à prendre acte de sa fuite et de celle d'un autre normand, Ulf, évêque de Dorchester ; ils furent mis hors la loi, ce qui équivalait à une peine d'exil. Aucune humiliation ne fut épargnée au pieux roi Edouard ; il dut rappeler auprès de lui son épouse Edith, fille de Godwine ; et son ennemi Stigand fut placé sur le siège métropolitain de Cantorbéry, vacant de fait mais non canoniquement ; Robert Champart, en effet, n'avait pas démissionné de sa charge et n'avait pas été déposé par l'autorité ecclésias-tique.

Dans cette crise, Guillaume le Bâtard semble n'être pas intervenu ; si vraiment il était venu en Angleterre l'année précédente et s'était reconnu vassal d'Edouard, il aurait pu être tenté d'aller au secours de son seigneur. Mais, à vrai dire, en invoquant quel motif ? Godwine et les siens avaient eu soin de ménager les apparences ; à aucun moment le roi n'avait subi de violences physiques ; le radical renversement de politique qui venait d'être opéré avait été, du moins dans la forme, décidé par le *witenage-mot*. On peut d'ailleurs supposer que le duc de Normandie n'approuvait pas l'insigne maladresse avec laquelle Edouard avait fourni à Godwine l'occasion d'une si prompte revanche. Le Bâtard avait, quant à lui, fort à faire dans son duché ; et s'il avait certainement pris avec le plus grand sérieux la qualité d'héritier que lui avait offerte Edouard, il ne souhaitait certainement pas se trouver contraint de faire valoir à bref délai ce droit. Il lui fallait d'abord éliminer la menace que faisaient peser sur les frontières de son duché l'hostilité du roi de France et celle du comte d'Anjou ; en Normandie même, son autorité n'était pas encore très solidement établie. La réserve dont il devait faire preuve, pendant plusieurs années encore, à l'égard de tout projet d'intervention, armée ou non, en Angleterre est l'indice d'un sens politique remarquable chez cet homme de 25 ans. Impétueux, certes il l'était lorsqu'il avait décidé de s'engager sous quelque forme que ce fût, et même au combat ; mais nullement impulsif. A cette date, il en a déjà donné plus d'une preuve.

Godwine, lui, ne profita pas longtemps de son triomphe. Le lundi de Pâques 1053, 12 avril, il se trouvait à la table du roi, à Winchester, avec ses fils Harold et Tosti, lorsque soudain il s'affaissa, paralysé et privé de la parole ; on le transporta dans la chambre du roi et l'on s'attendait à le voir rendre le dernier soupir, mais il survécut jusqu'au jeudi suivant. Le règlement de sa succession ne donna lieu à aucun incident. Edouard confia à Harold l'earldom de Wessex qui couvrait toute l'Angleterre méridionale, de la Cornouaille au Kent. Harold était alors le chef de la famille puisque son frère aîné Sven venait de mourir au cours du pèlerinage, sans doute expiatoire, qu'il avait entrepris vers la Terre sainte. L'*earldom* précédemment tenu par Harold, qui s'étendait de l'Estanglie jusqu'au comté d'Oxford, fut donné à Aelfgar, fils de l'earl Leofric de Mercie ; habilement, le roi Edouard donnait ainsi à l'aristocratie du nord une satisfaction qui devait lui permettre d'accepter sans trop d'inquiétude l'incessante ascension de la dynastie de Godwine. La mort de ce dernier avait quelque peu atténué la tension causée dans le royaume par sa brutale avidité. En un premier temps, du moins, Edouard semble avoir eu des relations assez confiantes avec Harold et surtout avec son frère Tosti. Raoul le Timide, l'unique Normand rescapé de la dure épuration de 1052, reçut un petit earldom créé à son intention, à la frontière galloise, autour de Hereford. Dédaignant les intrigues de la Cour, où cependant il avait sa place, il mit tous ses soins à fortifier cette frontière ; c'est à lui qu'est dû, très vraisemblablement, le réseau de mottes castrales et de petites enceintes de terre et de charpente qui commandait toutes les voies par où eût pu venir une agression des Gallois.

Ainsi, pendant quelque cinq ans, l'on put croire apaisées les querelles intestines qui avaient troublé la paix intérieure depuis que, grâce à Cnut, Godwine avait accédé à des charges de premier plan. Mais pareil équilibre, reposant sur un habile partage des faveurs royales, était bien fragile ; en particulier, l'hostilité des gens du nord à l'égard de la maison de Wessex n'était qu'assoupie ; et la famille de Godwine semblait n'en avoir cure. En 1055 meurt Siward, earl de Northumbrie, grâce à qui, depuis une quinzaine d'années, la pression écossaise sur la frontière septentrionale du royaume avait été contenue. L'aîné de ses fils avait été tué dans un des nombreux combats livrés à cette fin ; restait un fils cadet, beaucoup trop jeune pour hériter la charge de son père. On aurait certainement pu trouver dans l'aristocratie autochtone un successeur à Siward. Or le roi pourvut très vite à la vacance en donnant l'earldom de Northumbrie à Tosti, frère de Harold. Les trois versions de la *Chronique anglo-saxonne* associent cette désignation à la sentence d'exil dont fut frappé l'earl Aelfgar ; l'une et l'autre décision furent prises par le *witenagemot* siégeant à Londres, à la mi-Carême de 1055. Aelfgar était accusé de trahison ; la version E de la *Chronique,* de tendance godwiniste, dit qu'il reconnut sa faute devant l'assemblée, mais que « ses paroles dépassèrent sa pensée » ; les deux autres versions, au contraire, affirment que l'earl d'Estanglie était innocent ; mais aucune de ces trois sources ne précise en quoi consistait la trahison alléguée. Privé de son *earldom,* Aelfgar passa immédiatement en Irlande, où il put prendre à sa solde une flottille de dix-huit navires, et vint sans délai se mettre à la disposition de Gruffydd ap Llywelyn qui avait, depuis plusieurs années, rassemblé sous son pouvoir tout le territoire septentrional du pays de Galles ; plus récemment, il avait soumis l'un après l'autre les petits princes qui se partageaient la partie méridionale de ce pays. Dès lors, le pays de Galles unifié constituait une menace mortelle pour le royaume d'Angleterre. On peut supposer sans trop de témérité que les *witan* qualifièrent de trahison des contacts qu'Aelfgar aurait eus avec Gruffydd, à qui l'unissait une hostilité commune à l'encontre de l'earl de Wessex. La sentence d'exil prononcée à Londres en mars 1055 eut, en tout cas, pour effet de transformer cette communauté d'antipathie en alliance militaire dirigée contre l'Angleterre. Aidés par Aelfgar, les Gallois franchirent la frontière, ravagèrent Hereford, pillèrent la cathédrale et tuèrent plusieurs des chanoines qui tentaient de les en empêcher ; mais ils n'essayèrent pas de pénétrer plus avant dans le royaume. Le roi Edouard avait confié à Harold la charge de lever une armée contre les envahisseurs ; l'opération semble avoir été lente et laborieuse. Ni l'un ni l'autre des adversaires ne souhaitait manifestement un affrontement décisif ; on négocia donc ; Gruffydd obtint, semble-t-il, une rectification de la frontière anglo-galloise et Aelfgar fut rétabli dans sa charge d'earl d'Estanglie. L'année suivante, une expédition mal préparée fut tentée, à l'initiative de l'évêque de Hereford, contre le pays de Galles ; elle échoua ; l'évêque y trouva la mort, ainsi que le sheriff du comté de Hereford et beaucoup de leurs compagnons. Cette fois encore, une trêve fut négociée ; Gruffydd obtint quelques nouveaux avantages territoriaux et la reconnaissance d'une sorte de vice-royauté sur le pays de Galles ; en retour, il reconnaissait le roi d'Angleterre comme son seigneur.

La mort, survenue en 1057, des earls Leofric de Mercie et Raoul de Hereford, fut l'occasion d'une nouvelle redistribution des charges en Angleterre. L'earldom de Mercie fut, sans contestation, donné à Aelfgar, fils de

Leofric ; l'earldom d'Estanglie, ainsi devenu vacant, fut remis à Gyrth, frère cadet de Harold ; un autre earldom fut constitué dans le sud-est de l'Angleterre, de l'Essex au Surrey, pour Leofwine, le plus jeune des fils de Godwine. Ce nouveau découpage territorial amputait, dans sa partie orientale, l'immense earldom de Wessex dont Harold était titulaire ; celui-ci reçut une compensation à l'est : l'earldom de Hereford, devenu vacant par la mort de Raoul le Timide, fut purement et simplement réintégré à celui de Wessex. Il est clair que, devant la montée du péril gallois, Harold veut apparaître comme le héros national, gardien du sol anglais. Raoul le Timide avait, en quelques années, remarquablement équipé cette frontière en utilisant les moyens alors communs sur le continent, et notamment en Normandie ; non seulement, il avait fait élever des fortifications de terre et de bois mais, pour en tirer le meilleur parti, il avait entrepris de former la petite aristocratie du pays, les thegns, au combat à cheval ; les revers subis en 1055 et 1056 montrent que Raoul n'avait, peu avant sa mort, pas réussi totalement cet essai de reconversion, mais Harold allait en tirer parti.

MONTÉE DU POUVOIR DE HAROLD

En cette année 1057, les fils de Godwine détiennent un pouvoir au moins égal à celui que leur père avait eu entre ses mains dans la dernière année de sa vie. En face d'eux, les populations du nord ne sont plus représentées que par un seul earl, Aelfgar, qui ne peut que ronger son frein devant l'insolente ascension de Harold et des siens. Il a gardé d'assez étroites relations avec Gruffydd ap Llywelyn dont l'earl de Wessex est maintenant l'antagoniste de choix. Ainsi s'aggrave l'opposition séculaire entre le nord et le sud du royaume. L'autorité du roi, garant traditionnel de l'unité, a gravement souffert des affronts que lui ont infligés l'un et l'autre camp : en 1052, Godwine a contraint par la force Edouard à rapporter les mesures prises, l'année précédente, contre lui ; en 1055, le souverain a dû accepter de rendre l'earldom d'Estanglie à Aelfgar, qui venait de piller, avec l'aide d'un prince étranger, le comté de Hereford. Le détachement dont il fait alors preuve à l'égard des affaires du royaume est-il cause ou conséquence de ce délabrement du pouvoir ? C'est le premier terme de cette alternative que semblent avoir retenu les contemporains ; pour eux, Edouard mérite de plus en plus le surnom de « Confesseur » ; ses préoccupations apparentes sont celles d'un clerc beaucoup plus que d'un prince ; son grand souci est désormais la reconstruction de l'abbatiale de Westminster. Il paraît notamment vraisemblable qu'il ne tint qu'un rôle passif dans le nouveau drame qui endeuilla sa famille en 1057.

En 1054, alors que les immigrés normands étaient, pour la plupart, chassés des postes qu'ils venaient d'obtenir à la faveur de la disgrâce de Godwine, on posa, au *witenage-mot,* la question de la succession au trône ; sans doute, dans le climat qui régnait alors, la majorité des *witan* considérait-elle comme caduque la promesse faite à ce sujet par Edouard à son neveu Guillaume le Bâtard. Il fut donc décidé de rappeler en Angleterre l'*aetheling* (prince) Edouard, fils d'Edmond Ironside ; on sait que celui-ci avait été exilé en Hongrie après le triomphe de Cnut en 1016, car, né d'un premier mariage d'Aethelred II, il était par droit héréditaire le successeur désigné de celui-ci. Mais son fils Edouard avait adopté la Hongrie comme une seconde patrie ; il avait épousé une princesse germanique. Lorsque l'évêque de Worcester Ealdred, envoyé par les *witan,* lui proposa de revenir au pays de ses ancêtres, il semble avoir fait la sourde oreille ; pourtant, l'empereur romain germanique Henri III, son seigneur, avait été consulté et n'avait fait aucune objection à son départ (ce qui indique que, dans le projet des *witan,* ce départ devait être définitif). Un voyage effectué sur le continent en 1056 par Harold était sans doute en relation avec ce même projet, dont l'inspirateur était fort probablement l'earl de Wessex lui-même. C'est seulement en 1057 que l'aetheling revint au pays. Par qui fut-il accueilli ? Qui rencontra-t-il ? Toutes les sources sont muettes à cet égard. La version E de la *Chronique anglo-saxonne* rapporte laconiquement : « En cette année (1057), l'aetheling Edouard, fils du roi Edmond (Ironside) vint dans ce pays et mourut peu après, et son corps fut enseveli dans l'église Saint Paul de Londres. » Mais la version D (Worcester) laisse percer un soupçon : « L'aetheling Edouard vint en Angleterre ; il était fils d'un frère du roi Edouard, le roi Edmond appelé Ironside à cause de sa bravoure... Nous ne savons pas pour quelle raison il ne lui fut pas donné de rencontrer le roi Edouard, son parent. » De fait, l'aetheling mourut peu après son arrivée, sans avoir vu le roi. Il semble tout à fait impossible que celui-ci n'ait pas été informé des démarches faites en vue du retour de l'exilé ; mais il n'en eut certainement pas l'initiative. Tout porte donc à penser que la responsabilité en fut prise par Harold. Il n'est pas sûr que ce dernier ait, dès ce moment, nourri l'intention de briguer la couronne à la mort d'Edouard le Confesseur ; il pouvait, dans ce cas, lui paraître opportun de faire monter sur le trône, le moment venu, un descendant direct de l'ancienne maison royale, qui serait ainsi sa créature. Quoi qu'il en soit, la mort prématurée de l'aetheling reste bien mystérieuse ; il laissait un fils, Edgar, encore dans l'enfance. Si l'on veut faire un tour complet de l'horizon politique, deux personnages, outre Harold, pouvaient avoir intérêt à faire disparaître un candidat de choix à la succession du roi Edouard. On savait alors que Harald Hardrada, roi de Norvège, affirmait toujours avoir des droits à cette succession ; on n'ignorait pas qu'il envisageait une expédition contre l'Angleterre. L'autre compétiteur était, bien entendu, Guillaume le Bâtard. A mesure qu'il consolidait son pouvoir en Normandie et que s'affirmait son renom en France, il apparaissait plus digne de la promesse que lui avait faite en 1051 le roi Edouard. Dans quelle mesure avait-il connaissance des profonds changements intervenus depuis cette date dans le gouvernement de l'Angleterre ? Il avait certainement des informateurs dans ce pays : tel ou tel d'entre eux se découvrira en 1066. Mais rien, dans son comportement, n'indique qu'il se soit ému des ambitions de Harold et de sa famille. Guillaume de Poitiers, si soucieux de dévoiler et de justifier les pensées et les calculs politiques de son maître, ne dit rien à cet égard. A l'en croire, le Bâtard considère comme irrévocable la promesse de succession que lui a faite son oncle Edouard ; même si les événements paraissent se précipiter en Angleterre, il ne varie pas d'une ligne dans le programme qu'il semble s'être depuis longtemps fixé : construire un Etat normand et garantir sa sécurité extérieure. Le contraste est, à cet égard, frappant entre les sources anglaises et les sources normandes relatives à l'histoire de ces années : chartes ou sources narratives.

En Angleterre, chaque année apportait de nouvelles perturbations ; le roi vieillissant n'avait toujours pas d'enfant ; la carence de l'autorité royale laissait le champ libre à toutes les intrigues, à tous les affrontements avec, en toile de fond, la succession au trône, dont l'échéance approchait. Si l'earl Aelfgar était désormais seul parmi ses pairs à représenter les hommes du nord en face de Harold et des siens, il savait pouvoir disposer d'appuis à l'extérieur. Sans doute les relations qu'il entretenait avec le pays de Galles déplaisaient-elles à l'earl de Wessex, qui disposait d'une forte majorité au *witenagemot,* car en 1058, Aelfgar fut à nouveau déclaré hors la loi, c'est-à-dire exilé. Seul, le rédacteur de la version D de la *Chronique* rapporte l'événement, de manière d'ailleurs très concise et avec une sorte d'agacement ou de gêne : « Cette année-là (1058), l'earl Aelfgar fut banni, mais il revint en force avec l'aide de Gruffydd ; et une force navale vint de Norvège ; il serait pénible de raconter en détail comment ces choses advinrent. » Quant à la version E, elle n'en dit pas un mot.

Mais nous savons par les *Annales galloises (Annales Cambriae)* qu'Aelfgar et ses alliés causèrent de sérieux dommages au territoire anglais, tandis que le fils de Harald Hardrada, à la tête d'une flotte levée dans les archipels du nord de l'Ecosse et en Irlande, harcelait les côtes septentrionales du royaume. On ne sait comment cette double invasion prit fin ; si les Anglais avaient obtenu une nette victoire, la *Chronique* l'eût certainement rapporté. Un annaliste irlandais estime que si l'invasion norvégienne tourna court, ce fut seulement grâce à la volonté divine. Cette fois encore, Aelfgar obtint le pardon du roi et recouvra son earldom de Mercie. Même s'il conserva des relations étroites avec Gruffydd ap Llywelyn, dont il épousa peu après la fille, il ne troubla plus sérieusement la paix du royaume ; à sa mort, qui survint en 1062, son fils aîné Edwin lui succéda dans sa charge.

Cette même année 1062, Harold lançait contre le roi Gruffydd une attaque éclair ; en plein hiver, il pénétra jusqu'à la forteresse de Rhuddlan, d'où le prince gallois n'eut que le temps de s'enfuir, saccagea la région et détruisit la flotte ancrée non loin de là. Mais, dans cette partie méridionale du pays de Galles, Gruffydd n'avait établi son autorité que par la force et depuis peu d'années. Harold eut l'habileté de se présenter comme un libérateur à l'aristocratie locale qui avait été dépossédée de ses prérogatives. Avant l'été de 1063, cette opération était menée à bonne fin. Mais dès le printemps, l'earl Tosti, parti de Northumbrie, avait envahi les Galles du nord, où Gruffydd s'était retiré, tandis que Harold, venu du sud, progressait à sa rencontre. Le 5 août 1063, le roi gallois était tué par un groupe de ses compatriotes, alors qu'il tentait de fuir de son pays à bord d'un navire ; les meurtriers apportèrent à Harold la tête du mort et la figure de proue de son bateau. Les deux frères de Gruffydd, qui ne l'avaient pas suivi jusqu'au bout de sa résistance, prêtèrent au roi d'Angleterre un serment de fidélité, promettant de l'aider en toutes circonstances sur terre comme sur mer et de payer les redevances auxquelles le pays de Galles était traditionnellement tenu envers le souverain anglais ; moyennant quoi, le roi Edouard leur confia le gouvernement des deux principales provinces des Galles du nord, Gwynedd et Powys.

Ainsi se trouvait écarté pour longtemps, après une brève campagne et une totale victoire, la menace galloise qui, depuis une décennie surtout, avait pesé sur l'Angleterre. Aux yeux de tous, le mérite en revenait à Harold ; c'est lui qui avait reçu les trophées remis par les assassins de Gruffydd, et lui-même les avait apportés fièrement au roi Edouard.

Quant au problème de la succession au trône dans l'éventualité de la mort du Confesseur, les données en sont alors singulièrement clarifiées. Le petit-fils d'Edmond Ironside est beaucoup trop jeune pour que l'on puisse sérieusement penser à lui. Parmi les earls, un nom s'impose : celui de Harold ; ni Tosti, ni Edwin de Mercie ne songent d'ailleurs à briguer le trône ; mais Harold, quels que soient ses mérites, n'est pas de sang royal, et l'on peut penser que le *witenagemot* hésiterait à mettre la prestigieuse couronne royale sur la tête d'un parvenu ; d'ailleurs, les hommes du nord, dont Edwin est maintenant le porte-parole, n'y consentiraient pas.

Nul n'ignore certainement que Guillaume le Bâtard considère comme irrévocable la décision prise en 1051 par le roi Edouard en sa faveur ; or son pouvoir et son prestige n'ont cessé de grandir depuis lors. La frontière méridionale de la Normandie n'a plus maintenant de voisins menaçants. Le roi de France Henri I er et le comte d'Anjou Geoffroy Martel sont morts en 1060 ; qui plus est, la régence du royaume de France est exercée par le propre beau-père du Bâtard, Baudouin V de Flandre. L'éclatant triomphe des fils de Tancrède de Hauteville en Italie méridionale a rehaussé dans toute la Chrétienté le prestige normand : l'accord passé en 1059 à Melfi avec le pape Nicolas II a fait de ces émigrés, naguère encore comparés aux Sarrasins pillards, les protecteurs attitrés du siège pontifical ; ils sont substitués dans cette auguste fonction à l'empereur romain germanique. Depuis 1061 règne le pape Alexandre II dont l'entourage et la ligne de conduite sont très proches de Pietro Damiani ; c'est dire que les relations sont excellentes entre Rome et la Normandie. En revanche, elles sont très mauvaises entre le pape et l'Eglise d'Angleterre. Le Saint-Siège n'avait jamais accepté le transfert de l'évêque de Winchester, Stigand, à l'archevêché de Cantorbéry, dont Robert Champart avait été dépossédé en 1052, au mépris de la loi canonique ; aucun des papes qui se succédèrent au cours des années suivantes n'avait consenti à lui remettre le *pallium;* c'est de l'anti-pape Benoît X, irrégulièrement élu à la mort d'Etienne IX (1058), que l'intrus obtint cet insigne de la charge qu'il avait usurpée. La présence de ce prélat indigne sur le siège métropolitain de Cantorbéry causait dans toute l'Eglise d'Angleterre un très grave malaise. Or Stigand était le protégé de Harold.

En guère plus de dix ans, le jeune Bâtard, qu'Edouard le Confesseur avait choisi pour héritier alors qu'en Normandie même son autorité n'était encore que bien précaire, est devenu un personnage de premier plan. Toutefois, il ne peut compter en Angleterre, et précisément au *witenagemot,* sur des partisans résolus ; il ne l'ignore certainement pas ; il lui faut donc convaincre de son bon droit une partie au moins des Anglais.

Harald de Norvège n'a pas, lui non plus, en Angleterre de solide appui politique ; il n'y a pas, ou il n'y a plus, dans le royaume anglo-saxon, de parti scandinave. Il ne peut donc espérer obtenir que par les armes la couronne qu'il revendique en vertu de l'accord de succession mutuelle passé naguère entre son prédécesseur Magnus et le roi de Danemark Harthacnut. A plusieurs reprises, des navires équipés par lui ont harcelé l'Angleterre ; il peut compter sur l'appui des colonies norvégiennes établies aux Hébrides et aux Shetlands, sinon même sur l'Irlande.

Dans les années 1060, l'Angleterre vit dans la crainte, sinon dans la hantise, d'une nouvelle invasion scandinave, norvégienne cette fois et non plus danoise, qui pourrait renverser la monarchie anglo-saxonne.

HAROLD EN NORMANDIE

Tel est le contexte politique dans lequel se situe le voyage effectué par Harold, en 1064, sur le continent. Or, de cet événement capital, on sait fort peu de chose. Aucune des versions de la *Chronique anglo-saxonne* ne mentionne quoi que ce soit sous ce millésime : comme si, pour les Anglo-Saxons, 1064 avait été une année sans histoire. Les sources normandes, au contraire, parlent longuement du voyage de Harold et plusieurs tableaux lui sont consacrés dans la Tapisserie de Bayeux. Que Harold soit effectivement venu, cette année-là, en Normandie, nul n'en doute. Qu'il y ait été envoyé par Edouard le Confesseur, ou que, du moins, il y soit allé d'accord avec celui-ci, c'est non moins certain. Le premier tableau de la Tapisserie de Bayeux montre l'earl de Wessex reçu en audience par son roi ; cette représentation n'est accompagnée d'aucun texte explicitant l'objet de cette rencontre ; mais immédiatement après, on voit Harold chevaucher en équipage de chasse, avec un groupe de compagnons vers Bosham, sur la côte du Sussex, tout près de Chichester, où il avait hérité de son père un manoir ; c'est là qu'il s'embarque et la légende brodée sur la toile dit ensuite que « les voiles étant gonflées par le vent, il arrive dans le pays du comte Guy (de Ponthieu) ». Telle n'était assurément pas la destination programmée pour cette traversée ; aussi bien, dès leur arrivée, l'earl et sa suite furent appréhendés comme des ennemis par le comte de Ponthieu et enfermés dans la résidence fortifiée, faite de terre et de charpente, qu'il possédait à Beaurain. On bute ici sur une première obscurité. Quel était le point prévu pour le débarquement ? On ne voit guère que deux hypothèses possibles : si, comme le disent en termes à peu près identiques Guillaume de Jumièges et Guillaume de Poitiers, le voyage était en relation avec le problème de la succession au trône d'Angleterre, et si Harold avait mission de se rendre directement auprès du Bâtard, on supposera qu'un fort vent d'ouest aura déporté sa petite flotte. Mais l'autre hypothèse mérite attention ; Harold et les siens avaient de solides attaches en Flandre ; il est dès lors plausible d'imaginer qu'Edouard et lui-même aient jugé opportun de consulter le comte Baudouin V et de lui demander une bienveillante intervention dans le latent conflit d'intérêts qui opposait le duc de Normandie et l'earl de Wessex. Dans ce cas, le vent défavorable qui déporta les navires aurait soufflé du nord ou du nord-est. Quoi qu'il en soit, l'expression *velis vento plenis,* dans un texte d'ailleurs fort elliptique d'autre part, pourrait bien faire allusion à une tempête.

D'autre part, et compte tenu du rapport des forces politiques dans l'Angleterre de 1064, on n'admettra guère que le roi Edouard ait alors été en mesure de contraindre Harold à faire une démarche incompatible avec les visées de celui-ci. Or rien ne permet d'affirmer qu'à cette date, l'earl de Wessex ait très sérieusement envisagé de succéder au Confesseur sur le trône. La prépondérance absolue qu'il détenait à la Cour et au *witenagemot* pouvait suffire à son ambition ; il ne pouvait ignorer l'hostilité profonde que lui vouaient l'aristocratie et même les populations du nord ; pourrait-il accéder au trône sans susciter une guerre civile, dont tous les Anglais avaient, sans aucun doute, une grande horreur ? On l'avait évitée à plusieurs reprises, au prix de difficiles compromis, en 1052, puis en 1055 et 1058 lorsque l'earl Aelfgar, banni du royaume, était revenu en force avec l'appui d'alliés étrangers. Cette hostilité des gens du nord pouvait, d'ailleurs, faire craindre qu'ils ne s'allient au roi de Norvège, au cas fort probable où celui-ci débarquerait sur les côtes septentrionales de l'Angleterre. Dans cette perspective, et dans son propre intérêt, Harold pouvait être tenté de se rallier à la cause du Bâtard avec l'espoir que ce neveu d'Edouard, s'il parvenait au trône, gouvernerait avec la fermeté dont on le savait capable et assurerait l'unité du royaume. Enfin, le duc de Normandie détenait en otages, depuis 1051 ou 1052, deux proches parents de Harold : son frère Wulfnoth et son neveu Hakon. Pour savoir quel poids pouvait peser dans une éventuelle négociation le sort de ces deux personnages et connaître l'exact objet de cette constitution d'otages, il nous faudrait savoir à quelle date précise elle intervint, et dans quelles conditions. Guillaume de Poitiers, qui a certainement rencontré les deux Anglais, dit qu'ils furent envoyés en Normandie avec l'accord des *witan* et « par le truchement de l'archevêque de Cantorbéry Robert Champart » ; sans doute faut-il comprendre que les deux jeunes princes auraient été accompagnés en Normandie par ce prélat, au printemps de 1051, et par conséquent avant la rupture qui intervint entre Godwine et le roi Edouard au mois de septembre suivant. Dans ce cas, la constitution d'otages n'aurait pu se faire sans le consentement de l'earl de Wessex ; elle aurait eu pour objet de donner au Bâtard, en même temps qu'il se savait choisi comme héritier du trône d'Angleterre, une garantie à l'égard d'une éventuelle action de Godwine et des siens contre cette décision du Confesseur. Guillaume de Malmesbury, dans ses *Gesta regum Anglorum* (vers 1125), affirme plus explicitement le consentement apporté par Godwine à l'opération. « Wulfnoth, envoyé en Normandie par le roi Edouard parce que son père (Godwine) l'avait donné en otage, y demeura inexorablement détenu pendant le règne d'Edouard ; il fut ramené en Angleterre pendant le règne de Guillaume et vieillit dans la prison de Salisbury. » Pour Harold, donc, le sort de ses deux proches parents devait être, à cette date, l'objet d'un sérieux souci.

Tels sont le récit et l'interprétation qu'à partir, pour

l'essentiel, des sources normandes, on peut donner du voyage entrepris en 1064 par l'earl de Wessex. Comme il a été dit déjà, la *Chronique anglo-saxonne* est, à cet égard, totalement muette. Mais Guillaume de Malmesbury, soixante ans plus tard, donne une tout autre version qui mérite examen. « Certains, écrit-il, rapportent que Harold fut envoyé en Normandie à ce sujet (c'est-à-dire : concernant la qualité d'héritier du trône conférée au Bâtard) ; d'autres, informés d'un dessein plus secret, pensent que Harold fut détourné de sa destination par une tempête ; j'exposerai leur thèse car elle me paraît plus proche de la vérité. » Quelles sont les sources que Guillaume de Malmesbury évoque ainsi sans les nommer ? Les premières sont, à n'en pas douter, les historiens normands ; vers 1125, les histoires de Guillaume de Jumièges et de Guillaume de Poitiers sont certainement connues au monastère de Malmesbury. Mais les autres, auxquelles l'auteur des *Gesta regum Anglorum* donne la préférence ? Peut-être un fragment aujourd'hui perdu de la *Chronique anglo-saxonne ;* ainsi s'expliquerait la lacune observée, à l'année 1064, par les trois versions aujourd'hui conservées, C, D, et E, de la *Chronique.* Voici, en tout cas, le récit que Guillaume de Malmesbury juge le plus vraisemblable. Harold était venu à son manoir de Bosham pour s'y reposer ; alors qu'il faisait une promenade en mer sur un navire de pêche, une tempête se leva qui poussa le bateau sur la côte du Ponthieu. Aussitôt, les habitants de ce pays accoururent, se saisirent des naufragés qui étaient sans armes et, largement supérieurs en nombre, leur lièrent les poings et les pieds ; mais Harold réussit astucieusement à soudoyer un de ces hommes brutaux qui, moyennant la promesse d'une grosse récompense, accepta d'aller prévenir le duc de Normandie et de lui dire que le roi d'Angleterre lui envoyait Harold afin qu'il entende de sa bouche ce que d'autres messagers moins autorisés lui avaient déjà dit ; cet envoyé devait aussi décrire au Bâtard les actes de brutalité auxquels s'étaient livrés les gens du

Ponthieu ; des innocents qui avaient échappé au naufrage se trouvaient maintenant en danger sur la terre ferme qu'ils avaient pu atteindre. S'il y avait une rançon à verser, Harold la donnerait plus volontiers au duc de Normandie qu'au comte de Ponthieu, homme de médiocre rang (*semi viro*). Cette version des faits est radicalement incompatible avec celle que présente la Tapisserie de Bayeux. Sur celle-ci, le départ de Harold pour Bosham est manifestement en relation avec l'audience que vient de lui accorder le roi Edouard ; l'earl de Wessex est accompagné non de marins-pêcheurs, mais de compagnons en armes, le navire sur lequel ils embarquent n'est pas un bateau de pêche ; les boucliers des passagers sont fixés en bon ordre au bordage, comme c'était de mode sur les vaisseaux d'apparat ou de guerre, selon l'usage hérité des Vikings.

Si Guillaume de Malmesbury trouve, au XIIe siècle, cette version des faits plus vraisemblable que l'autre, c'est sans doute parce qu'il lui paraissait étrange que Harold, compétiteur du Bâtard dans la lutte pour la succession d'Edouard le Confesseur, soit venu, de propos délibéré, se mettre à la merci de son rival. Faute de témoignage écrit tout à fait contemporain, de provenance anglo-saxonne, on doit peut-être retenir que l'auteur des *Gesta Regum Anglorum* a recueilli la version qui, de son temps, prévalait dans la tradition orale. Le moine de Malmesbury n'est certes pas suspect de partialité en faveur des thèses godwinistes ; mais vers 1125, Harold est devenu une sorte de héros national, de martyr au sens ambigu donné alors à ce terme ; on dit que des miracles se produisent sur le tombeau où, croit-on, repose son corps. Rien d'étonnant, dès lors, à ce que la foule forge une version des faits qui le fasse apparaître comme victime d'un guet-apens.

Nous savons par la Tapisserie de Bayeux que Guy de Ponthieu, après avoir mis en sûreté l'earl de Wessex et ses compagnons, reçut des messagers du Bâtard, demandant qu'ils fussent conduits en Normandie. Comment le duc avait-il été informé de l'arrivée des Anglais en Ponthieu ?

Compte tenu de l'importance des événements qui vont suivre, le moindre détail ne saurait être négligé. Or la tapisserie montre Guillaume accueillant un messager qui lui apporte la nouvelle ; ce messager est un Anglais, que désignent comme tel sa moustache et les cheveux longs tombant sur le cou. Un des compagnons de Harold aurait donc réussi à s'échapper de Beaurain, sûr de recevoir un bon accueil auprès du duc de Normandie. Celui-ci se mit aussitôt en route vers le Ponthieu et rencontra bientôt sur le chemin le comte Guy qui venait à sa rencontre, conduisant Harold et son petit groupe. La version des faits que suggère ici la fameuse broderie de Bayeux ne s'accorde pas avec celle que donnent les historiens Guillaume de Jumièges et Guillaume de Poitiers ; selon ceux-ci, le duc aurait été jusqu'à Beaurain et aurait dû extraire de leur prison par la force les Anglais. Pour Guillaume de Poitiers, le comte de Ponthieu aurait eu l'intention de faire payer à ceux-ci une rançon avant de les libérer ; or cet historien est très proche de la Cour normande et des faits qu'il raconte. On doit alors penser que l'opinion commune, à ce moment, considérait le Bâtard et l'earl de Wessex comme ennemis déclarés et qu'en tout cas le comte de Ponthieu n'imaginait pas que Harold fût attendu par le duc de Normandie ; on n'imagine guère que, vassal de celui-ci, il ait pu, en pleine connaissance de cause, maltraiter un de ses visiteurs. Le duc Guillaume, revenu à Rouen, y traita honorablement les Anglais. On peut situer au printemps de 1064 la date de ces événements. Le Bâtard venait, en effet, de recevoir l'appel au secours que lui avait fait parvenir le seigneur de Dol, Ruallon, aux prises avec le duc de Bretagne Conan II. Par mesure de précaution ou pour lui faire honneur, il décida d'emmener avec lui Harold dans l'expédition qui devait le conduire en Bretagne. A la différence des sources écrites qui mentionnent sommairement la présence de l'earl dans l'armée normande en route vers l'ouest, la Tapisserie semble vouloir la mettre en vedette. Faute de pouvoir évoquer de brillants faits d'armes, dont cette campagne de Bretagne fut assez pauvre, elle le montre se dépensant avec abnégation pour sauver de l'enlisement des soldats normands, imprudemment aventurés sur les sables mouvants de l'estuaire du Couesnon.

C'est sans doute au retour de Bretagne qu'eut lieu la grande explication entre le Bâtard et Harold. Sur ce point, la *Chronique anglo-saxonne* est derechef étrangement muette. Guillaume de Jumièges se borne à dire que Harold, après être resté quelque temps en Normandie, fut renvoyé au roi Edouard après avoir, par de nombreux serments, promis fidélité au Bâtard concernant le royaume d'Angleterre. Beaucoup plus explicite est le récit de Guillaume de Poitiers ; il affirme avoir recueilli le témoignage de membres de la Cour ducale qui avait été convoquée au château de Bonneville-sur-Touques, distant de quelques lieues seulement de Lisieux où le chapelain du Bâtard était alors archidiacre. Devant cette Cour, l'earl de Wessex prêta au duc le serment de fidélité ; il s'engagea vis-à-vis de lui à être son vicaire auprès du roi Edouard, puis, après la mort de celui-ci, à faire tout ce qui serait en son pouvoir pour que le duc de Normandie accède au trône d'Angleterre ; dans l'immédiat, il remettrait au Bâtard la place de Douvres dont les fortifications venaient d'être renforcées ; une garnison normande y serait installée ; d'autre part, le duc pourrait faire construire, en divers points stratégiques choisis par lui, d'autres fortifications et y placer des garnisons, dont Harold assurerait le ravitaillement. Après la prestation de ce serment eut lieu l'hommage, par le rite de la « dation des mains » : le vassal agenouillé devant son seigneur plaçait ses mains jointes entre les mains de celui-ci pour exprimer la situation de dépendance dans laquelle il entrait. Enfin, le Bâtard, en sa qualité de seigneur et de futur roi d'Angleterre confirma à l'earl la possession de toutes les terres et de toutes les charges qu'il détenait alors dans le royaume.

Contrairement à ce que l'on avance assez souvent, il n'y

a pas contradiction entre cette version de faits et celle que donne la Tapisserie de Bayeux. A Bonneville-sur-Touques eut lieu la cérémonie d'inféodation que Guillaume de Poitiers, ancien chevalier, décrit parfaitement en distinguant ses trois composantes : fidélité, hommage, investiture. Le serment de fidélité n'était pas prêté sur des reliques, mais généralement sur le livre des Evangiles, touché de la main.

La Tapisserie, elle, montre Harold touchant d'une main un autel et de l'autre un reliquaire, et la légende brodée sur la toile dit : « Guillaume vint à Bayeux où Harold lui prêta un serment. » Les reliques mises en scène sont donc à coup sûr celles que conservait la cathédrale de Bayeux ; le serment en question est celui que les théologiens et les canonistes appellent « serment promissoire » ; il a pour fin « de confirmer la sincérité d'une intention actuelle qui a en vue une chose future ». On sait que le thème essentiel de la Tapisserie est la punition du parjure ; le serment sur les reliques y tient donc une place fondamentale. Comme ces reliques sont bayeusaines, on a pensé parfois que l'évêque de Bayeux Eude de Conteville, demi-frère du Bâtard, aurait forgé de toutes pièces cette histoire du serment prêté sur les reliques dont il avait la garde. Mais on ne doit pas oublier que, lorsque la Tapisserie fut fabriquée, puis exposée, beaucoup de ceux qui avaient été témoins des événements de 1064 se trouvaient encore en vie ; en premier lieu, parmi eux, le duc Guillaume alors devenu roi ; cela rend tout à fait invraisemblable l'hypothèse d'une si précoce falsification historique touchant un événement qui, pour lui, avait une portée capitale.

Il faut donc admettre que Guillaume de Poitiers et la Tapisserie rapportent deux faits différents et complémentaires, sans doute très voisins l'un de l'autre dans le temps ; c'est dire que le Bâtard ne négligea aucun moyen pour se garantir contre une possible concurrence de Harold lorsque le trône d'Angleterre deviendrait vacant ; cet acharnement, qui est bien dans sa manière, contraste singulièrement avec la réserve dont il a jusque-là fait preuve. Il sait que l'heure critique approche ; Edouard le Confesseur est âgé, malade. Désormais, l'échéance n'est plus éloignée.

On voit aussi, sur la Tapisserie, une scène à laquelle ne correspond aucune donnée dans les sources écrites. Guillaume et Harold y sont debout, se faisant face. Le duc tend les deux bras vers l'earl qui tient dans sa main gauche un gonfanon ; chacun des deux hommes porte une épée longue dont le pommeau émerge d'une fente pratiquée dans le haubert (cotte de mailles) ; au-dessus des personnages, une légende brodée dit : « Ici, Guillaume donna les armes à Harold. » On en a conclu, à juste titre, que Harold fut fait chevalier par celui qui était devenu son seigneur. Il avait, certes, passé l'âge où généralement on était adoubé ; mais la chevalerie n'existait pas, à cette époque, en Angleterre. A regarder de près la scène, on ne peut douter que Guillaume pose le casque sur la tête de son nouveau vassal, et ce détail prouverait, s'il subsistait un doute, qu'il s'agit bien d'un adoubement ; l'imposition du casque était le rite final de la cérémonie. Orderic Vital, racontant l'adoubement du jeune Henri Beauclerc, s'exprime ainsi : « Lanfranc, voyant qu'il avait, dans sa jeunesse, atteint la robustesse requise, lui remit les armes pour la défense du royaume, le revêtit du haubert et posa le casque sur sa tête. »

C'est probablement à l'automne de 1064 que Harold regagna l'Angleterre en compagnie de son neveu Hakon, l'un des deux otages que le Bâtard avait reçus une douzaine d'années auparavant, et qu'il venait de libérer, nous dit Guillaume de Poitiers, en témoignage de l'estime qu'il portait à son visiteur. Le même historien mentionne assez évasivement un projet de mariage qui aurait été alors ébauché entre Harold et une fille du Bâtard, dont il ne donne pas le nom, mais qui ne pouvait, à cette date, être qu'une enfant.

A l'été de 1065, un très grave incident fit apparaître à nouveau une certaine connexion entre les affaires de l'Angleterre septentrionale et celles du pays de Galles. Harold avait entrepris de faire construire dans cette dernière région, qu'il considérait comme soumise, une résidence de chasse où il comptait inviter le roi Edouard. Or, le jour de Saint-Barthélemy, 24 août, Caradoc, fils de l'ancien roi Gruffyd ap Llywelyn, réunit des hommes du voisinage, attaqua le chantier de construction, tua presque tous les ouvriers et emporta tout ce qu'il trouva sur place. Un mois plus tard, des troubles graves éclataient en Northumbrie. Les version C et D de la *Chronique anglo-saxonne* les mettent en relation avec le coup de main effectué par Caradoc, et dont la version E ne parle pas ; en revanche, les trois sources s'accordent dans le récit de ce qui advint alors en Northumbrie. Tandis que l'earl Tosti se trouvait auprès du roi, dans le sud du royaume, les *thegns* du Northumberland se réunirent en conseil régional des sages, proclamèrent la déchéance de Tosti, tuèrent les *housecarles* de sa garde personnelle et tous ceux de ses hommes qu'ils purent saisir, aussi bien danois qu'anglais ; ils firent aussi main basse sur tous les fonds appartenant à l'administration de l'*earldom ;* un des principaux reproches faits à Tosti portait sur la lourdeur de sa fiscalité. Puis les révoltés choisirent pour earl Morcar, fils du défunt Aelfgar et frère d'Edwin, earl de Mercie, et se dirigèrent vers Northampton. Edwin les rejoignit dans cette ville, avec un grand nombre de *thegns* de Mercie et beaucoup de Gallois. Simple manœuvre d'intimidation : cette fois, pas plus que les précédentes, ils ne pénétrèrent en force dans le sud du royaume afin de ne pas offenser la majesté royale. S'ils revendiquent une certaine autonomie pour le nord, s'ils se sont arrogé le droit de choisir eux-mêmes leur earl, ils n'entendent nullement mettre en cause l'unité du royaume. Harold les rejoignit à Northampton, porteur d'un message du Confesseur, auquel ils répondirent en demandant la confirmation royale du choix qu'ils avaient fait en élisant Morcar comme earl de Northumbrie. Le 28 octobre, le roi Edouard leur faisait, par le truchement de

Harold, connaître son accord et confirmait les lois de
Cnut; en ces temps troublés, on évoquait volontiers
l'époque de Cnut comme une sorte d'âge d'or en matière
de paix publique. En fait, les hommes du nord venaient de
troubler gravement cette paix en pillant et incendiant les
environs de Northampton où beaucoup d'habitants furent
tués par eux : c'est, du moins, la version E de la
Chronique, de tendance godwiniste comme on sait, qui
l'affirme ; on peut penser qu'elle dit vrai car, en raison de
l'insécurité régnant à Northampton, on avait dû transférer
à Oxford le siège des négociations menées entre le roi et
les insurgés du nord.

Le rôle joué par Harold dans toute cette affaire n'est pas
dépourvu d'ambiguïté. Le bruit courut même qu'il était à
l'origine du soulèvement des Northumbriens. « Je n'ose et
ne voudrais pas croire, dit un écrivain du temps, proche de
la Cour royale, qu'un tel prince puisse s'être rendu
coupable d'une telle perversité à l'égard de son frère.
Cependant, l'earl Tosti, lui-même, témoignant devant le
roi et sa cour, l'en accusa ; mais Harold affirma, sous la foi
du serment, son innocence ; il est vrai qu'il était, hélas,
prodigue de serments. » (On doit voir ici, sans aucun
doute, une allusion au serment prêté par Harold à
Bayeux).

Tosti, lui, avait déjà quitté l'Angleterre avec sa famille
et trouvé asile en Flandre où il passa l'hiver.

HAROLD ROI

La santé du roi Edouard, qui déclinait depuis longtemps, fut affectée par la crise politique dont, une fois
encore, l'autorité royale avait fait les frais. Dans les
dernières semaines de l'année 1065, il se fit transporter à
Westminster, mais ne put sans doute pas assister à la
consécration de l'abbatiale qui eut lieu le 28 décembre ; il

mourut le 6 janvier 1066. Le seul récit détaillé de ses dernières heures nous est donné par l'auteur anonyme de la *Vie du roi Edouard;* l'unique manuscrit aujourd'hui conservé de cet écrit offre un texte manifestement remanié ; il n'est pas sûr que la rédaction originelle date, comme le propose son dernier éditeur Frank Barlow, des deux ou trois années qui suivirent la mort du Confesseur. L'auteur est un ancien moine de l'Abbaye de Saint-Bertin, à Saint-Omer, qui passa en Angleterre vers 1060 ; sa crédibilité est fortement sujette à caution. Ayant été, semble-t-il, protégé par la reine Edith, et informé par elle des événements dont il n'avait pas été le témoin, il donne de ceux-ci une version « inspirée » ; d'autre part, il évoque les faits et gestes du roi Edouard en hagiographe beaucoup plus qu'en historien. Concernant, par exemple, la séparation du souverain et de sa femme, survenue en 1051, et la claustration de la reine à l'abbaye de Wherwell, le moine anonyme prétend qu'il s'agissait seulement de mettre Edith à l'abri des dangers qui l'auraient menacée à la Cour : n'était-elle pas fille de Godwine ?

Selon ce biographe-hagiographe, donc, Edouard, « profondément affecté par l'affaire de Northumbrie, tomba malade et, depuis ce jour jusqu'à sa mort, son esprit se ressentit de cette épreuve. Il se plaignait devant Dieu avec un profond chagrin de n'être pas obéi lorsqu'il devait réprimer l'audace des méchants, et appelait sur ceux-ci la punition divine ». Deux jours avant sa mort, ses proches durent le réveiller, tant son sommeil était agité. Alors, d'une voix presque imperceptible, il leur raconta le songe qu'il venait de faire. Deux saints religieux qu'il avait connus dans sa jeunesse en Normandie, et qui étaient morts depuis longtemps, lui étaient apparus. Ils déploraient que les détenteurs des plus importantes charges du royaume, earls, évêques, abbés et tout le clergé, infidèles à leur mission, soient devenus les serviteurs du diable ; les deux moines annonçaient, en conséquence, au roi qu'un an et un jour après sa mort, le royaume tomberait aux

mains de ses ennemis et serait livré au fer et au feu. Alors,
dans son rêve, Edouard leur riposta : « Je vais montrer
aux coupables la volonté de Dieu ; ils se repentiront et
seront pardonnés, comme le furent les habitants de
Ninive. » « Ils ne se repentiront pas, répliquèrent les deux
moines, et le pardon divin ne viendra pas à eux » ; et
comme le roi leur demandait quand finiraient ces tribula-
tions, ils répondirent : « Quand, un arbre en vie ayant été
coupé à mi-hauteur, la partie sectionnée puis emportée à
trois *furlongs* (environ 600 mètres) du tronc rejoindra celui-
ci sans aucune intervention humaine et produira de
nouveau des feuilles et des fruits. » Au chevet du roi se
trouvaient la reine Edith « qui réchauffait dans son sein les
pieds du moribond », l'earl Harold, le sénéchal du palais,
Robert-Fils-Wimarch, l'archevêque Stigand et quelques
autres personnes qu'Edouard avait fait venir pour entendre le récit du songe qu'il avait eu. Stigand, se penchant
vers Harold, lui murmura à l'oreille : « Le roi est brisé par
l'âge et par la maladie ; il ne sait plus ce qu'il dit... » « La
reine, au contraire, et celles des personnes présentes qui
avaient appris à respecter Dieu dans leurs cœurs, pesèrent
et comprirent tout autrement les paroles du mourant ».
Les derniers mots du roi auraient été pour la reine et pour
Harold ; à Edith, il aurait dit seulement : « Puisse Dieu
être bienveillant pour ma femme que voici, pour la
sollicitude dévouée qu'elle m'a montrée ; elle m'a fidèlement assisté et s'est toujours trouvée à mes côtés comme
une fille très chère. » Puis, tendant la main vers Harold :
« Je place sous ta protection cette femme et tout le
royaume. Sers-la et honore-la en fidèle obéissance,
comme ta dame et ta sœur, ce qu'elle est ; ne lui retire,
tant qu'elle vivra, rien de ce qu'elle a reçu de moi. Je te
recommande aussi les hommes qui ont quitté leur pays
natal par amour pour moi et m'ont jusqu'à ce jour servi
fidèlement. Reçois d'eux un serment de fidélité, s'ils
veulent te servir ; sinon, laisse-les rentrer librement chez
eux outre-mer, avec tout ce qu'ils ont acquis à mon

service. Prépare ma sépulture dans l'abbaye, à l'endroit qui te sera indiqué. Ne diffère pas l'annonce de ma mort ; qu'elle soit connue partout afin que tous les fidèles puissent implorer pour moi, pécheur, la miséricorde du Tout-Puissant. »

On note une correspondance frappante entre cette scène telle qu'elle est décrite par l'auteur de la *Vie du roi Edouard* et celle que montre la Tapisserie de Bayeux. Il existait, à coup sûr, une tradition généralement admise selon laquelle le Confesseur, à ses derniers instants, avait exprimé solennellement ses dernières volontés ; telle était d'ailleurs la coutume parmi les grands, à cette époque où l'usage du testament écrit n'était pas encore établi. Sur la Tapisserie, on voit un personnage qui aide le moribond alité à se redresser et le maintient assis ; aux pieds du roi, la reine qui pleure ; d'un côté du lit, un personnage, qui peut être Harold, vers qui Edouard tend la main ; de l'autre côté, un clerc qui ne ressemble pas au personnage de Stigand, lequel est représenté et désigné par son nom dans une scène voisine.

Selon une tradition favorable à l'earl Harold, le roi aurait, à ses derniers instants, désigné celui-ci pour son héritier, révoquant ainsi implicitement la promesse naguère faite à Guillaume le Bâtard. On notera que l'auteur de la *Vie du roi Edouard* n'en dit rien ; il écrit sous l'influence et peut-être à l'intention de la reine Edith qui était réputée favorable à la candidature du duc de Normandie, et fort hostile à son frère Harold. Le version E de la *Chronique anglo-saxonne* dit que celui-ci « succéda au trône d'Angleterre, ainsi que le roi le lui avait donné ». Les versions C et D sont moins catégoriques : « Le sage prince confia le royaume à un homme de haut rang, à Harold lui-même, noble earl qui avait toujours observé loyalement les ordres de son seigneur. » C'est en des termes analogues que la *Vie du roi Edouard* rapporte les dernières volontés du souverain mourant : à Harold, en sa qualité de premier personnage du *witenagemot* et principal conseiller du roi, il aurait confié la mission de veiller sur la reine et sur le royaume ; il ne le désignait pas, pour autant, comme héritier de la couronne. Toutes les sources écrites où l'on peut chercher une information à cet égard sont postérieures au drame de Hastings et au déferlement de propagande qui le précéda ; comment espérer, dès lors, y trouver une relation objective d'un fait dont les témoins furent très peu nombreux ? L'opinion de deux d'entre eux s'est exprimée : celle d'Edith dans la *Vie* de son mari ; celle de Harold, quoique moins certainement, dans la version E de la *Chronique ;* or elles sont contradictoires. Compte tenu des événements des années précédentes, il est peu vraisemblable qu'Edouard ait révoqué sur son lit de mort, et en présence d'Edith, la promesse faite au Bâtard en 1051 et jamais remise en cause depuis lors.

Le Confesseur fut enseveli, selon son vœu, dans l'abbatiale de Westminster, le 6 janvier 1066. Quelques heures plus tard, « l'earl Harold fut couronné roi » (*Chronique anglo-saxonne,* versions C et D) ; on notera le caractère prudemment laconique de cette formulation, car le couronnement devait être précédé de l' « élection » ; or, de celle-ci, les versions C et D ne font pas mention. En revanche, la version E affirme, comme on l'a vu, que l'earl de Wessex avait été désigné par le défunt roi pour être son successeur. L'emploi du mot « élection » pour désigner le mode du choix du roi dans l'Angleterre saxonne est d'ailleurs un abus de terme, du moins si l'on donne à celui-ci le sens qu'il acquerra peu à peu, en certains pays, au cours des siècles suivants. Il n'apparaît pas que le *witenagemot* ait eu le droit d'élire, à proprement parler, celui qui devait occuper le trône vacant ; et, en fait, il n'exerça jamais cette prérogative. On sait, au demeurant, que cette assemblée des sages du royaume n'était pas « un corps constitué avec des droits et des fonctions bien définis ; ce n'était pas une assemblée nationale au sens propre de ce terme ; elle n'était pas composée de représentants de la nation, au sens qu'aura cette expression au XIXᵉ siècle

(Frank Barlow). En fait, sinon en droit clairement exprimé dans la loi, l'aptitude à régner est le propre d'une famille, celle du roi défunt ; la succession est normalement dévolue au fils aîné de celui-ci, à moins qu'il ne soit trop jeune, auquel cas elle peut échoir à un frère ; en tout état de cause, l'usage veut que le roi désigne, de son vivant, son successeur. Harold n'aurait certainement pas été reconnu comme roi par les *witan* s'il n'avait affirmé qu'Edouard l'avait, à ses derniers instants, choisi pour héritier.

La précipitation avec laquelle il se fit reconnaître par les *witan,* puis sacrer et couronner, donne à penser que cette affirmation rencontra quelques réticences ; en fait, Harold dut faire, peu après, une tournée dans les comtés du nord dont il s'assura, pour le moins, la neutralité tacite grâce à l'appui que lui donna l'évêque Wulfstan de Worcester. Il est probable que beaucoup de *witan* se trouvaient à Londres dans les premiers jours de janvier 1066, venus pour assister à la consécration de l'abbatiale de Westminster et en raison de l'imminence de la mort du Confesseur ; pour tous, le problème de la succession au trône se posait, cette fois, en termes particulièrement délicats, mais beaucoup d'entre eux furent certainement surpris de la hâte avec laquelle il fut pourvu à la vacance. Il semblerait, en tout cas, que personne n'ait alors avancé le nom du jeune Edgar, fils de l'aetheling Edouard qui était mort de manière étrange en 1057. Le jeune garçon n'avait alors guère plus d'une dizaine d'années ; en dépit de son appartenance à la famille royale, on estima sans doute que la gravité de la situation ne permettait pas de lui confier le pouvoir.

Pour Guillaume de Poitiers, Harold aurait reçu le sacre royal et la couronne des mains de Stigand, l'indigne archevêque de Cantorbéry. La Tapisserie de Bayeux adopte cette même version des faits. Les sources anglaises les plus anciennes ne nomment pas le prélat consécrateur : à la date où elles furent mises par écrit, Stigand avait été déposé (1070) ; on pouvait donc être gêné de le mettre en cause ; au contraire, l'opinion normande avait un argument de plus pour disqualifier Harold s'il avait reçu la dignité royale d'un prélat dont la papauté n'avait cessé de nier la légitimité. C'est au XIIe siècle seulement que le chroniqueur Florent de Worcester attribue à l'archevêque d'York Ealdred le rôle d'officiant dans la cérémonie du sacre.

C'est sans doute vers la mi-janvier 1066 que l'on connut en Normandie la nouvelle de la mort d'Edouard et du couronnement de Harold ; elle ne parvint en Norvège que sensiblement plus tard.

Harald Hardrada savait qu'en toute hypothèse il ne pourrait accéder au trône d'Angleterre que par la force des armes ; il s'y préparait depuis longtemps et l'expédition menée en 1058 par son fils Magnus contre l'Angleterre septentrionale n'avait été sans doute qu'un raid de reconnaissance et d'entraînement.

La Conquête

Guillaume le Bâtard, lui, avait certainement envisagé le cas où Harold manquerait à la parole qu'il avait donnée en 1064 ; mais il n'avait, semble-t-il, fait aucun préparatif militaire en vue de cette éventualité. Apprenant ce qui venait de se passer à Londres, il décida sans hésitation de prendre les armes pour faire valoir le droit qu'il tenait de la désignation faite en 1051 par Edouard le Confesseur et approuvée — du moins l'affirmait-on en Normandie — par les *witan*.

S'il faut en croire la Tapisserie de Bayeux, la nouvelle aurait été apportée en Normandie par un petit navire, sans doute une embarcation particulièrement rapide, gréée seulement d'une voile et dont le bordage n'est pas percé de trous de nage ; l'un des quatre hommes qui la montent est un Normand car sa nuque est rasée. Sans doute ne s'agissait-il pas d'émissaires envoyés par le nouveau roi d'Angleterre, mais d'informateurs privés dont le Bâtard disposait outre-Manche. Durant le premier semestre de 1066, la Normandie est bouillonnante d'activités dont la chronologie exacte ne se laisse pas aisément saisir. Puisqu'un corps expéditionnaire devait être transporté en Angleterre, il fallait avant tout réunir des navires en nombre suffisant. Le duc de Normandie avait à sa

disposition une flotte permanente ; c'est elle que Robert le
Magnifique avait utilisée pour l'expédition qui devait le
conduire en Angleterre, mais s'acheva lamentablement,
sous les coups de la tempête, dans les eaux de Jersëy. Elle
avait certainement été reconstituée, mais se trouvait
dérisoirement insuffisante pour servir, au printemps de
1066, le projet du Bâtard. Guillaume de Poitiers et
Guillaume de Jumièges, dont le témoignage est confirmé
par la Tapisserie, rapportent que le duc donna très tôt
l'ordre de construire des embarcations ; la Broderie de
Bayeux montre des bûcherons et des charpentiers au
travail. Si étrange que cela puisse aujourd'hui paraître, des
centaines de bateaux furent construits en six ou sept mois
avec du bois fraîchement abattu ; rien d'exceptionnel, en
fait, à cela ; nous savons, en effet, que tout au long du
Moyen Age, on n'hésitait pas, pour les constructions tant
civiles que militaires, à employer du bois vert ; quand on le
pouvait, on plongeait les troncs abattus dans une rivière ou
une pièce d'eau où ils séjournaient l'hiver ; puis, après un
séchage sommaire, ils étaient livrés aux charpentiers.
Compte tenu de l'urgence, il ne fut certainement pas
possible, en 1066, de recourir à cette préparation. Il
semble bien, d'autre part, que durant tout le Moyen Age,
les stocks de bois sec aient été fort peu considérables ; les
textes montrent que, lorsqu'un prince entreprenait une
importante construction — le Château-Gaillard, par
exemple, en 1196-1197 — il fallait effectuer d'énormes
coupes dans ses forêts ; on possède aussi des mentions de
récupération de vieux bois provenant de coques de navires
réformés ou de futailles anciennes.

On sait que, dans la Scandinavie des Vikings, un navire
du type *dreki* (pluriel : *drakkar*), long d'une quarantaine
de mètres, pouvait être construit en l'espace de trois mois.
Si telle était encore la capacité des chantiers normands au
XIe siècle, chacun d'entre eux aurait pu construire deux
bateaux entre janvier et juillet 1066. Il est, d'autre part,
certain que tous les chantiers existants furent mis à

contribution. Sans doute même fallut-il en ouvrir de nouveaux et, à cette fin, recruter à l'étranger, notamment en Flandre et en Bretagne, la main-d'œuvre nécessaire. D'autre part, le duc réquisitionna les navires de pêche et de commerce présents dans les ports normands et aptes à transporter hommes et chevaux. Après concertation du Bâtard et de ses barons, chacun de ceux-ci s'engageait à fournir un certain contingent d'embarcations. Un document qui paraît assez crédible donne la répartition de ces prestations et montre qu'elles portèrent sur l'ensemble de la Normandie. Les chantiers de construction se trouvaient à proximité de forêts et sur le cours d'une rivière, grande ou petite : il fallait bien que le bateau achevé fût acheminé par voie d'eau jusqu'à la mer ; quant aux forêts, elles couvraient encore de très vastes étendues et appartenaient au duc ou à ses principaux barons. Il est remarquable que les deux barons qui acceptèrent, dans la répartition, la plus lourde charge, étaient les deux frères utérins du Bâtard, fils de Herleue et d'Hellouin de Conteville : l'évêque de Bayeux Eude s'engageait à fournir 100 navires et son frère Robert, comte de Mortain, 120. La contribution de chacun des autres principaux tenants en chef était de 60 à 80 unités. Sans doute ces embarcations furent-elles, suivant un usage assez général à cette époque, fournies avec leur gréement et leurs équipages ; il va sans dire que pareille ponction effectuée sur la flotte normande n'alla pas sans de sérieux inconvénients pour les activités de pêche et de commerce. On imagine sans peine combien hétéroclite devait apparaître l'armada ainsi constituée en hâte.

Il fallait aussi lever une armée en vue d'une expédition à l'étranger, dont on ne pouvait prévoir la durée ; or le service d'ost vassalique, déjà largement répandu dans le duché, n'était dû gratuitement que quarante jours par an et dans l'intérieur de l'Etat normand ; il fallait donc, cette fois, négocier avec les barons leur participation, celle de leurs vassaux et arrière-vassaux. Outre les contacts particuliers qui furent nombreux entre le duc et les intéressés, le Bâtard réunit à plusieurs reprises ses principaux tenants en chef ; peut-être une première fois à Lillebonne, comme le rapporte Guillaume de Malmesbury, puis à Bonneville-sur-Touques. Guillaume de Poitiers nomme quelques-uns de ceux qui participèrent à cette réunion : le comte de Mortain Robert, fils de Herleue et d'Hellouin de Conte-ville ; le comte d'Eu Robert ; le comte d'Evreux Richard, fils de l'archevêque de Rouen Robert ; Roger de Beau-mont, fils d'Onfroy de Vieilles, apparenté à la famille ducale puisqu'il descendait d'une sœur de Gonnor, *frilla* du duc Richard Ier ; alors au seuil de la vieillesse, ce Roger jouissait d'une réputation de sagesse exceptionnelle ; Roger de Montgommery, qui était depuis une quinzaine d'années l'un des meilleurs lieutenants et des conseillers les plus écoutés du Bâtard, dont il était, lui aussi, parent ; Guillaume-Fils-Osbern, dont le père avait été le fidèle gardien du petit duc dans les années sombres de son enfance et de sa première adolescence : il ne fournit pas moins de 60 navires lors de la grande levée de la flotte qui était alors en cours ; enfin, Hugues, vicomte d'Avranches. Selon Guillaume de Poitiers, le duc n'obtint pas d'emblée l'approbation sollicitée ; beaucoup, parmi les barons, trouvaient téméraire le projet conçu par leur duc ; ils étaient d'ailleurs surpris de noter chez celui-ci un radical changement. Ne s'était-il pas montré jusque-là extrême-ment réservé à l'égard des vicissitudes qu'avait connues l'Angleterre et de toute expédition hors du territoire normand, sinon sur les franges afin d'en équiper la défense ? Pourtant les réserves exprimées par les barons cédèrent assez vite devant la détermination de leur prince, d'autant plus vite que l'on formait déjà des projets concernant le partage des terres à conquérir et du butin à saisir ; c'est ainsi que le duc promit alors à l'abbaye de Fécamp de la remettre en possession du domaine de Steyning, dans le Sussex, qui lui avait été donné par Edouard le Confesseur, puis confisqué par Harold. A vrai dire, tout le monde ne partageait pas cet optimisme ; par exemple, l'abbaye de Marmoutier, qui avait de grands biens en Normandie, souhaita obtenir une confirmation générale de ces possessions de la part, non point de Guillaume, mais de son fils aîné Robert, appelé à lui succéder sur le trône ducal au cas où il ne reviendrait pas.

Peut-être Robert fut-il formellement désigné comme héritier du trône ducal et reçut-il, à ce titre, le serment de fidélité des barons ; il avait alors 13 à 14 ans et, depuis plusieurs années déjà, apposait souvent sa souscription au bas des chartes de son père. Mais c'est à Mathilde que fut confiée ce qu'on appellera plus tard la régence, pour le temps que devait durer l'absence de son époux ; elle devait être assistée du vieux et sage Roger de Beaumont qui laissait à son fils Robert l'honneur de participer à l'expédition dans laquelle il devait s'illustrer ; restait aussi en Normandie, auprès de la duchesse, Roger de Montgommery qui jouissait d'un ascendant certain sur l'ensemble de l'aristocratie normande. Certainement aussi, Mathilde pouvait compter sur l'appui et les conseils de Lanfranc, l'ancien prieur du Bec qui avait en charge depuis 1063 la construction de l'Abbaye-aux-Hommes de Caen.

L'ensemble des barons, ou du moins la plupart d'entre eux, se trouvèrent réunis, pour la dernière fois avant le départ, à la mi-juin 1066, à Caen. C'est, en effet, le 18 juin que fut consacrée l'église abbatiale de la Trinité, fondée par Mathilde. A cette occasion, Guillaume et elle-même firent à l'Abbaye-aux-Dames de riches donations et furent imités par beaucoup des tenants en chef ; leur fille Cécile, alors âgée d'environ 5 ans, fut donnée comme oblate au nouveau monastère. Les souscriptions qui figurent au bas de la grande charte de fondation donnent une idée de la foule nombreuse et brillante qui fut présente à la cérémonie.

La cohésion de l'aristocratie normande est alors excellente ; tout se passe comme si les rivalités de lignages, le sanglant enchaînement de meurtres et de vengeances dont on observait encore les manifestations une dizaine d'années auparavant, n'avaient laissé aucune trace ; et durant l'absence de Guillaume, le duché restera parfaitement calme. La déstabilisation dont souffrent, depuis le début du siècle, tant de principautés féodales de la France est ici terminée ; la vigoureuse et patiente politique du Bâtard y a mis fin ; il y a d'ailleurs été aidé par l'émigration de beaucoup de trublions vers l'Italie méridionale. La consolidation de la puissance publique dans le duché s'est accompagnée d'une nette croissance de son prestige à l'étranger. L'une et l'autre apparaissent, à l'heure fatidique, comme de sérieux gages du succès. De ses proches voisins, le duché n'a plus rien à craindre : le royaume de France est gouverné, au nom du petit roi Philippe Ier, par Baudoin V de Flandre, père de Mathilde. L'Anjou est neutralisé par une interminable querelle de succession. En Bretagne, si l'expédition de 1064 n'a guère été concluante, le duc de Normandie compte désormais assez de puissants amis pour que sa frontière de l'ouest ne soit pas menacée. Pour le reste, une offensive diplomatique est menée à bien, durant le premier semestre de 1066, en même temps que se développent les préparatifs intérieurs. On ne sait pas exactement à quelle date, ni par quel truchement, le Bâtard prit contact avec l'entourage du pape Alexandre II ; il semblerait que son meilleur avocat à Rome ait été le diacre Hildebrand, futur Grégoire VII, qu'il avait peut-être connu en France lorsque ce jeune et ardent réformiste y était venu pour combattre l'hérésiarque Bérenger. Sans doute exposa-t-on au pontife tous les démérites de Harold et de sa famille : leur responsabilité présumée dans le meurtre du prince Alfred, frère d'Edouard le Confesseur, puis dans celui de l'aetheling Edouard ; la désinvolture avec laquelle ils avaient mis la main en Wessex sur nombre de possessions ecclésiastiques ; peut-être aussi la violation du serment prêté par Harold à Bayeux ; mais surtout l'appui donné à Stigand, qui, pour les milieux réformistes de Rome, incarnait tous les vices qu'il fallait extirper de l'Eglise et faisait obstacle à la restauration souhaitée de celle-ci. A cet égard, au contraire, la Normandie faisait belle figure ; et les Normands d'Italie méridionale étaient depuis 1059 les protecteurs attitrés du siège romain. On pouvait espérer que Guillaume, s'il devenait roi d'Angleterre, porterait remède au désordre qui désolait dans ce pays l'Eglise. C'est ainsi qu'Alexandre II envoya en Normandie, pour accompagner l'expédition préparée, un étendard qu'Orderic Vital appelle « étendard de saint Pierre » ; cet emblème signifiait pour tous le patronage accordé par le pape à la cause de Guillaume de Normandie. Selon Wace, le pape aurait aussi donné au Bâtard une relique : un cheveu de saint Pierre enchâssé dans un anneau d'or, que Guillaume devait porter à son cou durant toute la campagne.

Des messagers auraient été, d'autre part, envoyés auprès de la Cour impériale pour plaider la cause normande : Guillaume de Poitiers affirme que le Bâtard avait récemment conclu avec l'empereur un traité aux termes duquel celui-ci s'engageait à porter aide à son partenaire contre tous ses ennemis. Pareille assertion est assez peu crédible : au printemps de 1066, l'empereur Henri IV règne depuis quelques mois seulement ; âgé de 15 ans, il a été déclaré majeur et adoubé le 29 mars 1065 ; mais il demeure, en fait, dominé par la forte personnalité de l'archevêque Adalbert de Brême ; l'Empire a de très graves soucis sur ses frontières de l'est ; il est en conflit aigu avec le pape, après avoir soutenu contre lui l'antipape Honorius II, et avec les Normands d'Italie méridionale. Rien ne permet donc de penser que le gouvernement impérial ait pris parti, dans le conflit ouvert en 1066, pour le duc de Normandie.

Selon Guillaume de Poitiers, Sven Estrithson, roi de Danemark, aurait aussi promis son appui au Bâtard ; ce prince, neveu du feu roi Cnut, aurait pu lui-même, à ce titre, revendiquer la succession d'Edouard le Confesseur ; en fait, il n'intervint d'aucune manière en faveur de la cause normande ; son souci majeur était sans doute, en

1066, de s'opposer à l'entreprise activement préparée par son voisin et principal ennemi Harald Hardrada, roi de Norvège, qui entendait, en effet, faire triompher par les armes le droit qu'il prétendait avoir au trône d'Angleterre. Il avait partie liée avec Tosti qui, dépossédé de son earldom de Northumbrie, avait passé en Flandre l'hiver 1065-1066. Orderic Vital, interpolant vers 1110 le texte de Guillaume de Jumièges, rapporte que Tosti vint en Normandie pour chercher l'aide du Bâtard ; il n'est pas impossible que celui-ci, connaissant l'hostilité acharnée que nourrissait l'earl déchu contre son frère Harold, ait tenté de la mettre à profit ; mais il ne pouvait ignorer non plus que Tosti entendait pour lors préparer les voies à son allié norvégien et reprendre possession de la Northumbrie ; on lui prêtait même l'intention de briguer le trône. Aucune entente durable n'était donc possible entre le duc de Normandie et lui ; il semble, en tout cas, n'avoir pas été question d'enrôler le bouillant frère de Harold dans l'armée que rassemblait le Bâtard. C'est du Cotentin septentrional, sans doute de Barfleur, qu'il appareilla avec une vingtaine de navires et mit le cap sur l'île de Wight où, grâce à un favorable vent du sud, il parvint en quelques heures. Les contemporains ont-ils cru à une connivence entre lui et le duc Guillaume ? On pouvait supposer, non sans vraisemblance, que Tosti était chargé par le Bâtard de conquérir et d'aménager à Wight une base d'attaque où l'aurait rejoint le gros de l'expédition normande. En fait, c'est seulement au XIIᵉ siècle qu'un tel projet est prêté à Guillaume par Robert de Torigny dans l'une de ses interpolations au texte de Guillaume de Jumièges ; cette assertion ne résiste guère à l'examen : comment Tosti eût-il pu se maintenir, avec quelques centaines d'hommes, dans l'île où il avait débarqué par surprise ? Et, à cette date, le Bâtard n'était pas en mesure de lui envoyer des renforts. Tout porte à croire qu'en cette affaire, l'earl agit pour son propre compte ; peut-être même quitta-t-il la Normandie à l'insu de Guillaume.

Dès que son débarquement fut connu en Angleterre, Harold réagit très vite sur terre et sur mer : il envoya des troupes pour garder la région littorale, tandis que des navires partis de la région de Bristol pourchassaient Tosti en direction du nord-est. Le frère ennemi du roi, dans sa fuite, trouva néanmoins le temps de harceler les ports du Kent qui fournissaient des navires à Harold et de prendre même à sa solde des bateaux et des équipages en vue de débarquer dans son ancien earldom de Northumbrie. Mais, dès qu'ils y eurent touché terre, ses hommes furent attaqués par une troupe que l'earl Edwin avait levée en Mercie ; beaucoup d'entre eux furent tués ; d'autres, qui avaient été enrôlés de force, se débandèrent, reprirent leurs embarcations et rentrèrent chez eux ; il ne restait à Tosti que douze bateaux lorsque, vaincu, il s'en fut chercher asile auprès du roi d'Ecosse Malcolm.

Il serait surprenant qu'aucun contact n'ait été pris par voie diplomatique entre le duc de Normandie et le nouveau roi d'Angleterre ; seul pourtant, parmi les historiens du temps, Guillaume de Jumièges rapporte que le Bâtard aurait envoyé à son rival une ambassade pour lui rappeler tous les engagements qu'il avait pris lors de son séjour en Normandie en 1064. Mais si manifeste était la détermination des deux antagonistes que l'inutilité de semblables démarches devait apparaître évidente à l'un et à l'autre. Harold devait se sentir menacé sur plusieurs de ses frontières ; il ne pouvait ignorer que les préparatifs de Harald Hardrada s'étaient intensifiés à la nouvelle de la mort du Confesseur ; il s'attendait à coup sûr à ce que le Norvégien attaque sur les côtes du nord-est de l'Angleterre : Harald avait une excellente base d'opérations dans l'archipel des Orcades qui étaient alors sous son contrôle. Mais il semblerait que Harold comptât sur les earls Edwin et Morcar pour faire face à cette attaque ; il avait multiplié les efforts pour se les concilier et avait même contracté mariage avec leur sœur Ealdgyth, qui était veuve du défunt roi de Galles Gruffyd ap Llywelyn, donnant ainsi un gage à l'aristocratie galloise qu'il avait naguère si durement combattue. Il pensait, de la sorte, pouvoir faire porter l'essentiel de son effort défensif sur les frontières méridionales de son royaume. Lorsque Tosti, son frère ennemi, avait attaqué celles-ci au printemps de 1066, il avait suffi qu'il marchât vers les côtes du Sussex pour que l'agresseur s'en éloignât ; et lorsque le rebelle, refusant le combat, s'était replié vers l'estuaire du Humber, il ne l'y avait pas suivi, laissant aux earls de Mercie et de Northumbrie le soin de l'affronter. De toute évidence, c'est la menace normande que Harold redoutait surtout. Il ne pouvait prévoir la stratégie d'attaque qu'emploierait le Bâtard : raid massif ou débarquement sur plusieurs points ; l'offensive pouvait partir d'un seul ou de plusieurs points du rivage normand, sinon même d'un territoire ami. A cette date, le duc de Normandie ne compte que des sujets ou des amis du Pas de Calais à l'extrémité occidentale de la Bretagne. Harold, au contraire, ne pouvait trouver sur ces côtes des appuis, même pas des informateurs. Il dut y envoyer certainement des agents de renseignements. Guillaume de Poitiers rapporte que l'un d'eux fut capturé ; il avait une histoire toute prête pour expliquer sa présence sur le continent, mais cette fable ne trompa personne ; pourtant, le duc magnanime ne le retint pas en prison ; il le renvoya en Angleterre, porteur d'un message de défi.

Pour faire face à l'invasion attendue, Harold pouvait compter essentiellement sur les forces militaires et navales que devait lui fournir l'earldom de Wessex ; dans toute cette partie méridionale du royaume, son pouvoir était solidement établi ; les populations avaient montré depuis une vingtaine d'années un attachement sans défaillance à Godwine, puis à son fils ; lors de l'incident de Douvres, en 1051, les habitants de la ville avaient même pris fait et cause pour leur earl, contre la volonté du roi Edouard.

En droit strict, tout homme libre (*ceorl*) était astreint au service armé, sur convocation du roi ; mais depuis deux cents ans au moins, la royauté anglo-saxonne n'avait pas usé de ce droit. Concernant la première moitié du XIᵉ siècle, un seul texte apporte une précision à cet égard : dans le comté de Berkshire, au temps d'Edouard le Confesseur, lorsque le roi convoquait l'armée, un homme devait être fourni par chaque groupe de cinq *hides* (tenure familiale analogue au manse carolingien) et chaque *hide* devait verser quatre shillings pour la subsistance et la solde de ce guerrier. Mais le dénombrement de la population n'était pas calculé par *hides* dans tout le royaume et l'on ne sait donc pas sur quelle base démographique ou territoriale se faisait, dans les autres comtés, la levée de l'armée (*fyrd*) ; quant à l'équipement et à l'armement, il était laissé à la charge et à l'initiative de la population que frappait cette levée. La piétaille ainsi réunie devait être accoutrée et armée de manière bien disparate ; s'il fallait en chercher l'image dans la Tapisserie de Bayeux, l'armement aurait été extrêmement rudimentaire et archaïque : on y voit, en effet, la masse de l'armée de Harold équipée de gourdins et de bâtons fendus à une extrémité ; dans la fente est inséré un silex taillé, maintenu par une ligature. A moins que le dessinateur de la broderie bayeusaine ait voulu ridiculiser de la sorte l'armée qui devait être vaincue, on peut supposer, avec F. M. Stenton, que ces hommes n'étaient pas le *fyrd,* mais seulement des paysans de la région ameutés à la dernière minute et désireux de se venger des exactions qu'ils subissaient depuis quelques semaines de la part des envahisseurs. Ainsi avait-on vu, à Varaville (1057), l'armée du duc Guillaume renforcée *in extremis* par la population locale assoiffée de revanche sur un ennemi qui venait de la piller. L'encadrement du *fyrd* était assuré par les *thegns*. Enfin, le noyau dur était constitué par les *housecarles* armés de la longue hache qu'ils maniaient à deux mains : c'étaient des hommes d'une stature et d'une robustesse hors du commun. En 1066, et depuis plusieurs décennies, ils ne formaient plus autour du roi ou des earls une garde personnelle séjournant en permanence auprès d'eux ; la plupart d'entre eux habitaient sur leurs propres terres, mais devaient répondre à tout appel en cas de guerre ; peut-être, cependant, accomplissaient-ils de temps en temps, durant les périodes de paix, un service de garnison à la résidence du prince qu'ils servaient. Tous ces hommes combattaient à pied. Quelques-uns des seigneurs normands immigrés en Angleterre pendant le règne d'Edouard, notamment à la frontière galloise, avaient bien essayé d'entraîner leurs *thegns* au combat équestre, mais n'y avaient guère réussi. Lorsqu'en 1055 une troupe commandée par l'earl Raoul de Hereford avait été écrasée par les Gallois, la *Chronique anglo-saxonne* (version C) avait imputé la responsabilité de la défaite à l'earl normand « parce qu'il avait voulu faire combattre ses hommes à cheval ».

Pour prévenir ou repousser un débarquement des Normands sur les côtes méridionales de l'Angleterre, force était, d'autre part, de disposer d'une flotte ; pour la constituer, Harold eut fort à faire. La force navale permanente, grosse d'une quarantaine de navires, qu'Aethelred II avait formée au temps de la grande menace danoise, était montée par des équipages professionnels dont la solde était à la charge du roi ; il s'en acquittait en levant une taxe sur ses sujets. Pour éluder cette dépense, Edouard le Confesseur avait réduit l'effectif à 14, puis à 5 navires, avant de liquider totalement, en 1051, cette flotte royale et de supprimer la taxe qui en payait l'entretien ; ce qui peut expliquer, en vérité, une mesure aussi déraisonnable, c'est que les gens de mer, particulièrement ceux de Londres, s'étaient montrés, en diverses circonstances, de chauds partisans de Godwine. Mais le roi ne pouvait se passer totalement d'une flotte pour la défense de ses frontières maritimes ; il fit appel à six ports des côtes de la Manche, entre Hastings et l'estuaire de la Tamise, c'est-à-dire à l'extrémité sud-est du Kent ; aux habitants de ces ports, il céda le droit de conserver le produit des amendes de justice, à condition qu'ils lui fournissent le service d'un certain nombre de bateaux avec leurs équipages. Cet accord était encore en vigueur en 1066 et Harold pouvait compter sur le loyal concours des ports en cause, qui se trouvaient situés dans son earldom et, qui plus est, dans le comté de Kent dont la famille de Godwine était originaire. Mais les navires ainsi disponibles n'étaient qu'une mince flotte permanente, capable tout au plus de servir de noyau dur à la force navale qu'il faudrait bien lever en cas d'invasion étrangère ; cette levée se faisait au titre du *fyrd,* certaines populations étant tenues à fournir, à l'appel du roi, des navires et non des soldats ; mais, dans un cas comme dans l'autre, cette mobilisation n'était effective qu'après un délai trop long pour que le prince pût riposter efficacement à une attaque soudaine.

Les versions C et D de la *Chronique anglo-saxonne,* après avoir mentionné, à la date du 6 janvier 1066, l'élection de Harold, ajoutent : « Il ne connut guère de repos tant qu'il gouverna le royaume » ; et, quelques lignes plus loin : « Alors, à travers toute l'Angleterre, on vit dans le ciel un signe jusqu'alors inconnu. Certains dirent que c'était l'étoile appelée comète, que l'on appelle parfois l'étoile chevelue ; elle apparut le 24 avril et brilla pendant toute la semaine. » La Tapisserie de Bayeux met en scène un groupe d'Anglais qui la montrent du doigt, tandis que Harold inquiet s'entretient avec un compagnon de la signification de ce prodige ; sur le toit du palais, deux corbeaux, oiseaux de malheur, complètent le tableau. Il s'agissait, en fait, de la comète de Halley, dont l'apparition, qui se répète tous les soixante-quinze ans environ, est signalée, cette même année, par plusieurs chroniques européennes. Dans l'Angleterre, qui s'attendait à une double invasion, on y vit certainement un présage funeste. Les historiens normands font aussi mention du phénomène, mais n'y voient pas une menace pour leur pays. Guillaume de Poitiers apostrophe Harold en ces termes : « La comète, terreur des rois, en brillant au début de ton règne, annonça ta ruine prochaine. » De fait, quelques jours après l'apparition de l'astre, Tosti débarquait sur les côtes du Sussex : c'était le début des tragiques événements qui devaient, en cette année 1066, frapper le royaume anglo-saxon.

En Normandie, les préparatifs de l'expédition occupèrent le premier semestre de l'année. Que l'on ait pu les mener à bien en un si court laps de temps est difficilement explicable ; d'ailleurs, les sources écrites ne donnent à cet égard aucune indication précise. On s'accorde généralement à penser que les liens de dépendance à l'intérieur de la classe aristocratique n'avaient pas encore pris, dans tous les cas, la forme proprement féodale ; sans doute gardaient-ils encore parfois le caractère d'un simple engagement de fidélité d'homme à homme. Mais quoi qu'il en soit, c'est en premier lieu sur ses barons que le duc devait compter pour rassembler le corps de guerriers à cheval, muni de l'armement complet offensif et défensif, qui constituerait le noyau dur de l'armée. Il n'avait pas hésité, reprenant à son compte une politique ébauchée par Robert le Magnifique, à amputer largement son immense domaine par des inféodations ; en retour, les bénéficiaires de celles-ci lui devaient le service d'un certain nombre de chevaliers ; ainsi, Guillaume disposait-il en 1066 de très importants contingents de combattants à cheval. Puis, à ces chevaliers vinrent se joindre de petits groupes cohérents, accourus de diverses régions ; le contingent breton semble avoir été le plus nombreux. En outre, des hommes entraînés au combat à cheval mais dépourvus d'un patrimoine ou d'un fief qui leur permît de vivre, offrirent leurs services, attirés par l'aventure à courir. Guillaume de Poitiers, qui fut témoin de cette étonnante concentration de guerriers, fait dire au Bâtard, parlant de Harold : « Si riche soit-il, il n'est pas en mesure de donner à ses hommes l'espoir de conquérir ce qui m'appartient. Moi, au contraire, je puis promettre à ceux qui me suivront une part des biens qui m'appartiennent légitimement (en

Angleterre) et qu'actuellement Harold détient injustement. » L'espoir d'être présents au partage du butin fut, à n'en pas douter, le mobile profond de l'engagement, chez les chevaliers d'aventure, sans aucun doute, mais aussi, pour une part, chez les membres de l'aristocratie normande que leur serment de fidélité n'obligeait pas à suivre leur duc à l'étranger. Enfin, le Bâtard enrôla certainement des mercenaires, notamment des archers et des arbalétriers.

Les dires des écrivains du temps concernant l'effectif total de cette armée varient à l'extrême ; on sait, d'ailleurs, fort bien que les chiffres et les nombres ont alors une valeur symbolique beaucoup plus que strictement arithmétique, même sous la plume d'historiens dont le témoignage est généralement crédible. Tel poète avance le chiffre de 150 000 ; pour Guillaume de Poitiers, le Bâtard avait rassemblé 50 000 chevaliers ; compte tenu du rapport numérique entre fantassins et cavaliers dans les armées de cette époque, le corps expéditionnaire réuni en 1066 aurait alors été gros de quelque 150 000 hommes. Ces assertions sont tout à fait invraisemblables, et l'on est contraint, pour évaluer le nombre des combattants rassemblés par Guillaume, de recourir à la notion de vraisemblance et de chercher des éléments indirects d'appréciation. Le nombre et le tonnage des bateaux utilisés pour la traversée pourraient être ici d'un grand secours pour l'historien, mais ils ne sont pas connus avec précision. La durée des opérations d'embarquement peut être aussi prise en compte. A la lumière de ces diverses considérations, les historiens retiennent le plus souvent, depuis une quarantaine d'années, que l'armée du Bâtard devait être, en 1066, forte de quelque 7 000 hommes, dont 2 000 à 2 500 combattants à cheval. Cette foule bigarrée se trouvait concentrée, en vue de l'embarquement, vers la fin de juillet, autour de l'estuaire de la Dives qui, à cette époque, pénétrait profondément dans les terres et dessinait un véritable golfe, propice au mouillage de centaines de bateaux. Comment l'armée fut-elle organisée en unités de combat ? Comment furent groupés et encadrés les « engagés volontaires » et les mercenaires venus d'un peu partout ? Comment tout ce monde fut-il hébergé, ravitaillé ? On était alors à l'époque de la soudure ; la moisson n'était pas encore faite ; elle le fut durant le mois d'août, alors que l'armée battait la semelle auprès des lieux d'embarquement. La plaine de Caen, toute voisine, était grosse productrice de céréales panifiables et aussi d'avoine, nécessaire à l'alimentation des chevaux. Le plateau d'Auge, encore fortement boisé, les prairies humides des vallées de la Dives, de la Touques et de leurs affluents, nourrissaient d'importants troupeaux de bovins. Il semble bien que le ravitaillement fut assuré de manière satisfaisante. Le panégyriste qu'est Guillaume de Poitiers ne manque pas d'en attribuer au duc tout le mérite. « Ayant interdit tout pillage, il nourrit à ses frais cinquante mille chevaliers... Telle fut la modération et la prudence avec lesquelles il agit ; il prit largement en charge les dépenses des chevaliers et de tous ceux qu'il avait appelés, moyennant quoi personne n'était autorisé à s'approprier quoi que ce fût. Les troupeaux de tous les habitants de la province paissaient sans encombre aussi bien dans la campagne cultivée que dans les friches ; les moissons attendaient intactes la faux du moissonneur, sans être foulées par le galop arrogant des cavaliers, ni entamées par les fourrageurs. Tout homme, si faible ou désarmé qu'il fût, pouvait aller en chantant où bon lui semblait, et ne redoutait pas les troupes de chevaliers qu'il pouvait rencontrer. » Même s'il faut reconnaître dans ce couplet louangeur une part d'amplification littéraire, il n'est pas douteux que l'ordre public ne fut pas gravement troublé par ce rassemblement énorme et disparate de guerriers : rien ne peut mieux illustrer l'efficacité que l'administration ducale avait retrouvée, grâce à l'action rude et sage menée par le Bâtard durant les deux dernières décennies. Il y a d'ailleurs lieu de penser que le duc lui-même veilla sur place à la bonne exécution de ses consignes ; c'était dans sa manière : lorsqu'il avait décidé une entreprise, il s'y donnait totalement, payant sans compter de sa personne ; ce trait de son caractère, déjà perceptible dans l'adolescence, s'affirme sans cesse plus nettement dans l'âge adulte. Dans la région choisie pour la concentration de l'armée et l'embarquement, le principal seigneur était Roger de Montgommery ; il y avait créé, sept ans plus tôt, l'abbaye de Troarn ; il prit certainement une part très active à cette phase préliminaire de l'expédition. D'autres tenants en chef lui prêtèrent main-forte ; mais si l'on peut supputer, à quelques centaines près, le nombre des chevaliers qui formèrent les cadres du corps expéditionnaire, fort rares sont ceux dont le nom est connu.

Les chevaliers qui formaient la milice (*militia*) du Bâtard ou celles des principaux barons se connaissaient entre eux ; ils avaient participé, depuis bien des années, à de nombreuses campagnes. Ils n'avaient peut-être pas beaucoup innové en matière de tactique au combat ; mais ils avaient porté à un haut degré d'efficacité l'action de la cavalerie lourde conjuguée avec celle des archers, et l'emploi de la ruse, notamment de la retraite feinte, sur le champ de bataille. Toutefois, les régions dans lesquelles ils avaient combattu étaient riches en châteaux de pierre ou de terre et de charpente, qui tenaient une place majeure dans les opérations offensives aussi bien que défensives ; or l'Angleterre, où ils allaient opérer, ne connaissait pas encore, à quelques très rares exceptions près, le château.

On a parfois supposé que les chevaliers normands venus d'Italie méridionale auraient apporté au Bâtard le fruit de leur expérience en matière d'opérations amphibies. De fait, la conquête de l'île de Sicile par les Normands installés en Pouille fut précédée et préparée par des opérations de harcèlement en territoire ennemi, menées à partir des ports de l'Adriatique, tels Bari et Brindisi. Mais en 1066 les actions de ce type ne connaissaient pas encore une grande ampleur. D'autre part, les Normands de

Normandie possédaient eux-mêmes déjà cette expérience ; ils en avaient donné la preuve au cours d'opérations lancées contre la Bretagne. De surcroît, ils avaient hérité, et possédaient magistralement, les techniques de construction navale et de combat des Vikings, dont on sait qu'ils excellaient dans les actions de débarquement-éclair ; en revanche, ces Scandinaves ne transportaient pas de chevaux sur leurs navires, mais se les procuraient par surprise en pays ennemi dès qu'ils avaient touché terre. C'est peut-être à cet égard que la contribution des Normands d'Italie fut le plus utile : les transports maritimes de chevaux étaient alors en Méditerranée chose commune, notamment dans la marine byzantine ; il est vrai que les embarcations utilisées à cette fin étaient fort différentes de celles dont les Normands disposaient en 1066.

Sur les navires construits ou réquisitionnés en vue de l'expédition, les sources écrites disent vraiment peu de chose. Ici encore, c'est la Tapisserie de Bayeux qui apporte le meilleur contingent d'informations. Les embarcations qu'elle représente ressemblent, à s'y méprendre, à celles qu'utilisaient les Vikings ; il en est de même, d'ailleurs, des bateaux sur lesquels s'embarquent à Bosham, dans une des premières scènes de la Tapisserie, Harold et ses compagnons ; au demeurant, on a souvent utilisé les données fournies par le document bayeusain pour figurer en action des drakkars du IXe ou du Xe siècles. Toutes les embarcations brodées sur la toile de ce document appartiennent, en effet, à ce type de navire svelte et rapide, alors que pour le transport des chevaux et de l'armement, il eût été plus expédient d'utiliser le bateau marchand, du type *kaupskip,* à cale plus profonde et à bords plus élevés. Au XIe siècle, ce dernier type était encore d'usage courant en Scandinavie ; il serait difficilement concevable qu'il ne l'eût pas été en Normandie et en Angleterre. Nous avons ici, soit dit en passant, un bon exemple du phénomène de distorsion qui affecte, en de très nombreux cas, les images offertes par la Tapisserie ;

on peut alléguer, pour en rendre compte, le manque de précision qu'impose, dans l'expression du détail, la technique employée, à savoir la broderie sur grosse toile de lin ; puis les contraintes de caractère spécifiquement iconique : c'est ainsi que, dans la composition des scènes navales, la taille des navires varie au gré de la place disponible sur la toile pour figurer tel ou tel d'entre eux ; on ne saurait exclure, enfin, que le dessinateur ait délibérément renoncé, dans la représentation des bateaux, comme il le fait dans le cas des maisons et des palais, à faire œuvre proprement figurative.

Les embarcations qu'il a dessinées sont toujours du type à double proue, comme celles des Vikings ; elles sont mues à la voile et à l'aviron ; certaines d'entre elles, toutefois, n'ont pas de trous de nage. Est-ce à dire qu'elles n'étaient pas équipées de rameurs ? Ou ne s'agit-il que d'un oubli des brodeuses qui auront négligé ce détail ? Mais dans le tableau qui représente la flottille accompagnant Harold dans sa mission de 1064, on voit des rameurs en action sur un bateau non pourvu de trous de nage ; les avirons reposent sur le plat-bord. Dans la Scandinavie des Vikings, cette technique était connue ; le mouvement de va-et-vient de la rame était, dans ce cas, limité par deux tolets plantés dans le plat-bord ; mais on n'a trouvé trace de ce dispositif que sur de très petites embarcations ; il est fort douteux qu'on ait pu l'utiliser sur des navires de fort gabarit.

On sait qu'en Scandinavie, au IXe et au Xe siècles, les drakkars étaient longs d'une vingtaine à une quarantaine de mètres, larges de cinq à huit mètres ; on pouvait y actionner de quinze à trente rames sur chaque bord. Le mât était calé en position verticale par des sabots de bois fixés au fond de la coque ; il était maintenu par des haubans et pouvait être abaissé ; la Tapisserie représente cette manœuvre. La voile unique était carrée.

A bord des bateaux, on voit parfois des hommes seuls ; parfois aussi, des hommes et des chevaux ; dans de rares cas, des chevaux avec seulement deux convoyeurs non armés. Le petit pavillon ou pennon qui flotte au sommet de certains mâts indique sans doute la présence à bord d'un personnage dont il est l'emblème.

Le gouvernail est une sorte d'aviron placé à tribord arrière ; il est fixé à la coque par un axe qui, dans les vaisseaux des Vikings, était fait d'une racine de conifère très souple.

La plus belle unité de cette flotte était, à coup sûr, le navire construit et armé par Mathilde à l'intention de son époux. Son nom était Mora ; le dessinateur de la Tapisserie de Bayeux l'a mis en vedette ; il ne semble toutefois pas sensiblement plus grand que les autres embarcations. Au sommet du mât, une croix surmontant un dispositif pourrait être un fanal. Ce navire n'est pas muni de trous de nage ; d'ailleurs, on voit à l'intérieur, fixés au plat-bord, les boucliers des passagers en rangée continue ; il est évident que cette disposition, observée aussi sur quelques autres unités de la flotte, devrait exclure l'action de rameurs. Mais faut-il, dans ce cas encore, accorder une valeur figurative à ces images ? Les Vikings avaient coutume, au mouillage ou à la parade, de présenter de la sorte leurs boucliers ; mais ils les plaçaient à l'extérieur du navire, la pointe en bas. On ne saurait dire si la disposition dans laquelle ils sont dessinés sur la Tapisserie est un accident dû à l'inexpérience du dessinateur (pourtant en général bien documenté) ou à l'inattention des brodeuses, ou si plutôt on n'avait, au xie siècle, retenu d'une vieille coutume scandinave que le symbolisme, en négligeant les modalités techniques.

Guère moins étrange est la présence de boucliers que l'on voit à la proue et à la poupe de quelques embarcations ; ici, un éventuel modèle Viking est peu probable.

L'effectif total de la flotte rassemblée à l'été de 1066 dans l'estuaire et aux environs de la Dives est évalué en termes mirobolants par la plupart des sources anciennes ; l'une d'elles, pourtant, souvent suspecte d'affabulation,

donne ici une précision intéressante : Wace affirme avoir
entendu dire par son père que le Bâtard était parti à la
conquête de l'Angleterre avec 696 navires ; c'est à cet
ordre de grandeur qu'aboutissent les calculs tentés par plusieurs auteurs récents, sur la base de données retenues
pour vraisemblables. Le témoignage de Wace, dont l'auteur du *Roman de Rou* a soin d'indiquer la source,
apparaît donc particulièrement crédible : l'informateur
avait assisté, au port de Saint-Valery, au départ de la
flotte ; toutefois, celle-ci avait perdu, comme on va le voir,
pas mal d'unités avant l'embarquement définitif pour
l'Angleterre : le nombre des navires rassemblés dans
l'estuaire de la Dives, au mois de juillet, était donc
vraisemblablement de 700 à 800.

LA TRAVERSÉE

Le départ du corps expéditionnaire était prévu, semble-
t-il, pour la seconde quinzaine de juillet ou les premiers
jours d'août ; il n'eut lieu que sept à huit semaines plus
tard, et pas à partir de la base initialement choisie ; c'est
dire que le plan prévu en premier lieu ne fut pas exécuté,
particulièrement en ce qui concerne le point envisagé pour
le débarquement sur la côte anglaise. Toutes les sources
du XIᵉ et du XIIᵉ siècles expliquent ce changement par la
persistance de mauvaises conditions atmosphériques. De
nos jours, on a parfois tenté de préciser la nature exacte
des avatars qui retardèrent l'expédition ; on recourt, à
cette fin, à des observations climatiques et météorologi-
ques effectuées au cours des cent dernières années ; mais à
partir de celles-ci, il est bien peu raisonnable d'extrapoler
pour expliquer des phénomènes survenus au XIᵉ siècle.
Quant aux sources écrites du temps, elles se montrent fort
discrètes concernant les événements des mois d'août et de
septembre 1066, les erreurs commises et les catastrophes

qui furent évitées parfois d'extrême justesse. Pour les faits
postérieurs à la mi-septembre 1066, nous disposons d'une
mine très précieuse de renseignements, en l'espèce du
Poème sur la bataille de Hastings, écrit moins de cinq ans
après les événements par Guy, qui était évêque d'Amiens
depuis 1058, se trouvait apparenté à la famille comtale de
Ponthieu et occupa quelque temps une charge de chapelle-
nie auprès de Mathilde, épouse du Bâtard.

Le plan initialement établi prévoyait vraisemblablement
un débarquement dans l'île de Wight ou dans ses environs ; le détroit qui sépare l'île de la côte, le Solent,
pouvait offrir un mouillage tranquille aux centaines de
navires. Le gréement sommaire de ceux-ci, l'unique voile
carrée ne leur permettait de voyager, sans risques de
dispersion, que par vent arrière, c'est-à-dire par vent de
sud ; or Dives se trouve sensiblement sur le même
méridien que l'île de Wight.

Pendant tout le mois d'août, on attendit vainement que
le vent s'établît au sud ; et puisqu'il faut bien tenter de
trouver une explication de nature météorologique, on peut
alléguer ici quelques données assez solides. On sait qu'à
partir du IXe siècle, l'anticyclone des Açores remonta vers
le nord ; il s'en suivit un réchauffement notable des mers
septentrionales et de l'atmosphère, que l'on chiffre à
1°5 en moyenne séculaire. On explique ainsi la colonisation du Groenland par les Norvégiens vers la fin du
Xe siècle et l'implantation de quelques établissements à
Terre-Neuve et sur les rivages orientaux du continent
nord-américain. A la frontière de la zone couverte par cet
anticyclone et de celle où régnait l'anticyclone du continent eurasien, une crête isobarique allait de la Bretagne à
la Baltique, à travers la Manche ; ainsi alternaient dans
cette zone les vents de sud-ouest et de nord-est ; cette
alternance favorisait la navigation entre la Scandinavie et
l'Europe de l'ouest, mais était défavorable à la circulation
nord-sud et notamment à la traversée de la Manche. C'est
un fort vent dominant de nord-est qui avait, en particulier,

poussé vers les eaux de Jersey et la côte bretonne la flotte avec laquelle Robert le Magnifique, parti sans doute de Barfleur, avait essayé vers 1030 d'attaquer l'Angleterre de Cnut ; en revanche, c'est sans doute une tempête de sud-ouest qui en 1064, déporta vers les côtes du Ponthieu le navire de Harold si celui-ci, comme on pense, avait pour destination la Normandie.

En cas de faible pression barométrique sur les Iles Britanniques, le vent dominant de sud-ouest tend à glisser vers le sud. C'est sur ce phénomène que comptait le Bâtard, mais si le vent du sud souffle fréquemment, vers la fin de l'été et les premières semaines de l'automne dans l'ouest de la France, jusqu'au Cotentin inclusivement et au nord-est de la Seine, il se fait beaucoup moins sentir entre l'estuaire de la Vire et celui de la Risle, car dans l'hinterland de cette côte, à la limite méridionale de la Normandie, s'étend d'ouest en est une chaîne de collines, dont l'altitude moyenne avoisine 300 mètres et qui lui fait écran.

Il est peu vraisemblable que le Bâtard ait ignoré cette donnée, que devaient bien connaître les pêcheurs de la Moyenne-Normandie et les très nombreux navigateurs qui circulaient entre la Normandie et l'Angleterre ; il faudrait, dès lors, penser que, dans son choix, la priorité absolue fut donnée aux avantages que présentaient la basse vallée de la Dives et celle de l'Orne comme base de départ de l'expédition.

Quoi qu'il en fût, les semaines passant, le moral de l'armée se détériorait peu à peu. Il y eut certainement des défections, mais pas de rébellion. Le panégyriste Guillaume de Poitiers ne peut le dissimuler tout à fait, mais il en prend occasion pour magnifier la force d'âme et l'habileté de son héros qui met tout en œuvre pour entretenir la confiance de ses hommes. Guillaume de Malmesbury, moins réservé, rapporte quelques-uns des propos défaitistes qui couraient dans l'armée et que l'on entendait dans les tavernes : « Il ne réussira pas mieux que son père, qui a échoué dans une telle entreprise (allusion à la tentative avortée de Robert le Magnifique pour traverser la Manche) ; il faut être fou pour essayer de s'emparer ainsi de la terre d'autrui ; d'ailleurs, l'hostilité des éléments montre bien que Dieu ne le soutient pas. »

Or, le même vent de nord-est, qui avait empêché le départ de la flotte normande, avait permis celui des Norvégiens. Les navires de Harald Hardrada avaient été concentrés dans les îles Solundar, petit archipel voisin de la côte, à quelques milles au nord de Bergen. Il se trouvait là sur le même parallèle (entre 60° et 62° N) que les îles Shetlands, alors possession norvégienne, où il pouvait atterrir comme chez lui ; cette première partie du voyage lui apparaissait si exempte de périls que sa femme et plusieurs de ses enfants l'accompagnaient. L'archipel des Orcades, situé plus loin au nord-est de l'Ecosse, était aussi pour lui pays ami ; il put y recruter des hommes et armer des bateaux. Son allié Tosti l'attendait en Ecosse. Mais la persistance du vent d'est, qui avait poussé la flotte norvégienne depuis le Sognfjord jusqu'au nord de l'Ecosse, ne permettait pas, ou du moins rendait malaisée la poursuite du voyage vers les côtes de Northumbrie, c'est-à-dire vers le sud-sud-est.

Dans ces conditions, pour les deux compétiteurs, le Norvégien et le Normand, le mois d'août fut une période d'inactivité militaire ; certainement Harald et le Bâtard étaient-ils régulièrement informés des difficultés que l'un et l'autre rencontraient ; Harold aussi, bien entendu, qui avait, alerté par le raid de Tosti sur les côtes anglaises de la Manche, ordonné la levée du *fyrd* et massé les contingents ainsi réunis à proximité de ces côtes. Le gros de l'armée anglaise et le corps expéditionnaire normand se faisaient donc face sur les deux rives du Channel ; il semblerait qu'en revanche le roi d'Angleterre ait laissé, cette fois encore, aux earls de Mercie et de Northumbrie, les frères Edwin et Morcar, la charge de défendre le nord-est du royaume ; de même, la flotte normande était entièrement concentrée dans la Manche; Harold n'avait pas envoyé le moindre navire pour interdire à l'agresseur norvégien l'accès à cette voie de pénétration facile qu'était le large et profond estuaire du Humber; la flotte royale était tout entière rassemblée à Sandwich, dans l'attente de l'invasion normande. L'ajournement de celle-ci fut plus dommageable encore à Harold qu'au Bâtard; autant le second avait, quant au ravitaillement, prévu l'éventualité la plus défavorable, autant le premier avait péché par imprévoyance. Au début de septembre, les provisions stockées pour le *fyrd* étaient épuisées; les troupes furent licenciées; le roi quitta la côte méridionale et fit rentrer la flotte à Londres (8 septembre). La version C de la *Chronique anglosaxonne* dit que beaucoup de navires périrent avant d'y parvenir, victimes d'une navigation rendue difficile par les vents contraires.

Quelques jours plus tard, sans doute le 12 septembre, Guillaume le Bâtard décidait de prendre la mer avec sa flotte d'invasion. Il s'agissait, s'il fallait en croire Guillaume de Poitiers, de changer de base et de gagner, à la faveur d'une courte période de vent d'ouest-sud-ouest, l'estuaire de la Somme, c'est-à-dire le comté de Ponthieu, alors vassal du duc de Normandie. A partir de ce point, la traversée de la Manche, si elle se faisait par vent du sud, devait être beaucoup plus courte; mais le point de débarquement ne pouvait plus être l'île de Wight, d'abord prévue; il devrait être choisi sur la côte du Sussex. Le profil de ce rivage a beaucoup changé depuis le xiᵉ siècle; le trait dominant de ces changements est le comblement d'un grand nombre de petits golfes, dont l'un des plus vastes comprenait deux bras situés au nord-ouest et au nord-est de la bourgade de Pevensey : c'était une sorte de lagune bien abritée des vents du large.

Guillaume avait-il élaboré dès le début un plan *bis,* prévoyant l'embarquement à l'estuaire de la Somme, où le port de Saint-Valery offrait un vaste mouillage, et le débarquement entre Pevensey et Hastings ? Le premier projet, celui de Dives-Wight, s'avérant irréalisable, on se serait replié sur le second; il fallait aussi, certes, pour le mener à bien, un vent du sud, mais la traversée serait presque deux fois plus courte que de Dives à Wight, et la probabilité du vent favorable était beaucoup plus forte à Saint-Valery qu'à Dives. Encore devait-on d'abord conduire la flotte de l'estuaire de la Dives à celui de la Somme, périple fort scabreux même par vent d'ouest car il fallait naviguer au large de l'estuaire de la Seine, puis le long des hautes falaises du pays de Caux. C'est à ces périls que pense sans doute Guy d'Amiens lorsque, dans son *Poème,* s'adressant au duc, il écrit : « La mer agitée vous avait contraint à retarder le départ et les rafales du vent d'est faisaient déferler les vagues. Alors, vous vous lamentiez de ne pouvoir prendre la mer ; et en fin de compte, bon gré mal gré, quittant le rivage de la Normandie, vous avez conduit la flotte sur la côte d'un de vos voisins. » On a parfois supposé qu'en employant l'expression « bon gré mal gré » (*volens nolens*), Guy d'Amiens rappelait discrètement qu'en quittant Dives, Guillaume avait mis le cap sur l'Angleterre et que le vent d'ouest aurait rabattu sa flotte à l'estuaire de la Somme. Il est, au vrai, tout à fait inconcevable que le Bâtard, quelle que fût son impatience, ait pris une décision aussi déraisonnable ; car on ne peut douter que le vent soufflât de l'ouest lorsque l'armada normande quitta le mouillage de Dives, le 12 septembre 1066 : Guillaume de Poitiers aussi bien que Guy d'Amiens l'affirment en termes dépourvus de toute ambiguïté.

On avait levé l'ancre vers la fin de la nuit, la mer devant être basse vers 6 h 30 ; on pouvait espérer parvenir à Saint-Valery aux environs de midi ; mais la navigation fut plus meurtrière que ne l'eussent fait craindre les prévisions les plus pessimistes. Il fut très difficile de résister au vent qui, devenu plus violent, portait à la côte ; beaucoup de navires y furent jetés et s'y brisèrent. Même Guillaume de Poitiers ne peut taire le drame, encore qu'une fois de plus, il s'ingénie à glorifier la force d'âme et l'habileté du Bâtard et non pas à décrire les naufrages : « Opposant à l'adversité la prudence, il dissimula autant que possible les noyades en faisant inhumer clandestinement les morts ; il augmenta les rations, adoucit le sort de ceux qui étaient dans le besoin. Par ses exhortations, il releva le courage de ceux que la frayeur avait envahis et réconforta ceux qu'elle guettait. » A bord de la *Mora,* mieux gréée et plus rapide que les autres navires, Guillaume était vraisemblablement arrivé le premier, ou parmi les tout premiers, à Saint-Valery. A la nouvelle du désastre, qui frappa surtout, peut-être, l'arrière-garde de la flotte, on peut imaginer, à travers les allusions de Guillaume de Poitiers, qu'il parcourut le rivage avec un petit groupe de compagnons sûrs, et recueillit les cadavres que la mer rejetait sur les plages. Puis il fallut réorganiser la flotte après les pertes qu'elle venait de subir, et peut-être revoir la répartition des hommes et des chevaux sur les navires rescapés ; sans doute aussi réparer des avaries.

Cependant, le vent du sud se faisait toujours attendre, et la nervosité, l'anxiété réapparaissaient dans l'armée ; la récente épreuve confirmait les noirs pronostics que les pessimistes avaient déjà propagés à Dives. Mais le duc faisait front ; on le voyait souvent à l'église dédiée au saint local dont, à sa demande, les reliques furent portées en procession dans les rues de la ville. Guy d'Amiens le montre, jetant à la dérobée un regard rapide au coq du clocher, tressaillant de joie lorsqu'il semblait, pour un instant, indiquer un vent de sud. Il faisait froid et humide ; le ciel était nuageux et il pleuvait assez souvent.

Soudain, dans la nuit du 27 au 28 septembre, le vent tourna enfin au sud ; le ciel s'éclaircit. Ce nouveau type de temps semblant persister le 28 au matin, la décision fut prise de mettre à la voile. Depuis deux semaines, les hommes avaient pris l'habitude de vagabonder dans les rues ; les taverniers avaient fait de bonnes affaires. Lorsqu'est donné, sans doute à son de trompe, le signal de l'embarquement, dans la matinée du 28, c'est une course à travers la petite ville. Le duc lui-même, à cheval, harcèle les traînards, mais c'est un sentiment de joyeux soulagement qu'éprouvent la plupart des hommes ; ils se hâtent vers les embarcations et s'affairent aussitôt, les uns à lever les mâts, les autres à préparer les voiles ; mais le plus difficile, au témoignage de Guy d'Amiens, est de forcer les chevaux à monter à bord : c'est à cela que doivent s'employer la plupart des hommes. Le duc, lui, avant d'embarquer sur la *Mora,* fait une dernière visite à l'église de Saint-Valery.

On était alors en période de morte-eau et, le 28 septembre, la mer fut pleine à 15 h 20 ; le départ se fit dans les deux premières heures du jusant ; tous les navires avaient levé l'ancre au coucher du soleil qui survint, ce jour-là, vers 17 h 40. Le point de destination étant la lagune de Pevensey, il fallait couvrir 63 milles marins, soit environ 117 kilomètres. La flotte devait demeurer groupée tout au long du parcours, pour faire face dans les meilleures conditions à une éventuelle attaque, aussi bien que pour prévenir des erreurs de route ; mais tous les navires ne pouvaient tenir la même allure ; comme le vent était favorable, on pouvait penser que les moins rapides atteindraient une vitesse de six à sept nœuds ; dans ces conditions, la traversée durerait environ neuf heures. Or, il ne fallait pas atteindre la côte anglaise avant le lever du jour suivant, vers 5 h 30 ; la lune était, à cette date, dans son premier quartier et disparaissait du ciel, dans cette région, vers minuit ; il eût été imprudent de débarquer dans l'obscurité totale, avant les premières lueurs du soleil. Force était donc d'interrompre la navigation pendant deux heures au cours de la nuit. Le récit le plus pertinent de cette traversée nous est donné par Guy d'Amiens qui a certainement recueilli les souvenirs encore tout frais d'un membre de l'expédition ; cette partie de son poème est une apostrophe au Bâtard : « Lorsque l'ombre de la nuit a envahi le ciel et que la lune se cacha, vous avez couvert la mer de la lueur rouge des torches, comme les étoiles emplissent le ciel lorsque le soleil a disparu. Distribuant autant de lumières qu'il y avait de bateaux... (ici, un vers manque dans l'unique manuscrit conservé). Les lanternes placées au sommet des mâts guidaient les voiles dans leur course rectiligne sur la mer. Mais, craignant que l'obscurité de la nuit soit cause de pertes parmi vos hommes, ou qu'un vent contraire fasse la mer plus houleuse, vous avez ordonné aux navires de mettre à la cape, retenus par leurs ancres incurvées ; ainsi, vous avez créé un port au milieu de la mer ; et vous avez fait passer l'ordre d'amener les voiles et d'attendre la venue du jour, afin que vos gens épuisés prennent un peu de repos. Mais lorsque l'aurore brilla sur la terre et que le soleil darda ses rayons sur le monde, vous avez donné l'ordre de lever l'ancre et de mettre à la voile. Quand vous avez atteint les plages de débarquement, laissant la mer derrière vous, la troisième heure du jour se levait sur la terre. » Guillaume de Poitiers qui, lui aussi, vint en Angleterre quelques mois plus tard, confirme que la flotte marqua un temps d'arrêt afin de ne pas arriver à destination avant le lever du jour ; il ajoute quelques précisions : c'est par la voix d'un héraut que les ordres étaient donnés aux navires ; sans doute cet homme se trouvait-il à bord du vaisseau ducal et ses consignes étaient-elles répercutées de proche en proche à travers cette immense concentration navale ; le signal de lever l'ancre, après cette halte, aurait été donné à son de trompe, avant même le lever du jour. La *Mora*, plus rapide que les autres bateaux aurait alors pris sur eux une telle avance qu'aux premières heures du jour, elle les avait perdus de vue ; elle jeta donc l'ancre pour les attendre et le duc, voyant une certaine inquiétude gagner ses compagnons de bord, prit un bon repas, copieusement arrosé ; affectant la bonne humeur, il se disait certain que le gros de la flotte ne tarderait pas à le rejoindre. De fait, le guetteur perché dans la hune, au sommet du mât, cria bientôt qu'il apercevait quatre voiles, et, peu après, que les navires en vue étaient si nombreux qu'il croyait voir une forêt dont chaque arbre serait muni d'une voile.

Le débarquement se fit sans incident majeur, durant les dernières heures du jusant, dans le lagon de Pevensey. Peut-être cependant quelques navires s'étaient-ils égarés et avaient-ils touché terre plus à l'est, au voisinage de Romney ; quelques semaines plus tard, en effet, Guillaume exercera contre les habitants de ce port des représailles en raison de l'accueil violemment hostile qu'ils avaient fait « à un groupe des siens qui était venu dans ce port par erreur » (Guillaume de Poitiers). Ce n'avait été là qu'une simple réaction d'autodéfense contre une poignée d'étrangers ; le *fyrd,* lui, n'était plus sous les armes, et son chef Harold se trouvait loin de là, dans le nord ; ainsi n'eut pas lieu le grand combat que Guillaume s'attendait certainement à devoir livrer sur le rivage, au moment même du débarquement. Dans le nord, en effet, venaient de se dérouler rapidement une série d'événements de la plus grande importance.

L'EXPÉDITION NORVÉGIENNE

A la mi-septembre, le même vent du nord-est, qui bloquait le corps expéditionnaire normand dans le port de Saint-Valery, avait permis à Harald Hardrada de descendre vers le sud, à partir des Shetlands où il avait établi sa base ; sa flotte comptait alors quelque trois cents unités. A l'estuaire de la Tyne, il rencontra Tosti qui lui apporta l'appoint de sa flottille et s'engagea vis-à-vis de lui par un serment de fidélité. Le 18 septembre, ils pénétraient dans le profond et large estuaire du Humber, puis dans la rivière Ouse ; laissant là leurs navires, dont les équipages étaient aptes à combattre sur terre comme sur mer, ils se dirigèrent vers York, métropole de cette région, qui avait été naguère la capitale d'un royaume gouverné par un prince scandinave. Les earls Edwin de Mercie et Morcar de Northumbrie devaient s'attendre à cette offensive ; il semble, en effet, qu'ils tenaient prête une armée levée dans leurs deux earldoms ; ils l'avaient déployée à Fulford, à deux milles au sud d'York, pour interdire aux envahisseurs l'accès à la ville. Harold se trouvait à Londres ; dès qu'il avait appris l'arrivée des Norvégiens, il s'était mis en route vers le nord avec des troupes, mais il ne put arriver à temps. Dès le 20 septembre, le choc décisif avait lieu à Fulford ; après une journée entière de sanglant combat où les Anglo-Saxons subirent de très lourdes pertes, Harald Hardrada pouvait entrer dans York, dont les habitants ne tentèrent pas la moindre résistance ; l'imprégnation scandinave de cette région était encore assez forte ; l'unification du royaume d'Angleterre ne lui avait guère apporté de profits ; la population eût volontiers accepté la présence d'un prince norvégien sur le trône d'Angleterre ; ainsi eussent été réactivées les relations économiques avec la Scandinavie, qui avaient été pour la Northumbrie source de prospérité, mais déclinaient depuis quelques décennies. Non seulement les habitants d'York, mais aussi ceux du port de Riccall, sur l'Ouse, où le roi de Norvège avait laissé sa flotte, ne firent aucune difficulté pour ravitailler ses hommes ; ils lui promirent des otages et s'engagèrent même à lui fournir des troupes lorsqu'il descendrait vers le sud pour attaquer Harold et lui ravir le trône. Mais, dans l'immédiat, Harald Hardrada n'envisageait pas de marcher sur Londres. Sachant que le roi d'Angleterre s'était mis en route vers le nord, il décida d'occuper l'un des points stratégiques les plus importants du Yorkshire : Stamfordbridge où convergeaient, pour franchir la Derwent, affluent de l'Ouse, un grand nombre de routes. Harold, accompagné de ses *housecarles,* parcourait à cheval, à très vive allure, les quelque 200 milles qui séparent Londres du Yorkshire ; il chevauchait, dit la *Chronique anglo-saxonne* (version C) jour et nuit ; sans doute, au long de sa route, lançait-il un appel au *fyrd* tandis que des *thegns,* habitués à voyager à cheval, pouvaient se joindre immédiatement à lui. La rapidité avec laquelle il fit ce voyage est tout à fait déconcertante. La *Chronique* dit qu'il apprit l'arrivée de Harald Hardrada lorsque celui-ci avait déjà débarqué de ses vaisseaux à Riccall, c'est-à-dire le 18 ou le 19 septembre ; c'est assez peu croyable, car le roi d'Angleterre était à York dès le 24. Quoi qu'il en soit, l'effet de surprise, qu'il avait manifestement cherché, fut réussi. Le roi de Norvège Tosti et leurs hommes se reposaient à Stamfordbridge ; la victoire de Fulford leur avait coûté de sérieuses pertes ; et, d'autre part, ils attendaient les otages promis par les Northumbriens. Ils avaient établi leur camp sur la rive orientale de la Derwent, sachant que Harold, venant du sud, arriverait sur la rive ouest ; mais ils envisageaient si peu une attaque très prochaine qu'ils avaient placé une seule sentinelle sur le pont qui, près de là, franchissait la rivière. Le matin du 25 septembre, Harold et ses hommes surgirent et engagèrent aussitôt le combat, qui dura jusqu'au soir ; lorsqu'il se termina, le roi d'Angleterre était maître du champ de bataille, encore que ses troupes eussent subi d'assez lourdes pertes ; mais celles des Norvégiens étaient bien supérieures ; Harald Hardrada et Tosti gisaient parmi les morts. Les survivants de leur armée, dans une fuite désordonnée, tentaient de regagner leurs navires ancrés à Riccall, à une douzaine de milles au sud-ouest, sous la garde du prince Olaf, fils de Harald. Le roi d'Angleterre ne s'opposa pas à leur départ ; il leur fit seulement jurer de ne plus attaquer son royaume. 24 vaisseaux suffirent pour ramener en Norvège les survivants de la campagne qui avait vu, en l'espace de cinq jours, deux batailles mémorables.

Tout cela s'était passé tandis que Guillaume le Bâtard était encore à Saint-Valery, ignorant certainement que Harald Hardrada venait de quitter sa base des Shetlands. Il l'apprit sans doute dès son débarquement à Pevensey, ainsi peut-être que la victoire norvégienne remportée à

Fulford et le départ de Harold, accompagné de ses *housecarles,* pour le nord ; il eût donc pu être tenté d'en profiter pour marcher immédiatement sur Londres. Tout donne à penser qu'au contraire il avait décidé de laisser l'adversaire venir à lui et de livrer combat à proximité de ses navires. Bien loin, donc, de s'aventurer témérairement dans le pays, il résolut d'aménager au lieu même où il avait touché terre, une solide défensive. Peut-être utilisa-t-il à cette fin le grand nombre de bateaux dont il disposait, selon un procédé que les Vikings avaient maintes fois employé. La Tapisserie montre une rangée d'embarcations alignées au sec. Mais on construisit aussi un retranchement de terre et de charpente en utilisant les restes d'un ancien fortin romain encore partiellement debout. Puis, dans les jours suivants, Robert de Mortain fit élever une motte à Hastings ; la Tapisserie de Bayeux nous offre la plus ancienne représentation que nous possédions aujourd'hui d'une telle opération. Wace, dans son *Roman de Rou* (vers 1170) rapporte que l'on avait amené de Normandie les pièces de charpente toutes préparées pour la confection de la palissade qui devait ceinturer la plate-forme sommitale du tertre ; de fait, il était usuel au XIIᵉ siècle que, partant en expédition à l'étranger, même fort loin, une armée emportât les éléments préfabriqués d'une telle fortification ; ainsi fit, par exemple, Richard Cœur de Lion à l'occasion de la troisième croisade ; mais rien ne permet de penser que cette pratique fût déjà en usage au XIᵉ siècle.

Au départ de Saint-Valery, on avait embarqué des vivres ; la Tapisserie montre notamment le transport d'une barrique à bord d'un navire. Sans doute ces provisions étaient-elles insuffisantes, car, dès les premiers jours qui suivirent l'arrivée en Angleterre, chevaliers et fantassins se livrèrent au pillage de la contrée, ce qui leur avait été formellement interdit tant que l'armée stationnait en Normandie, puis en Ponthieu. C'est encore la Tapisserie qui montre quelques scènes de ce pillage : en particulier, le départ d'un groupe de chevaliers pour Hastings, qui devait être mise à sac ; la légende brodée sur la toile indique le nom d'un de ces chevaliers : Wadard, qui est bien connu comme vassal de l'abbaye de Fécamp ; on voit aussi des hommes à pied qui ramènent au camp des bovins, des moutons, un petit cheval ; et les volailles que l'on voit préparer, puis consommer dans le tableau suivant n'avaient certainement pas été apportées de Normandie. On pilla pour nourrir la troupe, mais sans doute aussi pour terroriser la population ; des maisons furent incendiées. Il est peu probable que Guillaume, qui aspirait à régner sur l'Angleterre, se soit délibérément aliéné les populations du Sussex ; une douzaine de villages y furent détruits ou si gravement endommagés que leurs ruines n'étaient pas encore relevées vingt ans plus tard. S'il y eut volonté d'intimidation de la part du Bâtard, on peut supposer qu'il s'agissait d'une riposte à des actes isolés d'hostilité perpétrés par les autochtones contre le corps expéditionnaire lors de son débarquement. Ce comportement des envahisseurs eut, en tout cas, pour effet de dresser contre eux les habitants de la région ; il fut rudement reproché à Guillaume et stimula l'esprit de résistance des Anglais qui en tirèrent argument pour supplier Harold d'intervenir au plus vite.

Le Bâtard, lui, se préoccupait surtout de reconnaître les environs ; selon son habitude, il n'hésitait pas à partir lui-même en exploration, accompagné seulement de vingt-cinq chevaliers. Dès la première excursion, il fut obligé de mettre pied à terre « en raison de la difficulté des sentiers, mais non sans bonne humeur » (Guillaume de Poitiers) ; on le vit revenir au camp portant sur son épaule avec son propre haubert, celui de son compagnon Guillaume-Fils-Osbern, qui était pourtant réputé pour sa robustesse. Il était donc clair que si le lagon de Pevensey était un abri de choix pour la flotte, l'immédiat arrière-pays ne se prêtait pas aux mouvements de troupes. Or, à quelque dix milles à l'est, le port de Hastings se trouvait desservi par un embranchement issu d'une route ancienne qui faisait communiquer Londres avec Lewes. La côte était une haute falaise, taillée dans le plateau calcaire qui formait le proche hinterland et s'inclinait en pente douce de la mer vers le nord. A cinq milles environ au nord de Hastings, le plateau se trouvait rétréci au point de ne plus former qu'un étroit isthme bordé de part et d'autre par des avancées de la mer que prolongeaient des marécages : l'estuaire de la Brede, au nord-est, Bulverhythe à l'ouest ; la presqu'île, dont la surface était d'environ vingt-cinq milles carrés, pouvait aisément abriter l'armée normande et lui permettre même de se déployer à proximité de sa flotte, tandis qu'il était facile d'en interdire l'accès à un éventuel attaquant en fortifiant l'isthme, par où passait la route. Au x1^e siècle, toute la région était boisée.

Peu de jours après le débarquement, l'armée normande fut donc transférée de Pevensey à la presqu'île de Hastings. Le voyage se fit certainement par mer ; par voie de terre, il eût fallu traverser plusieurs zones marécageuses et cheminer à travers des bois souvent touffus.

Guy d'Amiens rapporte qu'un Anglais, caché dans les rochers du rivage, avait assisté au débarquement de l'armée normande ; terrifié par cette nuée d'hommes en armes et par les brutalités qu'ils exerçaient immédiatement sur les quelques habitants du voisinage, il sauta à cheval et se mit en route pour alerter Harold ; sans doute ne fut-il pas le seul. Les documents du temps font, à maintes reprises, mention de messagers porteurs de nouvelles, mais ne signalent jamais l'emploi de signaux optiques (par exemple, de feux) ; on peut donc retenir que cette technique de communication rapide n'était pas alors utilisée en Angleterre. On doit estimer à cinq jours au moins le temps qu'il fallait à un courrier monté pour couvrir la distance qui sépare Pevensey d'York (environ 250 milles) ; c'est donc le 3 ou le 4 octobre, au plus tôt, que Harold apprit le débarquement normand. Une tradition sans doute un peu tardive, attestée pour la première fois

en Angleterre par Henri de Huntingdon et en France par
Wace, dit que la nouvelle parvint au roi alors qu'il
festoyait à York pour célébrer sa victoire du 25 septembre.
Il semble, en tout cas, qu'il n'ait pas pris la route du sud au
lendemain même de cette bataille ; il avait fort à faire pour
réorganiser sa propre armée, durement éprouvée à Stamfordbridge ; on ne peut douter, d'autre part, qu'il ait
rencontré les earls Edwin et Morcar et se soit entretenu
avec eux de l'attitude prise par les habitants du Yorkshire
à l'égard des envahisseurs norvégiens ; cette nouvelle
manifestation de l'irrédentisme nordique l'avait gravement inquiété et profondément irrité. S'il se montra plutôt
magnanime envers les survivants norvégiens du carnage de
Stamfordbridge, et particulièrement envers le prince Olaf
qu'il eût fort bien pu garder en otage, sa colère se porta sur
ses compatriotes qui avaient fait cause commune avec
Harald Hardrada ; on raconte qu'ayant reconnu sur le
champ de bataille le cadavre de son frère Tosti, il lui coupa
la tête dans un accès de fureur.

HASTINGS

On peut penser que Harold quitta York pour Londres
peu après avoir appris la nouvelle du débarquement
normand, c'est-à-dire le 4 ou, au plus tard le 5 octobre. Ni
Edwin, ni Morcar ne l'accompagna, ni, semble-t-il, aucun
thegn de Northumbrie ; il n'était pas en mesure et n'avait
pas le temps de réfuter leurs objections ou de vaincre par
la persuasion leur hostilité ; mais cette abstention du nord
devait peser lourd, deux semaines plus tard, sur le champ
de bataille de Hastings.

En fait, Harold ne pouvait guère sérieusement compter,
pour affronter son adversaire normand, que sur les
ressources militaires de son vaste earldom de Wessex ;
encore fallait-il, pour les rassembler, un certain délai :

alerter les sheriffs, laisser à ceux-ci le temps de convoquer les *thegns* de leur comté et de lever le *fyrd,* enfin permettre aux hommes de rejoindre l'armée royale. Les *thegns* et les plus aisés parmi les membres du *fyrd* pouvaient faire la route à cheval, mais beaucoup devaient la faire à pied ; c'est dire que l'on ne pouvait guère compter que sur ceux dont la résidence se trouvait à plus de deux ou trois journées de marche du lieu de concentration de l'armée. Le chroniqueur Florent de Worcester, qui a sans doute utilisé des fragments aujourd'hui perdus de la *Chronique anglo-saxonne* (version D), affirme que Harold, pressé d'affronter les envahisseurs venus de Normandie, partit de Londres vers le sud avec la moitié seulement des effectifs sur lesquels il pouvait théoriquement compter ; on admet généralement qu'il avait pu réunir quelque 7 000 hommes, *housecarles, thegns,* hommes du *fyrd* et, peut-être, paysans sommairement armés et levés à la hâte.

Pendant les deux premières semaines d'octobre, Guillaume et Harold ont échangé des messages, mais leur nombre et l'identité de leurs porteurs ne sont pas clairement établis. En premier lieu, le Bâtard aurait connu la nouvelle de la victoire anglaise de Stamfordbridge par un envoyé de Robert-Fils-Wimarch, ancien familier d'Edouard le Confesseur, qui s'était retiré dans l'Essex, où il avait un grand domaine. Cet émissaire annonçait que Harold, après avoir vaincu et tué Harald Hardrada et Tosti, se dirigeait vers Hastings à la tête d'une très nombreuse armée. Robert-Fils-Wimarch adjurait le duc de faire preuve de prudence, de ne pas se précipiter au-devant de l'adversaire, mais de se fortifier dans les retranchements qu'il avait aménagés. A quoi le Bâtard répondit qu'il n'entendait pas se terrer derrière des fossés et des remparts, mais qu'il engagerait aussitôt que possible le combat contre l'usurpateur du trône d'Angleterre.

Harold, de son côté, envoya au duc un moine, qui arriva au camp tandis que Guillaume inspectait ses navires au mouillage. Pour se ménager, sans doute, le temps de la réflexion, le Bâtard ne se fit pas connaître : « Je suis, dit-il au religieux, le sénéchal du comte des Normands et son plus proche conseiller ; fais-moi part de ton message ; je le lui communiquerai ; il te recevra ensuite. » C'est le lendemain seulement qu'après avoir délibéré avec ses conseillers Guillaume reçut, au milieu d'eux, l'émissaire de son ennemi et l'invita à répéter ce qu'il lui avait dit la veille. Harold mettait le duc en demeure de quitter l'Angleterre, faute de quoi les conventions passées entre eux en 1064 seraient caduques. Il admettait qu'Edouard le Confesseur avait naguère promis sa succession à Guillaume ; mais depuis lors, à son lit de mort, il avait révoqué cette promesse et choisi Harold pour héritier ; or, depuis que l'Angleterre était devenue chrétienne, au temps d'Augustin de Cantorbéry, une donation faite à l'article de la mort avait toujours été tenue pour sacro-sainte.

A cela, le Bâtard rétorqua que la promesse faite par Edouard en 1051 était irrévocable, et qu'au demeurant elle avait été approuvée par tous les grands du royaume, notamment par l'archevêque Stigand, par les earls Godwine de Wessex, Leofric de Mercie et Siward de Northumbrie ; qu'en caution de son engagement, le Confesseur avait envoyé en Normandie deux otages choisis parmi la famille de Godwine ; que Harold lui-même avait été envoyé en Normandie, en 1064, pour réitérer la promesse faite au duc, et avait accepté d'être son vassal. En conséquence, Guillaume offrait à Harold de soumettre leur désaccord à une juridiction anglaise ou normande, afin qu'il soit jugé selon le droit de l'une ou de l'autre nation. Si Harold refusait cette proposition, le Bâtard lui offrait de vider la querelle en combat singulier, afin d'éviter un choc sanglant entre leurs deux armées.

Telle est, du moins, la version des faits que donne Guillaume de Poitiers. Selon Guy d'Amiens, les termes employés par le messager et la riposte de Guillaume auraient été plus violents et d'ailleurs, à cet égard, conformes au ton que prenaient généralement les défis échangés par les belligérants à la veille du combat ; toutefois, l'auteur du *Poème sur la bataille de Hastings* ne mentionne pas la proposition d'un combat singulier qu'aurait faite le duc.

Lorsque le moine anglais repartit, Guillaume le fit accompagner par un religieux de l'abbaye de Fécamp, chargé de confirmer la réponse de son maître. Ils rencontrèrent Harold alors que celui-ci n'était plus qu'à faible distance de Hastings. Pour toute réponse, le roi se serait écrié : « Que Dieu décide entre Guillaume et moi, selon la justice ! » C'était le 13 octobre, veille du combat décisif.

Guy d'Amiens met dans la bouche de Guillaume un discours, en forme d'ordre du jour, qu'il aurait prononcé ce même soir, à l'adresse de son armée. Il ne s'agit sans doute que d'un cliché littéraire, procédé bien vieux à l'époque puisqu'il était employé très communément par les écrivains de l'Antiquité classique ; en fait, on ne voit guère par quel procédé le Bâtard aurait pu se faire entendre de plusieurs milliers d'hommes ; mais on peut retenir que les paroles rapportées, même si elles n'ont pas été adressées à l'armée rassemblée, sont prêtées à bon escient au duc par un écrivain particulièrement bien informé de ses dispositions. Guillaume aurait ensuite adressé une brève harangue à chacun des corps qui composaient l'armée. « Guerriers chevaleresques originaires de la noble France, jeunesse renommée, choisie et favorisée par Dieu, dont le renom victorieux s'est répandu aux quatre coins du monde ! Et vous, hommes de Bretagne, dont l'honneur se manifeste sous les armes, qui ne sauriez reculer à moins que la terre elle-même en s'écroulant ne vous entraîne ! Hommes du Maine, illustres par votre vigueur, dont la gloire est dans vos prouesses guerrières ! Gens de Calabre, de Pouille, de Sicile, dont les traits sont brûlants ! Normands accoutumés aux actions d'éclat ! »

LA RÉGION DE HASTINGS EN 1066.
(d'après J. A. Williamson, Evolution of England. Clarendon Press)

Sur les derniers préparatifs, les historiens du temps ne sont guère prolixes. Il semblerait, à les en croire, que Harold ait effectué très rapidement sa marche d'approche ; ils pensent que le roi d'Angleterre avait l'intention d'attaquer les Normands par surprise, peut-être même de nuit (Guillaume de Poitiers). Des guetteurs normands auraient aperçu de nombreux Anglais progressant sous le couvert des bois. Mais peut-être s'agissait-il d'hommes du *fyrd* venant des environs pour rejoindre l'armée : le point où se trouvait Harold le soir du 13 octobre, appelé Caldbec Hill, se trouvait à la limite de trois circonscriptions d'administration locale (*hundreds,* c'est-à-dire centaines) ; selon la *Chronique anglo-saxonne,* un pommier fameux, appelé « Hoary apple-tree », marquait cette frontière. Selon Guillaume de Poitiers et Guy de Ponthieu, on disait et l'on avait rapporté au Bâtard que Harold aurait, d'autre part, envoyé une flotte nombreuse pour prendre position au large de Hastings et couper éventuellement la retraite aux Normands s'ils étaient contraints à reprendre la mer. Si le roi d'Angleterre avait vraiment conçu un tel plan, cela pourrait indiquer qu'il n'avait pas l'intention de brusquer son attaque, mais qu'il entendait, au contraire, laisser à de nouvelles troupes le temps de le rejoindre et à la flotte repliée à Londres celui de gagner la Manche. Ce qui semble, en revanche, vraisemblable, c'est que Harold ait manœuvré très discrètement, peut-être en déplaçant ses hommes à travers les bois, sinon même de nuit, pour occuper une position extrêmement favorable : la colline appelée Battle Hill, où l'on voit aujourd'hui les bâtiments de l'ancienne abbaye de Battle ; son sommet se trouve à 85 mètres environ au-dessus du niveau de la mer ; la route se dirigeant vers Hastings passait au sommet de cette hauteur et descendait ensuite selon une pente assez forte, pour tomber à l'altitude de 68 mètres à 500 mètres de là, en direction du sud-est ; puis, toujours dans la même direction et à 700 mètres environ, elle atteignait l'altitude de 90 mètres environ (Telham Hill) et continuait de monter vers Hastings.

Le 14 octobre 1066, le jour se leva vers 5 heures 30 ; la lune entrait dans son dernier quartier et se trouvait encore visible dans l'extrême sud du ciel. L'armée normande campait au voisinage de Hastings, vers le nord ; elle reçut avant la fin de la nuit l'ordre de se préparer au départ et se mit en route vers 6 heures. Auparavant, Guillaume avait assisté à une messe : l'armée comptait, outre deux évêques, Eude de Bayeux et Geoffroy de Coutances, plusieurs chapelains et un certain nombre de prêtres et de moines. Le duc avait suspendu à son cou, comme un talisman, quelques fragments de reliques sur lesquelles à Bayeux, en 1064, Harold avait prêté son serment : comme s'il voulût les prendre à témoin du parjure et s'assurer leur concours pour punir l'impie. Sur la route, Guillaume chevauchait en tête ; il avait envoyé en éclaireur un chevalier dont la Tapisserie de Bayeux donne le nom,

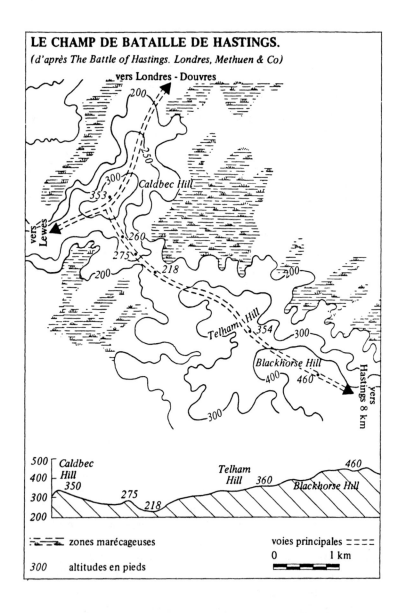

LE CHAMP DE BATAILLE DE HASTINGS.

(d'après The Battle of Hastings. Londres, Methuen & Co)

Vital, et qui est bien connu comme vassal de l'abbaye de
Fécamp ; en atteignant Telham Hill, il aperçut l'armée
anglo-saxonne qui se mettait en place sur le flanc sud-est
de Battle Hill et s'en vint aussitôt l'annoncer au duc. Si,
comme ses panégyristes d'alors lui en prêtent l'intention,
Guillaume se proposait d'attaquer l'ennemi avant que
celui-ci ait pu se mettre en ordre de combat, il ne put
qu'être déçu : Harold s'était adjugé le choix du champ de
bataille. Le duc décida, dès lors, de déployer ses troupes
au pied de Battle Hill dans un espace assez étroit, limité au
nord et au sud par des terrains marécageux, à une altitude
d'environ 70 mètres. Il fallut une bonne heure à la colonne
armée venant de Hastings et longue de plus de 4 kilomètres pour se déployer en ligne. Concernant le dispositif
adopté, les sources anciennes sont d'accord entre elles.
Les Français et les Flamands occupaient l'aile droite, au
nord-est ; les Normands, de loin les plus nombreux,
étaient au centre ; les Bretons à l'aile gauche, c'est-à-dire
au sud-ouest. Les Franco-Flamands étaient sous le
commandement de Robert de Beaumont, bien qu'il y eût
parmi eux un seigneur de haut rang, qui devait d'ailleurs
s'illustrer dans la bataille, Eustache de Boulogne. Le
Bâtard, assisté de ses deux demi-frères Robert, comte de
Mortain et Eude, évêque de Bayeux, commandait les
Normands, tandis qu'Alain de Bretagne, fils d'Eude de
Penthièvre que le Bâtard avait soutenu contre son neveu
Conan, en 1064, était à la tête des Bretons. Dans chacun
de ces trois secteurs, les archers étaient placés en première
ligne ; c'étaient, au moins pour la plupart, des mercenaires ; ils étaient armés du petit arc, long d'environ
1,20 mètre, le seul utilisé alors sur le continent ; on voit sur
la Tapisserie de Bayeux que cet arc était tenu à hauteur
de la poitrine ; chaque archer avait une petite provision de
flèches placées dans un carquois tenu par une courroie
passée autour du cou, ou fixé à la ceinture et tombant sur
la hanche droite. Y avait-il des arbalétriers dans l'armée
de Guillaume ? On le nie assez généralement, en faisant

valoir que l'emploi de l'arbalète disparut en Occident à la fin de l'Antiquité et n'y fut retrouvé qu'au temps de la première croisade ; il est cependant indiscutable que plusieurs textes mentionnent cette arme durant le haut Moyen Age ; et, concernant la campagne de 1066, Guy d'Amiens signale, à diverses reprises, la présence de *balistantes* au milieu des archers de l'armée normande. Certes, le mot *balista* pourrait fort bien désigner une fronde avec laquelle on lance des cailloux, ou bien un engin à ressort ou à contrepoids capable de projeter de très grosses pierres. Mais, dans le *Poème sur la bataille de Hastings,* un vers décrit l'effet des projectiles lancés par les *balistantes :* « Les boucliers n'offrent aucune protection contre les traits carrés (*quadrata iacula*) » ; le « trait carré » est le quarrel, flèche courte à section carrée, projectile spécifique de l'arbalète. Guillaume de Poitiers signale, lui aussi, sur la première ligne de combat, des *balistae.* On ne peut donc douter que l'armée du Bâtard ait compté, à Hastings, des arbalétriers.

En seconde ligne, Guillaume avait placé des combattants à pied, armés de piques et de javelots et, pour la plupart du moins, revêtu du haubert. Enfin, à l'arrière du dispositif, les chevaliers portant, eux aussi, le haubert et un casque métallique de forme tronconique, garni intérieurement de tissu et muni d'un nasal plat et large, descendant du front sur l'arête du nez qu'il protégeait. Le haubert était d'une seule pièce, descendait jusqu'au genou et laissait libres les avant-bras. Auprès des chevaliers se tenaient leurs servants à pied. On peut raisonnablement évaluer à 2 000 ou 2 500 le nombre de ces combattants à cheval, à 4 000 environ celui des fantassins de toutes catégories, à un millier celui des archers et des arbalétriers. Ils occupaient une ligne de bataille d'environ 800 mètres de long. Guillaume avait choisi d'installer son poste de commandement immédiatement derrière ses troupes, sur la pente qui montait vers le sommet de Telham Hill ; de là, il pouvait observer parfaitement les mouvements de l'adversaire.

Le dispositif de combat anglo-saxon avait à peu près la même longueur que celui des Normands. En première ligne, Harold avait placé les *housecarles* qui combattaient à pied, armés de la grande hache et d'une épée ; la Tapisserie de Bayeux les montre couverts d'un haubert et coiffés d'un casque de même type que celui des Normands. A la parade et avant le combat, ils formaient ce que l'on a nommé le « mur de boucliers » ; c'est-à-dire que les boucliers présentés de face étaient parfaitement jointifs ; comme la largeur était moindre que celle d'un homme, le porteur était obligé de se tenir en position intermédiaire entre la face et le profil ; mais, bien entendu, le combat engagé, chacun des *housecarles* devait retrouver ses aises pour manœuvrer à deux mains sa hache, tandis que le bouclier était suspendu à l'épaule gauche. Ces combattants d'élite, qui formaient le noyau dur de l'armée anglo-saxonne, pouvaient être, sur le champ de bataille de Hastings, quelque 2 000 ; sans doute quelques-uns d'entre eux étaient-ils en seconde ligne, pour y encadrer la piétaille ; celle-ci, au nombre d'environ 6 000 hommes, était déployée sur une dizaine de rangs. A l'arrière de l'ensemble, sur la pente de Battle Hill, Harold avait installé son poste de commandement.

Entre les premières lignes des deux armées, la distance était, avant le début du combat, d'environ 200 mètres. La bataille commença vers 9 heures ; aucune preuve convaincante n'a été apportée, en effet, à l'appui de la thèse soutenue par quelques auteurs modernes, selon laquelle de premières escarmouches auraient eu lieu un peu plus tôt pour la possession de Battle Hill.

Selon une tradition très ancienne, que mentionne déjà Guy d'Amiens, mais qu'ignore Guillaume de Poitiers, un jongleur nommé Taillefer se serait avancé à cheval vers les lignes anglaises, dès le début du combat, aurait défié un adversaire, l'aurait transpercé de sa lance puis décapité d'un coup d'épée et, montrant la tête à ses compagnons, aurait crié, en se retournant vers eux que ce premier succès était un présage de victoire ; mais le *Poème sur la bataille de Hastings* ne porte au crédit du jongleur Taillefer que ce fait d'armes. Vers 1125 Guillaume de Malmesbury semble avoir oublié le combat singulier et, sans nommer Taillefer, rapporte que la bataille fut engagée « au chant de la cantilène de Roland afin d'enflammer le courage des combattants ». Peut-être ne s'agit-il là que d'une amplification imaginée à partir du fait que Taillefer était un jongleur ? En tout cas, elle fit fortune au XIIe siècle. Wace et Benoît de Sainte-Maure mettent en vedette l'action bénéfique qu'exerça sur le moral des troupes l'évocation de Roland. Ainsi, le *Roman de Rou :*

> « Taillefer ki moult bien chantout
> Sor un cheval ki tost alout
> Devant le duc alout chantant
> De Karlemaigne et de Rollant
> Et d'Oliver et des vassals
> Ki morurent en Rencesvals... »

Mais Taillefer est aussi, pour Wace, un bon guerrier car il aurait tué deux, et non pas un seul, adversaires.

S'il est vrai que l'on ait chanté, ou mieux psalmodié, le 14 octobre 1066, un de ces petits poèmes en langue commune qui précédèrent la *Chanson de Roland,* ce ne fut certainement pas lors de la première phase du combat ; celle-ci fut, en effet, marquée par une intervention des archers qui, s'avançant à portée de tir, lancèrent une volée de flèches sur l'ennemi. On ne voit guère Taillefer les précédant à cheval et, de surcroît, le Bâtard ne se trouvait pas à la tête des archers. En revanche, on sait qu'il chevauchait à l'avant de l'armée, entre Hastings et le champ de bataille, au lever du jour. C'est plutôt dans cette scène que le personnage du jongleur pourrait trouver sa place, à côté du porte-étendard de Guillaume, dont

Orderic Vital nous a conservé le nom : Toustain, fils d'un certain Rollon, du Bec-en-Caux ; l'étendard était le *Vexillum sancti Petri* envoyé au duc de Normandie par le pape Alexandre II.

C'est donc par une attaque des archers que commença le combat ; on a parfois comparé cette action à la préparation d'artillerie qui, dans la guerre moderne, précède la progression des troupes ; elle avait pour objet de porter le désordre dans les rangs ennemis et d'atteindre leur moral. Mais, cette fois, la tâche des archers était particulièrement difficile, du fait que la cible était placée sensiblement au-dessus d'eux ; les flèches arrivant au but avaient donc une force de pénétration bien moindre que dans le cas d'un tir horizontal ou faiblement ascendant. Le fait est que cette attaque tourna court. Le colonel Charles H. Lemmon qui, mieux qu'aucun autre historien a su reconstituer les péripéties de la mémorable bataille, voit dans le petit nombre des archers de l'armée anglaise la raison majeure pour laquelle l'opération des archers normands fut peu efficace et de courte durée. Chaque archer n'avait dans son carquois qu'un nombre restreint de flèches ; pour renouveler cette provision, il fallait, à la faveur d'une pause, se replier vers l'arrière où se trouvaient les voitures de ravitaillement ; mais si, comme il arrivait d'habitude, l'ennemi tirait, lui aussi, des flèches, chacune de celles-ci pouvait faire plusieurs fois l'aller et retour, et le combat d'archers se prolongeait ; ce qui n'advint pas à Hastings.

L'infanterie lourde, placée en seconde ligne, prend à son tour l'offensive contre des lignes anglaises à peu près intactes ; elle doit, pour les atteindre, gravir les pentes de Battle Hill ; comme l'altitude de celle-ci va diminuant vers le sud-ouest, les Bretons atteignirent, les premiers, les adversaires qui leur faisaient face. Il s'agissait, cette fois, d'un combat beaucoup plus rapproché que celui des archers car ces fantassins portant le haubert étaient armés de lances et de javelines. Les Anglo-Saxons ripostèrent par une pluie très dense de projectiles divers : la Tapisserie de Bayeux montre une nuée de flèches, de lances légères, de pierres coupantes fixées dans des bâtons fendus. Cette seconde attaque s'avéra donc assez vite aussi peu efficace que la première ; la muraille que constituait la première ligne anglo-saxonne, formée par les grands *housecarles* était intacte ; elle était d'ailleurs si cohérente, dit avec quelque exagération, sans doute, Guy d'Amiens, qu'un homme mort restait debout, n'ayant pas la place pour s'effondrer entre ses voisins. Comme les Bretons de l'aile gauche étaient arrivés les premiers sur l'ennemi, ils manquèrent, pendant un moment, de couverture sur leur droite où les Normands se trouvaient en retrait. Peut-être les Anglais esquissèrent-ils alors une opération d'enveloppement ; les Bretons, menacés d'encerclement, reculèrent en désordre, sous la pluie de projectiles qui continuait de tomber sur eux. Puis le corps de bataille central, celui des Normands, se voyant découvert sur son flanc gauche, battit à son tour en retraite et, de proche en proche, ce mouvement gagna la droite du dispositif, où se trouvaient les Flamands et les Français. A l'aile gauche, la retraite des Bretons prenait l'allure d'une déroute ; au centre, le désordre n'était guère moins inquiétant. C'est alors que Guillaume, accompagné de quelques compagnons dont l'évêque Eude de Bayeux et le comte Eustache de Boulogne, quitta son poste de commandement pour reprendre en main la troupe des Normands. Selon Guy d'Amiens, un javelot lancé par Gyrth, frère de Harold, atteignit mortellement le cheval de Guillaume. Aussitôt, une rumeur se répandit dans la mêlée, propagée par ceux qui avaient vu s'effondrer le duc avec sa monture : « Guillaume est mort ! » En fait, le Bâtard s'était vite relevé et, en quête d'un cheval, il apostrophait un chevalier manceau qui battait en retraite ; en agitant son épée souillée de sang et de chair, il l'appelait à l'aide ; et comme le chevalier, en proie à la peur, tentait de se dérober, Guillaume le jetait à bas de son cheval, s'emparait de celui-ci et s'efforçait d'enrayer la débandade de ses hommes. Il avait certainement entendu les propos de ceux qui annonçaient sa mort : la Tapisserie de Bayeux le montre relevant son casque et dégageant son visage, tandis qu'Eustache de Boulogne le montre du bras pour couper court à la rumeur funeste. Ainsi la déroute complète des fantassins fut-elle évitée. Puis, comme les combattants à pied anglais avaient eu l'imprudence de quitter leur position à flanc de colline pour donner la chasse aux Bretons et aux Normands qui battaient en retraite, une rapide charge de cavalerie ordonnée par le Bâtard n'eut guère de peine à les encercler et à les exterminer. L'armée de Harold venait de commettre l'erreur qui devait lui être fatale. S'agissait-il purement et simplement d'un acte d'indiscipline, de la part d'une troupe imparfaitement encadrée ? Ou bien Harold, pensant l'occasion propice, ordonna-t-il une contre-attaque dont il espérait la victoire ? L'une et l'autre hypothèse ont des partisans parmi les historiens. Certains trouvent la seconde particulièrement vraisemblable, compte tenu de ce que l'on sait du caractère impétueux de Harold et de son penchant pour les décisions nées d'une impulsion. Dans la Tapisserie de Bayeux, une scène est consacrée à l'un des épisodes de cette phase de la bataille. On y voit un groupe de fantassins anglais, portant un bouclier et armés d'une lance, retranchés sur un petit monticule et se défendant contre l'attaque de chevaliers normands. Au-dessus de ce tableau, une légende dit : « Ici tombèrent beaucoup de Français et d'Anglais. » (A noter que, dans les textes de la Tapisserie comme dans la terminologie usitée en Angleterre après 1066, le mot *Franci* désigne tous les participants à l'expédition victorieuse, y compris les Normands). Le monticule en question est encore aujourd'hui parfaitement visible sur le terrain ; il est appelé « The Hillock ».

Au terme de cette phase du combat, il ne devait plus rester grand-chose˙ de la belle ordonnance qu'avaient présentée, au début de la journée, les deux armées. Raisonnant en technicien, le colonel Lemmon estime,

330 GUILLAUME LE CONQUÉRANT

malgré le silence des textes sur ce point, qu'une pause intervint alors ; il fallait remettre en place les corps de bataille, réapprovisionner en projectiles les archers et, peut-être, prendre quelque nourriture. Sans aucun doute, Guillaume et Harold mirent à profit cet intermède pour se concerter avec leurs lieutenants et définir un plan d'action tenant compte des enseignements que comportait le développement des opérations de la matinée.

Le combat reprit avec une charge de la cavalerie normande qui, jusque-là, n'avait pas encore été engagée en masse. Assaillis par la grêle très dense de projectiles lancés par l'infanterie anglaise, qui affolaient les chevaux, les chevaliers de Guillaume ne parvinrent pas jusqu'au front serré des *housecarles*. Après plusieurs vains assauts, ils durent battre en retraite ; aussitôt, les voyant en difficulté, d'importants groupes d'Anglais quittèrent leur formation et les poursuivirent, en continuant à faire pleuvoir sur eux les armes de jet dont l'efficacité venait d'être prouvée contre les montures plus encore que sur les chevaliers casqués et protégés par le haubert. Guillaume de Poitiers, Guy d'Amiens et, à leur suite, les historiens des deux générations suivantes, de Guillaume de Malmesbury à Wace, affirment que cette retraite était, à la vérité, simulée : ruse de guerre connue du Bâtard et employée à la lumière des incidents de la matinée, pour inciter l'adversaire à quitter une position imprenable et à courir le risque d'une contre-attaque. Mais était-il possible à une troupe de plusieurs centaines de cavaliers, attaquant sur un front de plus de 500 mètres, d'effectuer dans une parfaite cohésion pareille manœuvre ? L'expert qu'est le colonel Lemmon ne le croit pas. Quoi qu'il en fût, retraite vraie ou simulée, Guillaume de Normandie l'exploita en un clin d'œil. Une charge de cavaliers aussitôt lancée enveloppa les poursuivants anglais et en tua la plupart. Il semble que la même manœuvre, dès lors sûrement préméditée, ait été répétée à deux reprises et, chaque fois, avec le même succès. La répétition de l'erreur commise par les hommes du *fyrd* ne peut être expliquée que par la désorganisation de leur encadrement. Déjà les deux principaux lieutenants de Harold, ses frères Gyrth et Leowine étaient tombés ; on ne sait exactement dans quelle phase du combat ils avaient trouvé la mort ; si la Tapisserie de Bayeux respecte l'ordre des événements, ils auraient été tués au cours de la matinée.

En raison des pertes subies par ses troupes, Harold devait peu à peu rétrécir son front de bataille, au risque d'être tourné sur ses ailes.

Sa mort, survenue vers la fin de l'après-midi, décida du sort de la bataille. Concernant les circonstances de cette mort, deux versions ont été données. Baudry de Bourgueil, dans un poème composé vers l'an 1100 et adressé à Adèle, fille de Guillaume le Conquérant, rapporte que Harold aurait été tué par une flèche reçue dans l'œil. Vers 1125, Guillaume de Malmesbury reprend cette assertion. Or la Tapisserie de Bayeux, sous la légende « Ici, le roi Harold a été tué », montre, d'une part, un guerrier anglais armé d'une lance et d'une épée, qui, peut-être, tente d'extraire de son œil une flèche, et d'autre part un cavalier normand qui, d'un coup d'épée, abat un Anglais porteur de la grande hache. Dans cette scène, le personnage anglais mis en vedette n'est manifestement pas celui qui est blessé par une flèche et qui se trouve en position marginale. On sait que Baudry de Bourgueil connaissait la Tapisserie, qu'il mentionne d'ailleurs dans son poème ; c'est donc lui, sans guère de doute, qui, interprétant incorrectement la scène de la mort de Harold, mit en circulation la version expliquant cette mort par une blessure à l'œil.

Une autre version de la mort de Harold, beaucoup plus vraisemblable, est donnée par le *Poème sur la bataille de Hastings*. Vers la fin de l'après-midi, après un dernier tir très nourri des archers, les fantassins bretons, normands, français et flamands partirent à l'assaut de Battle Hill, attaquant le dispositif anglais de front, le débordant par

les ailes et parvenant ainsi jusqu'au poste de commandement de Harold où s'étaient repliés bon nombre de
housecarles pour protéger le roi et ses deux étendards ; la
Tapisserie de Bayeux montre l'un de ceux-ci en gros plan :
ce n'est pas une pièce de tissu décorée de symboles, mais
un panneau de métal ayant la forme d'un dragon (le
fameux Dragon de Wessex), fixé au sommet d'une hampe
par l'extrémité représentant la tête du monstre.

Lorsque Guillaume, de son poste d'observation, vit le
dur affrontement qui opposait ses hommes aux redoutables *housecarles,* il prit avec lui Eustache de Boulogne,
Hugues de Ponthieu et l'un des fils de Gautier Giffard,
seigneur de Longueville, et se dirigea au galop vers le
sommet de Battle Hill ; sans doute, quelques chevaliers les
accompagnaient. Quelques instants plus tard, le roi d'Angleterre tombait sous leurs coups ; un premier coup de
lance transperça son bouclier et pénétra dans sa poitrine ;
un autre l'atteignit au visage ; un troisième lui perfora le
ventre. Quant au quatrième attaquant, c'est-à-dire le fils
de Gautier Giffard, il trancha la cuisse de Harold et
emporta le membre ainsi amputé. Guillaume de Malmesbury confirme ce détail, déjà donné par Guy d'Amiens et
ajoute que le Bâtard, horrifié, chassa de son armée le
chevalier qui s'était rendu coupable de cet acte de
sauvagerie.

La nouvelle de la mort de Harold se propagea très vite.
Privés de chef, les Anglais se replièrent, pour la plupart,
en désordre. C'est aussi dans un certain désordre que des
chevaliers normands se lancèrent à leur poursuite. Guillaume de Poitiers rapporte, par exemple, que le Bâtard
n'avait plus à la main que la hampe d'une lance brisée.
Eustache de Boulogne, qui l'accompagnait, reçoit dans le
dos, de la main d'un Anglais demeuré là inaperçu, un coup
si violent que le sang jaillit de son nez et de sa bouche et
que l'on dut l'emporter à demi mort ; il devait, d'ailleurs,
se remettre de cette blessure. Guillaume, lui, s'arrêta au
sommet de la petite hauteur appelée Caldbec Hill, d'où

l'on dominait légèrement, à 120 mètres d'altitude, le champ de la bataille qui s'achevait et la région qui, vers le nord, descendait en pente douce. C'est par là que les Anglais s'enfuyaient, « les uns sur des chevaux dont ils s'étaient emparés, d'autres à pied, aussi bien par les chemins qu'à travers champs et bois ». Or, il y avait, à quelque 400 mètres vers le nord, une dépression qu'une chronique anglaise appelle « le Maufossé » ; le vocable est évidemment d'origine normande et pourrait désigner aussi bien une levée de terre qu'une douve. Cet accident de relief était peu visible, car de très hautes herbes le dissimulaient en partie : c'est dire qu'il s'agissait probablement d'une petite dépression humide ; au-delà de celle-ci, une sorte de terrasse naturelle permettait le stationnement d'une troupe. L'endroit était si propice à une ultime action de combat qu'un groupe de fuyards anglo-saxons y prit position dans l'espoir d'y arrêter ou d'y retarder, dans une dernière escarmouche, leurs poursuivants. Ceux-ci devaient y subir des pertes sérieuses. D'abord, des cavaliers lancés au galop tombèrent, les uns sur les autres, dans le Maufossé ; ceux qui franchirent cet obstacle se heurtèrent à la résistance désespérée du groupe de *housecarles* installés en position de force sur la plate-forme. Du sommet de Caldbec Hill, le duc Guillaume voyait la scène ; il envoya l'ordre de cesser le combat ; aussi bien, la nuit tombait-elle ; la lune ne devait apparaître, à cette date, que vers minuit et ne guère s'élever au-dessus de l'horizon. Un essai de reconstitution de l'événement, effectué un 14 octobre, a montré qu'à cet endroit, il était déjà difficile à 18 heures de chevaucher, et tout à fait impossible à partir de 18 h 15 ; à 18 h 30, l'obscurité ne permettait plus de distinguer à quelques mètres un objet de bonne taille.

Il est, dès lors, difficile d'ajouter foi aux dires de Guillaume de Poitiers : « Le duc retourna sur le champ de bataille ; bien que les morts fussent des hommes injustes, il fut ému du carnage ; la fleur de la noblesse et de la jeunesse anglaise gisait sur le vaste terrain couvert de sang. On retrouva, près du roi Harold, deux de ses frères ; lui-même ne se distinguait des autres par aucun ornement ; ce n'est pas à son visage qu'on le reconnut (sans doute défiguré), mais à quelques signes particuliers. »

On était au soir du samedi 14 octobre qui correspond, dans notre actuel calendrier grégorien, au 20 octobre. La bataille qui s'achevait, l'une des plus mémorables de l'histoire du Moyen Age, l'une des plus lourdes de conséquences, avait été gagnée d'extrême justesse. A plusieurs reprises, au cours de la journée, le sort des armes avait été fort indécis ; à la suite d'incidents, d'erreurs de manœuvre, les Normands s'étaient trouvés en périlleuse posture. Mais, chaque fois, le Bâtard avait immédiatement trouvé la parade, bien qu'il n'eût guère l'expérience du combat en rase campagne. En particulier, les archers avaient été peu efficaces, du fait qu'ils avaient dû, pendant la majeure partie de la journée, attaquer un ennemi retranché sur une position surplombante ; c'est dans la soirée seulement que, parvenus au sommet de Battle Hill, quelques groupes d'entre eux avaient pu effectuer des tirs vraiment meurtriers ; les dernières scènes de la Tapisserie de Bayeux les montrent engagés au cœur de la mêlée. Mais c'est la cavalerie, formation la plus cohérente et la mieux entraînée de l'armée du Bâtard, magistralement utilisée par celui-ci, qui, tout au long de la journée et chaque fois qu'il le fallait, redressa les situations difficiles et, en fin de compte, à la tombée du jour, porta le coup décisif à l'armée anglo-saxonne.

Si net qu'ait été en fin de compte, sur le champ de bataille de Hastings, le succès de Guillaume, il ne mettait pas l'Angleterre à sa merci. Le goût du panégyrique aveugle Guillaume de Poitiers lorsqu'il écrit que « le duc Guillaume soumit toutes les villes d'Angleterre en un jour seulement, entre neuf heures du matin et le soir ». Les lourdes pertes subies par les Anglais, la mort du roi et de ses deux frères, n'atteignaient guère que le sud du royaume, l'*earldom* de Wessex. Les comtés du Nord, bien qu'éprouvés par la défaite de Fulford et même par la coûteuse revanche de Stamfordbridge, conservaient un sérieux potentiel militaire. La flotte anglaise demeurait intacte et capable de gêner les communications du corps expéditionnaire normand avec ses bases continentales. La population de Londres, et notamment les hommes de mer qui en formaient un des groupes les plus cohérents, les plus entreprenants, était traditionnellement dévouée à la famille de Godwine. Enfin, la mort de Harold ne garantissait pas d'emblée au Bâtard l'accès au trône d'Angleterre ; les earls Edwin et Morcar et les *witan* pouvaient encore lui opposer un autre compétiteur en la personne du jeune Edgar, fils de l'aetheling Edouard qui était mort dans des circonstances mal connues, en 1057.

Au lendemain de toute grande bataille s'impose alors le devoir d'ensevelir les morts ; les récits épiques consacrent souvent à cette opération une large place ; il est d'autant plus surprenant que les historiens contemporains (Guillaume de Poitiers notamment) n'en fassent qu'une brève mention. Pour le biographe-panégyriste du Bâtard, celui-ci fit preuve de magnanimité envers ceux de ses ennemis qui avaient succombé, « bien que ces victimes fussent des impies ». Selon Guy d'Amiens, au contraire, Guillaume aurait abandonné les cadavres des Anglais « aux vers, aux loups, aux oiseaux et aux chiens ». Guillaume de Jumièges affirme en quelques mots qu'il fit dépouiller ces cadavres. Quel fut le nombre des morts dans l'un et l'autre camp ? Les sources du temps le disent considérable, mais ne tentent pas de le chiffrer. Si vraiment les morts de l'armée victorieuse furent inhumés sur place et que, d'autre part, les cadavres des Anglo-Saxons furent abandonnés sur le sol, il devrait se trouver en terre, sur le site du combat, d'énormes charniers ; or, on n'en a pas découvert, jusqu'à ce jour, la moindre trace. Quant à la dépouille funèbre de Harold, elle fit l'objet, à coup sûr, d'une mesure particulière. Les écrivains du temps se trouvent d'accord pour affirmer que Gytha, veuve de Godwine et mère de Harold, réclama le corps de son fils ; elle aurait offert, en contrepartie, son poids en or ; mais Guillaume aurait refusé de le lui rendre. Selon Guillaume de Poitiers, qui doit être, à cet égard, bien informé, le duc aurait confié à l'un de ses barons, Guillaume Malet, seigneur de Graville, le soin d'ensevelir le roi en un lieu secret, sur la falaise qui domine la Manche ; ce qui fit dire alors, en manière de boutade railleuse, que Harold serait de la sorte gardien du littoral et de la mer. Guillaume de Malmesbury, vers 1125, affirme que le Bâtard, s'il refusa l'or que lui offrait Gytha, lui remit le corps de son fils et que celui-ci put être inhumé dans l'église Sainte-Croix de Waltham (Essex) qu'il avait fondée quelques années auparavant. Ce qui est certain, c'est qu'au XIIe siècle, on voyait dans cette église la tombe de Harold. Y avait-elle été installée dès 1066 ? Ou bien les restes du roi y avaient-ils été transportés par la suite ? Ou bien encore ne s'agissait-il que d'une supercherie imaginée par les moines de Waltham ? Le fait est, en tout cas, qu'au XIIe siècle, cette tombe, vraie ou fausse, attirait une foule de pèlerins mus par ce qui pouvait alors subsister d'irrédentisme anglo-saxon. C'est sans doute pour pallier ce risque politique que Guillaume eut soin de faire enterrer en secret son ennemi vaincu. Sur le champ même du combat, il eut à cœur, d'autre part, d'élever un mémorial : peut-être, dès le lendemain de sa victoire, et selon une tradition séculaire, un simple monticule de pierres sèches, que l'on appelait *montjoie ;* de fait, aujourd'hui encore, c'est le nom que porte la petite hauteur de Caldbec Hill ; et, quelques années plus tard, lorsque le Conquérant fit construire le prieuré de Battle, le maître-autel de l'église fut placé à l'endroit même où Harold était mort, à son poste de commandement.

TROISIEME PARTIE

Le Roi

DE HASTINGS À WESTMINSTER

A la mi-octobre 1066, le duc Guillaume ne pouvait savoir s'il lui faudrait encore livrer bataille avant de recevoir à Londres la couronne royale. A la nouvelle du désastre de Hastings, les *witan,* au premier rang desquels les archevêques Stigand de Cantorbéry et Ealdred d'York, les earls Edwin et Morcar, avaient en hâte reconnu pour roi l'aetheling Edgar, peut-être sous la pression du peuple de Londres ; selon une tradition rapportée une cinquantaine d'années plus tard, les earls du nord auraient d'abord tenté de prendre pour l'un d'eux la couronne ; puis, cette manœuvre ayant échoué, ils se seraient retirés dans leurs earldoms de Mercie et de Northumbrie. C'est peut-être le caractère mouvant de cette situation qui engagea le Bâtard à ne point agir avec précipitation. Il lui fallait, au demeurant, reconstituer son armée qui avait certainement subi de sérieuses pertes. C'est à Hastings, ou plus précisément dans le camp établi au nord de la ville, que fut menée à bien, en cinq ou six jours, cette opération. Peut-être Guillaume espérait-il aussi recevoir là, comme le suggère la *Chronique anglo-saxonne* (version D) la soumission de quelques notables. Mais rien ne vint. Il fallut alors établir un plan de campagne. L'objectif principal était, bien entendu, Londres ; mais il importait aussi de s'assurer le contrôle de Winchester, l'une des principales résidences royales, où était conservé le Trésor. En fait, c'est vers Douvres que Guillaume décida de marcher en premier lieu ; c'était le plus important des ports de la côte méridionale de l'Angleterre ; il était doté de fortifications que Harold lui-même avait récemment complétées. De plus, Edouard le Confesseur avait fait don de cette ville à son neveu normand lorsqu'en 1051 il lui avait promis sa succession ; et l'on sait qu'Eustache de Boulogne avait alors tenté, bien maladroitement, d'en prendre possession, peut-être au nom du Bâtard. Celui-ci estimait donc avoir des droits tout particuliers sur cette ville ; Harold lui-même, lors de son voyage en Normandie (1064) avait reconnu ces droits. Ainsi est-il assez significatif que Guillaume ait, dans son plan d'opérations, donné à Douvres la première place : il la revendique en légitime héritier, et non en conquérant ; il put d'ailleurs l'occuper sans coup férir. Comme des gens de son armée avaient, pour faciliter le pillage, mis le feu à des maisons, il tint à indemniser les victimes. Pendant le séjour d'une semaine qu'il fit dans la ville, nombre de ses chevaliers furent atteints de dysenterie ; certains en moururent. Après Douvres, Cantorbéry fit aussi sa soumission sans combat et donna des otages ; l'archevêque Stigand avait quitté la ville avant l'arrivée des envahisseurs. Peu après, Guillaume fut frappé d'une « grave maladie » (Guillaume de Poitiers), au grand émoi de ses compagnons ; mais il refusa d'être soigné et de retarder ainsi le départ, de crainte que la ville ne pût assurer plus longtemps le ravitaillement de l'armée. Il fallait, en effet, vivre sur le pays, qui pâtit cruellement du pillage et des réquisitions qui lui étaient imposées. Vingt ans plus tard, lors de la confection de la grande enquête de 1086, seront encore sensibles les dommages subis par les régions qu'avaient traversées les vainqueurs de Hastings en route vers Londres. Leur itinéraire fut, à vrai dire, fort sinueux. De Cantorbéry, il les conduisit à Winchester où résidait Edith, veuve d'Edouard le Confesseur et sœur de Harold ; au passage, ils avaient incendié Southwark, faubourg de Londres situé sur la rive sud de la Tamise ; mais Guillaume se garda de lancer contre la capitale une véritable attaque ; la politique de temporisation n'avait pas encore porté ses premiers fruits. C'est à Wallingford, ancien bourg saxon fortifié, que le Bâtard devait les cueillir. Contre toute attente, Stigand, le premier, vint s'y présenter au vainqueur et lui promit fidélité après avoir révoqué le serment prêté, quelques semaines plus tôt, à l'aetheling Edgar. Au départ de Wallingford, Guillaume divisa son armée en deux corps dont le premier traversa immédiatement la Tamise tandis que le second allait chercher un passage un peu plus loin, à Goring. De là, l'un et l'autre marchèrent vers le nord-est contournant Londres par l'ouest après l'avoir fait par le sud. On avançait assez lentement et ce n'est guère avant le 10 décembre, sans doute, que l'armée atteignit Little Berkhampstead, à une dizaine de milles de Londres ; Guillaume de Poitiers précise que, de là, on apercevait déjà la ville. La sage lenteur du Bâtard avait été payante ; nulle part il n'avait rencontré de sérieuse opposition ; les principaux personnages de l'aristocratie anglaise avaient eu le temps de la réflexion ; l'aetheling Edgar lui-même avait compris qu'il ne pourrait faire triompher contre Guillaume le droit que lui donnait pourtant son appartenance à l'antique dynastie anglo-saxonne. Il vint donc à Berkhampstead avec l'archevêque d'York, plusieurs évêques, une délégation des habitants de Londres et, peut-être, les earls Edwin et Morcar ; d'un commun accord, ils déclarèrent se rallier à la candidature du Normand au trône d'Angleterre : c'était la démarche normale du *witenagemot* qui n'élisait pas, à proprement parler, le roi mais reconnaissait sa légitimité en lui faisant allégeance. Ils lui demandèrent de se faire couronner au plus tôt ; les institutions, disaient-ils, ne pouvaient fonctionner convenablement en l'absence d'un roi.

Le Normand, pourtant, ne jugeait pas son heure encore

venue ; peut-être avait-il des informations sur des foyers de résistance subsistant çà et là ; quant aux *witan*, n'avaient-ils pas, une fois déjà, sanctionné de leur approbation en 1051 le choix de Guillaume comme héritier du trône, fait par le Confesseur, pour se rétracter ensuite ? Des régions que son armée avait traversées, le Bâtard n'avait sans doute rien à craindre ; il y avait d'ailleurs laissé çà et là de petites garnisons dont les autochtones savaient qu'en cas de troubles, elles étaient capables du pire. Mais le nord et le nord-est du royaume n'avaient toujours pas vu les envahisseurs. De quel effort militaire étaient-ils encore capables ? Même si Edwin et Morcar étaient présents à Little Berkhampstead — ce qui n'est pas certain —, Guillaume considérait prudemment que toute menace n'était pas écartée de ce côté. Plusieurs voies anciennes, venant du nord, convergeaient vers Londres ; il y installa des postes d'observation. Quant à entrer dans Londres, il n'y était pas décidé. Certes, une délégation de la ville lui avait fait allégeance à Little Berkhampstead ; mais représentait-elle vraiment tous les éléments d'une population qui pouvait alors compter quelque 20 000 âmes ? Londres, c'était l'ancienne cité de l'époque romaine (la City actuelle) dont le rempart d'enceinte était encore debout, mais aussi des faubourgs dont le principal était Southwark, à la tête du pont qui faisait communiquer la cité avec la rive droite de la Tamise. En sa qualité de familier de la Cour normande, Guillaume de Poitiers interprète sans doute fidèlement les sentiments qui agitaient, en cette conjoncture, l'âme de son duc ; on ne voit pas pourquoi son parti pris de panégyriste l'aurait conduit à déguiser sur ce point la vérité. « Délibérant avec ceux des Normands qui l'accompagnaient, et dont il connaissait la sagesse et la fidélité, il leur expliqua les raisons pour lesquelles il hésitait à écouter la demande des Anglais (qui le pressaient de se faire couronner sans délai). La situation lui semblait encore confuse ; il y avait encore des opposants ; il entendait assurer la paix plutôt que de recevoir prématurément la couronne. En outre, il voulait, si Dieu le permettait, que son épouse fût couronnée en même temps que lui. Alors que les événements évoluaient en sa faveur, il fallait éviter toute hâte excessive... Au contraire, ses familiers, certains d'interpréter le sentiment unanime de l'armée, s'employaient à lui faire accepter la proposition des Anglais, tout en reconnaissant la validité des arguments qu'il invoquait dans sa très grande sagesse. »

Le Bâtard finit par se ranger à l'avis de ses conseillers, non sans leur avoir fait remarquer qu'il était bien rare qu'en un cas semblable un prince consultât ses chevaliers. Toutefois, avant de se diriger vers Londres, il y dépêcha une troupe chargée de construire une fortification qui pût lui servir de point d'appui dans la ville. Le site choisi fut l'angle sud-est de l'enceinte romaine, où devait être élevée, quelques années plus tard, la fameuse Tour de Londres, puissant donjon de pierre appelé aujourd'hui White Tower. Des fouilles effectuées voici quelques années ont mis au jour des vestiges de l'ouvrage de terre et de charpente hâtivement exécuté en décembre 1066 : c'était un rempart de plan circulaire, couronné sans doute d'une palissade. Les Normands étaient alors, comme on sait, maîtres dans l'art d'élever rapidement un retranchement de ce type. Les Anglais, au contraire, l'ignoraient encore et redoutaient fort ces installations guerrières, surtout quand elles étaient implantées en pleine ville.

Guillaume fut couronné le jour de Noël 1066 dans l'église abbatiale de Westminster qui avait été consacrée un an plus tôt. Les sources contemporaines donnent de la cérémonie des récits qui apparaissent discordants sur quelques points de détail. Pour l'essentiel, on observa certainement le rite traditionnel. Le duc tenait au plus haut point à la qualité d'héritier légitime d'Edouard le Confesseur ; les hommes qu'il avait vaincus à Hastings étaient, à ses yeux, des rebelles beaucoup plutôt que des ennemis dont il aurait conquis le pays. Non seulement il avait été désigné comme héritier par Edouard le Confesseur, mais il faisait valoir sa qualité de consanguin puisque la reine Emma, mère d'Edouard, était fille de Richard Ier, duc de Normandie, dont il était lui-même l'arrière-petit-fils; or, selon la tradition anglo-saxonne, issue de la vieille conception germanique de la monarchie, l'héritier de la couronne devait appartenir à la famille royale, quel que fût son lien de parenté avec le prédécesseur; en fait, cependant, un fils, quand il y en avait, succédait généralement à son père.

Le nouveau roi étant, cette fois, un prince étranger, venu à la tête d'un important corps expéditionnaire et appelé à régner à la fois sur l'Angleterre et sur la Normandie, quelques modifications furent introduites dans le rituel traditionnel. Le prélat consécrateur fut l'archevêque d'York Aeldred et non Stigand de Cantorbéry, qui était encore sous le coup d'une excommunication; pourtant Guy d'Amiens rapporte que Guillaume fit son entrée à Westminster entre les deux archevêques. Première innovation : le consentement du peuple fut sollicité. Geoffroy de Montbray, évêque de Coutances, demanda en français à la foule qui remplissait l'abbatiale si elle reconnaissait Guillaume pour son roi; après lui, Ealdred fit, en anglo-saxon, la même demande; à l'un et à l'autre, le peuple répondit par des acclamations. Autre rite inconnu jusqu'alors en Angleterre, mais usité en France depuis l'époque de Charlemagne, et aussi en Normandie : les Laudes royales (*Laudes regiae*). Après des invocations à la Vierge, aux saints archanges Michel et Raphaël, vint l'acclamation : « Au sérénissime Guillaume, grand et pacifique roi, couronné par Dieu, vie et victoire. » Selon Guy d'Amiens, les Laudes auraient été chantées tout au début de la cérémonie tandis que le roi, précédé par le clergé, entrait dans la cathédrale. Le couronnement fut, comme d'usage, précédé par le serment du sacre : Guillaume s'engagea, la main posée sur le livre des Evangiles, à protéger les églises et le clergé, à gouverner avec équité, à maintenir des lois justes, à faire respecter l'ordre public.

Puis Aeldred lui imposa la couronne royale. S'il fallait en croire Guy d'Amiens, qui en donne une description mirifique, le diadème aurait été fait tout exprès pour cette cérémonie par un maître orfèvre ; le très court délai qui s'écoula entre l'acceptation et la date du couronnement rend cette assertion fort peu vraisemblable. Le *Poème sur la bataille de Hastings* donne quelques autres détails sur la solennité. « Se tournant vers le saint autel, l'archevêque fit placer le roi en face de lui ; il appela tous les évêques présents et tous, avec le roi, se prosternèrent à terre. Le préchantre, qui se tenait debout, entonna le *Kyrie eleison* et appela l'intercession des saints. Lorsque la litanie des saints fut achevée, l'archevêque et les évêques se relevèrent, tandis que le roi demeurait à terre. Le préchantre s'était tu, le silence régnait ; l'archevêque demanda au peuple de prier ; c'est alors que commença le rite du sacre. Ealdred prononça une prière, dite *collecte,* et fit relever le roi ; puis, avec le chrême, il oignit la tête du souverain. »

Si rien ne semble avoir troublé le déroulement de la cérémonie à l'intérieur de l'abbatiale, un grave incident se produisit à l'extérieur et manifesta la tension et l'inquiétude qui régnaient encore parmi les Normands. Une assez nombreuse garde avait été mise en place autour de l'église. Entendant les cris de la foule qui, à l'invitation d'Ealdred et de Geoffroy de Montbray, acclamait le nouveau souverain, ces hommes crurent à une émeute et mirent le feu aux maisons avoisinantes. Heureusement, l'agglomération principale de Londres, la cité, se trouvait alors séparée de Westminster par une bonne lieue de terrains peu habités, de sorte que l'incendie put être circonscrit. Il ne faut certainement pas ajouter foi au récit que fait de l'incident, soixante-dix ans plus tard, Orderic Vital : le moine d'Ouche, trop enclin à dramatiser les incidents de ce genre, montre Guillaume tremblant d'effroi tandis que la foule massée dans l'église se bouscule pour gagner les portes. Du moins est-il probable que le bruit de l'échaufourrée fut entendu peu ou prou à l'intérieur de l'abbatiale.

La brutale réaction des hommes préposés à la garde de celle-ci trahit leur fébrile inquiétude, mais, de leur part, elle n'avait rien d'insolite. Sur l'itinéraire qu'avait suivi le corps expéditionnaire de Hastings à Londres, l'incendie et le pillage avaient marqué son passage. Le feu était-il pour ces hommes un simple moyen d'intimidation ? A lire les témoignages contemporains, on constate que les mentions de pillage accompagnent ordinairement celles d'incendies. Il fallait vivre sur l'habitant : ainsi avait-on fait systématiquement durant la quinzaine qui s'écoula entre le débarquement et la bataille de Hastings. Rien de plus dissemblable à cet égard que le comportement des mêmes hommes pendant leur long séjour en Normandie et au Ponthieu, d'une part, et sur le territoire anglais, d'autre part. Entre les « réquisitions » nécessaires et le vol proprement dit, sur initiative individuelle, il n'était pas facile de distinguer ; or il semble bien que l'incendie ait été considéré comme le moyen le plus efficace pour éloigner les habitants de leurs demeures afin de mieux les dévaliser. Guillaume et ses lieutenants paraissent avoir fermé les yeux sur ces actes de piraterie ; l'effet de terreur qu'ils devaient produire n'était sans doute pas pour leur déplaire. Quelle fut exactement l'ampleur de ces déprédations ? Un érudit britannique F. H. Baring, a tenté naguère de la calculer. Il a constaté que dans le grand cadastre appelé *Domesday Book* et compilé en 1086, la valeur attribuée, à cette date, à de nombreux domaines dans le sud de l'Angleterre était très notablement inférieure à celle qui leur avait été reconnue sous le règne d'Edouard le Confesseur. Or, la plupart de ces domaines avaient été, en 1066, traversés ou approchés par le corps expéditionnaire en marche vers Londres. Vingt ans après son passage, les séquelles de celui-ci se faisaient donc encore sentir. Il n'y eut pas seulement des actes de brigandage, mais aussi des meurtres et les biens des églises ne furent pas toujours épargnés.

Si Guillaume ne sanctionna pas, semble-t-il, ces excès, l'autorité ecclésiastique ne pouvait les tolérer ; le droit canonique les condamnait ; qui plus est, à cette époque encore, il ne considérait pas comme tout à fait légitime, même en temps de guerre entre Etats, le meurtre d'un ennemi. Mais il fallut attendre près de quatre ans pour que les fautes commises à l'automne de 1066 fussent publiquement dénoncées et que la loi de l'Eglise fût clairement rappelée. En 1070, l'évêque de Sion-en-Valais, Ermenfroi, vint en Angleterre, envoyé par le pontife romain, qui avait cautionné spirituellement l'entreprise du Bâtard et pouvait donc se considérer impliqué dans les « bavures » qui avaient marqué celle-ci. Sans doute avait-il reçu des plaintes. Ces appels n'émanaient vraisemblablement pas du clergé normand, qui avait, dans le corps expéditionnaire, beaucoup de ses membres parfois éminents, tels les évêques de Bayeux et de Coutances. Le Tapisserie de Bayeux montre le premier de ceux-ci, Eude de Conteville, chargeant à cheval les Anglo-Saxons sur le champ de bataille de Hastings ; il porte le même casque et le même haubert que les chevaliers et brandit une sorte de massue ; le texte qui accompagne cette scène dit : « L'évêque Eude, tenant un bâton, encourage ses vassaux » ; or la célèbre broderie fut très probablement exécutée à son initiative ou, pour le moins, à son intention ; la précision qu'elle donne touchant l'arme qu'il porte a sans doute pour objet de le disculper : le droit canon interdisait à un clerc de « verser le sang »...

Au printemps de 1070, le légat pontifical Ermenfroi venait en Angleterre pour remettre en ordre l'épiscopat de ce pays et procéder à quelques dépositions d'évêques. C'est peut-être pour tenir la balance égale entre les vainqueurs et les vaincus qu'il promulgua, au sein d'un synode réuni pendant la semaine de Pâques, un ensemble de règles qui constituent une sorte de pénitentiel.

« Quiconque sait qu'il a tué un homme au cours de la grande bataille (Hastings) doit accomplir une pénitence d'un an pour chaque meurtre ainsi commis.

« Quiconque a blessé un homme, mais ne sait si celui-ci est mort ou non, doit faire une pénitence de 40 jours pour chaque homme qu'il a frappé, s'il peut s'en rappeler le nombre. S'il ne le peut, il doit, sous le contrôle de son évêque, faire pénitence un jour par semaine toute sa vie durant, ou bien s'il le peut, il doit racheter sa faute en construisant ou en dotant une église.

« Les clercs qui ont combattu, ou qui étaient armés pour combattre, doivent faire pénitence comme s'ils avaient commis cette faute dans leur propre pays, car la loi canonique le leur interdit. Quant aux moines, leur pénitence sera définie selon la règle de leur ordre et sur décision de leur abbé. Ceux qui ont combattu en vue du profit doivent subir la pénitence prévue en cas d'homicide. Mais ceux qui ont combattu comme dans une guerre publique sont condamnés, sur décision sans appel de leurs évêques, à une pénitence de trois ans.

« Les archers qui ont tué ou blessé des adversaires, mais n'en connaissent évidemment pas le nombre, doivent faire une pénitence équivalant à trois carêmes.

« En dehors de la bataille (de Hastings), quiconque avant la consécration du roi a tué quelqu'un qui lui résistait alors qu'on parcourait le pays pour chercher des vivres, doit faire pénitence pendant un an pour chaque homme qu'il a tué dans ces circonstances. Si, au contraire, il ne s'agissait pas d'une opération de ravitaillement, mais simplement de pillage, il doit faire pénitence pendant trois ans pour chaque meurtre.

« Ceux qui ont commis des meurtres après la consécration du roi doivent subir la pénitence prescrite pour un homicide volontaire ; si toutefois les hommes ainsi tués ou blessés portaient les armes contre le roi, la peine encourue sera la même que dans les cas précédents.

« Ceux qui ont commis l'adultère, le rapt ou la fornication accompliront la même pénitence que si ces fautes avaient été commises dans leur propre pays.

« Il en sera de même en cas de violation d'une église. Ceux qui ont commis un vol au détriment d'une église doivent restituer à celle-ci ce qu'ils lui ont dérobé, si toutefois ils sont en mesure de le faire. Dans le cas contraire, ils doivent restituer à une autre église. S'ils refusent de le faire, les évêques ont décidé qu'ils ne pourront pas vendre le produit de leur vol et que personne ne devra le leur acheter. »

En réunissant ce synode, à Pâques 1070, le pape et une partie de l'épiscopat anglo-normand, en accord avec le roi Guillaume, espéraient ramener la paix dans les cœurs. Il n'avait pas fallu moins de trois ans et demi pour que ce geste devînt possible ; et pendant ce délai, le contentieux s'était, tout bien pesé, fort alourdi entre vainqueurs et vaincus, comme on va le voir. Mais du moins, pour l'Eglise, les décisions synodales de 1070 mettaient un point final à la première phase de l'opération dont Hastings avait été le temps fort.

L'IMPOSSIBLE AMALGAME

Au soir de Noël 1066, le Bâtard est donc devenu roi d'Angleterre, accepté par les grands et le peuple, sacré et couronné selon le rite et dans les conditions traditionnelles. Il est assez vain de se demander, comme l'ont fait quelques historiens, s'il n'avait pas déjà pris le titre royal deux mois plus tôt, au lendemain de la victoire de Hastings. On a invoqué à l'appui de cette opinion quelques vers de Guy d'Amiens, par lesquels se termine son récit de la bataille : « Le duc pleura, au milieu des siens, sur les morts qu'il venait d'ensevelir ; il distribua des aumônes aux pauvres du Christ ; puis abandonnant le titre ducal, le roi (Harold) ayant été inhumé, il quitta le champ de bataille après avoir pris lui-même le titre de roi. » On ne doit certainement pas voir là autre chose qu'une envolée poétique ; aussi bien le même Guy d'Amiens écrit-il un peu plus loin, en exorde à sa narration du couronnement : « En cette fête (Noël), Guillaume décida de porter la couronne qu'il avait conquise et, laissant derrière lui le titre de duc, d'être fait roi. »

Héritier ou conquérant ? Les porte-parole de la thèse normande insistent à l'envi sur le premier de ces termes ; mais, animés peut-être par l'orgueil d'une victoire mémorable, ils ne taisent pas le second. Guillaume de Poitiers lui-même, interprète privilégié de la pensée de Guillaume, affirme qu'il a pris possession du royaume d'Angleterre « par droit héréditaire confirmé par le serment des Anglais autant que par droit de conquête ».

Le sacre qu'il a reçu fait entrer Guillaume dans le collège très restreint des souverains qui détiennent un pouvoir quasi-sacerdotal, comme l'empereur et le roi de France. Il s'agit donc de beaucoup plus qu'un surcroît d'autorité : d'un pouvoir d'une autre nature ; tout au long du Moyen Age, des rois ont tenté d'accéder à ce rang. La Normandie est certes, à cet égard, distincte de l'Angleterre ; dans ses actes, Guillaume s'intitulera toujours « Roi d'Angleterre et duc de Normandie » ; c'est donc par un abus de terme que l'on parle communément du « Royaume anglo-normand ». Il reste que le prestige et l'autorité morale du roi d'Angleterre devaient nécessairement conforter le pouvoir du duc de Normandie ; il semble bien, d'ailleurs, que dans la liturgie de Rouen, au canon de la messe, le nom du duc-roi était cité aussitôt après celui de l'évêque.

Ainsi, l'année 1066 est-elle une date charnière dans l'histoire de l'Angleterre et dans celle de la Normandie, mais aussi, jusqu'à un certain point, dans celle de l'Europe. Le royaume anglo-saxon avait été jusque-là ouvert largement sur la mer du Nord, en direction de la Scandinavie ; l'empreinte danoise y était encore bien visible dans le peuplement comme dans la culture. Désormais, ses relations privilégiées seront avec l'Europe occidentale, même si la monarchie danoise n'a pas encore perdu tout espoir d'y reprendre pied. D'autre part, l'énorme accroissement de la puissance normande constitue pour le royaume capétien un péril mortel qu'aggravera encore, au siècle suivant, l'avènement des Plantagenêt en Normandie et en Angleterre.

Si imparfaitement connu que soit le développement de la situation politique en Angleterre durant les mois qui suivirent le débarquement de Pevensey, il semble bien que le Conquérant n'en ait perdu, à aucun moment, le contrôle. Si aucune bataille rangée, aucun siège de ville, n'eut lieu après Hastings, la prise en main et l'occupation du pays n'en étaient pas moins des opérations militaires autant que politiques ; il fallait mettre en place des garnisons, s'assurer la maîtrise des communications ; ce fut fait très efficacement dans le sud du royaume ; pour le reste, Guillaume estima suffisant, jusqu'à nouvel ordre, de verrouiller les voies venant du nord. De quels effectifs pouvait-il encore disposer pour mener à bien ces opérations ? Des spécialistes de l'art militaire ont calculé qu'il avait sans doute perdu, le 14 octobre, un tiers environ de son armée ; auraient survécu quelque 5 400 hommes, dont 1 680 à cheval et 3 720 à pied.

En octobre 1066, les grands qui n'avaient point participé au sanglant affrontement de Hastings avaient d'emblée, en choisissant pour roi l'aetheling Edgar, clairement manifesté leur volonté de résistance ; deux mois plus tard, ils faisaient sans coup férir leur soumission ; on eût pu difficilement espérer un plus net succès politique. En cette conjoncture, Guillaume avait fait preuve de l' « invincible patience » dont, au dire d'un contemporain, il ne se départit jamais.

On connaît mal, faute de témoignages écrits assez nombreux et précis, la manière dont il exerça, dans les semaines et les quelques mois qui suivirent son couronnement, le gouvernement de son royaume. Il semble toutefois qu'il ait eu le souci d'agir dès lors comme roi et non comme chef d'une armée d'occupation, et d'apparaître comme le continuateur de l'œuvre d'Edouard le Confesseur, le court règne de Harold n'ayant été qu'un fâcheux accident. La composition de la Maison royale d'Angleterre, avec ses divers offices, n'était pas très différente de celle de la Cour ducale de Normandie, même si la dénomination de ces offices était différente ici et là. Ainsi purent demeurer ou revenir en fonctions des hommes qui avaient servi le roi Edouard : notamment Robert-Fils-Wimarch et quelques autres portant des noms anglais ou même danois. Les premières chartes adressées par le Conquérant aux habitants de Londres ou à divers évêques et abbés ne se distinguent en rien de celles du Confesseur. Les *writs,* ou brefs, sont encore rédigés en langue anglo-saxonne par les soins du même clerc, nommé Regenbald, qui avait été chapelain d'Edouard et préposé au *scriptorium* royal (secrétariat) sans porter encore le titre de chancelier. Peu à peu, avec une sage lenteur, des Normands seront substitués aux Anglais dans ces divers offices, de même que le latin remplacera la langue vulgaire.

Pour éviter tout conflit entre l'armée d'occupation et la population autochtone, des règlements appropriés furent édictés. A vrai dire, c'est le panégyriste Guillaume de Poitiers qui nous les fait connaître, sur le ton de l'apologie. A ses barons, le Conquérant rappela qu'ils devaient demeurer dignes et équitables, et ne jamais oublier qu'aucun succès ne peut être obtenu sans l'aide de Dieu ; qu'il ne fallait pas abuser de la victoire, puisque les vaincus étaient, eux aussi, des chrétiens et que, d'autre part, une dureté excessive pourrait les pousser au désespoir, à la révolte ; enfin, que les vainqueurs devaient, par leur comportement, faire honneur à leur patrie normande. Ce n'étaient là que des recommandations moralisantes, non des ordres. Aux chevaliers de moyenne condition et aux hommes d'armes, des règlements furent imposés. Il leur était interdit de faire violence aux femmes ; même les délits commis avec les femmes de mauvaise vie devaient être punis en raison du scandale dont ils étaient cause. Il était déconseillé aux chevaliers d'aller boire dans les tavernes, parce que de l'ivresse naissent les disputes qui peuvent finir dans le sang. Etaient aussi interdits l'agitation, les meurtres, les vols. Des juges furent mis en place à titre de dissuasion, car les peines prévues contre d'éventuels coupables étaient lourdes. Ces prescriptions s'appliquaient aux Normands comme aux autres éléments de l'armée. Cette dernière précision donnée par Guillaume de Jumièges indique peut-être que parmi les vainqueurs, les compatriotes du roi, qui avaient formé le noyau dur du corps expéditionnaire, prétendaient à un rang privilégié.

En fait, si le roi veilla très strictement au maintien de l'ordre public — l'*Anglo-Saxon Chronicle* lui reconnaît d'ailleurs ce mérite —, il ne ménagea guère le peuple vaincu. Comme il était alors de règle aussi bien en Angleterre qu'en Normandie, les terres des Anglais qui étaient morts à Hastings furent confisquées au profit du domaine royal ; les *thegns* qui avaient pris part à la campagne, mais avaient survécu, durent racheter les leurs. Une enquête fut ouverte pour identifier les uns et les autres ; nous avons un *writ* royal adressé à l'abbé du monastère de Bury-Saint Edmunds, le mettant en demeure de dresser la liste des biens fonciers ayant appartenu à ceux des hommes de l'abbaye qui étaient tombés dans la grande bataille. De plus, une lourde taxe fut imposée à l'ensemble du pays ; la version D de l'*Anglo-Saxon Chronicle* en fait grief au Conquérant, insinuant que cette mesure était contraire au serment qu'il avait prêté lors de son sacre.

Sur le continent, et particulièrement en Normandie, l'Angleterre passait pour posséder d'énormes richesses mobilières en monnaie, en métaux précieux, en objets d'art ; même après la Conquête normande, elle devait garder longtemps cette réputation, surtout quand on mettait en parallèle les deux royaumes d'Angleterre et de France. A la génération suivante, un écrivain familier de la Cour anglaise prêtera au roi de France cette réflexion désabusée : « Le roi d'Angleterre, dont les coffres regorgent d'argent, ne se refuse rien ; il peut, à sa guise, embaucher des chevaliers ou débaucher ceux de ses adversaires. Nous, en France, nous n'avons que du pain, du vin et de la bonne humeur. » Même si, sur le continent, la Normandie faisait figure de pays relativement riche et si, en particulier, le numéraire y était plus abondant qu'ailleurs, Guillaume éprouva certainement un sentiment de griserie lorsqu'il se vit à la tête des trésors de l'Angleterre. Il y puisa dès son avènement, sans guère de retenue. On devine une certaine fierté chez Guillaume de Poitiers lorsqu'il énumère et décrit pompeusement les cadeaux distribués par le nouveau roi à tous ceux qui avaient soutenu sa cause ; au premier rang de ceux-ci, le pape Alexandre II reçut une grande quantité de monnaies d'or et d'argent, des ornements précieux et une bannière tissée de fils d'or, représentant un guerrier, qui avait été arrachée à Harold sur le champ de bataille de Hastings où avait flotté l'étendard de saint Pierre donné au Bâtard par le pontife. Parmi les bénéficiaires de ces largesses figuraient aussi beaucoup d'églises « de France, d'Aquitaine, de Bourgogne, d'Auvergne et d'autres régions » (Guillaume de Poitiers) ; mais, bien entendu, la Normandie eut, dans cette distribution, la meilleure part. Significative de la joie triomphante du roi-duc est la hâte avec laquelle il expédia vers le continent ces cadeaux, dès le mois de janvier 1067, avant même son retour en Normandie, malgré le mauvais temps et la mer démontée.

On aimerait savoir comment réagit, en cette conjoncture, l'opinion publique en Angleterre ; or, les sources contemporaines sont rares et peu loquaces. La version C de l'*Anglo-Saxon Chronicle* s'arrête à la fin de septembre 1066, après la bataille de Stamfordbridge et ne relate pas l'invasion normande ; la version E mentionne en quelques mots la bataille de Hastings et le couronnement de Westminster, puis consacre un assez long développement à l'abbaye de Peterborough ; mais rien sur les actes du nouveau roi. La version D relate très sommairement le sacre et n'insiste quelque peu que sur le serment prêté par Guillaume, puis ajoute : « Il a réduit à la détresse le malheureux peuple, et par la suite, les choses ne cessèrent d'empirer. Puisse la fin de tout cela être bonne, si Dieu le permet. » Les historiens anglais ou normands (Orderic Vital, par exemple) de la génération suivante sont plus diserts, mais leur témoignage a beaucoup moins de valeur : entre-temps, les données des rapports entre Anglais et Normands ont considérablement changé. C'est peut-être, à tout prendre, un de nos contemporains, sir Frank M. Stenton, qui dans la pathétique conclusion de son *Anglo-Saxon England,* toute vibrante de ferveur anglo-saxonne, a le mieux exprimé ce que ses compatriotes du xie siècle n'ont pu clairement percevoir ou oser écrire : « On peut dire, à tout le moins, que pour l'Anglais moyen qui vécut entre l'avènement du roi Edouard et la mort du roi Guillaume, la Conquête a dû apparaître comme un indicible désastre. Il est probable que les paysans, en tant que classe, souffrirent moins que ceux qui étaient socialement au-dessus d'eux... ; la structure de la société rurale ne fut pas sérieusement modifiée par l'installation des Normands. Pour la classe des *thegns,* la Conquête engendra non seulement les conséquences matérielles d'une guerre perdue, mais aussi la perte de leurs privilèges et de la considération dont ils jouissaient. Le *thegn* qui, en 1066, fit sa paix avec le Conquérant vécut désormais dans un environnement inaccoutumé et inamical. Le système politique de sa jeunesse avait été détruit ; il était devenu le sujet d'un roi étranger ; il a dû sentir à tout instant la domination d'une aristocratie étrangère qui le regardait, lui et ses semblables, avec, au mieux, une tolérante indifférence... Il eut, à n'en pas douter, le sentiment qu'un nouvel esprit animait, après la Conquête, la direction des affaires anglaises... Tout au long du règne d'Edouard, l'Angleterre avait été menacée ; elle avait compté, pour survivre, sur une organisation militaire dont les récents événements venaient de montrer l'insuffisance. L'initiative avait toujours appartenu à ses ennemis ; elle n'avait jamais eu de véritable allié et, dès avant la mort d'Edouard, elle avait cessé d'être un facteur notable dans la politique européenne. Les Normands qui recueillirent l'héritage anglais étaient un peuple dur et violent. De tous les peuples occidentaux, ils étaient les plus proches de la tendance barbare. Ils avaient produit peu de chose dans le domaine de l'art ou du savoir, et rien en littérature qui pût être comparé à l'œuvre des Anglais. Mais politiquement, ils étaient les maîtres de leur monde. » On peut, à bon droit, trouver excessive la sévérité de telle ou telle de ces appréciations ; mais il est fort probable que tels apparaissaient les Normands aux yeux des Anglais, au lendemain de la Conquête.

Dès les premières semaines de 1067, le roi Guillaume entreprit de compléter la fortification de l'ancienne cité de Londres ; on sait qu'un ouvrage de terre et de charpente y avait été déjà édifié en hâte avant le couronnement, dans l'angle sud-est de l'enceinte romaine, c'est-à-dire au plus près de la Tamise. On y ajouta, dans l'angle sud-ouest, deux autres retranchements. Guillaume de Poitiers avoue sans ambages qu'il s'agissait de se prévenir contre un éventuel revirement des Anglais, « peuple nombreux et rude ». Pendant que l'on effectuait ces travaux, le roi gagna Barking, dans l'Essex ; il y reçut la visite d'un certain nombre de notables, dont les earls Edwin et Morcar, et aussi un personnage originaire de Northumbrie, nommé Copsi, qui avait, au début de 1066, participé à l'aventure de Tosti, le frère rebelle de Harold ; il vivait depuis lors en exil. Harold étant mort, il crut opportun de chercher du service auprès du nouveau souverain ; de fait,

Guillaume l'accueillit favorablement et lui confia l'earldom de Northumbrie.

Il est significatif que le premier déplacement du
Conquérant, après son sacre, ait eu pour destination l'est
et le nord-est du royaume ; après Barking, il se rendit, en
effet, à Norwich dont il voulait faire l'un des points forts
d'un réseau défensif qui protégerait le royaume en cas
d'attaque venant de la Scandinavie. A Guillaume-Fils-
Osbern, le plus capable et sans doute le plus aimé de ses
lieutenants, il confia la mission de contrôler le pays au
nord de la Tamise, avec le titre d'earl de Hereford : il
s'agissait donc de surveiller tout à la fois la frontière
galloise et les rivages du nord-est, mais aussi de tenir en
main les populations de l'intérieur : à cette fin, rien de
plus efficace que d'élever en grand nombre ces fortifications de terre et de charpente que l'on pouvait édifier très
vite à condition d'y employer une nombreuse main-
d'œuvre. Les régions situées au sud de la Tamise furent,
vers le même temps, confiées à la garde de l'évêque Eude
de Conteville, qui établit sa résidence à Douvres.

Ayant ainsi pourvu à la sécurité du royaume conquis,
Guillaume avait certainement hâte de revoir sa Normandie et d'y paraître dans sa gloire toute nouvelle. Un certain
nombre de compagnons choisirent de rentrer, eux aussi ;
c'est au moment de l'embarquement, en mars, qu'eut lieu
une distribution de récompenses. Le Conquérant avait
choisi de prendre la mer à Pevensey, au lieu même où il
avait débarqué en octobre 1066 ; une partie de sa flotte, et
peut-être la *Mora,* y était demeurée pendant l'hiver.
Guillaume de Poitiers précise que ces navires, porteurs
d'une bonne nouvelle, étaient, à la mode antique, gréés de
voiles blanches.

Par mesure de précaution, Guillaume emmenait avec lui
un certain nombre de hauts personnages de la nation
vaincue qui eussent pu, à la faveur de son absence,
fomenter des troubles en Angleterre ; l'archevêque Stigand, l'aetheling Edgar, les earls Edwin et Morcar et aussi

Waltheof, fils de l'earl de Northumbrie Siward, mort en 1055 ; Edouard le Confesseur avait créé pour lui un earldom comprenant, entre autres, les comtés de Northampton, de Bedford et de Cambridge, région dans laquelle les Normands, en mars 1067, n'avaient pas encore solidement pris pied.

En Normandie, l'accueil fait au duc-roi fut triomphal. Bien qu'on fût encore en Carême, le peuple était en fête ; il faisait exceptionnellement beau pour la saison ; on se pressait le long des routes pour acclamer le vainqueur, mais aussi pour voir ces hauts personnages anglais qui l'accompagnaient. Depuis l'annonce de la victoire, les langues avaient certainement été bon train en Normandie ; l'arrivée du navire chargé de cadeaux, en janvier, avait donné consistance aux bruits qui circulaient sur la richesse de l'Angleterre, où l'on savait à merveille tisser des fils d'or, où se rassemblaient les meilleurs orfèvres de l'Occident.

Le duché, pendant l'absence de son prince, avait été sagement gouverné par Mathilde, avec l'aide de quelques conseillers au premier rang desquels était le vieux Roger de Beaumont, dont le fils Robert s'était illustré sur le champ de bataille de Hastings. Aucun des voisins, Français, Angevins, Bretons, dont il avait fallu tant d'années pour mater l'agressivité, n'avait profité des circonstances pour menacer les frontières. En Normandie même, les prélèvements qu'il avait certainement fallu effectuer pour le ravitaillement et l'équipement du corps expéditionnaire, semblent n'avoir pas causé de graves difficultés ni suscité mécontentements ni troubles. Si Guillaume de Poitiers, familier de la Cour, se surpasse dans l'art du dithyrambe pour célébrer la gloire du Conquérant, avantageusement comparé à César, à Pompée, à Titus, il n'accorde qu'une brève, encore qu'élogieuse, mention à Mathilde, « que les Normands étaient fiers d'appeler déjà reine, bien qu'elle n'eût pas encore été couronnée. » Il ne nous dit pas où elle revit son mari, lors de son retour ; il ne parle pas de leurs enfants; l'aîné de ceux-ci, Robert, était âgé d'une quinzaine d'années; la plus jeune, Cécile, n'avait peut-être que quelques mois; entre les deux, au moins deux garçons âgés de huit à douze ans : Guillaume, futur roi d'Angleterre et Richard, qui devait mourir avant d'atteindre l'âge adulte.

C'est à Fécamp que le duc-roi choisit de célébrer la fête de Pâques, le 8 avril. L'abbaye de la Trinité s'était particulièrement intéressée à l'expédition de 1066; elle avait déjà des domaines en Angleterre; plusieurs de ses moines et nombre de ses chevaliers s'étaient joints au corps expéditionnaire; aussi une part de choix lui avait-elle été faite dans la répartition des cadeaux de la victoire. A cette solennité de Pâques, Guillaume convoqua tous ses chevaliers. Furent aussi présents dans l'abbatiale de Fécamp des visiteurs de marque, venus notamment de France, et parmi eux le comte Raoul de Valois, beau-père du roi Philippe Ier. Mais la foule regardait surtout les somptueux vêtements incrustés d'or que portaient le duc-roi et quelques-uns de ses barons, et aussi les nobles Anglo-Saxons qui portaient les cheveux longs, « beaux comme des jeunes filles ». Guillaume de Poitiers, qui était sans aucun doute, présent à la cérémonie exprime en ces termes, et sans aucune réticence, un sentiment d'admiration. Puis ce fut le banquet où l'on put voir la vaisselle d'or et d'argent et ces cornes de buffle décorées d'or à leurs deux extrémités dont les spectateurs parlèrent encore longtemps lorsqu'ils furent rentrés chez eux : ils n'avaient jamais rien vu de semblable (Orderic Vital).

Quelques semaines plus tard, c'était la consécration de l'abbatiale Notre-Dame de Saint-Pierre-sur-Dives; à cette occasion, Guillaume édicta une ordonnance sur la paix publique. Le 1er juillet, il assistait, à Jumièges, à la consécration de l'abbatiale dédiée aussi à Notre-Dame; l'archevêque de Rouen, le pieux Maurille, officiait, entouré de tous les évêques normands, celui de Bayeux excepté.

Pendant ce temps, la situation se détériorait en Angleterre. Peut-être Eude de Conteville et Guillaume-Fils-Osbern n'étaient-ils pas capables d'imposer à leurs hommes la discipline dont le Conquérant avait arrêté les normes aussitôt après son couronnement. C'est, du moins, ce qu'affirme l'*Anglo-Saxon Chronicle*. Orderic Vital est plus catégorique encore : « Les petits seigneurs qui tenaient garnison dans les châteaux opprimaient les habitants de haute et de modeste condition, leur imposaient d'injustes obligations et les humiliaient de diverses manières. L'évêque Eude et Guillaume-Fils-Osbern, représentants du roi, imbus d'orgueil, ne daignaient pas écouter les plaintes des Anglais, ni leur rendre justice ; lorsque leurs hommes d'armes étaient coupables de pillage ou de rapt, ils les protégeaient de leur autorité et s'acharnaient, au contraire, à sévir contre les plaignants. » C'est la première fois que, dans son récit, Orderic s'exprime avec tant d'animosité contre les Normands ; désormais, il ne leur fera grâce d'aucun grief. Né en 1075, en Angleterre, d'un père français et d'une mère anglaise, il y a passé les dix premières années de sa vie et entendu raconter sans doute, dans son enfance, de cruels souvenirs se rapportant aux premières années de la domination normande. Guillaume de Poitiers, au contraire, loue la sage modération avec laquelle Eude de Conteville et Guillaume-Fils-Osbern gouvernèrent l'Angleterre en l'absence de leur maître. Pareille contradiction entre le témoignage des occupants et celui des vaincus n'a rien de surprenant ; l'un comme l'autre traduit le sentiment du milieu dont il émane ; la sensibilité des Anglais, mise à vif par la défaite, ne pouvait qu'amplifier la gravité des injustices et des offenses. Quoi qu'il en soit, Guillaume, informé minutieusement — on n'en saurait douter — de ce qui se passait en Angleterre, n'hésita pas à prolonger jusqu'à la fin de l'année son séjour en Normandie. Il s'embarqua le 6 décembre, pour une traversée nocturne, à l'estuaire du petit fleuve côtier *Deppa* où il devait faire naître peu après la ville de Dieppe. Il confiait le gouvernement du duché à Mathilde qui devait être assistée, cette fois, de leur fils Robert ; en revanche, il emmenait avec lui Roger de Montgommery qui, en 1066, était demeuré en Normandie auprès de Mathilde.

C'est sans doute à Londres, dans la cité maintenant bien fortifiée, qu'il s'installa pour l'hiver ; nous savons, en tout cas, qu'il y célébra les festivités de Noël et réunit sa Cour pour une session au cours de laquelle il se montra revêtu des insignes de la royauté ; cette cérémonie devait, dès lors, se répéter trois fois par an : à Noël, à Gloucester, à Pâques à Winchester, à la Pentecôte à Westminster. Si, à Noël 1067 elle eut lieu à Londres et non à Gloucester, c'est peut-être parce qu'au cours des mois précédents, les confins gallois avaient été le théâtre de troubles. Un étrange personnage, Edric le Sauvage, qui, au dire d'Orderic Vital avait fait acte d'allégeance au roi lors de la réunion de Barking, avait ensuite violé la parole donnée, s'alliant même à de petits « princes » gallois et menaçant les châteaux de Hereford et de Richard's Castle, tenus par Guillaume-Fils-Osbern. Figure vraiment curieuse que celle de cet Edric, dont s'empara bientôt la légende : il aurait eu une aventure amoureuse avec une fée. Eude de Conteville, pour sa part, avait dû faire face, dans le sud-est du royaume, à de non moindres difficultés. La ville de Douvres était ici en cause ; Eustache de Boulogne, après y avoir trouvé des partisans, se prévalut de droits sur cette place, que lui aurait concédés Edouard le Confesseur en 1051. On se rappelle qu'à cette date il avait déjà tenté, avec quelques compagnons, d'occuper cette place, mais avait été repoussé par la population locale. Cette fois, en septembre 1067, il réussit bien à s'assurer la possession de la ville. Eude de Bayeux en était absent, mais la garnison qu'il avait installée dans le château tint bon, puis opéra une sortie et chassa les intrus.

Dans les dernières semaines de 1067, un mouvement d'opposition, de caractère nettement irrédentiste, commença de se manifester dans le sud-ouest du royaume.

La princesse Gytha, veuve de Godwine et mère de Harold, s'était retirée à Exeter où elle encourageait ce mouvement ; si les *thegns* du comté de Devon semblent ne s'y être pas associés, la population urbaine tout entière se déclara en état de rébellion et chercha des alliances auprès des autres villes du sud-ouest. Pour étouffer dans l'œuf ce soulèvement, Guillaume prit lui-même le commandement d'une troupe et vint assiéger Exeter ; il fit preuve, dans cette opération, de beaucoup de doigté : promptitude dans la riposte, modération dans le comportement des assiégeants puis, quand la ville capitula au bout de trois semaines, promesse de lui maintenir ses privilèges anciens. Toutefois, il ordonna la construction d'un château dans l'intérieur de la cité, où devait tenir garnison un seigneur normand de l'Hiémois, Baudouin de Meulles ; celui-ci, à partir de ce point fort, avait mission de contrôler toute la péninsule de Cornouailles où les Normands n'avaient pas encore fait acte de présence ; mais quelques mois plus tard, au cours de l'été, le roi créait, dans cette extrémité sud-ouest du royaume, une grande principauté féodale qu'il confia d'abord au comte Brian de Bretagne puis, lorsque ce dernier eut regagné son pays, à Robert de Mortain, fils de Herleue et d'Hellouin de Conteville. Ce dispositif apparut très efficace lorsque, peu après, trois fils bâtards de Harold, qui avaient trouvé refuge en Irlande, lancèrent un raid contre l'estuaire de la Severn et furent immédiatement repoussés avec l'aide des habitants de Bristol.

En dépit de ces incidents, la paix intérieure du royaume semblait se consolider. Sans doute même Guillaume entrevoyait-il la réussite de l'amalgame qu'il rêvait de réaliser entre les Anglo-Saxons et leurs nouveaux maîtres. C'est dans cet esprit qu'il s'ingéniait à entretenir des relations confiantes avec les earls du nord, Edwin, Morcar, Waltheof, Copsi, qui n'avaient pas pris les armes contre lui lors de l'invasion ; sa fermeté avait contraint la plupart des autres à s'exiler en Flandre, en Écosse, en

Irlande et jusqu'au Danemark ; certes, dans ces pays d'asile, ils montaient des intrigues, mais le prestige et l'autorité dont jouissait à l'étranger le vainqueur de Hastings lui permettait, pour lors, de ne pas s'en inquiéter. Pour encadrer le pays conquis, les candidats ne manquaient pas ; on ne saurait, à vrai dire, évaluer leur effectif à la date de 1068 ; vingt ans plus tard, ils seront quelque dix mille, Normands, Picards, Flamands, Bretons, Français ; mais l'infiltration s'est poursuivie pendant tout le règne. Combien, parmi eux, avaient combattu à Hastings ? Il est difficile de le préciser car, le temps passant, beaucoup de familles ont tenté de s'arroger ce titre de gloire. Au xiie siècle déjà, Wace fait écho à leurs prétentions. De nos jours, des listes gravées sur la pierre dans l'église de Dives ou au château de Falaise sont riches de plusieurs centaines de noms. Mais quand les historiens tentent aujourd'hui, à partir des sources disponibles, de dresser le recensement critique des « Compagnons du Conquérant », ils réunissent à grand-peine une quarantaine de noms. On sait bien qu'au partage du butin furent présents beaucoup d'immigrés d'après la bataille. Certains, au contraire, qui avaient pris part à l'expédition de 1066, avaient refusé de participer à la curée ou regagnèrent leurs pays respectifs après une brève expérience de colonisation. Orderic Vital, qui reproche à maintes reprises aux Normands leur brutale avidité, cite telle ou telle exception : à l'en croire, un moine de l'abbaye normande de la Croix-Saint-Leufroi aurait écrit au roi pour lui dire son dégoût de voir l'Angleterre transformée en caverne de brigands où l'on entasse le butin. Mais, tout compte fait, ceux qui restèrent en Angleterre formèrent assez vite un groupe homogène, soudé par des intérêts communs. Dans le choix, dans le mode d'installation, dans le gouvernement de ces colons d'origine bien disparate et souvent indisciplinés par nature et par habitude, Guillaume fit preuve d'une rare maîtrise politique, passant, au gré de chaque cas particulier, de la plus rude fermeté à la patiente indulgence ; c'est ainsi, par exemple, que moins de dix ans après l'attaque menée contre Douvres en 1067, Eustache de Boulogne était à nouveau reçu avec faveur à la Cour de Londres ; vingt ans plus tôt, au lendemain de la victoire du Val-ès-Dunes, le jeune duc de Normandie avait, de même, passé judicieusement l'éponge sur le crime de rébellion que venaient de commettre plusieurs de ses barons ou de ses agents, et ce pari sur l'avenir s'était, par la suite, révélé payant.

Au printemps de 1068, Guillaume peut enfin réaliser le vœu qu'il avait formé dès avant son propre sacre, en décembre 1066 : faire reconnaître solennellement comme reine et couronner son épouse Mathilde. La date choisie fut le dimanche de Pentecôte où le roi lui-même devait réunir sa Cour à Westminster. Mathilde vint de Normandie, accompagnée d'un nombre important de seigneurs et de dames. Elle reçut la couronne des mains de l'archevêque d'York, Ealdred. Etaient présents à la cérémonie les plus hauts personnages de l'aristocratie normande et anglaise. Leurs noms figurent au bas d'une charte en faveur de l'évêque de Wells, délivrée pendant la session de la Cour : en tête, ceux de Guillaume et de Mathilde, qui ont signé d'une croix ; puis les deux archevêques Stigand et Ealdred ; puis les évêques de Bayeux, de Lisieux et de Coutances ; puis ceux de Sherborne, d'Exeter, d'Elmham, de Londres, de Selsey, de Hereford, de Worcester, de Dorchester ; puis les abbés de quatre grands monastères anglais. Viennent ensuite les personnages laïcs : Guillaume, second fils du roi, les earls Waltheof et Edwin, plusieurs barons normands, dont Robert de Mortain, Roger de Montgommery, Gautier Giffard, Hugues de Montfort ; puis Richard, troisième fils du roi, qui devait mourir vers 1075, âgé d'une vingtaine d'années ; enfin une vingtaine de personnes de moindre rang, Normands ou Anglais, qui occupaient une fonction dans la Maison royale. Etaient absents : le fils aîné du roi, Robert, demeuré en Normandie pour assurer le gouvernement au nom de son père et, du côté anglais, l'earl Morcar et surtout l'aetheling Edgar. L'absence du premier était sans doute fortuite et dépourvue de signification politique. Edgar, au contraire, avait, depuis quelques mois, quitté l'Angleterre avec sa mère et ses deux sœurs et résidait alors en Ecosse où l'une des sœurs, Marguerite, épousa le roi Malcolm. Ce départ n'avait pas eu la valeur d'un acte explicitement hostile, mais indiquait, du moins, une certaine détérioration des rapports entre le roi et le prétendant évincé ; un seul notable anglais, le sheriff Marleswegen, avait accompagné Edgar dans son exil. Mais cette fausse note n'altéra sans doute pas gravement l'ambiance de joie sereine et de confiant optimisme qui régnait à Londres au sein de la Cour réunie pour la fête de Pentecôte et le couronnement de Mathilde. On parlait d'un projet de mariage entre l'earl Edwin et l'une des filles du roi et l'on envisageait aussi une union entre l'earl Waltheof et une nièce du Conquérant, Judith, fille d'Adélaïde, laquelle était née, comme Guillaume, du mariage *more danico* de Robert le Magnifique avec Herleue. Pouvait-on imaginer meilleurs symboles de l'amalgame anglo-normand tant espéré ?

En contrepartie de ces éléments favorables, porteurs d'espoir, des nouvelles inquiétantes parvinrent bientôt du nord ; une opposition larvée commençait à gagner la Northumbrie, attisée peut-être par des agents venus d'Ecosse. On déclarait que, si le roi osait paraître dans ces régions, sa présence pourrait y déclencher un soulèvement général. Les opposants faisaient pression sur Edwin pour qu'il se retirât de la Cour et regagnât son earldom. S'il faut en croire Orderic Vital, le Conquérant aurait maladroitement fourni à l'earl de Mercie le prétexte d'une rupture que ni l'un ni l'autre ne souhaitait sans doute : il aurait annulé la promesse de lui donner en mariage une de ses filles. Aucune source contemporaine ne donne cette version des faits ; compte tenu de la malveillance systématique dont l'auteur de l'*Histoire ecclésiastique* fait preuve à l'encontre de Guillaume, il est beaucoup plus probable qu'Edwin finit simplement par céder à l'insistance de ses compatriotes du nord et les rejoindre, sans que son départ de Londres eût l'allure, semble-t-il, d'un acte d'hostilité déclarée. Néanmoins, le roi décida d'effectuer, sans attendre que la situation s'aggravât, une promenade militaire dans les comtés septentrionaux, où il ne s'était pas encore montré depuis son avènement. L'earl Copsi, qu'il avait envoyé en Northumbrie, n'avait pas été accepté par l'aristocratie de la région ; quelques semaines après son arrivée, il était tombé dans un guet-apens. Après avoir tenté de trouver un successeur parmi les notables locaux, Guillaume devait, vers la fin de 1068, confier l'earldom de Northumbrie à un chevalier normand, Robert de Comines. Chemin faisant vers le nord, le roi donna l'ordre de construire un château — sans doute une motte ou une enceinte faite de terre et de bois — à Nottingham, où convergeaient plusieurs routes venant de l'ouest et du nord ; une fois de plus, l'apparition de cette petite fortification construite en quelques jours intimida les populations autochtones qui n'opposèrent aucune résistance à la progression du roi et de sa petite armée ; ainsi put-il entrer, sans livrer combat, à York qui avait été pourtant, durant les mois précédents, le foyer de l'agitation ; il y fit élever une très grosse motte, sur laquelle devait être construite plus tard la tour Clifford. Un grand nombre de notables de la région vinrent l'assurer de leur fidélité. Mais le roi savait bien que la proximité du royaume d'Ecosse, où résidaient plusieurs émigrés politiques, tels l'aetheling Edgar et Marleswegen, était, pour une bonne part, cause de l'effervescence des esprits qui menaçait la paix dans les comtés du nord ; il prit donc contact avec le roi Malcolm et obtint de lui la promesse de ne point aider l'aetheling si celui-ci entreprenait quoi que ce fût contre son pays. Sur le chemin du retour vers Londres, des châteaux furent construits, en particulier dans l'earldom de Waltheof, à Huntingdon, Lincoln et Cambridge.

Jusqu'à cette date, c'est-à-dire pendant les deux premières années du règne, il avait suffi au Conquérant de se montrer avec des hommes d'armes, de faire édifier quelques fortifications dans les régions où se manifestait de l'agitation, pour que tout rentrât dans l'ordre. Sans doute escomptait-il qu'il en irait de même dans le nord, après la démonstration armée, sinon guerrière, qu'il venait d'y faire. Or, peu après son retour à Londres, une nouvelle dramatique lui parvenait de Northumbrie. La nomination comme earl de Robert de Comines avait mécontenté l'aristocratie autochtone qui avait pris les armes et soulevé le pays. L'earl Robert avait été attaqué et tué dans la ville de Durham où il s'était installé avec une troupe cependant puissante (28 janvier 1069). De là, les insurgés s'étaient portés sur York ; après avoir tué par surprise le châtelain que le roi y avait installé, ils avaient contraint la population à faire allégeance à l'aetheling Edgar. Mais le château de charpente installé sur la haute motte avait résisté à leurs assauts : preuve de l'efficacité de ce type de forteresse, si rudimentaire qu'il puisse paraître. De nos jours, dans les guerres coloniales, des installations comparables à celles-là ont pu soutenir victorieusement des sièges de longue durée, alors même que les combattants disposaient, de part et d'autre, d'armes à feu individuelles.

Cependant, le nombre des mécontents ne cessait de croître en Northumbrie ; les plus déterminés d'entre eux rejoignaient en Ecosse l'aetheling. Avec eux, celui-ci se mit en route, au début du printemps, vers York afin de renforcer l'effectif des rebelles qui assiégeaient Guillaume Malet dans le château. Averti aussitôt, le roi reprit, à marches forcées, la route du nord, atteignit York alors qu'on ne l'y attendait pas et, à la faveur de la surprise, décima et dispersa les rebelles et les poursuivit dans leur fuite jusqu'au fleuve Tees ; ce n'était pas la frontière écossaise, encore que le roi Malcolm eût volontiers repoussé jusqu'à cette ligne la limite méridionale de son État, et que Guillaume lui-même fût sans doute prêt à reconnaître au territoire compris entre la Tees et le Firth of Forth un statut particulier. Le fait est que la frontière anglo-écossaise était alors imprécise et que, bien souvent, les rebelles de Northumbrie se retranchaient en toute sécurité dans cette région qui avait jadis formé la province de Bernicie.

De retour à York, le Conquérant y fit construire un second château en marge de la cité sur la rive occidentale de la rivière Ouse, sur le site qui fut nommé plus tard *Old Baile*. Puis il confia le commandement de la région à Guillaume-Fils-Osbern, dont les pouvoirs ne s'étendaient pas, jusqu'à cette date, au nord des Midlands. La Cour du printemps fut tenue, selon l'usage, à Winchester, au temps de Pâques. Il est toutefois probable que Guillaume n'était pas tout à fait rassuré quant au proche avenir car, au début de l'été, il pria Mathilde de retourner en Normandie. La reine avait mis au monde, quelques mois auparavant, un fils, le futur Henri Ier Beauclerc.

Vers la fin d'août 1069, alors que Guillaume séjournait à la frontière du pays de Galles et s'y adonnait à la chasse, on apprit qu'une flotte danoise forte de quelque 300 navires harcelait les côtes du sud-est du royaume ; elle était commandée par les deux fils et le frère du souverain danois Sven Estrithson et gagna bientôt le large estuaire du Humber. Les rebelles de Northumbrie étaient certainement informés de son arrivée. Tous, les plus déterminés et les hésitants, pensèrent le moment venu de prendre la grande revanche sur les Normands, sinon même de les chasser de l'Angleterre. L'aetheling Edgar, l'ancien sheriff Marleswegen, l'earl Waltheof levèrent une nombreuse armée dont les *thegns* demeurés fidèles à la cause anglo-saxonne fournirent les cadres. Après avoir fait leur jonction avec les envahisseurs danois, ils marchèrent sur York dans les premiers jours de septembre. A la nouvelle de leur approche, les garnisons des deux châteaux de la

ville incendièrent les maisons situées dans leur voisinage :
réaction qu'avaient eue déjà, l'on s'en souvient, en
semblables circonstances, les troupes normandes d'occupation ; cette fois, le feu se propagea à la ville et même au
monastère Sainte-Marie, qui se trouvait pourtant hors du
rempart de la cité antique. Les fouilles archéologiques
effectuées dans la ville, au cours des dernières années, ont
confirmé l'étendue et la puissance de cet incendie. Avant
même qu'il fût éteint, les garnisons des deux forteresses se
portèrent au-devant des assaillants mais, submergés par le
nombre de ceux-ci, ils furent presque complètement
anéantis ; un très petit nombre d'entre eux, dont leur chef
Guillaume Malet, put s'enfuir, abandonnant la ville dont
le roi leur avait confié la garde. L'archevêque Ealdred, qui
avait inlassablement tenté d'endiguer la révolte, mourut
soudainement le 11 septembre, à bout de forces.

Le retentissement moral de cette défaite fut énorme ; il
fut d'ailleurs habilement exploité par les partisans de
l'aetheling qui envoyèrent à travers tout le pays des
émissaires pour prêcher la résistance ouverte ou camou-
flée « afin de recouvrer la liberté perdue et inciter les
Anglais à s'unir entre eux par serment contre les Normands » (Orderic Vital). De fait, tout ce qui restait en
Angleterre d'irréductibles se reprit à espérer ; des soulève-
ments sporadiques se produisaient dans l'ouest et le sud-
ouest où les insurgés obtenaient l'aide de certains chefs
gallois ; le château de Shrewsbury, point fort de la garde
anglo-normande à la frontière du pays de Galles, fut
attaqué. Pour la première fois depuis son avènement, le
roi Guillaume devait affronter une très grave épreuve ; et
peut-être déjà un sentiment de lassitude, voire un certain
défaitisme commençaient à se faire jour dans le milieu des
occupants, où l'on n'avait sans doute pas envisagé une si
longue durée pour l'expédition commencée trois ans
auparavant. Selon Orderic Vital, certaines dames normandes s'impatientaient, elles aussi, et réclamaient le
retour de leurs maris. « Elles leur envoyaient message sur

message, les pressant de revenir au plus vite, faute de quoi elles se chercheraient d'autres compagnons. Elles-mêmes, en effet, n'osaient pas rejoindre leurs maris à cause des risques de la traversée qui ne leur étaient pas familiers, et parce qu'en Angleterre les hommes étaient engagés chaque jour dans des opérations militaires où le sang coulait abondamment de part et d'autre. » Plusieurs seigneurs normands cédèrent à ce chantage : en particulier, Hugues de Grentemesnil, qui avait reçu un commandement dans la région de Winchester et Onfroy du Teilleul qui avait eu la garde du château construit à Hastings lors du débarquement. Guillaume ne s'opposa pas à leur départ, mais ils durent renoncer aux fiefs qu'ils avaient reçus dans le royaume.

Pour faire face à l'insurrection qui, du nord, commençait à gagner l'ouest et le sud-ouest du pays, le roi mit très rapidement sur pied un plan de campagne. L'évêque de Coutances, Geoffroy de Montbray, dont Orderic Vital a dit qu'il savait mieux enseigner le métier des armes aux chevaliers que le chant d'église aux clercs, le comte breton Brian et Guillaume-Fils-Osbern furent chargés de restaurer l'autorité royale dans la Cornouaille, le Devon (où Exeter n'avait pas bougé), le Dorset, le Somerset et le Cheshire. Guillaume lui-même marcha sur York ; à la nouvelle de sa prochaine arrivée, les Danois évacuèrent la ville et se replièrent sur leur flotte, qui était ancrée dans l'estuaire du Humber, tandis que les troupes levées par l'aetheling se dispersaient dans la campagne. Il n'y eut donc pas d'affrontement et le roi, rassuré sur ce front, en passa le commandement à Robert de Mortain et à Robert, comte d'Eu, puis se dirigea vers le front de l'ouest où il écrasa facilement les forces rebelles du Staffordshire ; mais, cette victoire à peine remportée, il lui fallut reprendre la route du nord où, disait-on, les Danois se préparaient à réoccuper York. Tandis qu'il approchait de cette ville, sa troupe fut arrêtée par la rivière Aire, alors en forte crue qui avait peut-être emporté un pont. On perdit ainsi trois semaines, car le roi s'opposa à ce que l'on reconstruisît le pont : il eût fallu employer à ce travail les hommes d'armes et l'ennemi, disséminé dans la région, en eût sans doute profité pour attaquer par surprise ; en fin de compte, et sans doute parce que les eaux avaient baissé, on découvrit dans le voisinage un point où la rivière pouvait être traversée à gué. Cette fois encore, à l'approche des Normands, les Danois regagnèrent leurs navires et acceptèrent de négocier avec le Conquérant dont la seule présence et la réputation d'invincibilité personnelle suffisaient manifestement à paralyser leur agressivité. On convint qu'ils pourraient passer l'hiver à bord de leurs navires, dans les eaux du Humber, qu'ils y seraient ravitaillés et devraient prendre la mer dès le début du printemps pour regagner le Danemark.

Pourtant, le roi décida de rester quelque temps encore dans le nord ; rompant avec la tradition, c'est à York qu'il tint sa Cour de Noël ; pour qu'elle eût l'éclat accoutumé, il fit venir de Winchester les insignes royaux. Dans le même temps, il fit réparer les deux châteaux qui avaient sérieusement souffert deux mois auparavant. Mais l'armée levée, à la fin de l'été précédent, par l'aetheling était toujours présente, quoique assez peu visible, dans la région. Sûre de l'appui de la population locale, elle s'était dispersée en petits groupes dans les bois et les marais. Comment, dès lors, en venir à bout ? Sans attendre la fin de l'hiver, Guillaume donna l'ordre de les rechercher, village par village ; on ratissa même les forêts et les contrées montagneuses « sans se soucier d'aucun autre gibier que les ennemis cachés » (Orderic Vital). Le réquisitoire dressé par Orderic est ici implacable ; le moine de Saint-Evroult a connu le texte, aujourd'hui perdu, des dernières pages de Guillaume de Poitiers ; il est probable que celui-ci ne faisait pas preuve de la même sévérité ; Guillaume de Jumièges, lui, passe sous silence l'épisode de la « pacification » du Yorkshire et conclut son livre en célébrant la paix rétablie en Angleterre. Mais l'enquête menée en 1086 montrera qu'à cette date, après une vingtaine d'années, la région portait encore les stigmates de la sauvage répression. « Jamais encore, écrit Orderic, Guillaume n'avait montré une telle cruauté... ; il ne fit aucun effort pour contrôler sa fureur et châtia des innocents en même temps que les coupables. Dans sa colère, il ordonna de tout réduire en cendres, moissons et troupeaux et réserves alimentaires, de sorte que tout le territoire situé au nord du Humber fût privé de tous moyens de subsistance. Une telle disette fut alors ressentie en Angleterre, et la population humble et sans défense souffrit d'une telle famine que plus de 100 000 chrétiens des deux sexes, jeunes et vieux, moururent de faim... Quand je pense aux enfants sans défense, aux jeunes adolescents, aux vieillards qui succombèrent ainsi, j'éprouve une telle pitié que je me sens plus enclin à pleurer sur les souffrances et les angoisses d'un peuple misérable qu'à tenter en vain de m'assurer par des flatteries les faveurs de celui qui perpétra un tel massacre. » Comment interpréter cette dernière phrase ? Lorsque Orderic écrit, le Conquérant est mort depuis longtemps ; il ne peut donc espérer de lui aucune faveur ; mais il a sous les yeux le texte complet de l'ouvrage de Guillaume de Poitiers : il fait, à coup sûr, une allusion sévère aux flagorneries intéressées de celui-ci.

Une partie des rebelles, fuyant la répression sans merci, s'étaient repliés vers le nord, jusqu'au cours inférieur de la Tees ; ils s'étaient retranchés là dans un site difficilement accessible, où ils avaient accumulé d'importantes provisions. Guillaume marcha contre eux, en dépit des difficultés d'approche à travers un paysage désert et rude où l'on devait souvent aller à pied. Lorsqu'à grand-peine il parvint sur la rive sud de la Tees, ses ennemis avaient disparu ; mais il resta sur place et, dans les jours suivants, Waltheof s'y présenta pour faire sa soumission et promettre, une fois de plus, fidélité au roi ; en revanche, l'aetheling Edgar, qui avait regagné l'Ecosse, ne se manifesta point. Quant aux Danois, ils ne pouvaient quitter leurs navires, surveillés qu'ils étaient par des postes de garde normands installés sur les rives du Humber. L'hiver fut pour eux extrêmement rude ; ils eurent à supporter de fortes tempêtes dans l'estuaire largement ouvert sur la mer et les vivres qu'ils avaient stockés à bord s'étaient vite détériorés ; ils furent contraints de se nourrir de viande avariée ; il y eut de très nombreux morts. La promesse d'un ravitaillement régulier qui leur avait été faite semble, en effet, n'avoir pas été tenue ; c'est dire que ces agresseurs étrangers furent condamnés à mourir de faim aussi sûrement, mais d'une autre manière, que des milliers d'autochtones du Yorkshire. Bien peu nombreux furent ceux qui, minable reste de la grande flotte, purent, à la faveur du printemps, revoir le Danemark.

Le roi, lui, avait en plein hiver entrepris de regagner York avec le plus gros de son armée ; il suivit, pour une raison inconnue, un itinéraire particulièrement difficile, « qu'aucune troupe n'avait encore jamais emprunté, où les vallées encaissées entre de hautes montagnes étaient couvertes d'une neige épaisse, alors que dans la campagne sortaient déjà de terre les premières fleurs du printemps » (Orderic Vital). La fin de l'hiver était exceptionnellement rude ; on perdit beaucoup de chevaux dans ce voyage. L'infatigable Guillaume soutenait sans défaillir le courage de ses hommes, marchant souvent en avant de la troupe pour reconnaître le chemin. Voilà, une fois de plus, l'un des traits dominants de sa personnalité, qui s'était affirmé dès l'adolescence : quand il a pris une décision, il s'engage avec acharnement dans l'action, donnant de sa personne, aussi bien dans la guerre qu'en temps de paix. Durant ce terrible voyage vers le sud, alors qu'il patrouillait en avant-garde avec seulement six chevaliers, il s'égara et dut errer toute une nuit à la recherche de son armée. Arrivé à York, sans doute avant la fin de février 1070, il vérifia l'état des deux châteaux qu'il avait fait reconstruire, puis après quelques jours seulement de répit, partit pour la frontière galloise où la paix ne lui semblait pas encore solidement assurée. L'hiver n'en finissait pas ; il fallait traverser la partie méridionale de la chaîne des Pennines par des chemins difficiles et mal repérés ; on ne savait comment on pourrait s'y ravitailler. Très vite, des murmures se firent entendre dans l'armée. Comment obéir à un seigneur qui courait d'une aventure à une autre et demandait l'impossible ? Qui étaient ces protestataires ? Les textes ne le précisent pas, mais, à lire attentivement Orderic Vital, on comprend qu'il s'agissait des chevaliers et, plus précisément, des Manceaux, des Bretons et des Angevins ; certains d'entre eux demandaient au roi de les relever de l'engagement qu'ils avaient pris vis-à-vis de lui en recevant en fief des terres anglaises. Le roi dédaigna de marchander avec eux ; faisant appel aux fidèles, qui semblent avoir été surtout des Normands, il leur promit le repos et des récompenses au terme de l'action entreprise. Le gros de l'armée tint bon, envers et contre tout : la pluie glaciale et la grêle, les difficultés du chemin impraticable à un cavalier, bordé de précipices et coupé par des torrents. Le ravitaillement était très difficile ; on dut manger la viande des chevaux accidentés. Une fois de plus, Guillaume donnait l'exemple de l'endurance, marchant en tête ou aidant de ses mains ceux qui gravissaient difficilement des pentes abruptes. On parvint enfin à Chester où la seule présence du Conquérant mit fin aux troubles ; il n'en fit pas moins construire là un château, et un autre à Stafford. La dislocation de l'armée eut lieu à Salisbury ; le roi félicita et remercia ses hommes pour leur endurance et leur distribua des cadeaux ; quant à ceux qui avaient regimbé au cours de l'épreuve, il les contraignit à demeurer encore 40 jours sous les armes à son service. Puis il se rendit à Winchester pour y tenir, comme à l'accoutumée, sa Cour de Pâques. Entre-temps, l'earl Waltheof avait, une nouvelle fois, fait acte de soumission.

En ce printemps de 1070 s'achevait donc la prise de possession *de facto* de l'ensemble du royaume ; par la persuasion, par la force, par son prestige personnel ou par la terreur, le Conquérant avait imposé, en fin de compte, son autorité de la Northumbrie à la Manche et de la mer du Nord au pays de Galles et à la mer d'Irlande. Toutefois, les dernières séquelles de la grande révolte du nord ne devaient être liquidées qu'entre 1070 et 1072. Au printemps de 1070, alors que le Conquérant croyait pouvoir enfin poser les armes, une flotte danoise, aux ordres du roi Sven Estrithson, entrait dans l'estuaire du Humber. A cette nouvelle, un groupe d'Anglo-Saxons répondant à l'appel d'un *thegn* de la région, nommé Hereward, se retrancha dans une île du fleuve Ouse, près de la ville d'Ely. Le nom de Hereward est passé dans la légende où il symbolise l'héroïsme anglo-saxon ; mais en fait, son entreprise ne fut guère plus qu'un baroud d'honneur. Le roi Guillaume, après une négociation avec l'envahisseur danois, obtint le départ de celui-ci, de ses navires et de ses hommes. Hereward, lui, continua d'occuper l'île d'Ely ; il y reçut le renfort de quelques importants personnages, tels les earls Edwin et Morcar, qui n'avaient point, pendant les deux précédentes années, pris une part active à la révolte du nord. Il suffit qu'à l'été de 1071, le roi parût avec une petite armée pour que les occupants de l'île capitulent sans conditions. Hereward réussit à s'enfuir ; Morcar fut pris et enfermé dans une prison où il devait demeurer jusqu'à la mort du roi. Quant à Edwin, alors qu'il faisait route vers le nord, sans doute pour gagner l'Ecosse, il fut assassiné par quelques-uns de ses propres compagnons qui espéraient obtenir ainsi le pardon et les faveurs du roi ; ils eurent même l'impudence d'apporter à celui-ci la tête du jeune prince ; mais Guillaume les chassa ignominieusement et pleura la mort d'Edwin qui eût pu devenir son gendre si le grand rêve pacifique de 1068 n'avait sombré dans la tragédie northumbrienne.

C'est seulement à l'automne de 1072 que le Conquérant décida de réduire à merci le roi d'Ecosse Malcolm, que son mariage avec Marguerite, sœur de l'aetheling Edgar, avait étroitement lié aux rebelles anglo-saxons. La campagne fut remarquablement menée à bien par terre et par mer ; mais il n'y eut pas d'important engagement militaire. Malcolm, plutôt que d'affronter l'armée d'invasion, avait préféré battre en retraite vers les Highlands ; sans aucun doute, il craignait de livrer bataille en rase campagne à la cavalerie normande. Avant même que l'hiver fût installé, il accepta la négociation que lui offrait Guillaume, et qui fut menée par les deux rois en personne. Malcolm se reconnut vassal du souverain d'Angleterre, et promit de ne plus donner asile à l'aetheling ; de fait, peu après, celui-ci chercha refuge en Flandre.

REMISE EN ORDRE DE L'EGLISE ANGLAISE

Pour le légat pontifical Ermenfroi de Sion, il ne s'agissait pas seulement, en 1070, de sanctionner, comme on l'a vu, les fautes commises depuis le débarquement de 1066 par les membres du corps expéditionnaire venu de Normandie. Ce prélat connaissait bien les problèmes ecclésiastiques de la Normandie et de l'Angleterre pour y être intervenu à plusieurs reprises. C'est lui qui, l'on s'en souvient, avait été en 1055 légat pontifical au synode de Lisieux où l'on avait déposé l'archevêque de Rouen Mauger et désigné pour lui succéder Maurille, moine de Fécamp ; en 1062, il avait été envoyé en Angleterre pour remettre le *pallium* à Ealdred qui venait d'être promu archevêque d'York ; en 1067, il avait appuyé la démarche faite par le roi-duc Guillaume auprès du pape pour obtenir le transfert de l'évêque d'Avranches, Jean, sur le siège archiépiscopal de Rouen, que la mort de Maurille venait de laisser vacant ; il avait très vraisemblablement des contacts habituels avec la Cour de Normandie. C'est le roi Guillaume qui, cette fois, avait demandé au pape l'envoi de cette légation. Il est évident que la demande avait dû être faite assez longtemps avant l'arrivée des trois prélats, et que la date de Pâques 1070 avait été arrêtée pour la tenue d'un concile qui devait réorganiser l'Eglise d'Angleterre. Ainsi s'expliquerait peut-être la hâte un peu téméraire avec laquelle Guillaume avait entrepris et mené à son terme, en plein hiver, sa campagne contre le Cheshire et le Staffordshire.

Jusqu'à cette date, le Conquérant avait réglé lui-même, de sa seule autorité et sans concertation avec le siège primatial de Cantorbéry occupé par l'indigne Stigand, tous les problèmes ecclésiastiques de son royaume. Il est possible que l'archevêque de Cantorbéry ait eu un rôle occulte dans la genèse et la propagation des troubles qui, depuis 1068, avaient agité l'Angleterre. Mais l'action militaire qui s'imposait avait retenu toute l'attention du roi, ne lui laissant pas le temps de mener à bien une réforme profonde de l'Eglise anglaise.

Or la réforme était en bonne voie depuis plusieurs décennies dans le duché de Normandie où avaient pénétré les idées de renouveau grâce à la présence d'hommes comme Lanfranc ou l'archevêque Maurille, ou l'abbé de Fécamp Jean de Ravenne et aux relations assez étroites qu'ils entretenaient avec le mouvement dont l'animateur principal était, en Italie du nord, Pierre Damien. De ce chef, la Normandie et son duc étaient au petit nombre des Etats sur lesquels la papauté pouvait s'appuyer. Même si les évêques normands étaient encore, pour la plupart, solidement ancrés dans l'aristocratie féodale, on s'accorde aujourd'hui à reconnaître qu'ils contribuèrent, pendant le XIe siècle, à réorganiser une Eglise qui avait très gravement souffert dans ses structures et dans sa vie spirituelle pendant la longue période des invasions vikings ; c'est alors que se reconstituent les chapitres cathédraux et que les liens entre l'autorité de l'évêque et le clergé paroissial sont rendus plus étroits et plus efficaces grâce au développement de l'institution archidiaconale.

En Angleterre, au contraire, après le remarquable essor spirituel du Xe siècle, le XIe est marqué par un reflux, puis une stagnation. Le pays souffre manifestement de son isolement insulaire ; les liens ecclésiastiques et spirituels avec Rome et le continent sont bien peu consistants ; à cet égard, toutefois, le règne d'Edouard le Confesseur avait amorcé un renouveau, grâce aux relations que ce prince s'était faites, principalement en Normandie, durant son long exil. Si l'Eglise anglaise connaissait une institution qu'ignoraient les Normands, celle des monastères unis à une église cathédrale (à Cantorbéry, à Winchester, à Worcester et à Sherborne), en revanche les chapitres cathédraux n'y avaient pas le même développement qu'en Normandie. Les juridictions ecclésiastiques y étaient pratiquement inconnues ; les affaires qui ailleurs leur étaient soumises étaient ici traitées par les tribunaux de droit commun : cours de comté et de centaine. L'intégration de l'Eglise à l'Etat était, dans l'Angleterre saxonne, plus profonde sans doute qu'en aucun autre pays chrétien ; mais, à la différence de la Normandie, l'épiscopat n'était pas colonisé par la famille royale.

A la lumière de l'expérience acquise en Normandie, Guillaume considérait comme allant de soi que le prince ait un rôle prépondérant dans le choix des évêques ; à cet égard, il ne s'était pas trouvé en conflit avec Rome où l'on tenait avant tout à la coopération des princes chrétiens qui acceptaient de combattre dans leurs pays les vices majeurs qu'étaient les pratiques simoniaques et nicolaïtes. Dans les trois premières années de son règne, le Conquérant avait agi, vis-à-vis de l'épiscopat, avec beaucoup de ménagements. Il eût désiré, sans aucun doute, se débarrasser au plus vite de Stigand et de quelques prélats qui étaient très proches de celui-ci, et les remplacer par des Normands ; or, il n'en fit rien ; d'emblée, il prit le parti, auquel il devait d'ailleurs se tenir jusqu'à la fin de son règne, d'attendre la vacance d'un siège épiscopal avant d'intervenir. Orderic Vital lui-même loue ce comportement. « Quand un évêque ou un abbé était mort et qu'une église de Dieu était en deuil par la perte de son chef, le pieux roi envoyait des officiers compétents à l'église affligée et faisait inventorier tous ses biens pour prévenir toute dilapidation sacrilège. Puis il convoquait les évêques et les abbés et d'autres sages conseillers et, avec leur avis, s'efforçait de trouver l'homme le plus capable de gouverner la maison de Dieu en matière spirituelle aussi bien que temporelle. »

Mais en 1070, il importait de faire place nette en passant outre cette sage procédure ; et cet acte exceptionnel ne pouvait être accompli qu'en étroite coopération avec la papauté. Le jour de Pâques, dans la cathédrale de Winchester, Stigand fut déposé. Les sources normandes de l'époque l'accusent de toutes sortes de crimes. En fait, le concile ne retint contre lui que trois manquements graves à la loi canonique : il avait, pendant un temps, cumulé les sièges de Winchester et de Cantorbéry ; il avait accepté ce dernier à une date où il n'était pas canoniquement vacant ; il avait reçu le *pallium* des mains de l'antipape Benoît X. Furent déposés aussi les évêques Aethelmaer d'Elmham et Aethelric de Selsey. Aethelmaer était frère de Stigand, dont la famille possédait de grands domaines dans la région d'Elmham. Un quatrième prélat, Aethelwine de Durham, frère d'Aethelric, devait être déposé quelques mois plus tard, mais sans doute la sanction fut-elle décidée à l'assemblée de Winchester.

A la Pentecôte suivante, un nouveau concile fut réuni à Windsor ; il désigna un Normand, Thomas de Bayeux, pour occuper le siège archiépiscopal d'York, vacant depuis la mort d'Aeldred ; c'était là un manquement à l'usage qui voulait que l'archevêché d'York fût donné à l'évêque de Worcester ; cet évêque était alors Wulfstan, l'une des plus belles figures de l'épiscopat anglo-saxon du XIe siècle. L'évêché de Selsey fut donné à un Anglais nommé Stigand ; quant à ceux de Winchester et d'Elmham, ils furent confiés à deux clercs normands de la chapelle royale, Gauchelin et Herfast. Pour succéder à l'autre Stigand sur le siège primatial de Cantorbéry, on choisit Lanfranc qui, âgé de près de 60 ans, était alors abbé de

Saint-Etienne de Caen ; il reçut le sacre et prit possession de son église le dimanche 29 août ; Ermenfroi de Sion et ses deux co-légats étaient repartis pour Rome quelques jours plus tôt. A la cérémonie du 29 août étaient présents huit évêques, dont quatre étaient déjà en fonction avant 1066.

Il n'est pas sûr que Lanfranc ait accepté avec beaucoup d'enthousiasme la charge qui lui était confiée ; il resta toujours en lui quelque chose de la vocation érémitique qui l'avait conduit en 1042 au Bec, alors bien pauvre refuge ; et l'on a conservé de lui une lettre adressée, quelque temps après son installation à Cantorbéry, au pape Alexandre II : il demande au pontife de le relever d'une charge dans laquelle il ne peut aider les « barbares » confiés à ses soins, ni sauver sa propre âme en demeurant parmi eux. Mais, ce moment de découragement passé, il devait être aussi fidèlement efficace comme archevêque que comme conseiller et soutien politique du roi. Il reconstruisit sa cathédrale, qui avait été incendiée en 1067 ; il réforma la liturgie, développa la bibliothèque et le *scriptorium* de Christ Church et les établissements charitables de la ville. Assez curieusement, l'une des principales difficultés qu'il rencontra dans l'exercice de sa charge ecclésiastique lui vint d'un autre Normand, Thomas de Bayeux, archevêque d'York. On conservait dans les archives de la cathédrale de Cantorbéry une soi-disant profession d'obédience faite à l'archevêque de ce lieu par un archevêque d'York, en 995 ; ce dernier, nommé Eadwulf, aurait promis à l'archevêque de Cantorbéry, qui venait de lui conférer le sacre, de lui être toujours soumis en humble obéissance. Lorsqu'à l'automne de 1070, Thomas vint à Cantorbéry pour y recevoir le sacre épiscopal, Lanfranc lui demanda de signer un acte d'obédience semblable à celui que l'on attribuait à Eadwulf. Thomas refusa et, après une longue discussion, s'éloigna sans avoir été sacré. Les deux hommes se connaissaient bien ; Thomas était beaucoup plus jeune que Lanfranc, dont il avait été l'élève à l'école du Bec; il lui gardait un attachement certain. Mais l'un et l'autre défendaient les prérogatives de leurs sièges respectifs. Thomas reconnaissait à Lanfranc le droit de le sacrer évêque, mais rien de plus. Au contraire, il ambitionnait d'accroître le ressort de son archevêché, qui ne comptait qu'un seul évêque suffragant, celui de Durham; il eût voulu annexer ceux de Dorchester, de Worcester et de Lichfield. Lorsque Thomas et Lanfranc se rendirent ensemble à Rome pour y recevoir le *pallium,* ils soumirent leur différend à Alexandre II, qui, semble-t-il, ne le trancha point; le pape estima, toutefois, que la modification du ressort des deux archevêchés relevait de la compétence du roi. L'affaire fut donc évoquée à Pâques 1072 devant une formation restreinte de la Cour royale réunie dans la chapelle du château de Winchester; y siégeaient, avec le roi et la reine Mathilde, revenue pour quelques mois en Angleterre, un légat pontifical, les deux archevêques et plusieurs évêques. La sentence rendue fut entièrement favorable à Lanfranc: Thomas dut lui faire, sans aucune restriction, profession d'obédience; les trois évêchés en litige demeuraient suffragants de Cantorbéry. Cette décision fut confirmée par la Cour siégeant en formation plénière à Windsor, à la Pentecôte suivante. Ainsi se trouvait réaffirmée la primatie de Cantorbéry.

Le monachisme anglais avait connu, lui aussi, après le profond déclin du ix⁰ siècle, un brillant renouveau au x⁰, ou du moins dans la seconde moitié de ce siècle; la figure de proue fut ici Dunstan qui, jeune encore, réorganisa, d'accord avec le roi Edgar, le monastère de Glastonbury; puis vint la grande remise en ordre de la vie monastique dont la charte fut la *Regularis Concordia;* et les moines anglais renouèrent avec la prestigieuse tradition de l'apôtre Boniface en prenant en charge l'évangélisation de la Scandinavie. Dans la première moitié du xi⁰ siècle, le renouveau commençait à s'essouffler; aucune nouvelle abbaye n'était créée. Lors de la Conquête de 1066, on en comptait dans le royaume un peu plus d'une trentaine, d'importance très inégale, mais qui possédaient, au total, une notable part des terres ; elles tenaient une place non moins large dans la vie intellectuelle et culturelle. Les moines étaient, pour la plupart, issus du monde rural, de familles de grands ou de petits propriétaires fonciers ; les abbés appartenaient souvent à des familles de la haute aristocratie. Il n'est donc pas surprenant que beaucoup d'entre eux aient soutenu la cause de Harold, puis, après la mort de celui-ci, celle de l'aetheling Edgar ; deux d'entre eux au moins, Leofric, abbé de Peterborough et Aelfwig de New-Minster (Winchester) étaient présents à Hastings, même s'ils n'y ont sans doute pas combattu ; et le monastère Saint-Augustin de Cantorbéry prit part aux troubles qui agitèrent le Kent en 1067, avec la connivence secrète de l'archevêque Stigand. Guillaume savait certainement que ce clergé régulier lui était, dans son ensemble, hostile. Pourtant, parmi les notables qu'il « invita » à l'accompagner en Normandie, au printemps de 1067 (et qui étaient, en réalité, des otages), ne figurait qu'un seul abbé, celui de Glastonbury. Aux troubles qui agitèrent le nord et l'ouest du royaume, de 1068 à 1070, prirent part plusieurs abbayes. Plus d'une d'entre elles eut alors à souffrir des incendies et des pillages par lesquels l'armée d'occupation espérait intimider et soumettre les révoltés. L'*Anglo-Saxon Chronicle,* à l'année 1070, rapporte que « le roi a pillé tous les monastères de l'Angleterre » (version E) ; puis elle raconte ce qui advint à Peterborough. Le roi Sven de Danemark avait débarqué dans le Yorkshire, et, comme on sait, beaucoup d'Anglais le rejoignirent. Les moines de Peterborough apprirent alors que Hereward, qui commandait ces rebelles, se préparait à envahir l'abbaye ; de fait, cette agression eut lieu sans que les moines, cependant avertis, pussent s'y opposer efficacement. Les rebelles emportèrent tous les objets précieux qu'ils purent saisir ; il y en avait tellement, ainsi que de l'argent monnayé, des vêtements liturgiques, des manuscrits, qu'on n'aurait pu en dresser la liste. Les pillards affirmèrent qu'ils manifestaient de la sorte leur fidélité à l'égard de l'abbaye ; ils voulaient, disaient-ils, soustraire ces biens aux Normands, car le roi venait de nommer un de ses compatriotes, Turold, ancien moine de Fécamp, à la tête de ce monastère. En fait, ces richesses furent remises aux Danois cantonnés avec les hommes de Hereward dans l'île d'Ely ; le roi Sven, lorsqu'il reprit la mer pour le Danemark, après accord conclu avec le Conquérant, les emporta ; mais sa flotte ayant été dispersée par une tempête, les navires se retrouvèrent en Norvège, en Irlande, et quelques-uns seulement au Danemark ; ainsi furent disséminées les richesses qui avaient été arrachées à l'abbaye de Peterborough. Entre-temps, celle-ci avait été incendiée. A côté de ce cas tout à fait exceptionnel, beaucoup d'abbayes anglaises furent pillées plus discrètement et leurs dépouilles se retrouvèrent, quelques années plus tard, dans les monastères normands.

Devant l'ampleur de la tâche à mener à bien pour soumettre et remettre en ordre le monachisme anglais, le Conquérant avait espéré le concours de Cluny ; mais l'abbé Hugues, qu'il avait prié de lui envoyer une douzaine de moines, repoussa cette demande.

Il fallut donc procéder suivant la méthode employée pour assainir l'épiscopat. Seuls furent déposés les chefs de communautés monastiques qui avaient formellement enfreint les lois et la paix du royaume ; ils furent, pour la plupart, remplacés par des Normands. Peut-être aussi des moines anglais furent-ils envoyés en Normandie pour y effectuer des stages de rééducation. Le choix des abbés mis à la tête des monastères anglais fut, en général, heureux ; Guillaume pouvait, à cette époque, trouver dans le clergé régulier de son duché un nombre suffisant d'hommes de valeur, sans dégarnir pour autant les cadres des maisons normandes. Particulièrement remarquable se montra Paul, neveu de Lanfranc et moine de Saint-Etienne de Caen ; sous sa direction, l'abbaye de Saint-

Albans devint un modèle d'observance canonique et de vie intellectuelle. Siméon, venu de Saint-Ouen de Rouen, s'impose par ses qualités morales et intellectuelles d'abord comme prieur du New-Minster de Winchester, puis comme abbé d'Ely. Serlon, moine du Mont-Saint-Michel, restaura l'abbaye de Gloucester qu'il avait trouvée moribonde. Lorsque l'abbé choisi par le roi, en accord avec Lanfranc, se montrait indigne de ce choix, il pouvait être relevé de sa charge : tel ce moine de Jumièges, Geoffroy, qui gouverna pendant quelques années l'abbaye de Westminster, puis fut renvoyé en Normandie ; mais on compta fort peu d'échecs de ce genre. Dans le duché, dès avant 1066, les grandes abbayes devaient au duc le service annuel d'un certain nombre de chevaliers ; en dehors de cette prestation, dont la durée fut vite fixée par l'usage à quarante jours, ils étaient tenus, comme vassaux, de veiller à la sécurité de la communauté dont ils relevaient. Mais ce système n'existait pas en Angleterre. Aussi, lorsque Guillaume dirigeait un moine normand vers une abbaye du royaume pour en assurer la direction, devait-il le faire accompagner par quelques chevaliers prélevés sur sa propre « milice » ; cette escorte était d'autant plus nombreuse que la région en question s'était montrée moins docile ; son effectif ne correspondait nullement à l'étendue des biens fonciers que ces chevaliers auraient à protéger ; lorsqu'assez vite ils devinrent vassaux de l'abbaye en recevant en fief des terres prélevées sur son domaine, leur nombre demeura tel qu'il était lors de leur arrivée. Quand, après 1070, les durs soubresauts politiques des deux années précédentes se furent apaisés, le roi se trouva plus libre de choisir des abbés en tenant compte principalement de leurs qualités proprement morales et ecclésiastiques. Il fut, dans cette tâche, constamment assisté par Lanfranc ; bien que promu dans le clergé séculier au rang de primat de l'Eglise d'Angleterre, et souvent chargé de missions politiques, l'ancien prieur du Bec et abbé de Saint-Etienne de Caen demeurait très attaché aux valeurs de la vie monastique. « Je n'ai rien de plus cher au monde », dit-il dans une lettre adressée de Cantorbéry au pape Alexandre II.

La politique de l'amalgame anglo-normand obtint de meilleurs, et en tout cas plus rapides, résultats dans la société des clercs que dans celle des laïcs ; assurément, les deux composantes, l'anglo-saxonne et la normande, n'y entrèrent point à part égale ; l'élément normand accrut progressivement et inexorablement la sienne. Il y avait encore dans le royaume, en 1073, douze abbés de souche autochtone ; en 1083, ils ne seront plus que huit et, en 1087, trois seulement ; à cette même date, deux évêques seulement seront des Anglo-Saxons. Guillaume a régenté l'Eglise en Angleterre comme il l'avait fait en Normandie ; on peut parler de césaropapisme éclairé. La papauté, qui commence à formuler nettement en 1075 les exigences grégoriennes, ne s'en offusquera pas dès l'abord car, tout bien pesé, l'autorité du Conquérant, même si elle empiétait sur des prérogatives que l'Eglise considérait désormais comme siennes (le choix et l'investiture des évêques, par exemple), s'exerçait dans un sens favorable au renouveau de la vie ecclésiastique. C'est à partir de la génération suivante qu'éclateront les conflits ; mais leurs causes sont déjà virtuellement présentes dans le gouvernement de Guillaume le Conquérant.

Le biographe anonyme de Lanfranc (qui est peut-être, vers 1130, le moine du Bec Milon Crespin), raconte que durant une réunion de la Cour, le roi étant à table, portant un vêtement brodé d'or et orné de riches parures, un bouffon entra dans la salle et s'écria émerveillé : « Voici Dieu ! » L'impudent fut réprimandé et même fouetté ; mais on aimerait savoir quel écho trouva ce propos blasphématoire dans l'esprit des personnages présents et surtout dans celui de Lanfranc qui était assis auprès du roi.

ROI ET DUC : L'IMPOSSIBLE UBIQUITÉ

Durant les vingt années qui avaient précédé l'expédition de 1066, l'autorité du duc de Normandie n'avait cessé de croître, ou du moins n'avait jamais reculé de manière appréciable ; il y avait eu seulement quelques pauses dans l'ascension. Dans l'Angleterre conquise, le nouveau roi s'était, de même, opiniâtrement imposé, ne reculant devant aucun moyen lorsque s'aggravaient les difficultés ; aucune révolte n'avait eu raison, de manière durable, de sa détermination. L'expérience politique acquise dans l'édification de l'Etat Normand lui avait été d'un grand secours lorsqu'il avait fallu soumettre une Angleterre rétive. Quant à l'expérience militaire du Normand et de ses hommes, elle n'était pas immédiatement utilisable dans un pays dont les structures étaient si différentes de celles auxquelles ils étaient accoutumés. Aussi s'employèrent-ils à modifier celles-ci ; dès avant la bataille décisive du 14 octobre 1066, ils avaient édifié de premiers châteaux sur le sol anglais ; dans les mois et les années qui suivirent, le pays conquis fut quadrillé par des fortifications dont ils savaient magistralement tirer parti dans l'offensive comme dans la défensive ; ainsi fut imposé aux Anglais un type de guerre et d'occupation devant lequel ils ne tardèrent pas à baisser les bras, quelle que fût initialement, pour beaucoup d'entre eux, la volonté de résister.

Il est dès lors surprenant, du moins à première vue, qu'après la Conquête de l'Angleterre, Guillaume ait rencontré dans le gouvernement et la défense de la Normandie, voire dans le maintien de la crainte qu'il avait su naguère inspirer aux voisins de son duché, des difficultés et des échecs depuis longtemps inconnus de lui. Sans aucun doute, le prestige du titre royal et la disposition des richesses de l'Angleterre lui permettaient de consolider certaines fidélités et d'acheter presque sans compter les services de mercenaires, chevaliers, archers ou autres combattants à pied. Mais l'argent ne pouvait tout faire. Le Conquérant ne déléguait pas volontiers son autorité ; or il lui eût fallu, pour gouverner la Normandie et l'Angleterre, partager le pouvoir avec une sorte de vice-roi permanent ; il est assez remarquable que Guillaume se brouilla, en fin de compte, avec la plupart de ceux qu'il avait choisis pour le suppléer provisoirement. D'autre part, l'énorme et subit accroissement de sa puissance et de sa richesse avait bien vite suscité jalousie et inquiétudes chez les voisins de la Normandie.

La disparition presque simultanée, en 1060, du roi Henri Ier et du comte d'Anjou Geoffroi Martel, l'accession du comte Baudouin V de Flandre à la charge de régent du royaume de France au nom de l'héritier mineur du trône avaient mis pour un temps le duché à l'abri d'attaques extérieures. On imagine sans peine ce qui fût advenu si, en octobre 1066, un voisin hostile l'avait attaqué alors que l'essentiel des moyens militaires se trouvait engagé en Angleterre.

Mais, au fil des années, les relations de la Normandie avec les principautés limitrophes ou voisines s'étaient détériorées. De cette dégradation de la situation, Guillaume avait certainement conscience. Le prestige attaché à la couronne royale et les opulentes ressources de l'Angleterre ne pouvaient évincer la Normandie de la première place qu'elle occupait dans ses pensées et qu'il lui donnait dans la hiérarchie de ses possessions. A partir de 1071, pendant les seize dernières années de sa vie, il passera plus de la moitié de son temps sur le continent ; mais, plus d'une fois, les difficultés qu'il y rencontrera auront des répercussions sur la situation de l'Angleterre. D'autres que lui, d'ailleurs, font, à cette même époque, l'apprentissage de la gestion simultanée de patrimoines normands et de terres acquises en Angleterre ; il en résulte un va-et-vient presque incessant à travers la Manche où la navigation est désormais aussi intense en hiver qu'à la belle saison.

A l'automne de 1071, Guillaume passe la mer et revient dans sa Normandie après quatre ans d'absence, pendant lesquels bien des choses avaient changé, non dans le duché lui-même, mais plutôt dans les Etats avec lesquels il avait les plus étroites relations.

En Flandre, le comte Baudouin V, beau-père du Conquérant, était mort le 1er septembre 1067 ; son fils lui avait succédé sous le nom de Baudouin VI, puis était mort à son tour, prématurément, le 16 juillet 1070, laissant deux jeunes fils sous la tutelle de leur mère Richilde ; mais Robert, surnommé « le Frison », frère de Baudouin VI, revendiqua la succession de celui-ci et réunit autour de lui un puissant parti de seigneurs flamands. Richilde, de son côté, sollicita l'appui de son seigneur le jeune roi de France Philippe ; puis, comme celui-ci ne semblait pas très empressé à fournir l'aide requise par son vassal, la veuve de Baudouin VI se tourna vers le duc de Normandie, qui était son beau-frère. Guillaume était alors aux prises avec les révoltés de Northumbrie et leurs alliés danois ; il chargea son fidèle Guillaume-Fils-Osbern qui se trouvait, à cette date, en Normandie, de se porter au secours de Richilde. Sans doute celle-ci n'avait-elle pas fait un rapport exact sur l'état où se trouvait le comté de Flandre et sur la force du parti qui soutenait la cause de Robert le Frison. Le comte Guillaume prit avec lui seulement une dizaine de chevaliers pour se rendre en Flandre, « comme s'il allait à un tournoi » (Orderic Vital). En fait, il dut affronter à Cassel, le 20 février 1071, une solide armée de Frisons, renforcée peut-être par des contingents allemands ; il fut vaincu et tué dans ce combat. Pour le Conquérant, ce fut une très lourde perte ; il avait reporté sur ce compagnon l'affection filiale qu'il gardait à la mémoire de son père, le sénéchal Osbern, gardien vigilant du jeune Bâtard durant les années tragiques de sa minorité. Mais, ce qui était beaucoup plus grave encore, la Flandre, amie de la Normandie depuis le mariage de Mathilde, se trouvait maintenant aux mains d'un ennemi ;

et c'est auprès de celui-ci que l'aetheling Edgar, devenu indésirable en Ecosse, choisit de chercher refuge en 1071.

Aux portes même de la Normandie, dans le Maine, des événements inquiétants s'étaient produits dès 1069, en l'absence du Conquérant. Le comté du Maine était, depuis la campagne de 1062-1063 aux mains d'administrateurs normands ; l'évêque du Mans, Vougrin, était inconditionnellement dévoué au duc de Normandie ; mais des forces hostiles, momentanément domptées, y demeuraient présentes : en premier lieu le seigneur de Mayenne Geoffroy ; et, dans la ville même du Mans, la population bourgeoise, qui avait manifesté en 1063 la volonté de faire valoir ses intérêts propres en face des seigneurs de la région, avait renforcé sa cohésion. Comme en beaucoup d'autres villes, elle se trouvait en conflit presque permanent avec l'évêque qui était aussi un seigneur et possédait dans la cité des droits dont s'accommodaient mal les exigences de l'économie nouvelle, artisanale et commerciale, alors en plein essor. Le mot ambigu de « libertés » exprimait ses aspirations. En 1069, une émeute urbaine avait éclaté, l'une des plus précoces qui soit attestée dans la France du nord. Elle était dirigée principalement contre l'évêque ; mais elle mit en cause, d'abord indirectement, l'autorité du duc de Normandie sur laquelle s'appuyait Vougrin. Aux termes de l'accord conclu en 1062, Robert, le fils aîné du Bâtard, qui avait épousé Marguerite, sœur du dernier descendant de la dynastie locale, portait le titre de comte du Maine ; mais Marguerite était morte peu après. En 1069, sa tante Gersent, fille du comte Herbert Ier surnommé Eveille-chien, fondateur de la dynastie, revendique le titre comtal ; elle avait épousé un seigneur italien, Azzo d'Este, qui vint dans le Maine, au printemps de 1069, et fit accord avec Geoffroy de Mayenne ; tous les chevaliers normands installés dans le comté furent alors chassés. Puis Azzo retourna en Italie, laissant le Maine à la charge de Gersent et de leur fils Hugues V. La coalition qui avait porté ceux-ci au pouvoir était trop hétérogène pour durer. En mars

1070, les bourgeois du Mans s'en retirèrent et se constituèrent en commune, c'est-à-dire qu'ils se lièrent entre eux par un serment (*conjuratio*). Mais, en fin de compte, et dès les dernières semaines de 1070, après quelques affrontements armés qui eurent pour théâtre les places fortes de Sillé-le-Guillaume et de Château-du-Loir, Gersent et son fils, soutenus par Geoffroy de Mayenne, étaient à nouveau maîtres du Mans. La perte du Maine ne semble pas avoir ému outre mesure le Conquérant, qui avait alors fort à faire en Angleterre. Au cours du séjour qu'il fit en Normandie, pendant l'hiver de 1071-1072, il se préoccupa certainement de la situation nouvelle créée à la frontière sud de son duché, mais il n'y intervint pas militairement. Dans les premières semaines de 1073, il revenait sur le continent mais, cette fois, avec une solide armée composée principalement de mercenaires, parmi lesquels beaucoup d'Anglais. Entre-temps, les bourgeois du Mans, las des exactions de Geoffroy de Mayenne, avaient fait appel au comte d'Anjou Foulque le Réchin pour s'en débarrasser. Cette démarche n'avait rien d'anormal puisqu'aux termes du traité de 1063 le comté du Maine demeurait vassal de l'Anjou. Foulque n'eut guère de peine à entrer dans Le Mans, d'où Geoffroy s'enfuit une fois de plus. Mais, pour le duc-roi Guillaume, l'affaire était grave : avec la présence de la puissance angevine aux portes de la Normandie, on revenait à la dangereuse situation des années antérieures à 1060. C'est, sans aucun doute, ce fait nouveau qui détermina en 1073 l'intervention armée du Conquérant. En plein hiver, il envahit le Maine par la vallée de la Sarthe, s'empara sans guère de peine des châteaux qui commandaient cette route à Fresnay, à Beaumont, puis de celui de Sillé-le-Guillaume et fit capituler Le Mans après un bref siège. Avant la fin du mois de mars, la campagne était terminée. Le pouvoir ducal, la valeur militaire du Conquérant n'avaient apparemment rien perdu de leur efficacité ; il avait suffi que Guillaume parût pour que s'effacent ses ennemis. Mais il ne pouvait être omniprésent comme il l'avait été en Normandie avant 1066 et en Angleterre depuis cette date ; il n'y avait pas encore, à proprement parler, d'Etat anglo-normand ni de structure de gouvernement propre à intervenir d'urgence ici ou là, lorsque le prince était absent ; à vrai dire, cette lacune eut des effets plus dommageables sur le continent qu'en Angleterre. On ne sait, par exemple, qui prit en main les intérêts normands au cours de la crise qui agita le Maine entre 1069 et 1073 ; en droit, le fils aîné du Conquérant, Robert, était toujours comte du Maine, mais il semble n'avoir pas fait usage des droits, ni assumé les responsabilités que lui conféraient ce titre ; sans doute, d'ailleurs, son père ne l'y encouragea point, si même il ne le lui interdit ; déjà, très certainement, et depuis assez longtemps, Guillaume savait qu'il ne pouvait compter sur ce fils si différent de lui ; déçu par l'incapacité dont il avait fait preuve dans la charge de régence à lui confiée en 1068 pendant l'absence de son père et de sa mère, Guillaume l'écarte systématiquement du pouvoir, au risque de susciter une grave crise familiale. Mais pour le moment, l'affaire du Maine est réglée ; les expulsés normands y sont revenus et le duc-roi peut tenir en toute sérénité sa Cour de Pâques (1073) au château de Bonneville-sur-Touques, avant de regagner l'Angleterre.

Pourtant, le comportement du roi de France à l'égard de son vassal normand n'était guère rassurant. Depuis 1060 et pendant une dizaine d'années, la présence de Baudouin V de Flandre auprès du jeune roi Philippe, en qualité de tuteur, avait mis la Normandie à l'abri de toute menace venant de ce côté. Mais, depuis la mort de Baudouin, Philippe Ier qui approchait de l'âge adulte (il était né en 1052), prenait progressivement en main le pouvoir et se montrait très inquiet de la menace que faisait peser sur le domaine capétien, voire sur le royaume de France l'union de la Normandie et de l'Angleterre. Il entretenait de très bonnes relations avec Foulque le Réchin, qu'il avait soutenu dans sa lutte pour le comté d'Anjou ; comme avant

1060, une alliance entre le Capétien et l'Anjou s'imposait pour contrebalancer la puissance croissante du Normand. Rien de plus dissemblable que le subit accroissement de cette puissance grâce à la Conquête, puis à l'exploitation de l'Angleterre, et la besogneuse et lente progression de celle des rois de France, descendants de Hugues Capet ; mais désormais, et pour des siècles, la vie politique de l'Europe occidentale sera dominée par les péripéties de la lutte à mort que se livreront ces deux antagonistes.

LE COMPLOT DES EARLS

Au printemps de 1075, le Conquérant arrivait, à nouveau, en Normandie pour un séjour d'environ huit mois. L'année précédente, le roi de France avait, pour la première fois, accompli à son encontre un acte d'hostilité ouverte ; il avait offert à l'aetheling Edgar, pour lors exilé en Flandre, la châtellenie de Montreuil-sur-Mer qui pouvait servir de base à une attaque dirigée contre l'Angleterre ; mais très habilement, Guillaume avait aussitôt entamé avec Edgar une négociation qui avait désamorcé cette manœuvre. Durant l'année 1075, la Normandie ne fit l'objet d'aucune menace sérieuse ; la présence de son duc-roi suffisait à intimider d'éventuels ennemis. En Angleterre, au contraire, son absence laissa le champ libre à un complot qui eût pu avoir pour les vainqueurs de Hastings des effets désastreux, bien que la menace ne vînt pas, cette fois, de la population vaincue et dominée. A cette date, les cadres étrangers de la nouvelle société comptaient quelque 8 000 hommes. On les appelait Français (*Franci*) ; c'est de ce même nom que, dans la Tapisserie de Bayeux, en réalité brodée vers 1075 dans le sud-est de l'Angleterre, sont désignés les envahisseurs. Les Normands y étaient certainement les plus nombreux et, dans leur groupe dominaient sans doute les seigneurs venus de Normandie occidentale ; mais il y avait aussi des Picards, des Flamands, des Bretons. Quelques années avaient suffi pour atténuer, sinon effacer tout à fait, les différences inhérentes à leurs origines diverses ; le lien uniforme de dépendance qui les attachait au roi était, à cet égard, un puissant facteur d'amalgame ; peut-être cependant le groupe des Bretons se montrait-il plus que les autres attaché à conserver sa personnalité. C'est dans cette aristocratie qu'étaient, bien entendu, recrutés les principaux responsables du gouvernement local. Guillaume avait conservé les cadres traditionnels de l'administration : l'earldom, le comté (*shire*), et la centaine. Mais, dans l'ancien royaume anglo-saxon, les earls étaient des magnats régionaux, issus de la plus haute aristocratie locale, ce qui leur conférait, à l'égard de l'autorité royale, une certaine liberté d'action. Après 1066, au contraire, des earls étrangers sont progressivement substitués à ceux-là qui, pour la plupart, ont disparu dans la guerre, la révolte ou la disgrâce. Désormais, l'intermédiaire le plus efficace entre le pouvoir royal et les populations locales est le sheriff dont la compétence a été considérablement élargie, à l'instar de celle des vicomtes normands. C'est très souvent à ses sheriff que le Conquérant confie la garde des châteaux qui sont, dans le pays, les points d'appui les plus sûrs de son autorité. Le découpage géographique du royaume en earldoms a été, lui aussi, modifié. A l'exemple des comtés de la Normandie, ils forment, pour l'essentiel, un vaste bouclier aux frontières, à l'exception de celle du nord pour laquelle Guillaume ne trouvera pas, jusqu'à la fin de son règne, un dispositif de protection satisfaisant. Aux confins gallois, en revanche, trois earldoms montent la garde : celui de Hereford confié d'abord à Guillaume-Fils-Osbern puis, après sa mort (1071), à son fils Roger de Breteuil ; celui de Shrewsbury où Roger de Montgommery dispose, autour de trois châteaux majeurs, d'une chaîne de fortifications de terre, mottes ou enceintes, qui commandent toutes les vallées communiquant avec le pays de Galles; celui de Chester, où Hugues d'Avranches a mission de surveiller les Galles du nord. Dans le sud-ouest, entre la Manche et l'estuaire de la Severn, c'est l'*earldom* de Cornouailles, donné à Robert de Mortain, fidèle entre les fidèles; à plusieurs reprises, des bannis installés en Irlande, et notamment les frères et les neveux de Harold, avaient attaqué cette région ou tenté de s'y infiltrer. Au sud-est, l'*earldom* de Kent, confié à l'évêque de Bayeux Eude de Conteville, fait face à la Flandre, désormais hostile; il a souvent dû repousser des raids de harcèlement effectués par des flottes ou des flottilles scandinaves. Mais le littoral le plus menacé par les hommes du Nord, plus avides de piraterie que prêts à une conquête de l'Angleterre, c'était assurément celui qui s'étendait de l'estuaire de la Tamise à celui du Humber. Guillaume avait maintenu là l'*earldom* d'Estanglie ou de Norfolk qu'avait naguère tenu Ralph l'Ecuyer, familier d'Edouard le Confesseur; originaire du Norfolk, il avait épousé une Bretonne et s'était d'emblée, en 1066, allié aux vainqueurs; après sa mort (1070), son fils Ralph de Gaël lui avait succédé. Dans les Midlands, Waltheof avait conservé, en dépit d'infidélités répétées à l'égard du roi, l'*earldom* de Northampton qui avait été taillé tout exprès pour lui lorsqu'il avait dû quitter celui de Northumbrie.

L'édification de châteaux avait, d'autre part, donné naissance à de nouvelles circonscriptions administratives, dont ces forteresses étaient le chef-lieu; certaines d'entre elles avaient, en raison de leur position stratégique, une considérable importance militaire. Ainsi celles de Richmond, dans le Yorkshire, tenue par le comte breton Alain le Rouge, celle d'Arundel aux mains de Roger de Mont-gommery, earl de Shrewsbury, celles de Hastings et de Lewes où commandaient respectivement Robert, comte d'Eu et Guillaume de Warenne.

Pour assurer dans tout le royaume la présence de son autorité et faire connaître les normes de sa politique, le roi pouvait aussi compter maintenant sur la plupart des évêques, en tête desquels l'archevêque Lanfranc, sur les abbés des principaux monastères et sur quelques fidèles, tel l'évêque de Coutances Geoffroy de Montbray qui, sans détenir une charge permanente se virent très souvent confier des missions particulières, mais de haute importance.

On voit sans peine que parmi les hommes investis, dans le royaume, d'une parcelle du pouvoir, se trouvaient très peu d'autochtones. Ce qui restait de l'aristocratie anglo-saxonne, après le carnage de Hastings et la répression de la résistance, avait, pour une bonne part, émigré vers la Flandre, le Danemark, l'Ecosse ou même jusqu'à Byzance où tels d'entre eux, engagés dans la garde varengienne, furent envoyés en Italie méridionale pour tenter d'y endiguer la progression des Normands.

Quittant l'Angleterre au printemps de 1075, le roi Guillaume n'avait donc sans doute, concernant la paix intérieure du royaume, aucune inquiétude ; il allait pouvoir s'attacher à résoudre les difficultés que connaissait, en revanche, la Normandie, du fait de quelques-uns de ses voisins. Pourtant, moins de trois mois après son départ, son pouvoir se trouvait mis en cause, en Angleterre même, par quelques-uns de ses earls. Une source tardive, la *Chronique* attribuée à Florent de Worcester (vers 1100), affirme que la cause du soulèvement fut l'opposition faite par le Conquérant au mariage de l'earl Ralph de Norfolk avec Emma, fille de Guillaume-Fils-Osbern et donc sœur de Roger de Breteuil, earl de Shrewsbury. De fait, le complot fut fomenté, semble-t-il, à l'occasion de ce mariage qui fut célébré à Norwich ; mais la *Chronique Anglo-Saxonne* (versions D et E), notre meilleure source pour cette période, affirme que le mariage fut décidé par le roi lui-même. Lanfranc, dans une de ses lettres, rapporte que Roger de Breteuil aurait mal supporté l'activité envahissante des sheriffs du roi dans son *earldom*. Rien de plus vraisemblable, encore que le fils de Guillaume-Fils-Osbern eût de bonnes raisons de connaître les méthodes de gouvernement qu'avait déjà pratiquées en Normandie le Bâtard. Au contraire, l'Anglais qu'était Ralph de Norfolk ne pouvait qu'être choqué par ces méthodes, si différentes de celles qu'avaient connues les earls d'avant 1066. Or, il semble bien que l'âme du complot ait été Ralph. S'il fallait en croire Orderic Vital, les rebelles auraient établi un sévère catalogue de toutes les injustices commises par Guillaume avant et après la Conquête ; il est possible que l'auteur de l'*Histoire ecclésiastique* se fasse là l'écho de griefs qui traînaient encore dans l'opinion publique au temps de son enfance : rappelons qu'il était né et avait passé les dix premières années (1075-1085) de sa vie non loin de Shrewsbury.

Le plan conçu par les conjurés consistait à isoler le nord du royaume en déployant d'est en ouest, de l'earldom de Shrewsbury à celui de Norfolk, les troupes recrutées par les deux earls. Ralph semble avoir bénéficié de l'appui des Bretons immigrés et recruté des mercenaires jusqu'en Bretagne. L'opération envisagée ne pouvait guère réussir sans la participation ou, pour le moins, la connivence de Waltheof, qui tenait une bonne partie des Midlands. On ne sait trop si le velléitaire earl de Northampton se laissa entraîner sans enthousiasme dans l'aventure, ou s'il refusa nettement d'y participer. Selon Orderic Vital, son refus aurait fort désappointé Ralph et Roger qui lui auraient arraché le serment de ne révéler à personne la proposition qui lui avait été faite.

En l'absence du Conquérant, c'est Lanfranc qui prit en main la contre-offensive ; il se sentait assez sûr de lui pour dissuader, dans une lettre, le Conquérant d'abréger son séjour en Normandie. Avec une remarquable intelligence de la situation, il mit tout en œuvre pour empêcher la jonction prévue des forces rebelles de l'est et de l'ouest. A cet effet, il obtint l'aide de la plupart des seigneurs établis dans l'ouest des Midlands ; même des Anglo-Saxons comme l'évêque de Worcester Wulfstan et l'abbé d'Evesham Aethelwig lui prêtèrent leur concours. Vers l'est, à la frontière occidentale de l'earldom de Norfolk, des troupes amenées en hâte par Eude de Conteville, Geoffroy de Montbray, Guillaume de Warenne et quelques autres, bloquèrent la progression de l'earl Ralph. Celui-ci, devant l'échec de son projet initial, résolut alors d'aller chercher des renforts à l'étranger ; confiant à sa femme Emma la garde de sa principale place forte, le château de Norwich, il partit pour la Bretagne afin d'y recruter des mercenaires. Assiégée dans son château par les troupes royales, Emma dut capituler ; en mémoire de son illustre père, elle put librement, avec une partie de sa garnison, se retirer en Bretagne. Une importante flotte danoise arrivait peu après, mais trop tard ; elle ne put que piller, une fois de plus, le Yorkshire, puis rentra chez elle après avoir fait une escale sur la côte de Flandre. Lanfranc put alors envoyer au roi Guillaume le message de victoire : « Le château de Norwich est tombé ; ses défenseurs se sont engagés à quitter l'Angleterre dans les quarante jours... Le château lui-même est occupé par Geoffroy de Coutances, Guillaume de Warenne et Robert Malet avec 300 hommes d'armes, des machines de siège et leurs servants. Grâce à Dieu, les bruits de la guerre ont totalement cessé sur la terre anglaise. » On remarquera qu'il n'est pas fait mention, dans cette lettre, d'Emma, qui avait dirigé la révolte du Norfolk après le départ de son mari. Lanfranc savait trop bien le chagrin que causerait au roi la trahison de la fille de Guillaume-Fils-Osbern.

L'échec de l'insurrection des earls, l'indifférence, voire l'hostilité dont fit preuve à leur égard la population autochtone, montre que le nouveau régime était accepté par celle-ci, peut-être de guerre lasse, en 1075. Lanfranc et ses compagnons s'étaient bornés à étouffer l'insurrection militaire, laissant au roi le soin de régler le sort des coupables. Le Conquérant s'y employa dès son retour de Normandie à la fin de cette année 1075. Les trois earldoms de Hereford, de Norfolk et de Northampton (Midlands) furent supprimés ; l'administration de ces territoires devait être assurée directement par le roi, au moyen de ses sheriffs. Ralph de Gaël était en Bretagne, où il continua d'agir contre les intérêts normands ; il ne devait plus reparaître en Angleterre ; il prit part à la première croisade et y trouva la mort. Roger de Breteuil fut, dans les jours qui suivirent le retour de Guillaume, cité devant la Cour du roi ; il ne put nier sa participation au complot, qui était évidente pour tous ; conformément au droit en vigueur dans le duché de Normandie, il fut condamné à la confiscation de ses biens et à la prison perpétuelle. Ce n'est sûrement pas sans un serrement de cœur que le roi fit appliquer cette mesure contre le petit-fils de son vieux sénéchal Osbern. Au dire d'Orderic Vital, qui rapporte ici encore des traditions orales recueillies par lui dans le Welsh Border, le régime carcéral imposé à Roger n'aurait pas été très dur ; sans doute s'agissait-il plutôt d'une sorte de résidence forcée. Il advint qu'à l'occasion d'une fête de Pâques, le roi lui fit porter dans sa « prison » de beaux vêtements : une tunique de soie, un manteau d'hermine. Mais l'earl Roger, furieux, fit allumer un grand feu et y jeta ces cadeaux. Quand il l'apprit, Guillaume s'écria : « C'est vraiment un homme orgueilleux qui m'insulte de la sorte ! Par la splendeur de Dieu, il ne quittera pas cette prison tant que je vivrai ! »

Waltheof ne fut jugé qu'un peu plus tard. Lanfranc lui avait conseillé de se présenter au roi et d'implorer son pardon. Il fut cependant traduit devant la Cour où sa femme Judith affirma qu'il avait participé au complot ; on sait qu'elle était nièce du Conquérant. L'accusé, lui, reconnut seulement avoir été informé de la conspiration, mais déclara qu'il avait refusé de prendre aucune part à une si honteuse affaire ; telle était bien, semble-t-il, la vérité. Faute d'un accord unanime entre les membres de la Cour, le procès fut renvoyé à plusieurs reprises ; pendant ce temps, l'earl demeurait détenu dans la prison royale de Winchester. En fin de compte, il fut reconnu coupable de n'avoir pas dénoncé le complot criminel et d'y avoir ainsi adhéré tacitement. Condamné à mort conformément au droit de la nation anglaise dont il était fils, il fut décapité le 31 mai 1076. A l'abbaye de Crowland où son corps fut inhumé, après avoir été laissé deux semaines à l'abandon, une pieuse légende se développa très vite autour de sa mémoire. On racontait que durant son long séjour à la prison de Winchester, il avait donné l'exemple d'une grande piété, chantant chaque jour en entier le psautier qu'il avait appris dans sa jeunesse, alors qu'il se préparait à la vie monastique. Le matin de sa mort, il aurait distribué aux pauvres les riches ornements attachés à son costume. L'exécution eut lieu sur la colline où s'éleva plus tard, dominant Winchester, une église dédiée à saint Gilles. Beaucoup d'habitants y étaient venus et manifestaient leur émotion. Comme le bourreau était pressé d'en finir, Waltheof demanda qu'on lui laissât le temps de dire le *Pater*. On le lui accorda. Il se mit à genoux, les mains jointes et commença la récitation de l'oraison dominicale ; mais quand il arriva à la demande : « Ne nous induis pas en tentation », il éclata en sanglots et ne put continuer. Le bourreau impatienté leva l'épée et, d'un seul coup, trancha la tête du jeune earl ; alors, de la tête séparée du corps, on aurait entendu sortir les derniers mots de la prière : « mais délivre-nous du mal. *Amen* ».

Voilà ce que l'on racontait en Angleterre un demi-siècle après l'événement ; en évoquant ainsi la pitoyable fin du jeune earl de Northampton, on exprimait à coup sûr la nostalgie d'une société disparue et ce sentiment devait survivre très longtemps aux révoltes réprimées et au ralliement des Anglo-Saxons au régime installé par leurs vainqueurs. Dans ce contexte empreint de merveilleux, on affirma que des guérisons se produisaient sur la tombe de Waltheof. On disait aussi que, vers 1090, lorsque l'abbé de Crowland Ingulf avait fait transporter le corps depuis la salle capitulaire jusqu'à l'église abbatiale, on avait constaté qu'il était parfaitement conservé, alors que de l'eau bouillante était préparée pour dégager les ossements des chairs pourries qui pouvaient y rester adhérentes. Qui plus est, la tête était unie au tronc ; c'est tout juste si l'on devinait, à la jonction de l'un et de l'autre, une petite ligne rouge faisant le tour du cou.

L'exécution de Waltheof est l'un des actes, inspiré comme tant d'autres par la raison d'Etat, que la postérité a le plus durement reproché à Guillaume le Conquérant. Parmi les écrivains du XIIe siècle, Orderic Vital est le plus sévère ; il fit vers 1125 un séjour à Crowland, invité par l'abbé Geoffroy d'Orléans, ancien prieur du monastère de Saint-Evroult ; bien qu'originaire du continent, celui-ci ne contraria nullement le développement de la pieuse légende qui exaltait la mémoire d'un personnage plutôt terne en le présentant comme un héros de la résistance anglo-saxonne à l'occupation étrangère.

Il n'est pas toujours facile, à la lumière des sources dont nous disposons, de saisir toutes les connexions qui entrelacèrent entre elles, au temps de Guillaume, l'histoire de la Normandie et celle de l'Angleterre ; cela pourrait signifier que, dans une certaine mesure, elles échappèrent à l'observation des contemporains. Du moins apparaît-il clairement que le retour du roi Guillaume sur le continent, où il séjourne du printemps de 1076 à la fin de l'été 1080, est en relation avec la révolte des trois earls qui avait marqué l'année 1075. Ralph de Gaël, qui en avait sans doute été le protagoniste, s'était réfugié en Bretagne où il possédait beaucoup de terres ; il y intriguait, obtenant sans peine la connivence du comte d'Anjou et du roi de France ; l'étau que le Bâtard avait eu tant de peine à desserrer menaçait à nouveau la Normandie sur ses frontières du sud-est, du sud et de l'ouest. Il s'en fallait, toutefois, que les seigneurs bretons fussent unanimement hostiles à la Normandie. La classe aristocratique, très nombreuse, encore assez mal organisée, comprenait beaucoup de petits seigneurs besogneux qui ne pouvaient guère survivre qu'en se mettant au service de riches belligérants ; d'où d'incessantes guerres civiles dans la Bretagne du XIe

siècle. L'earl Ralph, revenant dans sa patrie, l'avait trouvée divisée. Le comte Conan, contre qui le Bâtard avait effectué la campagne de 1064, était mort en 1066, sans enfants ; le mari de sa sœur, Houël de Cornouaille, lui avait succédé ; toutefois, un bâtard du comte Alain III (mort à Vimoutiers en 1040), Geoffroy Grenonat (c'est-à-dire le Moustachu) reçut à titre viager, comme en apanage, la ville et le comté de Rennes ; cela ne suffit pas à désarmer son ambition ; il ne tarda pas à prendre les armes contre Houël pour tenter de lui arracher le titre de comte de Bretagne. Arrivant au plus fort de la querelle, Ralph de Gaël prit le parti de Geoffroy et, avec son aide, s'empara du château de Dol ; pas plus qu'en 1064, le duc de Normandie ne pouvait tolérer si près de sa frontière une présence hostile ; aussi bien Ralph avait-il fait appel à des renforts angevins. Guillaume se mit en campagne en septembre 1076 et, avec une armée composée de Normands et d'Anglais, vint investir Dol. Le siège durait depuis près d'un mois lorsque apparut une troupe que le roi de France avait levée en Poitou, avec l'accord au moins tacite du duc d'Aquitaine. Le Conquérant, surpris de cette intervention française, dut se retirer, harcelé par les nouveaux venus qui lui infligèrent des pertes en hommes, en chevaux et réussirent à capturer une partie des bagages de l'armée normande.

Pour la seconde fois en douze ans, le quasi invincible Guillaume échouait devant Dol ; mais c'est une véritable défaite qu'il subit en octobre 1076. Peut-être n'avait-il pas prévu l'ampleur de la coalition que Ralph de Gaël était en mesure de rassembler contre lui ; du moins fit-il preuve, encore une fois, de sagesse en se retirant dès qu'il comprit que ce n'était pas le cas de s'engager à fond. Toutefois, Ralph n'entendait pas en rester là. Quelques semaines plus tard, aidé derechef par des troupes angevines, il vint attaquer le château de La Flèche, dans le Maine, dont le seigneur Jean était l'un des plus fidèles soutiens de la cause normande dans cette région. Jean réussit à tenir bon jusqu'à ce que le duc-roi vînt dégager la place. Cette fois, ce furent les assiégeants bretons et angevins qui durent lever le siège ; le comte d'Anjou Foulque le Réchin, qui commandait lui-même ses troupes, fut blessé dans un engagement. Des négociations ouvertes à l'initiative du Normand aboutirent à deux traités signés avec le roi Philippe et avec le comte d'Anjou ; les clauses de ces accords ne sont pas connues. Les difficultés que venait de rencontrer le Conquérant eurent un retentissement certain en Angleterre car la *Chronique anglo-saxonne* (versions D et E), fort laconique quant au reste pour les années 1076 et 1077, insiste sur leur gravité et souligne que la paix conclue avec Philippe Ier devait être de bien courte durée. Il ne devait, en fait, échapper à personne que le duc-roi se trouvait, depuis quelque temps, contraint à la défensive. Les initiatives hostiles du roi de France, bien que bornées à des interventions armées d'assez faible ampleur ou surtout à des intrigues politiques, n'en étaient guère moins préoccupantes pour un adversaire sur qui pesait la tâche écrasante de gouverner en même temps un grand duché et un vaste royaume. Lorsqu'en cette même année 1077, Philippe Ier se fit céder par le comte Simon de Crépy le Vexin français, territoire compris entre l'Epte et l'Andelle, Guillaume n'intervint pas ; sans doute l'acte de cession était-il juridiquement incontestable, mais il avait pour effet de créer une frontière commune entre le duché de Normandie et le domaine royal capétien, ce que les ducs avaient jusque-là tenté opiniâtrement d'empêcher. De même que le Maine à l'égard de l'Anjou, le Vexin français avait longtemps constitué une marche où les descendants de Rollon s'étaient ingéniés à faire prévaloir leur influence politique. A vrai dire, le Conquérant n'avait certainement pas renoncé à cette politique ; dix ans plus tard, il reprendra l'offensive ; mais en 1077, il juge prudent de temporiser ; c'est qu'une crise très grave, peut-être latente depuis quelques années, venait d'éclater au sein même de la famille ducale.

LA CRISE FAMILIALE

On sait que de la vie conjugale de Guillaume et de Mathilde, n'est connu, comme épisode malheureux, que le désaccord dont leur fils aîné fut la cause à partir de 1077 ou 1078. Des jours heureux, les textes de l'époque ne parlent pas, et ce sont souvent ces silences des écrivains contemporains, laudateurs ou plus ou moins détracteurs, qui permettent de former des conjectures favorables au couple princier. On ne connaît, en effet, à Guillaume aucun enfant bâtard : chose fort rare à cette époque dans le milieu aristocratique auquel il appartenait. Dans les réquisitoires dressés contre lui par ses ennemis, et qu'Orderic Vital, en particulier, rapporte très volontiers ; dans le très long discours autobiographique que le même Orderic met, avec une totale invraisemblance, dans la bouche du roi mourant, il n'est fait la moindre allusion à des heurts graves qui auraient pu se produire entre lui et Mathilde jusqu'en 1077. Les histoires abracadabrantes de sévices qu'il aurait infligés à son épouse ne coururent que beaucoup plus tard ; elles ont d'ailleurs été maintes fois réfutées ; il suffira donc de les relater très brièvement. On a rapporté déjà (p. 173) la légende selon laquelle le Bâtard aurait arraché par la violence le consentement de Mathilde de Flandre qu'il désirait épouser. Plus tard, la soupçonnant d'infidélité, il se serait déguisé en cordelier (au XIe siècle !) pour entendre sa confession. On raconta aussi qu'ayant un jour été traité par elle de bâtard, il l'aurait attachée par les cheveux à la queue de son cheval et l'aurait traînée à travers les rues de Caen jusqu'à ce que mort s'ensuive ; ou encore qu'ayant entendu d'elle un propos jugé offensant, alors qu'il était à cheval et la reine à pied tout près de lui, il l'aurait frappée de son talon si violemment que l'éperon pénétrant profondément dans la poitrine de Mathilde l'aurait tuée sur le coup. Des histoires de ce genre traînent dans la littérature satirique, et particulièrement dans le fabliau « Le chevalier qui fit sa femme confesse », ou encore s'apparentant à la légende de Geneviève de Brabant. Mais elles ont eu la vie dure et recueillent encore aujourd'hui quelque audience dans des milieux très ignorants.

On en trouve une légère trace, pour la première fois vers 1120, sous la plume de Guillaume de Malmesbury qui relate avoir entendu raconter la fable, jugée par lui tout à fait invraisemblable, de Mathilde tuée par son mari d'un coup porté avec le mors de son cheval (et non avec l'éperon...). Si vraiment ce ragot avait cours en Angleterre, il est extrêmement remarquable qu'Orderic Vital ne l'ait pas recueilli. Sans aucun doute, on savait Guillaume enclin à de violentes colères ; on peut imaginer qu'à partir de là, par extrapolation et peut-être par contagion de souvenirs véridiques ou légendaires se rapportant à d'autres personnages, on ait transposé dans la vie conjugale du Conquérant des comportements qui ne sont sérieusement attestés que dans ses activités militaires ou politiques.

Du mariage de Guillaume et de Mathilde sont nés quatre fils et probablement six filles ; d'aucun d'entre eux la date de naissance n'est exactement connue ; au demeurant, on ignore aussi la date exacte du mariage de leurs parents : 1050 ou 1051 ? L'aîné des fils, Robert, qui sera surnommé Courteheuse, c'est-à-dire « Courte botte » (par allusion à une mode qu'il adopta, ou parce qu'il avait les jambes trop courtes) devait avoir, en 1077, quelque 25 ans ; le second, Richard, était mort accidentellement deux ans auparavant, au cours d'une partie de chasse dans la New Forest que son père avait créée en neutralisant de vastes étendues cultivées, à la limite du Sussex et du Hampshire, et en détruisant plusieurs villages ; les contemporains ont vu dans l'accident qui coûta la vie au jeune Richard la punition de ces exactions ; le troisième fils, Guillaume, dit le Roux, né peu avant 1060, devait succéder à son père sur le trône d'Angleterre ; le dernier, Henri que la postérité surnommera Beauclerc, survivra à tous ses frères et portera, comme le Conquérant, les deux couronnes d'Angleterre et de Normandie. L'ordre de naissance des filles est beaucoup moins bien connu. Cécile, née avant 1066, devint abbesse de la Trinité de Caen ; Agathe fut promise en mariage successivement, dès son enfance, à Herbert, comte du Maine, puis à Harold et au roi Alphonse de León, mais n'épousa aucun d'eux. Adèle fut mariée en 1080 au comte Etienne de Blois ; Constance épousa en 1086 le comte Alain IV de Bretagne ; d'Adelize et de Mathilde, on ne connaît guère que le nom ; toutefois, c'est peut-être l'une d'elles dont le roi Guillaume envisagea, un moment, le mariage avec l'earl Edwin de Mercie.

De ce que fut la vie de la famille ducale, puis royale, les textes du temps ne disent rien et l'on peut difficilement suppléer à ce silence. On sait seulement que l'aîné des fils, Robert, avait été adjoint à sa mère Mathilde en 1067 dans la mission de gouverner la Normandie ; il avait alors une quinzaine d'années. Puis, quand il avance en âge, on le voit assez souvent figurer auprès du duc-roi à l'occasion d'importantes cérémonies, telles les consécrations de l'abbaye Saint-Etienne de Caen, des cathédrales de Bayeux et d'Evreux en 1077. Or précisément en cette même année devient public un différend qui l'oppose à son père. Celui-ci l'avait, au moins implicitement, désigné comme son successeur au duché de Normandie et, dès 1063, lui avait fait prendre le titre de comte du Maine ; il ne semble pas, en revanche, que Robert ait jamais paru en Angleterre aux côtés du roi ; et, le temps passant, le jeune héritier s'impatientait de ne se voir confier aucune parcelle de l'immense pouvoir que détenait son père. Incontestablement, celui-ci était fort peu enclin à un tel partage ; il continuait même, dans ses chartes, à s'intituler « comte du Maine » alors que Robert pouvait légitimement porter ce titre. Il semblerait d'ailleurs que l'héritier aspirât beaucoup moins aux joies du pouvoir qu'aux ressources financières qu'il en pourrait tirer et qui lui permettraient la vie fastueuse dont il rêvait. Orderic Vital rapporte longuement une discussion qui aurait eu lieu, en 1077, entre le père et son fils aîné. A la manière des historiens romains, qu'il imite souvent, il prête à l'un et à l'autre des propos qui n'ont certainement pas été tenus, mais qui expriment bien les sentiments prêtés à juste titre aux deux antagonistes. Dans les dernières semaines de l'an 1077, Guillaume se trouvait à Laigle où il préparait une intervention contre le comte du Perche, Rotrou, qui entretenait à la frontière orientale du duché une incessante agitation. Son fils aîné Robert s'y trouvait avec lui. Ses deux fils cadets, Guillaume et Henri, à qui portait ombrage l'avidité de leur aîné, y vinrent aussi avec l'intention de le provoquer ; ils s'installèrent dans le solier, c'est-à-dire dans la chambre située à l'étage, de la maison du nommé Roger Cauchois, où résidait Robert, et y engagèrent une partie de dés, en faisant grand bruit à la manière des soldats ; puis ils jetèrent de l'eau sur leur frère et sur les amis qui lui tenaient compagnie. Une rixe allait éclater lorsque le duc-roi, prévenu par des témoins, intervint et rétablit le calme. Mais Robert, estimant sans doute que Guillaume avait implicitement soutenu les provocateurs, quitta Laigle pendant la nuit, avec ses compagnons, gagna Rouen et tenta de s'y introduire par ruse dans le château ducal ; Roger d'Ivry, bouteiller de la Cour, qui gardait la forteresse, ne se laissa pas surprendre ; après avoir fermé la porte, il alerta le Conquérant qui donna l'ordre de faire prisonniers les agresseurs ; peine perdue, car ceux-ci, pour la plupart, s'étaient déjà mis à l'abri chez des complices qu'ils avaient dans le Perche et, au-delà vers l'est, en terre française. Tel fut le premier acte de révolte ouverte perpétré par Robert Courteheuse contre son père. Il avait été probablement précédé par une altercation que rapporte Orderic Vital. Depuis assez longtemps, le jeune héritier était poussé à la révolte par des seigneurs de son âge dont il avait fait ses familiers ; ils avaient hâte de le voir parvenir au pouvoir, et d'en profiter avec lui. S'adressant au Conquérant, il lui aurait dit : « Seigneur roi, donnez-moi la Normandie dont vous m'avez investi avant d'aller en Angleterre combattre Harold. — Mon fils, répondit Guillaume, vous me demandez l'impossible ; j'ai conquis l'Angleterre grâce à la force normande ; je tiens la Normandie par droit héréditaire ; aussi longtemps que je vivrai, je ne m'en dessaisirai pas. — Que puis-je donc faire, et comment puis-je entretenir les gens qui dépendent de moi ? — Soyez obéissant en toutes choses vis-à-vis de moi et prenez part sagement au gouvernement de toutes mes possessions, comme un fils doit agir à l'égard de son père. — Je ne suis pas prêt à demeurer indéfiniment votre mercenaire ; je veux avoir dès maintenant mes biens personnels, afin de pouvoir rétribuer ceux qui me servent ; je vous demande donc de me remettre, en bonne et due forme, le duché afin que, dans votre vassalité, je puisse le gouverner comme vous gouvernez le royaume d'Angleterre. — Mon fils, votre demande est prématurée ; n'essayez pas de m'arracher témérairement le pouvoir que je vous remettrai, le moment venu, avec l'approbation du peuple et la bénédiction divine, si vous continuez à le mériter. Choisissez de meilleurs conseillers ; méfiez-vous des gens irréfléchis qui vous excitent bassement à commettre des actes illicites. Les Normands sont un peuple turbulent, toujours prêt au désordre ; ils vous poussent à de folles prétentions, espérant, quand l'ordre public sera détruit, faire tout ce qui leur plaira. N'écoutez pas cette jeunesse libertine, mais suivez les conseils des archevêques Guillaume (de Rouen) et Lanfranc et des autres seigneurs sages et pleins d'expérience. — Seigneur roi, je ne suis pas venu ici pour entendre une leçon ; j'en ai reçu assez de mes maîtres et en suis saturé. Donnez-moi une réponse favorable concernant la charge que je réclame, de sorte que je sache quel genre de vie je puis mener. Je suis résolu, et tout le monde doit le savoir, à ne plus servir personne désormais en Normandie dans une sorte d'esclavage. — Je vous répète que, ma vie durant, je ne me dessaisirai pas de la Normandie, ma terre natale ; et de même, je n'en séparerai pas le royaume d'Angleterre que j'ai acquis à si grand-peine. Le Seigneur dit, dans l'Evangile : " Tout royaume divisé contre lui-même est condamné à la désolation. " Celui qui m'a mis à la tête de ce royaume me transférera à un autre royaume à l'heure qu'il voudra. Que personne ne doute de ceci : tant que je vivrai, je n'abandonnerai mon duché à personne et ne permettrai à qui que ce soit de partager avec moi mon royaume. » Quand Robert eut entendu la décision irrévocable de son père, il conclut : « Désormais, contraint à l'exil, j'offrirai mes services à l'étranger ; je verrai bien si, avec la chance, je puis obtenir en exil les récompenses qui me sont, de façon méprisante, refusées dans la maison de mon père. » Puis il aurait quitté la Cour, en compagnie de quelques jeunes seigneurs de son âge, dont les parents étaient parmi les plus fidèles vassaux du Conquérant. Dès lors, le faible Robert Courteheuse devint un allié bien utile pour tous les ennemis de son père. Il chercha fortune en Flandre et obtint une aide de Robert le Frison ; mais, prodigue comme il était, l'argent coulait entre ses doigts ; on le vit en Lorraine et peut-être en Allemagne mais aussi en Poitou et en Gascogne où il fut la proie d'usuriers. Puis il vint offrir ses services au roi de France, au risque d'avoir à combattre directement le duc de Normandie, son propre père. Philippe Ier l'installa, avec une garnison armée, dans le château de Gerberoy qui montait la garde à la frontière française, face à la forteresse normande de Gournay. Guillaume, relevant le défi, vint assiéger Gerberoy ; la garnison française ayant opéré une sortie, un combat eut lieu au cours duquel le Conquérant fut légèrement blessé, peut-être de la main de son fils. L'opinion publique admettait mal, en Normandie, ce drame familial ; parmi les hauts barons, on n'était pas d'accord sans réserve avec le duc-roi, dont on trouvait l'attitude trop dure à l'égard de celui qui était appelé à lui succéder un jour ; pourtant, plusieurs de ces hommes connaissaient avec leurs fils les mêmes difficultés ; ils surent mieux les supporter et, peut-être, les résoudre. Guillaume étant revenu à Rouen, ils firent pression sur lui pour qu'il acceptât de rencontrer son enfant rebelle. « Il se repent de son erreur, mais n'ose pas revenir à vous sans votre permission. Nous faisons appel à votre indulgence ; corrigez votre enfant quand il est en faute, accueillez-le quand il revient, épargnez-le quand il se repent » (Orderic Vital). Peut-être Philippe Ier lui-même intervint-il pour tenter de réconcilier le père et le fils. Le Conquérant se laissa fléchir, à contrecœur sans doute ; il autorisa Robert à revenir à la Cour et réitéra la promesse, qu'il lui avait déjà faite, de lui léguer le duché après sa mort ; peut-être l'associa-t-il plus effectivement au gouvernement de la Normandie, voire de l'Angleterre. En 1080, il lui confia, conjointement avec Eude de Conteville, la mission de rétablir l'ordre en Northumbrie où venait d'être assassiné l'évêque Gaucher de Durham, que le roi avait chargé de contrôler l'ancien earldom de Siward et de Waltheof ; une expédition punitive suivit en Ecosse et, au retour, Robert entreprit la construction d'un *nouveau* et puissant château (Newcastle) près de l'estuaire de la Tyne. Puis, le turbulent Courteheuse quitta de nouveau la Cour, reprit ses pérégrinations et ne parut plus en Normandie, ni en Angleterre, jusqu'à la mort de son père.

Si beaucoup des plus fidèles barons de Guillaume avaient reproché à leur seigneur une sévérité jugée excessive à l'égard de son fils aîné, comment Mathilde n'eût-elle pas été déchirée par ce drame ? Il est probable qu'elle plaida souvent la cause de l'enfant rebelle auprès du père intraitable ; ce qui est sûr, c'est qu'elle l'aida financièrement aux moments les plus durs de son exil volontaire ; c'est encore Orderic Vital qui en apporte ici le témoignage indiscutable. A l'insu de son mari, Mathilde envoyait des subsides à Robert ; l'émissaire secret était un Breton nommé Samson, sans doute un des serviteurs de l'hôtel ducal. Or un jour, le duc-roi découvrit ces agissements ; pris d'une de ces colères dont il était coutumier, il déclara que s'il pouvait prendre le malheureux Samson, il lui ferait crever les yeux. Pour échapper à cette punition, le courrier secret de la reine s'en fut chercher asile au monastère de Saint-Evroult « pour sauver à la fois son corps et son âme » ; Orderic qui l'y a connu, vingt ans plus tard, a recueilli de sa bouche le récit de l'incident. C'est le seul dissentiment sérieux que les contemporains ou les écrivains de la génération suivante mentionnent dans la vie du couple ducal, puis royal. Orderic Vital le rapporte, à son habitude, en employant le style direct. Comme Guillaume, en proie à la colère, « ordonnait » à Mathilde de cesser l'aide qu'elle donnait à son fils, la reine aurait répondu : « Mon seigneur, ne vous étonnez pas si j'aime tendrement mon enfant premier-né. Par la puissance du Très-Haut, si mon fils Robert était mort et enseveli, caché aux yeux des vivants, et si je pouvais, au prix de mon propre sang, le ramener à la vie, je donnerais ce sang pour lui ; pauvre femme que je suis, je puis l'affirmer. Comment pouvez-vous imaginer que je sois heureuse dans l'opulence, si je sais mon fils écrasé par la pauvreté ? Puissé-je n'être jamais coupable d'une telle dureté de cœur ! Si puissant que vous soyez, vous ne pouvez l'exiger de moi. » Dans sa détresse, Mathilde aurait alors envoyé un message à un saint ermite dont la sagesse et le don de prophétie étaient connus en Allemagne ; la réponse ne fut guère réconfortante. L'ermite raconta un songe qu'il avait eu et qui annonçait pour la Normandie une période de déclin et de dures épreuves lorsque Robert aurait succédé à son père ; mais, ajoutait-il, « vous ne verrez pas ces malheurs car auparavant, vous mourrez en paix ».

Le conflit qui opposa Robert Courteheuse à son père n'est pas un fait anecdotique ; s'il est dû, pour une bonne part, à l'extrême dissemblance de deux tempéraments, il traduit aussi l'amorce d'un profond changement qui se produit dans les sensibilités, les goûts et les comportements durant le dernier quart du xie siècle. En Normandie, cette mutation fut certainement accentuée par l'enrichissement consécutif à la conquête de l'Angleterre et par la découverte de la civilisation raffinée des Anglo-Saxons vaincus. Si les hommes de la génération du Conquérant n'en furent pas sérieusement affectés, beaucoup de leurs enfants cédèrent à l'attrait de la facilité, au goût du luxe vestimentaire, à l'irruption de modes nouvelles ; d'où un conflit entre la génération des parents et celles des jeunes, les premiers trouvant quasi sacrilège l'abandon par les seconds de comportements traditionnels, certes, mais indûment sacralisés. Pas de meilleur exemple, à cet égard, que le changement survenu à cette époque dans la coiffure des hommes. Les Normands portaient les cheveux courts et se rasaient la nuque ; les Anglais, au contraire, gardaient les cheveux longs et en prenaient grand soin, allant jusqu'à les friser au fer. La Tapisserie de Bayeux en témoigne très clairement. Un véritable engouement s'empara des jeunes Normands, après la Conquête de l'Angleterre, pour ce type de coiffure. Il ne semble pas, toutefois, que les traditionalistes l'aient tout d'abord jugé de manière défavorable. On se rappelle que Guillaume de Poitiers, décrivant les cérémonies de Pâques 1067 à l'abbaye de Fécamp, où le vainqueur de Hastings avait amené avec lui plusieurs hauts personnages anglais, met en scène sans aucune réserve défavorable « les fils des terres du nord qui portaient un longue chevelure ; les plus beaux jeunes gens de la Gaule chevelue les eussent enviés ; ils n'avaient rien à envier à la beauté féminine ». Mais, quelques décennies plus tard, cette mode sera dite efféminée et très durement vilipendée par les moralistes. Elle allait de pair avec le port de chemises étroitement collantes au buste, de chaussures au bout effilé. On peut cerner d'assez près la date à partir de laquelle ces comportements nouveaux des jeunes commencèrent d'alarmer leurs parents et de déchaîner les foudres des moralistes. Un concile réuni à Rouen en 1072, dont les canons conservés traitent longuement des problèmes de la moralité publique, ne parle ni de mode vestimentaire, ni de chevelure. Le concile réuni en 1096 dans la même ville est, au contraire, d'une extrême sévérité ; le canon VI exige « qu'aucun homme ne soigne sa chevelure, mais qu'ils soient tondus comme il sied à des chrétiens, faute de quoi ils seront tenus hors de notre Sainte Mère l'Eglise ; aucun prêtre ne les admettra à l'office divin et ne sera présent à leurs obsèques ». Ces menaces furent d'ailleurs sans effet. Guillaume de Malmesbury reproche au second fils du Conquérant, Guillaume le Roux, qui régna sur l'Angleterre de 1087 à 1100, le luxe excessif de sa garde-robe, la longueur de ses cheveux et le port de ces chaussures effilées que l'on appelait « pigaches ». Henri Ier Beauclerc se vit, le jour de Pâques 1105, dans l'église de Carentan, tondre d'autorité par l'évêque de Sées qui venait de prononcer une homélie-diatribe contre les modes nouvelles. On peut admettre que la grande vogue de celles-ci s'affirme en Normandie à partir d'environ 1075.

LE CONCILE DE LILLEBONNE (1080)

Le séjour de quatre années que Guillaume passe dans son duché, de 1076 à 1080, n'a pas été marqué que par des épreuves ; il y eut de beaux jours, tel celui où sa chère abbatiale de Saint-Etienne de Caen fut consacrée en 1077, en présence des évêques et des barons normands. Lanfranc était, à cette occasion, revenu de Cantorbéry ; l'abbaye reçut du duc-roi et de ses principaux vassaux, de considérables biens fonciers et mobiliers ; peu après, ce fut la non moins solennelle dédicace de l'abbatiale du Bec ; le vénérable Hellouin, plus qu'octogénaire, y assistait ; il devait mourir quelques mois plus tard ; était aussi présent, en qualité de prieur, Anselme d'Aoste qui devait succéder en 1093 à Lanfranc sur le siège métropolitain de Cantorbéry. Pourtant, si réconfortantes que fussent ces festivités, on devine sans peine chez le Conquérant une certaine lassitude ; point n'est besoin ici de laisser libre cours à l'imagination en prenant pour alibi le silence des sources contemporaines ; celles-ci, à qui sait les lire, ne sont pas tout à fait muettes, et les faits eux-mêmes, souvent défavorables et presque toujours préoccupants, ne laissent guère de place au doute. On pense au mot fameux : « Vieil homme, recru d'épreuves... » En 1080, Guillaume n'a que 53 ans ; au xie siècle, pour un paysan, un homme de guerre, un chef d'Etat, c'est déjà le seuil de la vieillesse.

Pourtant, à mesurer l'ampleur de la tâche accomplie en Normandie comme en Angleterre, les difficultés rencontrées et même les quelques échecs subis ne sont guère plus que des égratignures ; la robustesse croissante de l'ossature économique, sociale, institutionnelle se manifestera, jusqu'à la fin du règne, à l'occasion de chaque grande entreprise. L'une de celles-ci fut, concernant la Normandie, le grand concile tenu à Lillebonne à la Pentecôte de l'an 1080.

Depuis cinq ans, les exigences de la réforme grégorienne se faisaient très pressantes. Le pape Grégoire VII, de qui elle tient son nom, avait proclamé en termes quasi provocants le manifeste connu sous le nom de *Dictatus Papae ;* pour la première fois était mise en cause l'emprise que les pouvoirs laïcs s'étaient arrogée depuis plusieurs siècles sur les institutions fondamentales de l'Eglise et, en premier lieu, sur l'épiscopat ; un conflit très dur, bientôt armé, avait surgi à ce sujet entre le pontife romain et l'empereur romain germanique, principale puissance séculière de la Chrétienté ; l'unité politique du royaume germanique en avait été déchirée. En Normandie, puis en Angleterre, Guillaume avait, comme ses prédécesseurs, renvendiqué et mis en œuvre le droit de choisir les évêques et les abbés des grandes abbayes. Compte tenu des services qu'il avait rendus à l'Eglise, la papauté l'avait, en un premier temps, laissé faire. Grégoire VII, alors qu'il n'était que le diacre Hildebrand, chargé de lutter en France contre la propagande de l'hérésiarque Bérenger, avait reçu l'appui total du duc de Normandie qui, d'autre part, combattait résolument dans son Etat ces détériorations de la loi ecclésiastique que l'on nommait simonie ou nicolaïsme. On lui savait gré, de surcroît, d'avoir mis de l'ordre dans l'Eglise d'Angleterre, même s'il avait agi là avec prudence. Mais Rome pouvait-elle tolérer indéfiniment un comportement qu'elle interdisait maintenant ailleurs avec une extrême rigueur ? Le 8 mai 1080, Grégoire VII écrivait au roi d'Angleterre pour lui demander sans ambages de faire allégeance au Saint-Siège pour son royaume ; la lettre est animée du plus pur esprit théocratique, encore que la rudesse en soit atténuée par des paroles flatteuses : Guillaume y est appelé « perle parmi les princes ». Deux astres, dit le pape, concourent à donner la lumière aux hommes : le soleil et la lune ; mais la clarté qu'émet la lune, elle la tient du soleil ; ainsi l'autorité que détiennent les princes leur vient-elle de Dieu par l'intermédiaire de son Vicaire. On reconnaît là l'une des prétentions formulées dans les *Dictatus Papae*. Ce message pontifical fut remis au roi par des légats qui lui en confirmèrent oralement la teneur et lui demandèrent aussi de ne pas négliger le versement à Rome du denier de Saint-Pierre. Nous possédons la réponse que fit le Conquérant ; il promit de s'acquitter ponctuellement du denier, mais refusa de faire allégeance, rappelant qu'aucun de ses prédécesseurs ne l'avait fait. Il est probable que les choses n'en seraient pas restées là si Grégoire VII n'avait dû affronter, durant les années suivantes, dans Rome même, des attaques répétées de l'empereur, puis quitter la Ville sainte pour mourir en exil.

Le message pontifical rédigé à Rome le 8 mai dut parvenir en Normandie durant la réunion du concile de Lillebonne, dont il éclaire les décisions. Nous possédons les canons de ce concile ; ils traitent essentiellement des prérogatives fiscales (plutôt que judiciaires) des évêques normands et donnent une liste très longue des amendes que ces évêques ont le droit de percevoir de la part des clercs ou des laïcs coupables des fautes les plus diverses ;

mais ils ne précisent pas si ces fautes sont justiciables des tribunaux ecclésiastiques ou des cours civiles. En revanche, le concile réaffirme, au moins implicitement, que tous les droits de justice exercés dans le duché doivent être considérés comme ayant été concédés par le prince. On sait, d'ailleurs, que Guillaume n'hésitait pas à évoquer devant sa Cour des affaires jugées déjà, mais avec trop de mansuétude, par des juges épiscopaux ; il faut noter que les procédures dont il est ici question visaient, en particulier, des clercs mariés ou vivant en état de concubinage, vis-à-vis desquels l'épiscopat, en général, se montrait plus tolérant que le pouvoir civil, sans doute parce qu'il connaissait mieux toutes les données du problème. Le concile de Winchester réuni en 1076 par Lanfranc avait été, concernant l'Angleterre, plus circonspect ; il avait admis que les prêtres de paroisses déjà mariés pussent demeurer dans cet état. A cet égard, donc, la réforme était moins avancée dans le royaume que dans le duché, car elle y avait été mise en route plus tard. Cependant, un certain nombre des normes de juridiction ecclésiastique précisées à Lillebonne avaient été introduites en Angleterre durant les dix années suivant la Conquête ; on sait qu'en 1066, le royaume anglo-saxon était fort en retard concernant la distinction de l'ecclésiastique et du civil en matière de justice. Ce que le concile ne dit pas, car tel n'était pas son objet, c'est l'emprise du prince sur la désignation et, le cas échéant, sur la déposition des évêques et des abbés. Cette emprise avait, pour contrepartie, une protection très efficace qui rendit presque totalement inutile dans le duché les institutions, ailleurs très florissantes, de l'avouerie et de la vidamie. L'avoué, pour les monastères, et le vidame, pour les évêchés, étaient des seigneurs auxquels l'Eglise avait donné en fief une part de son temporel, à charge pour eux d'assurer sa sauvegarde et de s'acquitter de certaines obligations profanes auxquelles elle était tenue. Enfin, le pape ne pouvait envoyer un légat en Normandie, ni porter une sentence d'excommunication ni faire publier une décision émanant de Rome sans y avoir été autorisé par le duc.

A quel point le concile de Lillebonne consacrait cette prééminence du prince sur le monde ecclésiastique, on le vit au xiie siècle lorsque Henri II, au plus fort du conflit qui l'opposait à l'archevêque Thomas Becket, s'appuya opiniâtrement sur l'autorité des canons de ce concile.

Guillaume n'a pas fait rédiger un catalogue des droits qu'il prétendait exercer sur l'ensemble de ses sujets. Mais ses deux fils aînés, Robert Courteheuse et Guillaume le Roux ont, d'un commun accord, dressé en juillet 1091, quatre ans après la mort de leur père, la liste des prérogatives dont il avait joui en son temps ; la Normandie connaissait, depuis sa disparition, les désordres et les épreuves de la guerre civile et les deux princes jugeaient nécessaire de rappeler ce qu'était le pouvoir ducal au temps regretté où régnait la paix intérieure : le duc avait les moyens d'assurer cette paix en toutes circonstances, il avait seul le droit de fortification, le monopole de la frappe monétaire, il était le protecteur attitré du commerce ; quant à ses vassaux, il s'assurait leur docilité en gardant auprès de lui, comme des otages, l'un ou l'autre de leurs plus proches parents.

Nouvelles épreuves familiales (1082-1083)

Guillaume se trouvait à nouveau en Normandie depuis le début de l'été 1082 lorsque lui parvint d'Angleterre, sans doute en décembre, un message si alarmant qu'il décida immédiatement de repasser la mer. Il s'agissait, cette fois, d'une machination ourdie par son propre demi-frère, l'évêque de Bayeux Eude de Conteville, earl de Kent. Nous ne savons exactement, à vrai dire, ce que l'on reprochait à celui-ci. La Normandie n'a plus, depuis 1072 environ, d'historiographe. En Angleterre, la *Chronique anglo-saxonne* dont subsiste seulement la version E, ne donne pour l'année 1082, que cette mention laconique : « Le roi arrêta l'évêque Eude. Il y eut une grande famine » ; entre les deux événements, pure et simple coïncidence. Une quarantaine d'années plus tard, les historiens donnent, de l'incident qui opposa le Conquérant à son demi-frère, diverses versions, mais aucun d'eux ne cite ses sources ; force est donc de penser qu'ils rapportent des bruits qui circulaient alors concernant un événement dont on ne possédait aucune explication officielle.

Nul n'ignorait l'attachement dont Guillaume avait fait preuve, sans défaillance, à l'égard de la famille de sa mère et notamment des enfants nés du mariage de Herleue avec Hellouin de Conteville. A la fin de l'année 1080, Eude de Conteville jouissait encore de la faveur du roi, qui l'avait chargé de diriger l'expédition lancée contre la Northumbrie rebelle et l'Ecosse ennemie. Qu'avait-il donc pu survenir depuis lors qui motivât, de la part de l'earl de Kent, une grave infidélité ? Peut-être, à vrai dire, les contemporains et le roi lui-même, imités en cela par les historiens de notre temps, avaient-ils pris à la légère certains signes avant-coureurs de crise. La situation d'Eude de Conteville en Angleterre était, à certains égards, assez fausse. Evêque normand, il n'était pas soumis à la juridiction de Lanfranc, alors qu'il était établi dans son diocèse. Earl de Kent, il possédait des biens et des intérêts considérables dans le ressort de ce diocèse. Vers 1076, Lanfranc l'avait accusé d'usurper des terres appartenant à l'église de Cantorbéry ; l'affaire avait été jugée par la Cour du comté de Kent où siégeaient tous les tenants en chef du roi possédant des fiefs dans cet earldom ; gain de cause avait été donné à Lanfranc, mais il semblerait que la sentence n'ait pas été exécutée, car quelques années plus tard, Eude était encore en possession des terres contestées.

Les sources du XIIe siècle, notamment Orderic Vital et Guillaume de Malmesbury, font état d'intrigues qu'aurait ourdies à Rome l'évêque de Bayeux, earl du Kent. Celui-ci n'aurait brigué rien de moins que le trône pontifical ; il aurait acquis à Rome un palais et se serait assuré des appuis dans l'aristocratie romaine ; il aurait été porté à ces démarches un peu folles parce qu'on lui aurait rapporté une prédiction émise dans la Ville éternelle par des diseurs de bonne aventure qui voyaient en lui le successeur probable du pape alors régnant, Grégoire VII. On peut penser que cette version des faits fut élaborée tardivement, à une date où l'on n'avait plus en mémoire l'exacte chronologie des événements qui endeuillèrent les cinq dernières années du pontificat de Grégoire. Depuis 1077, celui-ci était en lutte ouverte avec l'empereur Henri IV ; il avait fait élire par quelques princes allemands un antiroi, Rodolphe de Habsbourg ; la riposte avait été l'élection d'un antipape, Clément III. En 1080, le pape avait reçu du chef normand Robert Guiscard confirmation de l'engagement vassalique naguère (1059) pris à l'égard de Nicolas II ; les Normands d'Italie méridionale avaient ainsi vocation à protéger militairement le pontife, leur seigneur. Or, à cette époque, Robert Guiscard préparait une expédition contre les possessions de l'Empire byzantin en Illyrie ; et quand cette aventure eut pris fin, il se trouva retenu en Pouille par un soulèvement de ses vassaux. Ce sont donc les Romains seuls qui, à grand-peine, soutinrent le siège mis devant leur ville par l'empereur en 1081, puis en 1082 et 1083. En juin de cette dernière année, Henri IV réussit à occuper une partie de la ville et le pape dut se retrancher dans le château Saint-Ange. Il y était encore lorsqu'en février 1084 son ennemi achevait la conquête de Rome. C'est alors seulement que les Normands de Robert Guiscard intervinrent ; mais ils le firent avec une telle brutalité, pillant et incendiant, que Grégoire VII, ne pouvant que désavouer de tels libérateurs, décida de s'exiler à Salerne où il mourut l'année suivante.

Si vraiment Eude de Conteville envisagea d'intervenir dans les affaires romaines en 1082, peut-être s'agissait-il de se porter avec des troupes au secours du pape et de pallier ainsi la carence momentanée de Robert Guiscard et de ses chevaliers. Si le roi Guillaume en conçut une telle irritation, c'est peut-être parce que, sollicité lui-même, il avait écarté la demande du pape. Hypothèse assez plausible, mais que ne corrobore aucune source écrite.

Selon Orderic Vital, l'évêque Eude aurait rallié à son projet Hugues d'Avranches, earl de Chester et se trouvait dans l'île de Wight, prêt à s'embarquer pour le continent, lorsque le roi survint à l'improviste et décida de le traduire sans délai devant sa Cour. Dans le réquisitoire grandiloquent que le moine de Saint-Evroult met, comme à l'accoutumée, dans la bouche du roi, on relève surtout des griefs portant sur des faits récents ; c'est toute la gestion de l'earldom de Kent qui est mise en cause, et particulièrement la spoliation des biens des églises ; mais l'earl de Kent aurait aussi détourné les chevaliers de leur devoir et projeté « de les conduire vers des royaumes étrangers, au-delà des Alpes, au mépris des intérêts de son roi ». Dans cette diatribe, on trouve encore un bref rappel de l'insubordination de Robert Courteheuse. Peut-on imaginer qu'Eude de Conteville aurait envisagé de soutenir la cause de son neveu dont les relations avec le roi sont alors derechef très tendues ? La peine prononcée par la Cour contre l'earl de Kent fut l'emprisonnement à vie ; dans le droit normand, c'était la sanction prévue pour le crime de trahison ; or on pouvait qualifier ainsi l'appui qu'Eude aurait tenté d'apporter à Robert Courteheuse, qui s'était allié contre son père avec le roi de France. En tout cas, si la seule faute retenue par les juges à l'encontre de l'accusé était la mauvaise gestion de l'earldom de Kent, la prison perpétuelle n'était pas la peine adéquate.

Eude fut arrêté séance tenante ; comme aucun des seigneurs présents n'osait exécuter la sentence, le roi fut contraint de porter lui-même la main sur son demi-frère. Comme celui-ci protestait : « Je suis clerc et prêtre de Dieu ; vous n'avez pas le droit de condamner un évêque s'il n'a pas été jugé par le pape », Guillaume aurait riposté : « Je ne condamne ni un clerc ni un évêque, mais j'arrête mon earl. » Eude fut conduit en Normandie et enfermé au château de Rouen où il devait demeurer plus de quatre ans. Le Conquérant ne tint aucun compte de la protestation que lui adressa, en termes d'ailleurs modérés, le pape Grégoire VII, qui alerta en même temps, mais sans plus de succès, l'archevêque de Lyon. Au demeurant, le régime auquel fut soumis l'évêque de Bayeux tenait de la résidence surveillée beaucoup plus que de la prison.

Une autre épreuve, plus cruelle encore, devait frapper Guillaume avant la fin de cette année 1083. Le 1er novembre, aux premières heures du matin, mourait Mathilde, son épouse. Mort discrète, comme l'avait été la vie de la duchesse-reine ; on ne sait même pas où elle survint : peut-être à Caen où, semble-t-il, avait sévi depuis le début de l'automne une de ces épidémies de « peste » qui endeuilleront si souvent la ville au cours de son histoire. Combien de temps s'écoula entre la mort et les funérailles ? Guillaume était-il présent à ses derniers instants ? On sait seulement qu'il se trouvait à Fécamp à Pâques 1083 et probablement à Caen vers la mi-juillet. Si nous connaissons assez bien, grâce à plusieurs témoignages, les dernières volontés du Conquérant, nous n'avons, concernant Mathilde qu'une brève mention de ce qui fut peut-être son testament ; elle donne à l'abbaye de la Trinité des vêtements d'apparat, destinés à être transformés en ornements liturgiques, et divers objets précieux.

La pénombre dans laquelle demeure pour nous dissimulée la figure de la reine en raison du silence des écrivains de son temps, n'a rien d'exceptionnel. Dans la France du nord, la femme, au xie siècle, occupe dans chacun des groupes sociaux une position inférieure, quelle que soit la part prise par elle aux activités du groupe : production agricole, échanges commerciaux en ville. Dans la classe aristocratique, elle a parfois en charge des ateliers domestiques où l'on fabrique des tissus ou des vêtements de grand prix ; elle peut aussi exercer sur les hommes de sa famille une influence politique. Mais, à cette époque, elle est encore considérée plus ou moins explicitement, sous l'influence des hommes d'Eglise et dans leurs écrits, comme celle par qui vient la tentation de la chair ; très significative est, à cet égard, la cérémonie des relevailles qui suit l'accouchement : des deux partenaires de l'acte de procréation, elle seule est tenue pour souillée.

A cet égard, l'extrême fin du XIᵉ et surtout le début du XIIᵉ siècle voient une radicale mutation. Au temps de Guillaume le Conquérant, si l'on mentionne parfois la beauté d'une femme, c'est d'un mot conventionnel et sans aucune précision ; ainsi ne savons-nous rien, par les sources écrites, de la personne physique de Mathilde. Dès la génération suivante, les mœurs ont changé. Témoin, entre bien d'autres exemples, cette exhortation que l'évê-que de Rennes, Marbode, adresse à Mathilde d'Ecosse, femme d'Henri Iᵉʳ Beauclerc : « Il me plaît d'avoir vu une reine à qui nulle autre ne peut être comparée pour la beauté du corps et du visage. Elle veut pudiquement les dissimuler par le voile d'un ample vêtement ; mais on ne peut cacher ce qui est de soi lumineux... D'autres simulent ce que la nature leur a refusé ; elles teignent avec un blanc laiteux leurs joues rougeaudes ; leur figure maquillée emprunte des couleurs artificielles et les subterfuges de l'art donnent les nuances désirées. Certaines compriment leur buste au moyen d'un bandeau, tandis qu'un vêtement approprié allonge leur taille. Elles dégagent leur front et cherchent à plaire par une chevelure frisée. Toi, reine, qui es belle, tu crains de le montrer, alors que tu possèdes naturellement ce que les autres doivent acheter. Il importe que tu laisses paraître ce dont la nature t'a dotée ; tu te montres ingrate vis-à-vis de Dieu si tu renies ses dons... »

On a dit parfois que cette promotion de la féminité fut un effet de la longue séparation des couples dont fut cause la première croisade. Il n'est pas impossible que la conquête de l'Angleterre, qui retint pendant de longues périodes les chevaliers loin de leur foyer, ait eu la même conséquence. On pourrait rappeler ici le cas des épouses de plusieurs seigneurs normands retenus en Angleterre, qui adressèrent à leurs maris des lettres dans lesquelles elles les menaçaient, s'ils ne rentraient pas rapidement au pays, de se choisir un amant ; plusieurs de ces époux cédèrent d'ailleurs à la menace, qu'ils prenaient donc au sérieux.

Pour Mathilde, à défaut d'un portrait physique, son épitaphe, l'un des plus belles que nous ayons conservées du XIe siècle, trace son portrait moral ; aucune traduction ne saurait rendre la noblesse de l'original latin.

> « Cette belle tombe abrite dignement
> Mathilde, issue de souche royale, d'une insigne
> [valeur morale.
> Son père fut duc de Flandre, et sa mère Adèle
> Fille du roi de France Robert
> Et sœur de Henri qui occupa le trône royal.
> Unie en mariage au magnifique roi Guillaume,
> Elle a fondé cette abbaye et fait construire cette
> [église,
> De tant de terres et de biens prestigieux
> Dotée par elle, et consacrée à son initiative.
> Elle fut la providence des malheureux, pleine de
> [bonté.
> En distribuant ses trésors, elle fut pauvre pour elle-
> [même et riche pour les indigents.
> C'est ainsi qu'elle a gagné les demeures de la Vie
> [éternelle
> Le premier jour de novembre, après l'heure de
> [prime. »

Cette épitaphe est conservée à l'Abbaye-aux-Dames de Caen, gravée dans une plaque de marbre noir ; peut-être, s'il faut en croire Orderic Vital, les lettres étaient-elles originellement mises en valeur par une incrustation d'or ; mais on ne voit aujourd'hui de celle-ci aucune trace.

Le Conquérant fut profondément affecté par la disparition de Mathilde. Guillaume de Malmesbury rapporte que le désaccord causé entre eux par la rébellion de leur fils Robert n'avait en rien altéré son attachement conjugal et que, devenu veuf, le duc-roi vécut dans une continence totale.

Au printemps de 1084, la domination normande dans le Maine se trouva une fois encore menacée. Pour tenir en main cette turbulente marche normanno-angevine, le Conquérant n'avait jamais compté sur son fils aîné ; il avait, en dernier lieu, confié cette charge, avec le titre de vicomte du Mans, à un seigneur autochtone, Hubert de Sainte-Suzanne ; après avoir combattu les Normands en 1063, celui-ci s'était rallié à eux. Or, après divers petits incidents, il rendit au duc-roi ses fiefs de Beaumont et de Fresnay-sur-Sarthe et fit appel à des troupes levées en Bourgogne, patrie de sa femme, et en Poitou, avec la connivence probable du comte d'Anjou ; puis il se retira dans son château patrimonial de Sainte-Suzanne, voisin de la frontière du Maine et de l'Anjou. Guillaume, sans tarder, marcha contre lui avec une petite armée composée de Normands et d'Anglais ; la plupart des châteaux du Maine lui demeuraient fidèles ; il n'osa cependant pas donner l'assaut à la forteresse de Sainte-Suzanne, située sur un éperon rocheux fort escarpé ; mais, usant de la tactique qui lui était familière, il l'investit en faisant élever des retranchements de terre dont les vestiges sont encore aujourd'hui visibles. Le siège devait durer plus de deux ans, le blocus de la place n'ayant pu être effectué sans défaut ; les assiégés multiplièrent même des sorties souvent victorieuses, au cours desquelles ils capturèrent et mirent à rançon plusieurs Normands et Anglais ; c'est seulement au printemps de 1086 qu'une paix de compromis fut conclue, sans que le rebelle ait pu être réduit à capituler.

Dès avant la fin de 1084, Guillaume avait dû d'ailleurs passer en Angleterre, laissant la direction des opérations dans le Maine à l'earl de Richmond, le breton Alain le Rouge. C'est qu'à nouveau des informations alarmantes étaient arrivées du Danemark, où le nouveau roi, Cnut, avait épousé la fille du comte de Flandre, Robert le Frison ; une flotte danoise pouvait trouver dans les ports flamands une redoutable base d'attaque contre l'Angleterre. En Angleterre, on prenait la menace très au sérieux ; mais l'on vit bientôt le roi revenir de Normandie avec tant d'hommes d'armes, à pied et à cheval, Normands et Bretons, « que les Anglais se demandèrent comment leur pays pourrait entretenir une telle armée » (*Chronique anglo-saxonne,* version E). Guillaume répartit ces troupes entre tous les fiefs tenus par ses vassaux, puis il fit évacuer toutes les régions littorales afin que les envahisseurs attendus ne pussent s'y ravitailler. En fait, l'invasion redoutée n'eut pas lieu ; en décembre, le roi licencia une partie de son armée. A Noël, il réunit, comme d'usage, sa Cour à Gloucester ; au cours de cette réunion qui dura cinq jours fut mise au point une opération unique en son genre au Moyen Age, dont les modalités étaient sans doute à l'étude depuis quelque temps déjà.

L'APOGÉE DU RÈGNE : LE « DOMESDAY BOOK » ET L'ASSEMBLÉE DE SALISBURY (1086)

C'est en 1086 que fut mené à bien le dénombrement des populations, l'inventaire des biens fonciers et de leurs revenus pour une très grande partie du royaume. Le document écrit auquel l'opération donna naissance est connu, depuis le XIIᵉ siècle, sous le nom de *Domesday Book;* il est probable qu'à l'origine on l'appela *Description de toute l'Angleterre,* bien qu'elle ne comprît pas les terres situées au nord de la Tees et du Westmorland ; c'est en ces termes qu'est mentionnée, dans une charte du Conquérant pour l'abbaye de Westminster, l'enquête qui lui donna naissance. Un annaliste de Winchester emploie, pour désigner celle-ci, la même expression : « Le roi ordonna par un *édit* que toute l'Angleterre fût *décrite*. » Il faut voir là, sans aucun doute, sous la plume d'hommes d'Eglise, une réminiscence de l'Evangile selon saint Luc (II, 1) : « En ces jours-là parut un *édit* de César Auguste ordonnant une *description* du monde entier. » Cette référence est-elle une marque de mégalomanie ? Elle signifie, pour le moins, que l'entourage de Guillaume et le roi lui-même avaient conscience du caractère presque inouï de l'entreprise et n'en voyaient de précédent que sous le règne du plus prestigieux des empereurs romains.

Il est probable qu'un premier recensement fut effectué par les soins des sheriffs et de leurs auxiliaires ; les tenants en chef laïcs et ecclésiastiques étaient requis de leur fournir les informations utiles. En un second temps, des vérificateurs royaux furent dépêchés à travers l'Angleterre : c'étaient des personnages de haut rang ; parmi eux, plusieurs évêques et de hauts seigneurs laïcs particulièrement proches du roi. Sept, ou peut-être neuf, commissions de contrôle furent ainsi formées, dont chacune devait opérer dans un secteur donné. Les informations recueillies furent groupées par comté ; à l'intérieur de ceux-ci, on distinguait entre domaines royaux, domaines ecclésiastiques, domaines des tenants en chef laïcs. Sont indiqués le nombre des habitants, la consistance des biens fonciers ou meubles, leur valeur appréciée en argent. En principe, on a essayé, sans y réussir toujours, de décrire l'état de ces biens à la fin du règne d'Edouard le Confesseur, à la prise de possession des terres par les nouveaux seigneurs, enfin à la date de 1086.

Les comptes rendus des enquêtes furent rassemblés (exception faite de ceux qui se rapportent aux comtés de l'est du royaume et furent, sans doute, achevés trop tard) à la Trésorerie royale de Winchester, où les clercs les mirent en forme homogène. Les rapports relatifs à l'Essex, au Norfolk, au Suffolk, qui n'ont pas subi ce remaniement, donnent une idée de ce qu'étaient les textes primitifs ; de ceux-ci, on a trace aussi dans l'*Exon Domesday* qui concerne cinq comtés du sud-ouest.

Quant à l'intention dont procéda cet immense recensement, il est difficile de n'y pas voir la recherche d'une meilleure efficacité fiscale. C'est ainsi qu'assurément les Anglo-Saxons l'ont ressentie. La version E de la *Chronique,* la seule que nous possédions pour cette période, le dit en termes amers : « Le roi envoya ses hommes à travers toute l'Angleterre, dans chaque comté ; ils devaient compter le nombre de *hides* (tenures familiales) dans chaque comté, quelle quantité de terre ou de bétail le roi lui-même avait dans le pays, quelles redevances lui étaient dues annuellement dans le comté. Il fit évaluer aussi l'étendue des terres que possédaient ses archevêques, ses évêques, ses abbés et ses earls, la quantité de terre ou de bétail possédée par quiconque occupait une terre dans le royaume, et leur valeur en argent. Cette enquête fut menée si rigoureusement que pas un seul *hide,* pas un *yard* de terre, pas un bœuf, une vache ni un porc ne fut oublié ; il est honteux de le relater, mais il semble que le roi n'ait pas eu honte de le faire. » On sait que les enquêteurs se heurtèrent parfois à l'hostilité violente des populations et qu'il y eut des bagarres sanglantes.

La Trésorerie royale n'était pourtant pas, en 1086, à court de ressources ; lorsqu'un an plus tard, à la mort de son père, Guillaume le Roux en prendra possession, il sera stupéfait des richesses qu'il y trouvera. Mais les campagnes militaires qu'il fallait mener sur le continent coûtaient cher, car le gros des troupes était formé de mercenaires ; en Angleterre même, on vivait dans la hantise d'une invasion danoise. Guillaume, d'autre part, était, sans aucun doute, exigeant, avide de richesse ; avide, mais non point avare, contrairement à ce que font dire à la

Chronique anglo-saxonne certaines traductions inexactes ;
il savait être généreux et aimait le faste qui coûtait cher.

L'opération de 1086 permit aussi de normaliser les
structures féodales de l'Angleterre, mais il n'est pas
certain qu'elle ait été entreprise à cette fin. Il est, en effet,
remarquable que, parmi les informations enregistrées ne
figure pas le nombre des chevaliers dont chaque tenant en
chef devait annuellement assurer au roi le service. Il
semblerait, en revanche, que le recensement ait été,
inconsciemment sinon délibérément, préparé de longue
date. La redistribution des terres, après la Conquête, avait
été effectuée selon des normes très cohérentes et suivant
un plan certainement élaboré à l'avance par le roi et ses
conseillers. Le domaine royal était immense : il réunissait
l'héritage d'Edouard le Confesseur et les biens patrimo-
niaux de Harold, confisqués après Hastings. La moitié
environ des terres du royaume se trouvait aux mains de
quelque cent quatre-vingts grands vassaux du roi ; le quart
des terres appartenait à une dizaine d'entre eux, familiers
et conseillers du roi. Mais les terres constituant ces
grandes seigneuries n'étaient pas ordinairement rassem-
blées en un seul tenant ; ainsi les 700 domaines de Robert
de Mortain étaient-ils dispersés dans une vingtaine de
comtés. Cet émiettement des terres constituant un patrimoine était déjà la règle dans l'Angleterre saxonne ; or ces
ensembles plurinucléaires, après 1066, furent généralement donnés tels quels aux nouveaux possesseurs ; cela
facilita grandement la tâche des enquêteurs de 1086,
lesquels devaient, entre autres, rappeler ce qu'avaient été
l'état des biens et leur valeur au temps d'Edouard le
Confesseur.

Quoi qu'il en soit, il fallait, pour mener à bien en si peu
de temps une « description de toute l'Angleterre » des
structures et des méthodes de gouvernement central et
local que ne possédait à cette époque aucun autre Etat de
l'Europe. A cet égard, le *Domesday Book* marque l'apo-

gée du pouvoir de Guillaume dans le royaume conquis vingt ans auparavant.

Tandis que se développait l'enquête, le roi demeura dans le sud de l'Angleterre. Il tint sa Cour, comme à l'accoutumée, à Winchester à Pâques et à Westminster à la Pentecôte. C'est là que le cadet de ses fils, Henri, fut armé chevalier. Puis il convoqua pour le 1ᵉʳ août à Salisbury une assemblée tout à fait exceptionnelle. Selon la *Chronique anglo-saxonne,* « on vit tout ce qui comptait dans le royaume comme possesseurs de terres, de quelque seigneur qu'ils fussent vassaux ». On peut estimer qu'il y avait alors en Angleterre un peu moins de 1 500 tenants en chef et quelque 8 000 à 10 000 arrière-vassaux ; il est peu probable qu'une telle foule ait pu être accueillie à Salisbury ; plus probablement l'assemblée du 1ᵉʳ août réunit-elle, avec les vassaux directs du roi, l'élite de ceux qui tenaient d'eux un fief. On ne peut croire non plus sans réserve le rédacteur de la *Chronique,* encore peu familiarisé avec le vocabulaire féodal, lorsqu'il dit que tous ces hommes « se soumirent au roi, devinrent ses vassaux, lui prêtèrent un serment d'allégeance, affirmant qu'ils lui seraient fidèles contre qui que ce soit ». En fait, Guillaume, en sa qualité d'héritier des rois anglo-saxons, était souverain de l'Angleterre ; il avait droit à la fidélité de tous les hommes libres du royaume. Mais il y avait introduit le mode féodal de structure des cadres de la société selon lequel l'homme qui recevait un fief faisait hommage et prêtait le serment de fidélité à son seigneur direct ; la promesse d'aide et d'assistance était-elle valable même dans le cas où celui-ci serait en conflit avec le roi ? Aucun Etat féodal n'a pu se consolider sans résoudre cette question à son profit. Il est à peu près certain, mais non clairement attesté pas les sources contemporaines, qu'en Normandie Guillaume avait imposé déjà, dans le serment prêté par le vassal à son seigneur, une clause réservant la fidélité due au prince. En recevant à Salisbury, de tous les seigneurs présents, un serment d'allégeance, le roi écartait le danger qu'eût pu engendrer le cloisonnement féodal; mais tous ceux qui lui firent cette promesse ne devinrent pas pour autant ses vassaux.

Cette année 1086, qui vit l'apogée de la puissance royale alors que le règne touchait à sa fin, fut endeuillée en Angleterre par une série de catastrophes naturelles que la *Chronique* dit « inimaginables » : orages, accidents mortels dus à la foudre, épizooties; les moissons furent endommagées à tel point qu'une très dure disette s'ensuivit durant l'année 1087, faisant des centaines de victimes.

Guillaume, lui, s'était embarqué dans l'île de Wight à destination de la Normandie; on ne sait où il passa la fête de Noël.

LA FIN (1087)

Il est extrêmement probable, mais pas tout à fait certain, qu'il ne revit plus l'Angleterre; son séjour en Normandie pendant le premier semestre de 1087 ne fut marqué par aucun fait saillant. Le dernier acte écrit qui nous soit conservé de lui est une charte confirmant la donation faite par Maurice, évêque de Londres, à l'abbaye de Saint-Amand de Rouen, de dîmes qu'il possédait dans la forêt d'Aliermont; elle est souscrite par le fils du roi, Guillaume le Roux, par Robert de Mortain et par le sénéchal Eude qui occupait à la Cour cet office depuis une quinzaine d'années. Ainsi, vers la fin, restent quelques fidèles parmi les grands et les petits; les deuils, les infidélités ont éclairci les rangs. Parmi les grands, il ne reste, des premiers compagnons, que Lanfranc, Robert de Mortain, Roger de Montgommery; les deux fils cadets du roi, Guillaume et Henri, ne semblent pas être très proches de lui, même si le nom de Guillaume apparaît, parmi les souscripteurs des chartes royales, au premier rang, immédiatement après son père et à la place du fils aîné Robert, qui a déserté la Cour paternelle pour celle du roi de France. Quant au sénéchal Eude, c'est un des fils du modeste seigneur de Ryes, Hubert, qui en 1046, accompagna le jeune Bâtard, menacé par un complot, dans sa fuite éperdue vers sa forteresse de Falaise ; il est un bon témoin de cette petite et moyenne aristocratie normande qui était, dans sa masse, restée fidèle à son duc-roi.

S'il faut en croire une anecdote que l'on trouve pour la première fois quarante ans plus tard sous la plume de Guillaume de Malmesbury, le duc-roi aurait été, pendant cette période, malade et contraint de s'aliter à Rouen ; c'est alors que le roi de France Philippe Ier, faisant une allusion sarcastique à l'obésité du Conquérant et à la durée de son alitement, aurait dit : « Quand donc ce gros homme finira-t-il par accoucher ? » A quoi l'intéressé, informé de ce propos, aurait riposté : « Par la splendeur de Dieu, quand j'irai à la messe des relevailles, je lui apporterai cent mille cierges ! » ; et, de fait, il aurait, peu après, entrepris une expédition militaire contre le territoire du Capétien. On sait que le moine de Malmesbury était très enclin à recueillir les historiettes de ce genre ; il se pourrait fort bien que pour rendre celle-ci plus vraisemblable, la tradition ait inventé la maladie obligeant Guillaume à garder la chambre. Il était, certes, obèse, mais les contemporains s'accordent à lui attribuer une santé de fer et quand ils rapporteront, quelques mois plus tard, l'affection qui devait lui être fatale, ils répéteront qu'il n'avait encore jamais été malade, exception faite de la dysenterie qui avait sévi dans son armée, en 1066, au cours de la marche vers Londres.

Ce qui est, en revanche, certain, c'est qu'il était de plus en plus préoccupé de l'agressivité dont faisait preuve à son égard le roi Philippe qui donnait asile et appui au fils rebelle Robert Courteheuse ; au fil des ans, le Vexin tendait à former une sorte d'abcès de fixation de l'antagonisme franco-normand. Il est, à vrai dire, surprenant que cet antagonisme soit resté si longtemps latent dans cette région ; elle avait fait l'objet d'une contestation dès la création du duché de Normandie. L'ancien *pagus Velcassinus* de l'époque carolingienne, compris entre l'Oise, la Seine et l'Andelle avait été divisé en deux parties aux termes de l'accord conclu, selon la tradition, en 911 entre Rollon et Charles le Simple ; celui-ci eût voulu le conserver en entier, mais les hommes de Rollon occupaient déjà le territoire situé à l'ouest de l'Epte et, d'ailleurs, le chef viking exigeait la cession des riches terres agricoles comprises entre l'Andelle et l'Epte. Il y eut dès lors deux Vexins, le normand et le français ; mais l'un et l'autre relevaient de la juridiction de l'archevêque de Rouen. Il semblerait que, par la suite, ni le roi de France ni le duc de Normandie n'ait définitivement renoncé à posséder un jour la totalité de l'ancien *pagus*. Mettant à profit une situation de force, Robert le Magnifique réussit à se faire céder par le roi de France Henri Ier, qu'il avait aidé à recouvrer son trône, la suzeraineté du Vexin français dont le comte, vassal de l'abbaye de Saint-Denis, n'était qu'arrière-vassal du roi ; puis, la roue de la Fortune ayant tourné, le même Henri Ier reprit au jeune Bâtard le cadeau qu'il avait été contraint de faire à son père ; c'est ce que rapporte Orderic Vital, dont rien ne permet de mettre en doute, sur ce point, l'affirmation. Or, en 1077, le comte Simon de Crépy, en prenant l'habit monastique, céda au roi Philippe Ier les droits qu'il avait sur le Vexin français, en sorte que le Capétien tint désormais celui-ci en fief de l'abbaye et put y installer des hommes à lui. Dès lors, les incidents se multiplièrent sur la frontière de l'Epte ; c'est à cette époque aussi que Robert Courteheuse vint narguer son père depuis le château français de Gerberoy. Toutefois, le Conquérant pouvait compter sur l'appui d'un de ses plus fidèles Normands, Robert de Beaumont qui, depuis 1080 tenait l'important fief de Meulan, sur la Seine, à quelques milles en amont de Mantes.

L'expédition que Guillaume lança, dans les derniers jours de juillet 1087, contre le Vexin français n'avait certainement pas pour objet la conquête de ce comté ; les forces qu'il engagea n'y eussent pas suffi ; bien plutôt s'agit-il de simple représaille contre les violations de frontière auxquelles se livraient systématiquement depuis quelques années les petits vassaux du roi de France installés par celui-ci aux confins de la Normandie. A l'approche des Normands, la garnison de Mantes sortit de la ville et se porta au-devant des assaillants ; mais, bousculée dès le premier choc, elle dut se replier en désordre, poursuivie par Guillaume et ses hommes qui pénétrèrent à sa suite dans la place, la pillèrent et l'incendièrent, sans même épargner les établissements religieux ; l'église Notre-Dame fut ainsi détruite ; quelques reclus étaient volontairement claustrés dans d'étroites cellules aménagées contre les murs de la collégiale ; ils vivaient des aumônes et surtout des aliments que leur apportait la population ; un ou deux d'entre eux périrent dans l'incendie. C'est au cours des combats de rue livrés dans la ville en flammes que le Conquérant fut frappé d'un malaise subit ou, plus probablement, victime d'un accident. Orderic Vital dit qu'en raison de sa corpulence, il ne put résister à la fatigue et à la chaleur : celle de l'été, dont nous savons qu'elle fut, en 1087, accablante, et celle des brasiers allumés par ses soldats. Guillaume de Malmesbury a recueilli une autre tradition : son cheval s'étant cabré devant un obstacle, le roi aurait été brutalement projeté contre le pommeau de sa selle, subissant, de ce fait, un grave traumatisme interne dans la région abdominale. La campagne était dès lors terminée ; l'armée revint en Normandie, tandis que son chef était, en hâte, ramené à Rouen ; on était alors dans les premiers jours d'août ; il devait mourir six semaines plus tard.

Sur l'affection qui emporta le Conquérant, sur les dernières volontés qu'il exprima au cours d'entretiens parfois orageux avec son entourage, deux sources écrites donnent des informations particulièrement dignes d'attention : l'*Histoire ecclésiastique* d'Orderic Vital et un petit récit anonyme, intitulé *De obitu Willelmi*. Ce texte, considéré assez généralement comme l'œuvre d'un moine de l'Abbaye-aux-Hommes de Caen, fut écrit sans doute avant la fin du xɪᵉ siècle. Dès son retour à Rouen, Guillaume s'alita dans une chambre du palais ducal ; on fit venir à son chevet les hommes dont le savoir médical était particulièrement réputé : Jean le Mire, futur évêque de Bath ; Gilbert Maminot, évêque de Lisieux, Gontard, abbé de Jumièges. Mais, en dépit de leurs soins, son état ne cessait de s'aggraver : il ne pouvait retenir aucune nourriture solide ni liquide ; de fréquents accès de dyspnée l'oppressaient ; des hoquets le secouaient ; il ne cessait de s'affaiblir. On ne sait si les savants appelés à le soigner identifièrent le mal dont il souffrait. De nos jours, plusieurs cliniciens s'y sont efforcés ; les uns ont cru pouvoir diagnostiquer une péritonite ; le plus récent essai conclut, non sans quelques réserves, à un traumatisme du pancréas dont serait responsable le choc subi par l'abdomen obèse du roi contre le pommeau de sa selle. Il paraît, en tout cas, certain que le roi conserva jusqu'au bout toute sa lucidité ; pourtant, ses forces l'abandonnaient au point que, ne pouvant supporter les bruits de la ville, il se fit, après quelques jours, transporter au prieuré de Saint-Gervais, situé hors des murs. Il y fit appeler ses deux fils Guillaume et Henri ; déjà se trouvaient auprès de lui, avec les médecins, l'archevêque de Rouen Guillaume-Bonne-Ame, ancien abbé de Saint-Etienne de Caen, Robert de Mortain et sans doute quelques autres conseillers ; était aussi présent le chancelier Gérard. S'il ne fut pas rédigé, à proprement parler, de testament (ce n'était pas encore l'usage), du moins furent consignées par écrit les donations importantes que fit le malade, après s'être fait énumérer un par un les objets précieux qui se trouvaient dans son trésor privé ; les églises et les pauvres eurent leur part dans cette distribution ; un important don fut fait pour la reconstruction de l'abbatiale Notre-Dame des Mantes, qui avait été détruite dans l'incendie de la ville. Ces décisions charitables du testateur ne suscitèrent, semble-t-il, aucune opposition. Il en fut tout autrement de celles qui concernaient les problèmes politiques alors pendants, et tout d'abord la dévolution des deux couronnes, la normande et l'anglaise. Guillaume s'était, on s'en souvient, obstinément refusé à morceler ce pouvoir biparti. D'autre part, il avait, dès avant 1066, désigné Robert Courteheuse comme héritier présomptif de la couronne ducale ; mais depuis lors était intervenue la révolte du fils aîné qui se trouvait encore, à l'été de 1087, à la Cour du pire ennemi de la Normandie, le roi de France. La plupart des conseillers du Conquérant n'avaient, comme on sait, pas approuvé sans réserves la sévérité parfois maladroite dont il avait usé à l'encontre d'un fils plus médiocre que véritablement pervers. Ceux d'entre eux qui se trouvaient au chevet du prince, en août 1087, redoutaient les conflits intérieurs qui ne pourraient être évités s'il déshéritait son aîné ; aussi s'employèrent-ils à fléchir l'obstination du malade, que l'usure physique n'avait pas entamée. Guillaume, pourtant, finit par leur céder. « Que Robert refuse ou dédaigne de venir, je fais, moi, ce qu'il m'appartient de faire. Je lui pardonne devant Dieu et devant vous toutes les fautes qu'il a commises contre moi et je lui donne tout le duché de Normandie ; mais il vous appartiendra de toucher son cœur ; et si j'ai montré tant de fois de l'indulgence pour ses forfaits, il ne doit pas oublier qu'il a endeuillé la vieillesse de son père et l'a conduit à la mort, au mépris des commandements donnés et des sanctions promises en pareil cas par Dieu » (*De obitu Willelmi*). Quant au trône d'Angleterre, le malade en proie au repentir se serait accusé, s'il fallait en croire Orderic Vital, de l'avoir acquis par la force et conservé au prix de coupables violences ; il aurait ajouté : « Je ne puis léguer à qui que ce soit le gouvernement d'un royaume acquis grâce à tant de péchés, mais seulement le remettre à Dieu, de crainte qu'après ma mort mes fautes n'engendrent des maux pires encore. Je souhaite que mon fils Guillaume qui m'a été fidèle depuis son enfance reçoive de Dieu une durable prospérité et la gloire à la tête du royaume, si telle est la volonté divine. » Orderic Vital, qui se dit « de race anglaise » bien que son père fût français, n'a jamais considéré comme légitime la Conquête de 1066 ; ce sont donc, sans guère de doute, ses propres sentiments qu'il prête au roi mourant. L'auteur du *De obitu,* Guillaume de Malmesbury et les autres auteurs du XIIe siècle, disent, au contraire, que le Conquérant désigna clairement Guillaume le Roux, son fils puîné, pour lui succéder sur le trône d'Angleterre. Dans les familles qui avaient des terres de part et d'autre de la Manche, l'usage était déjà de léguer le patrimoine normand à l'aîné des enfants et les biens anglais au cadet. Ce qui est, en tout cas, hors de doute, c'est que le roi fit immédiatement partir son second fils pour Cantorbéry, porteur d'un message adressé à l'archevêque Lanfranc ; c'est au moment de prendre la mer à Wissant, entre Boulogne et Calais, que le jeune prince devait apprendre la mort de son père. Restait le cas du troisième fils, Henri. Orderic Vital rapporte qu'il se plaignit au roi d'avoir été oublié dans le partage de la succession. A quoi Guillaume aurait répondu : « Je te donne cinq mille livres en argent sur mon trésor » ; et, comme le cadet, s'estimant lésé, répliquait : « Que ferai-je d'un trésor, si je n'ai pas de résidence à moi ? », le malade aurait ajouté : « Sois calme, mon fils, et confiant en Dieu ; laisse tes frères jouir du privilège de leur aînesse... Mais quand viendra ton heure, tu posséderas tout ce que j'aurai laissé et les dépasseras en richesse et en puissance. » Il est difficile de ne pas voir dans ce propos une prophétie *ex eventu* inventée par le moine d'Ouche.

Pour garantir la paix après la mort, désormais imminente, du Conquérant, la plupart de ses conseillers estimaient qu'il devait amnistier plusieurs hauts personnages qu'il avait fait condamner et incarcérer. Robert de Mortain intervint avec beaucoup d'insistance en faveur de son frère l'évêque de Bayeux, Eude de Conteville ; d'autres parlèrent pour l'earl Morcar, pour Roger de Breteuil, enfermé après le complot des earls en 1075. A tous, il résistait en rappelant les sanglants désordres qui avaient endeuillé son enfance ; « ce n'est point ma mort prochaine qui m'angoisse, leur disait-il, mais le sort du Pays normand qui connaîtra de grands malheurs lorsque j'aurai disparu » (*De obitu*). C'est toutefois en pleine connaissance qu'il se rendit aux instances de son entourage. « Ainsi, bien qu'il fût torturé par des douleurs internes, le roi Guillaume conserva une parfaite clarté d'esprit, une totale capacité d'élocution, donnant d'emblée de sages réponses à ceux qui le consultaient sur les affaires de l'Etat » (Orderic Vital).

A l'aube du jeudi 9 septembre, Guillaume ouvrit les yeux après une nuit calme durant laquelle ceux qui le veillaient n'avaient pas perçu le moindre cri, le moindre gémissement. Comme on entendait la grosse cloche de l'église cathédrale, il demanda ce qu'était cette sonnerie. « Monseigneur, lui répondit-on, c'est l'heure de prime qui sonne à l'église Notre-Dame. » Alors, levant les yeux au ciel, les deux mains ouvertes, il dit : « Je me recommande à ma Dame, la bienheureuse Marie, mère de Dieu, afin que par ses saintes prières elle me réconcilie à son très cher Fils, notre Seigneur Jésus-Christ. » A peine avait-il prononcé cette invocation qu'il expira.

La soudaineté de cette fin déroute quelque peu les cliniciens qui tentent aujourd'hui de diagnostiquer le mal dont elle fut le terme fatal. Elle surprit aussi les quelques personnes qui avaient assuré la garde nocturne ; il s'ensuivit une véritable panique, dont Orderic Vital, avec une recherche de la dramatisation qui lui est familière, a dressé le tableau. Les gens les plus riches se précipitent chez eux pour mettre à l'abri leurs biens ; les autres, demeurés seuls, font main basse sur tous les objets précieux qui se trouvent là, armes, vases, vêtements, tissus, et disparaissent à leur tour pour cacher leur butin. Puis, la funèbre nouvelle se répandant en ville, c'est la population tout entière qui perd la tête, comme frappée d'ivresse, et court de-ci, de-là, pour chercher appui ou conseil. Depuis plus de quarante ans, Guillaume avait assuré l'ordre public dans le duché ; dans l'esprit de ses sujets, cet ordre s'identifiait à la personnalité hors de pair du prince ; qui plus est, sa mort apparaissait à beaucoup comme un événement brisant les frontières du monde borné des vicissitudes humaines. Des Normands résidant à Rome et en Calabre affirmeront en avoir eu mystérieusement connaissance le jour même où elle survint.

Passés les premiers moments de stupeur, une procession se forma en ville ; les chanoines de la cathédrale et des moines, précédés de porteurs de croix et de thuriféraires, montèrent à Saint-Gervais pour y rendre à l'illustre défunt les derniers devoirs. L'archevêque Guillaume-Bonne-Ame annonça que, conformément au désir depuis long-temps exprimé par le duc-roi, le corps serait inhumé dans l'abbatiale Saint-Etienne de Caen. Quand il fallut l'em-baumer en vue du voyage, aucun des familiers de la Cour n'était là pour prendre les mesures nécessaires. C'est un humble chevalier de la campagne voisine qui s'en chargea bénévolement ; il s'appelait Hellouin. Le corps cousu dans une peau de bœuf fut porté jusqu'au port de Rouen, puis acheminé vers Caen par eau et par terre suivant un itinéraire dont le détail n'est pas connu.

Les moines de l'Abbaye-aux-Hommes et leur abbé Gilbert vinrent en procession l'accueillir à son arrivée, peut-être au port de Caen ; mais à ce moment, un incendie se déclara dans une maison et s'étendit rapidement ; le clergé séculier et la foule des laïcs, qui s'étaient joints au cortège funèbre, le quittèrent aussitôt pour combattre le feu ; la dépouille du duc-roi fut donc escortée par les seuls moines jusqu'à l'abbatiale. Mais lorsque commença la cérémonie, tous les évêques et la plupart des abbés normands étaient présents : l'archevêque de Rouen Guil-laume, l'évêque de Bayeux Eude, rendu à la liberté ; celui d'Evreux, Gilbert ; celui de Lisieux, Gilbert Maminot ;

celui d'Avranches, Michel ; celui de Coutances, Geoffroy
de Montbray, revenu d'Angleterre ; celui de Sées, Gérard.
On y voyait aussi les abbés du Bec, de Fécamp, de Saint-
Wandrille, de Jumièges, de Saint-Evroult, de Saint-Pierre-
sur-Dives, de Troarn, de Sées, de Bernay, du Mont-Saint-
Michel, de Saint-Ouen et de la Trinité-du-Mont de
Rouen : juste hommage rendu par le monachisme normand au prince qui avait tant fait pour son expansion,
principalement en Basse-Normandie ; Guillaume avait
rappelé, à son lit de mort, que dix-sept monastères
d'hommes et six de femmes avaient été fondés sous son
règne. « Ce sont les forteresses qui protègent la Normandie : on y apprend à lutter contre les démons et les péchés
de la chair. De toutes ces abbayes, j'ai été soit le fondateur
inspiré par Dieu, soit l'ami fervent et le soutien empressé
d'autres fondateurs » (Orderic Vital).
　　Après la messe, le sarcophage qui devait recevoir le
corps fut descendu dans la fosse que l'on avait creusée
dans la partie antérieure du chœur ; puis l'évêque
d'Evreux, Gilbert, prononça l'éloge funèbre du roi qui
avait, plus qu'aucun de ses prédécesseurs, accru la puissance et le rayonnement de la Normandie, maintenu la
justice et préservé la paix publique, en châtiant les pillards
et les voleurs, en protégeant les clercs et les moines et
toute la population sans défense. « Mais, conclut-il, puisqu'aucun homme n'est à l'abri du péché, je vous demande,
pour l'amour de Dieu, de supplier le Tout-Puissant pour
notre défunt duc et, s'il a causé à l'un ou l'autre d'entre
vous quelque tort, de le lui pardonner » (Orderic Vital).
On vit alors se lever dans la foule un certain Asselin, fils
d'Arthur ; d'une voix forte, il déclara que l'abbatiale où
l'on allait ensevelir Guillaume avait été construite sur un
terrain appartenant à son père, lequel n'avait jamais été
indemnisé ; plusieurs personnes présentes confirmèrent
ses dires. Les évêques le firent alors venir auprès d'eux et
promirent que satisfaction lui serait donnée ; ils lui remi-
rent séance tenante soixante sous, valeur estimée du sol

dans lequel avait été creusée la sépulture ducale. La véracité du récit d'Orderic, concernant cette affaire, est confirmée par les documents relatifs aux achats de terres effectués par Lanfranc pour la construction de l'abbatiale.

Le moine d'Ouche rapporte un autre incident qui aurait perturbé la cérémonie des funérailles. Après avoir indemnisé le protestataire Asselin, lorsque l'on voulut déposer le corps de Guillaume dans le sarcophage, il apparut que celui-ci était trop étroit ; et, comme on forçait pour l'y faire entrer, « le ventre obèse éclata et une puanteur intolérable se répandit, que les fumées d'encens ne parvenaient pas à dissiper ». De tous les historiens du temps, Orderic seul mentionne ce macabre fait divers ; rien, dans son texte, ne permet d'identifier la source à laquelle il a puisé cette information. Mais s'il est vrai que le corps du roi, exhumé quatre cent cinquante ans plus tard, fut trouvé en état de parfaite conservation, c'est que l'embaumement avait conservé toute son efficacité ; on ne peut dès lors ajouter foi au récit d'un accident qui devient tout à fait invraisemblable. Sur la fosse fut élevé, dans les mois qui suivirent, un monument funéraire enrichi de pierres rares et de métaux précieux ; il avait été commandé par Guillaume le Roux à un orfèvre allemand, nommé Othon, qui, sans doute, exerçait son art en Angleterre.

Il y avait certainement, parmi les personnalités qui assistèrent aux funérailles, des laïcs ; mais les sources du temps ne les mentionnent point par leur nom ; peut-être doit-on admettre, à partir d'une allusion faite par Guillaume de Malmesbury, que le plus jeune fils de Guillaume, Henri, était présent. Quant à ces fidèles entre les fidèles qu'étaient Robert de Mortain et Roger de Montgommery, la raison d'Etat les avait probablement contraints à regagner déjà l'Angleterre.

Mais la plupart des seigneurs normands songeaient alors à tout autre chose qu'à rendre à leur duc un dernier et public hommage. La panique à laquelle avait cédé la population rouennaise, dès l'annonce de la mort du

Conquérant, ne tarda pas à gagner tout le pays. Robert II de Bellême, fils de Roger de Montgommery, héritier des terres de sa mère Mabille de Bellême, apprit la nouvelle alors que, venant de l'Hiémois, il chevauchait vers Rouen pour s'y entretenir avec le royal malade ; aussitôt, il rebroussa chemin et, par surprise, chassa d'Alençon, de Bellême et de plusieurs autres de ses châteaux, les garnisons que le duc, au temps de sa puissance, y avait installées sans que personne osât alors s'y opposer. Le comte d'Evreux Guillaume en fit autant, puis Guillaume de Breteuil, fils de Guillaume-Fils-Osbern, Raoul de Conches et beaucoup d'autres. En quelques jours fut ainsi anéanti l'ordre de l'Etat féodal patiemment élaboré par le Bâtard-Conquérant ; on eût pu se croire revenu aux sombres années de la minorité de Guillaume, la même cause, l'éclipse de la puissance publique, engendrant les mêmes effets. Chacun, dit Orderic Vital, put se livrer à son aise à de coupables agressions contre son voisin ; et le moine de Saint-Evroult de conclure, cédant à son penchant moralisateur et à ses vieilles rancunes d'*Angligena* : « Voilà comment les grands de Normandie expulsèrent de leurs forteresses toutes les garnisons royales et dépouillèrent à l'envi, de leurs propres mains, un pays opulent. Il était juste que les Normands perdissent ainsi, par le fait de pillages et de rapines, les richesses qu'ils avaient arrachées par la violence aux Anglais et à d'autres peuples. »

Ce n'était pas le médiocre Robert Courteheuse, désormais duc de Normandie, qui eût pu endiguer une pareille vague de désordres ; au demeurant, l'attitude qu'il avait prise vis-à-vis de son père, sa collusion avec le roi de France ne le qualifiaient guère comme restaurateur de la loi et rassembleur des forces normandes.

En Angleterre, Guillaume le Roux avait pu, dès le 29 septembre, grâce à l'autorité de Lanfranc, ceindre sans opposition la couronne royale. Mais dans le royaume aussi, comme en Normandie, la disparition de celui qui avait pendant plus de vingt ans gouverné d'une main de

fer, donna libre cours à bien des tentatives d'insubordination. Eude de Conteville, qui avait recouvré son earldom
de Kent, en donna souvent le signal jusqu'à ce que, de
guerre lasse, le nouveau roi le renvoyât définitivement sur
le continent. L'hostilité souvent armée qui opposa entre
eux, pendant une dizaine d'années, le duc de Normandie
Robert Courteheuse et son frère aîné, roi d'Angleterre,
créait pour leurs sujets la tentation de transférer leur
fidélité de l'un à l'autre. Leur cadet, Henri, n'intervint pas
très activement dans cette lutte fratricide ; il attendait
patiemment son heure. Lorsqu'en 1100, Guillaume le
Roux mourut, victime d'un accident de chasse, Robert
Courteheuse n'était pas encore revenu de la première
croisade. Henri, lui, se trouvait en Angleterre ; il courut à
Winchester pour faire main basse sur le Trésor royal ; puis,
après avoir donné à l'aristocratie des garanties qui
devaient être stipulées dans une charte, il fut proclamé roi
et couronné à Westminster le 5 août 1100, trois jours
seulement après la mort de son frère aîné. D'autre part, il
manœuvrait pour s'assurer des appuis et des alliances en
Normandie même. Il apparut très vite que Robert Courteheuse, enfin revenu de Terre sainte, n'était pas en mesure
de lui résister, encore moins de contre-attaquer victorieusement. Le 28 septembre 1106, à Tinchebray, il était
vaincu en rase campagne par Henri et fait prisonnier ; il
devait survivre en captivité quelque vingt-huit ans et ne
mourut qu'en 1134, au château de Cardiff.

Ainsi, à l'automne de 1106, dix-neuf ans après la mort
du Conquérant, la Normandie et l'Angleterre se trouvaient à nouveau gouvernées par un seul et même prince.
La rapidité avec laquelle s'opéra le redressement, sous la
férule du roi-duc Henri Ier Beauclerc, mit en lumière la
solidité des fondements sur lesquels le Bâtard-Conquérant
avait construit son œuvre politique.

On aimerait connaître le jugement que portèrent, au
lendemain de sa mort, dans le royaume et dans le duché,
ceux qui avaient été ses sujets. Il est probable qu'en

Normandie, au cœur des troubles civils qui éclatèrent dès l'automne de 1087, le sentiment dominant fut la nostalgie d'un récent passé. Le plus clair témoin que nous en ayons est le texte rédigé d'un commun accord, en juillet 1091, par Guillaume le Roux et Robert Courteheuse, à la faveur d'une éphémère réconciliation. La masse des Normands partageaient, sans aucun doute, les regrets et les aspirations exprimés par les deux princes dans ce document où le règne de leur père est évoqué comme un âge d'or. Mais la Normandie n'a pas produit, dans la dernière décennie du xie siècle, l'œuvre narrative où l'on eût pu trouver un écho de l'opinion publique, ou de l'une de ses fractions. Quant à l'épitaphe inscrite sur le tombeau de Guillaume, et que nous connaissons par une transcription faite au xvie siècle lors de la destruction du monument, elle était d'une grande banalité, à la différence de celle de Mathilde, et ne révélait aucun trait de la personnalité du Conquérant ; elle avait été composée par l'archevêque d'York, Thomas, ancien chanoine de Bayeux :

« Dans cette petite urne repose le grand roi Guil-
[laume
Qui gouverna les durs Normands,
Vainquit hardiment l'Angleterre et la conquit par
[son courage,
Et soumit énergiquement les épées des Manceaux.
Une petite demeure suffit maintenant à ce grand
[Seigneur.
Le soleil était apparu vingt et une fois dans le signe
[de la Vierge
Lorsqu'il mourut en l'an MLXXXVII. »

L'historiographie anglaise, elle, nous fournit un saisissant témoignage du jugement porté par le peuple sur son roi qui venait de mourir. Il s'agit de la version E de la *Chronique anglo-saxonne,* pour l'année 1087 ; elle était probablement encore, à cette date, compilée à Cantorbéry, au monastère Saint-Augustin. « Si quelqu'un, dit le rédacteur, veut savoir quelle sorte d'homme il était, quel rang il occupait, combien de terres il possédait, je pourrai dire comment il m'est apparu, à moi qui l'ai observé et qui ai naguère vécu à sa Cour.

« Le roi Guillaume dont je parle était un homme très avisé, très puissant, plus digne de considération et plus énergique qu'aucun de ces prédécesseurs. Il était affable pour les gens de bien qui aimaient Dieu et dur au-delà de toute mesure pour quiconque résistait à sa volonté. » Puis, sont rappelées la fondation de l'abbaye de Battle sur le lieu même où avait été remportée la victoire de Hastings, les dons faits à l'église de Cantorbéry et à une foule d'autres, le faste des cérémonies où le roi apparaissait en majesté, revêtu des vêtements et portant les insignes royaux. « Mais c'était aussi un homme rigide et violent, de sorte que personne n'osait rien faire contre ses décisions ; il emprisonna des earls qui avaient agi contre lui ; il chassa des évêques de leur siège et des abbés de leur abbaye et mit en prison des *thegns ;* en fin de compte, il n'épargna même pas son propre frère, qui s'appelait Eude... Mais, entre autres choses, on ne peut oublier la paix qu'il fit régner dans le royaume, de sorte que les braves gens pouvaient y circuler en toute sécurité, même s'ils étaient chargés d'or. On n'osait agresser personne, même pour venger une offense très grave. Quiconque violait une femme était aussitôt châtré.

« Il a gouverné toute l'Angleterre et la fit si ingénieuse-ment inventorier qu'il n'était pas un *hide* de terre dont il ne connût le possesseur, la valeur et qui échappât à l'enregistrement. Le pays de Galles était sous son auto-rité ; il y construisit des châteaux et contrôla complètement la population. Les pays de Normandie lui appartenait par héritage légitime et il gouverna le comté appelé Maine ; s'il avait vécu deux ans de plus, il aurait conquis l'Irlande par sa seule habileté, sans coup férir. Il est vrai que, sous son règne, le peuple a subi une forte oppression et souffert beaucoup d'injustices. »

Ici, le rédacteur, qui s'exprime en anglo-saxon, insère dans son texte un poème populaire qui, mieux encore que la rédaction précédente, reflète le sentiment de la masse :

« Il a bâti des châteaux
Et durement opprimé les pauvres gens.
Le roi était très fort
Et il a privé ses sujets
De beaucoup de marcs d'or et de bien des centaines
                                        [de livres d'argent,
Qu'il prit par la force et très injustement
A son peuple, sans même qu'il en eût vraiment
                                        [besoin.
Il sombra dans l'avidité
Et sacrifia tout à son âpreté au gain.
Il institua une sévère protection pour le gibier
Et créa des bois à cet effet.
Quiconque avait capturé un cerf ou une biche
Devait avoir les yeux crevés.
Il fit garder les cerfs et les sangliers et s'y attacha
Comme s'il était leur père.
Qui plus est, il laissa les lièvres aller en liberté.
Les puissants s'en plaignaient, les faibles se lamen-
                                        [taient,
Mais, dans sa dureté, il ne se souciait pas de leurs
                                        [rancœurs.
Ils devaient se conformer totalement à la volonté
                                        [du roi
S'ils voulaient survivre, conserver leurs terres,
Ou leurs biens, ou la faveur royale.
Hélas ! Quel malheur qu'un homme puisse s'aban-
                                        [donner à un tel orgueil,
S'exalter lui-même et se placer au-dessus de tous les
                                        [autres !

Puisse Dieu tout-puissant être miséricordieux pour
[son âme
Et lui accorder le pardon de ses fautes. »

Le contraste est frappant entre les deux parties de ce texte de la *Chronique*. Dans la première, un moine cultivé, qui a fréquenté la Cour, tente de formuler un jugement nuancé sur les méthodes de gouvernement et la politique générale de Guillaume, à l'intérieur et à l'extérieur du royaume. Le poème populaire, au contraire, exprime les doléances des paysans, qui ont souffert lourdement d'une fiscalité qui pesait surtout sur la richesse foncière et de l'énorme accroissement des territoires de chasse ; très significative est la place faite à ce dernier grief. C'est de propos délibéré que le chroniqueur anglais fait entendre ces deux sons de cloche assez discordants. « Nous avons écrit, conclut-il, ces choses tantôt bonnes, tantôt mauvaises, afin que les gens de bien soient incités à imiter les premières et à se garder des secondes afin de progresser sur la route qui conduit au royaume des Cieux. »

Epilogue

Le souvenir de Guillaume le Bâtard, conquérant de
l'Angleterre, semble n'avoir guère tenu de place dans la
pensée politique, ni dans l'affectivité des Normands
durant le Moyen Age. L'annexion de la Normandie au
domaine capétien (1204) pourrait l'expliquer, du moins
pour une part : il n'était pas opportun, au XIII⁰ siècle,
d'exalter la mémoire, si prestigieuse fût-elle, du prince qui
avait créé le *condominium* anglo-normand. Pareille
méfiance ne put que croître au temps de la guerre de Cent
Ans et surtout de sa phase finale, qui vit les Anglais
occuper une importante partie de la France du nord. A
cette époque, d'ailleurs, la politique du régent Bedford qui
administra la Normandie au nom du petit roi Henri VI
d'Angleterre, chercha souvent une caution implicite ou
avouée dans le souvenir du Conquérant.

A Caen, le tombeau qui abritait, à l'Abbaye-aux-
Hommes, les restes de celui-ci n'était pas l'objet d'une
attention privilégiée. Lorsqu'en 1517 le cardinal italien
Louis d'Aragon visite la ville et s'attarde longuement à
l'abbaye, le journal, pourtant très détaillé, de son voyage
ne fait aucune mention de la sépulture royale.

Or, cinq ans plus tard, au témoignage du vieil historiographe caennais Charles de Bras, un cardinal, un archevêque et un évêque venus de Rome sont accueillis par l'abbé
Pierre de Martigny et lui demandent de faire ouvrir le

sarcophage du Conquérant. Ni de Bras, ni aucun de ceux qui ont, à sa suite, évoqué cet épisode, n'ont souligné le caractère étrange de pareille requête. Il ne pouvait évidemment s'agir, de la part des visiteurs romains, d'une simple curiosité ; ils étaient assurément chargés d'une mission. Nous savons que certaines procédures canoniques concernant un mort devaient être accomplies en présence du cadavre de la personne en cause. Le canon 2096 de l'ancien Code de droit canonique prévoit, par exemple, qu'au cours d'un procès de béatification, le corps du présumé bienheureux doit être exhumé et examiné. En sens opposé, le rite de la *damnatio memoriae* comportait la promulgation d'une sentence de condamnation contre une personne défunte, le corps de celle-ci ayant été extrait de sa tombe ; de même s'il s'agissait d'absoudre un mort d'une sentence qui l'avait frappé. En août 1461, par exemple, un évêque italien, Francesco Coppini, légat du pape, procéda devant le roi Louis XI et en présence du cadavre de son père, à la levée de l'excommunication que Charles VII avait encourue en promulguant la Pragmatique Sanction. De quoi pouvait-il s'agir en 1522 concernant Guillaume le Conquérant ? Il faudrait connaître les instructions données aux trois prélats romains qui vinrent, cette année-là, visiter l'Abbaye-aux-Hommes ; or, les registres des nonciatures de France n'existent en série à peu près complète, aux Archives du Vatican, qu'à partir de 1527.

Quand on ouvrit la sépulture de Guillaume, le corps apparut en état de parfaite conservation ; on eut la présence d'esprit de faire venir un peintre local qui traça aussitôt, sur une plaque de bois, une esquisse du portrait qu'il eut ensuite le temps d'achever à loisir ; on a souvent constaté, en pareil cas, qu'un corps embaumé, soudainement exposé à l'air, se dégrade très vite. Ce portrait, sans doute unique en son genre, fut exposé dans l'église abbatiale, auprès du tombeau. En mai 1562, au cours des violentes bagarres qui opposèrent catholiques et réformés, la sépulture de Guillaume fut saccagée, les ossements dispersés, à l'exception d'un fémur qui put être sauvé ; quant au tableau peint en 1522, il disparut ; mais Charles de Bras le retrouva, quelques années plus tard, chez un geôlier nommé Pierre Hocdé, en prit possession et le garda chez lui « en attendant qu'il puisse être rafraîchi et mis en quelque lieu apparent en ladite abbaye ».

On pouvait voir, au XVIIIe siècle, en plusieurs salles ou galeries de l'Abbaye-aux-Hommes, des peintures murales représentant Guillaume et, parfois aussi, Mathilde et leurs fils. D'autre part, on a conservé jusqu'à nos jours un portrait en pied du Conquérant, peint en 1708 ; il porte, en latin, cette mention : « Les religieux de cette abbaye ont fait copier, en hommage de reconnaissance à leur si généreux bienfaiteur, le portrait authentique de Guillaume duc de Normandie, conquérant et roi d'Angleterre, qui était peint sur un ancien panneau. An 1708. Saint-Martin *pinxit.* »

Le *« panneau ancien » (paries)* dont il est ici question pourrait bien être la plaque de bois recueillie par Charles de Bras chez le geôlier Hocdé ; mais on pourrait aussi traduire par « paroi » ou « mur » le mot latin *paries.* Quoi qu'il en soit, le modèle qu'a copié en 1708 le peintre Saint-Martin était *genuina effigies;* l'adjectif *genuina,* c'est-à-dire « authentique », ne peut guère qualifier que l'extraordinaire portrait exécuté d'après nature en 1522 et souvent, sans doute, reproduit par la suite. Pourquoi d'ailleurs Saint-Martin aurait-il, en 1708, habillé son personnage à la mode de 1520 (témoin le portrait de François Ier exécuté par l'école de Jean Clouet vers 1525), sinon pour copier fidèlement l'artiste anonyme qui avait eu le privilège de voir pendant quelques instants, plus de quatre cents ans après sa mort, le visage de Guillaume le Conquérant ?

ANNEXES

GÉNÉALOGIE ABRÉGÉE DE LA FAMILLE DUCALE DE NORMANDIE AU XIe SIÈCLE.

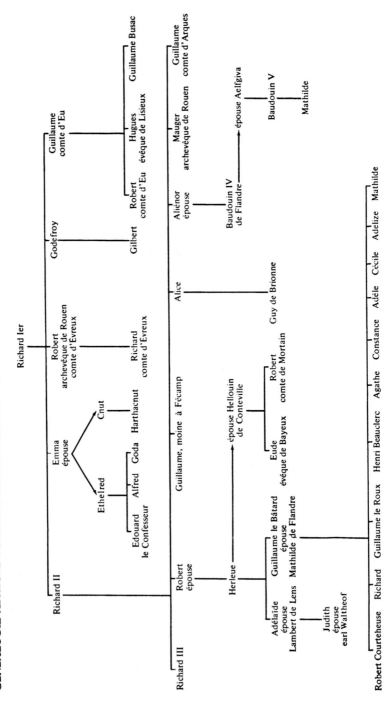

LIGNAGES ANGLO-SAXONS, NORMANDS ET DANOIS DANS L'HISTOIRE DE LA MONARCHIE ANGLAISE AU XIᵉ SIÈCLE.

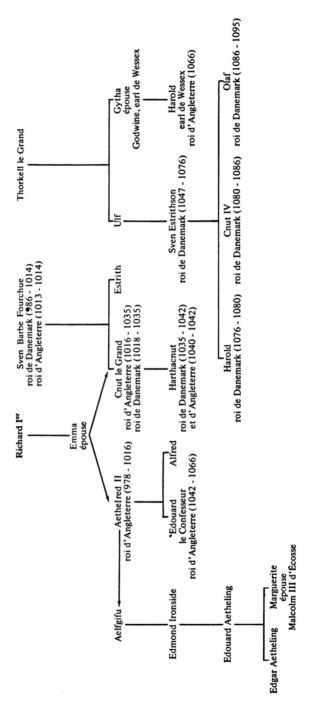

Repères chronologiques

1027 Naissance à Falaise de Guillaume le Bâtard.

Vers 1030 Mariage de Herleue, mère de Guillaume, avec Hellouin de Conteville.

1035 *Juillet*. Mort de Robert le Magnifique à Nicée.

1035 *12 novembre*. Mort de Cnut, roi d'Angleterre.

1036 Meurtre du prince Alfred, frère d'Edouard le Confesseur.

1037 *16 mars*. Mort de l'archevêque de Rouen Robert. Mauger lui succède.

1040 *23 février*. Consécration de l'église abbatiale du Bec.

1040 Meurtre du sénéchal Osbern et de Gilbert de Brionne.

1042 Richard de Saint-Vanne tente sans succès d'introduire la Trêve de Dieu en Normandie.

1042 Edouard le Confesseur devient roi d'Angleterre.

1045 Mariage d'Edouard le Confesseur avec Edith, fille de l'earl Godwine.

1046 Complot ourdi par des seigneurs et des vicomtes de Basse-Normandie contre le Bâtard.

1047 Victoire remportée sur les révoltés, au Val-ès-Dunes, par le Bâtard aidé par le roi de France Henri Iᵉʳ.

1047 Concile de Caen ; proclamation de la Trêve de Dieu.

1048 Bruno, évêque de Toul, devient pape sous le nom de Léon IX.

1049 *Octobre*. Concile tenu à Reims par Léon IX, qui s'oppose au projet de mariage du Bâtard avec Mathilde de Flandre.

1051 *Mars*. Le Mans tombe au pouvoir de Geoffroi Martel, comte d'Anjou.

1051   Rébellion de l'earl de Wessex Godwine et de ses fils contre Edouard le Confesseur ; après leur échec, ils s'exilent.

1051   Edouard le Confesseur promet à Guillaume le Bâtard sa succession sur le trône d'Angleterre.

1051   (?) Mariage de Guillaume le Bâtard et de Mathilde de Flandre.

1052   *Eté.* Révolte de Guillaume, comte d'Arques.

1052   *Eté.* Godwine et ses fils reviennent en Angleterre et imposent au roi Edouard l'expulsion de nombreux Normands, dont Robert Champart, archevêque de Cantorbéry. Stigand occupe le siège métropolitain laissé vacant par ce départ.

1053   *13 avril.* Mort de l'earl Godwine.

1053   *Juin.* Le pape Léon IX est vaincu et fait prisonnier par une armée normande à Civitate.

1053   *Automne.* Guillaume le Bâtard occupe le château d'Arques.

1054   Le roi de France Henri Ier et son frère Eude envahissent la Normandie. Le Bâtard est vainqueur à Mortemer-sur-Eaulne.

1055   Concile de Lisieux. L'archevêque de Rouen Mauger est déposé ; Maurille, moine de Fécamp, lui succède.

1057   *Août.* Le roi Henri Ier envahit la Normandie ; il est battu à Varaville.

1057   Le prince Edouard, fils d'Edmond Ironside et petit-fils d'Aethelred II, rentre de Hongrie en Angleterre et meurt peu après.

1058   Des opérations militaires à la frontière sud-est du duché opposent Normands et Français.

1058   Expédition du roi de Norvège Magnus contre l'Angleterre.

1059   Au synode de Melfi, le pape Nicolas II reconnaît aux Normands la possession des terres qu'ils ont acquises en Italie méridionale et leur confie la mission de protéger le Saint-Siège.

1060   *4 août.* Mort du roi de France Henri Ier. Son fils mineur Philippe Ier lui succède, sous la tutelle du comte Baudouin de Flandre.

1060   *14 novembre.* Mort de Geoffroi Martel, comte d'Anjou.

1062   *9 mars.* Mort de Herbert, comte du Maine.

1063   Le Bâtard conquiert le Maine.

1064   Voyage en Normandie de Harold, fils de Godwine et earl de Wessex.

1064   Expédition du Bâtard en Bretagne.

1065   L'earl de Northumbrie, Tosti, fils de Godwine, se révolte contre Edouard le Confesseur et doit s'exiler.

1066   *5 janvier.* Mort d'Edouard le Confesseur.

1066   *6 janvier.* Harold est couronné roi d'Angleterre.

1066   *Printemps.* Le Bâtard envoie une mission à Rome pour solliciter l'appui du pape Alexandre II à son projet d'invasion de l'Angleterre.

1066   *Mai.* Tosti attaque l'île de Wight ; repoussé, il doit se retirer en Ecosse.

1066   *Juin.* Réunion de la Cour ducale à Bonneville-sur-Touques ; les barons approuvent le projet d'expédition contre Harold, roi d'Angleterre.

1066   *18 juin.* Consécration de l'abbatiale de la Trinité de Caen.

1066   *Eté.* Concentration du corps expéditionnaire autour du profond estuaire de la Dives.

1066   *Septembre.* Guillaume le Bâtard transfère le corps expéditionnaire à Saint-Valery-sur-Somme.

1066   *20 septembre.* Le roi de Norvège, Harald Hardrada, débarqué en Angleterre du nord-est, est vainqueur à Fulford d'une armée anglo-saxonne levée dans la région.

1066   *25 septembre.* Harold, accouru dans le Yorkshire, écrase les Norvégiens à Stamfordbridge.

1066   *29 septembre.* L'armée de Guillaume le Bâtard débarque à Pevensey.

1066   *14 octobre.* Bataille de Hastings.

1066   *21 octobre.* Prise de Douvres.

1066   *29 octobre.* Prise de Cantorbéry.

1066   *Nov.-déc.* Séjour de Guillaume dans la région de Cantorbéry, puis marche d'approche vers Londres.

1066   *25 décembre.* Guillaume est couronné roi d'Angleterre à Westminster.

1067   *Mars-nov.* Séjour de Guillaume en Normandie.

1067   *8 avril.* A Fécamp, première réunion de la Cour ducale depuis l'accession de Guillaume au trône d'Angleterre.

1067   *Automne.* Soulèvement d'Exeter.

1068   *Début.* Soumission d'Exeter.

1068   *11 mai.* Mathilde est couronnée reine d'Angleterre à Westminster.

1068   *Eté.* Promenade militaire du roi Guillaume dans le nord-est du royaume.

1069   *Février-avril.* Révolte, puis soumission d'York.

1069   *Printemps.* Le Maine se soulève et chasse les agents du duc de Normandie.

1069   *Eté.* Le roi de Danemark, Sven Estrithson débarque dans le Yorkshire, dont la population se soulève et chasse d'York la garnison normande.

1069   *Automne.* Le roi Guillaume reprend York.

1070   *Janvier-mars.* Le roi Guillaume ravage le Yorkshire.

1070   *Avril.* Concile de Winchester ; remise en ordre de l'Eglise anglaise ; Stigand est déposé du siège métropolitain de Cantorbéry.

1070   *15 août.* Lanfranc devient archevêque de Cantorbéry.

1071   *22 février.* En Flandre, Robert le Frison s'assure le pouvoir en éliminant son frère Baudouin VI. Guillaume-Fils-Osbern, envoyé par Guillaume le Conquérant au secours de celui-ci, est tué en combat à Cassel.

1071   *Eté.* Les Danois quittent le Yorkshire.

1072   *Automne.* Expédition du roi Guillaume en Ecosse.

1073   *Mars.* Guillaume le Conquérant reprend le Maine.

1074   Le roi de France Philippe Ier montre son hostilité à l'encontre de Guillaume le Conquérant en offrant à l'aetheling Edgar la place de Montreuil-sur-Mer.

1075   En Angleterre, révolte des earls.

1076   *21 mai.* Exécution de l'earl Waltheof.

1076   *Sept.-oct.* Expédition de Guillaume le Conquérant en Bretagne ; il échoue devant Dol.

1077   *Début.* Attaque infructueuse de Foulque le Réchin, comte d'Anjou, contre La Flèche, dans le Maine.

1077   *Automne.* Robert Courteheuse, fils aîné du Conquérant, en révolte contre son père, quitte la Normandie.

1079   *Janvier.* Au cours du siège de Gerberoy, le Conquérant et son fils Robert s'affrontent, les armes à la main, puis se réconcilient provisoirement.

1080   *Mai.* Concile de Lillebonne.

1080 *Septembre.* Robert Courteheuse est chargé par son père d'effectuer une action de représailles contre l'Ecosse ; au retour, il commence la construction de Newcastle sur la Tyne.

1081 Nouvelle campagne de Foulque le Réchin, comte d'Anjou, contre le Maine ; puis pacte de paix entre lui et le Conquérant.

1082 Emprisonnement d'Eude de Conteville, évêque de Bayeux et earl du Kent.

1083 *Eté.* Robert Courteheuse se rebelle derechef contre son père et quitte à nouveau la Normandie.

1083 *1er novembre.* Mort de Mathilde, épouse du Conquérant.

1085 Le roi de Danemark Cnut prépare une expédition contre l'Angleterre.

1085 *Fin décembre.* La Cour royale, réunie à Gloucester, approuve le projet de « description » de l'Angleterre, d'où sortira le *Domesday Book*.

1085-86 Les commissions royales d'enquête parcourent l'Angleterre.

1086 *Août.* Assemblée de Salisbury.

1086 *Automne.* Guillaume le Conquérant revient, pour la dernière fois, en Normandie.

1087 *Eté.* Le roi de France Philippe Ier effectue un raid de pillage dans la région d'Evreux. Guillaume riposte en envahissant le Vexin français. Il est victime d'un accident durant la mise à sac de Mantes.

1087 *9 septembre.* Guillaume le Conquérant meurt à Rouen.

1087 *Septembre.* Guillaume est enseveli à Caen, dans l'abbatiale Saint-Etienne. Son second fils Guillaume le Roux lui succède sur le trône d'Angleterre ; Robert Courteheuse devient duc de Normandie.

1088-1091 Suite d'intrigues et de luttes armées entre Robert et Guillaume.

1091 Rencontre à Caen des deux frères ; les *Consuetudines et Justitia*.

1096 Robert Courteheuse part pour la croisade ; en son absence, son frère Guillaume le Roux administre la Normandie.

1100 Mort accidentelle de Guillaume le Roux ; Henri, son frère cadet, lui succède sur le trône d'Angleterre.

1106 A Tinchebray, Henri, dit Beauclerc, bat et fait prisonnier son frère aîné Robert Courteheuse ; il règne dès lors sur la Normandie et l'Angleterre.

1135 Mort de Henri Beauclerc.

Note sur les sources
et la bibliographie

ARCHIVES

Le *Recueil des actes des ducs de Normandie (911-1066)*, établi de manière critique, a été publié en 1961 par Mme Marie Fauroux (*Mémoires de la Soc. des Antiquaires de Normandie, t.* xxxvi) ; il contient 234 actes, dont une trentaine ne sont conservés que partiellement ou ne sont connus que par des mentions dont ils ont fait l'objet ; 142 d'entre eux ont été émis, confirmés ou souscrits par le duc Guillaume le Bâtard entre 1035 et 1066. Les *Actes de Guillaume le Conquérant et de la reine Mathilde pour les abbayes caennaises* ont été réunis par L. Musset (*Mémoires de la Soc. des Antiq. de Normandie, t.* xxxvii, 1967). Un certain nombre de chartes concernant la Normandie sous le règne de Guillaume se trouvent dans les chartriers ou les cartulaires de diverses abbayes qui avaient des terres ou des droits en Normandie ; elles ont, pour la plupart, fait l'objet de publications ; on doit citer ici, en premier lieu, les *Études critiques sur l'abbaye de S. Wandrille*, de F. Lot (Paris, 1913) et le recueil des *Chartes de Jumièges* édité par J. J. Vernier (Rouen, 1916, 2 vol.), les *Chartes normandes de l'abbaye de S. Florent près de Saumur*, éditées par P. Marchegay (Caen, 1880). L. Musset a publié et commenté en cinq articles parus dans le *Bulletin de la Soc. des Antiquaires de Normandie* (t. 52-56) divers *Actes inédits du xie siècle*. D'autres se trouvent en appendice à l'ouvrage de L. Delisle, *Histoire du château et des sires de S. Sauveur-le-Vicomte* (Paris-Caen, 1867).

Les actes émanant de Guillaume le Conquérant, roi d'Angleterre, sont analysés par H. W. C. Davis, dans le vol. i des *Gesta regum anglo-normannorum (1066-1154)* paru à Oxford en 1913 ; cette compilation est malheureusement assez médiocre.

SOURCES NARRATIVES

Concernant l'intelligence des sources narratives et l'appréciation générale de leur valeur comme documents d'histoire, on ne saurait trop recommander la lecture préalable de l'ouvrage fondamental de Bernard Guenée, *Histoire et culture historique dans l'Occident médiéval* (Paris, 1980), où les sources normandes sont plusieurs fois mentionnées. De celles-ci, on retiendra ci-après les principales.

Sur l'histoire du premier siècle de la dynastie issue de Rollon, on cite souvent, faute de mieux, le *De moribus et actis primorum Normanniae ducum,* de Dudon de Saint-Quentin. Editée par J. Lair (Caen, 1865), cette œuvre a fait l'objet d'une sévère et juste critique de Henri Prentout (*Etude critique sur Dudon de Saint-Quentin et son histoire des premiers ducs normands* (Paris, 1916) Dudon, qui fut à Reims élève de Gerbert, futur pape Sylvestre II, vint en Normandie vers la fin du règne de Richard Ier et acheva, vers la fin de celui de Richard II (mort en 1026), un ouvrage où le souci d'une certaine qualité littéraire l'emporte sur celui de l'exactitude ; il reflète, concernant notamment les origines de la Normandie et la politique des quatre premiers ducs, les idées qui régnaient à la Cour ducale au début du XIe siècle ; c'est à ce titre seulement que son œuvre présente quelque intérêt. Sur les deux premiers ducs, sur l'opposition que rencontra en Normandie la politique d'acculturation menée par Guillaume Longue-Epée, un petit poème latin apporte de très intéressantes précisions ; il a été composé assez peu de temps après la mort dramatique de ce duc (943) : *Complainte sur la mort de Guillaume Longue-Epée* (éd. J. Lair, Paris 1893).

Guillaume Caillou (*Calculus*), moine de Jumièges, dans ses *Gesta normannorum ducum* (éd. J. Marx, Rouen-Paris, 1914), se borne à résumer Dudon jusqu'à la mort de Richard Ier (996) ; à partir de cette date, son témoignage a valeur originale ; l'œuvre a été terminée en 1070 ou 1071 ; par la suite, elle a été complétée par Orderic Vital (vers 1110-1113), puis par Robert de Torigny (vers 1140). Lorsque Guillaume Caillou achève ses *Gesta,* le Bâtard est devenu le Conquérant et le moine-historien évite soigneusement d'évoquer des faits qui ne sont pas à son honneur ; il fait toutefois de discrètes, mais précieuses allusions aux épreuves qu'il connut durant sa minorité.

Les *Gesta Willelmi, ducis Normannorum et regis Anglorum* de Guillaume de Poitiers (éd. et traduction française de R. Foreville, Paris, 1952), ont été achevés en 1073 ou 1074, mais le début et la fin de l'ouvrage ne sont pas conservés. Issu d'une famille seigneuriale installée en Normandie dans la basse vallée de la Risle, Guillaume vécut son adolescence et sans doute le début de l'âge adulte dans ce milieu ; c'est tardivement qu'il quitta le siècle pour l'Eglise ; après avoir reçu à Poitiers l'instruction requise à cet effet (d'où son surnom), il revint en Normandie, fut archidiacre de Lisieux et chapelain ducal. S'il fut, de ce fait, parfaitement informé de la politique ducale pendant le troisième quart du XIᵉ siècle, il se comporte en parfait courtisan, passe sous silence ou altère beaucoup de faits ; ses dires doivent donc être soumis à un très attentif filtrage.

Le poème latin *Carmen de Hastingae praelio* (éd. C. MORTON et H. MUNTZ, Oxford, 1972) est l'œuvre de GUY, qui fut évêque d'Amiens de 1058 jusqu'à sa mort survenue en 1075 ; il semble qu'il ait écrit à la demande, ou pour le moins sous l'inspiration de Mathilde, femme du Conquérant, dont il fut quelque temps le chapelain. L'intérêt majeur de cette œuvre, dont une prosodie alambiquée à la mode du temps rend souvent malaisée la traduction et l'interprétation, tient à ce qu'elle fut rédigée, très vraisemblablement, dans les dix-huit mois qui suivirent le combat dont elle raconte les préparatifs, le déroulement et les suites immédiates.

Un petit texte anonyme intitulé *De obitu Willelmi ducis Normanno-rum regisque Anglorum* (Sur la mort de Guillaume, duc de Normandie et roi d'Angleterre) ; édit. J. MARX, à la suite des *Gesta normannorum ducum* de Guillaume de Jumièges) est généralement considéré comme l'œuvre d'un moine de Saint-Etienne de Caen, qui aurait écrit avant la fin du XIᵉ siècle. On a parfois refusé toute valeur à ce texte (L. J. ENGELS, dans *Mélanges Christine Mohrmann*, Utrecht-Anvers, 1973, pp. 209-255) parce que l'auteur reproduit mot à mot des phrases entières de la *Vie de Charlemagne* par Eginhard et de la *Vie de Louis le Pieux* par l'Astronome ; mais de tels emprunts, que nous qualifions de plagiats, étaient alors coutumiers ; aucun des faits ou des traits allégués par l'auteur de *De obitu* n'est contredit par une autre source digne de foi, et cet auteur n'hésite pas à fausser compagnie à ses modèles lorsque l'exige le souci de l'exactitude.

On trouve des informations souvent originales sur les événements et sur la vie quotidienne en Normandie au XIᵉ siècle dans des œuvres hagiographiques comme le *Liber de revelatione, aedificatione et auctoritate monasterii Fiscamnensis* (éd. Migne, *Patrologie Latine*, t. CLI, col. 701-724), l'*Inventio et miracula sancti Vulfranni* (éd. J. LAPORTE, Rouen, 1938) ou les *Miracula sancti Audoeni* (éd. *Acta Sanctorum*, août IV, p. 834) ou, mieux encore, la vie d'Hellouin, fondateur de l'abbaye du Bec (*Vita Herluini*, édit. J. Armitage ROBINSON, Cambridge, 1911) écrite par Gilbert Crispin qui fut moine au Bec, puis abbé de Westminster. La *Vie de Lanfranc* attribuée à Milon Crespin, moine du Bec, a été publiée par J. A. GILES dans le recueil des œuvres de Lanfranc (*Lanfranci opera*, Oxford, 1844, 2 vol.). Cinquante-neuf lettres de Lanfranc, aujourd'hui conservées, ont fait récemment l'objet d'une excellente édition critique (V. H. CLOVER et M. T. GIBSON, *The letters of archbishop Lanfranc*, Oxford, 1980).

Parmi les sources du XIᵉ siècle, la Tapisserie de Bayeux mérite une mention toute spéciale. Il s'agit, en réalité, d'une broderie faite de fils de laine sur une toile de lin, dans l'Angleterre du sud-est, probablement vers 1075, mais assez certainement avant 1077, date de la consécration de la cathédrale de Bayeux à laquelle elle était destinée ; c'est assurément, comme les *Gesta* de Guillaume de Jumièges et de Guillaume de Poitiers, une œuvre de propagande qui exprime les vues de la Cour normande et peut-être aussi celles, plus particulières, de l'évêque de Bayeux, Eude de Conteville. Elle a fait l'objet de nombreuses éditions en fac-similé, dont la meilleure demeure celle que dirigea sir Fr. M. STENTON (éd. française : *La Tapisserie de Bayeux*, Paris, 1957) ; la reproduction en couleurs des images est accompagnée de commentaires dus à d'éminents spécialistes de l'histoire du textile, de l'armement et du costume ; mais la Tapisserie donne des informations sur beaucoup d'autres sujets ; on a pu dire qu'elle est une véritable encyclopédie de la vie au XIᵉ siècle. Récemment a été donnée une édition plus modeste : Michel PARISSE, *La Tapisserie de Bayeux : un documentaire du XIᵉ siècle*, Paris, 1983 ; on y trouve une reproduction en couleurs, de format très réduit, de toute la bande brodée (70 m de longueur, 50 cm de hauteur), tandis que, d'autre part, chaque scène a été dessinée, sommairement décrite et commentée.

L'*Historia ecclesiastica* d'Orderic VITAL, achevée vers 1140, embrasse l'histoire de l'Eglise depuis ses origines. Concernant l'histoire de la Normandie au XIᵉ et au XIIᵉ siècle, l'auteur a bien connu et complété les *Gesta normannorum ducum* de Guillaume de Jumièges, les *Gesta Willelmi ducis* de Guillaume de Poitiers, dont il a connu la dernière partie, aujourd'hui perdue. Orderic était né en Angleterre, aux confins du pays de Galles, d'un père français, Odelerius, venu avec Roger de Montgommery, et d'une mère anglo-saxonne qui marqua fortement son enfance : il se dit lui-même *angligena*, c'est-à-dire « de race anglaise ». S'il rend assez souvent justice au duc Guillaume, il se montre systématiquement hostile à la conquête normande de l'Angleterre. Lorsqu'il avait dix ans, son père l'envoya en Normandie et le confia comme oblat à l'abbaye de Saint-Evroult, au pays d'Ouche. Orderic y passa toute sa vie, exception faite de quelques voyages qu'il effectua en France et en Angleterre. On sait aussi qu'il avait coutume de s'entretenir avec les voyageurs qui séjournaient à l'hôtellerie de son monastère ; ainsi recueillit-il, concernant en particulier les faits et gestes des Normands émigrés en Italie, des informations et des traditions originales.

WACE, né à Jersey vers 1110, fit ses études à Caen, puis en France et revint à Caen pour y tenter une carrière littéraire ; ses premières œuvres appartiennent au genre hagiographique ; en 1155, il achève et dédie à Aliénor d'Aquitaine une transposition de l'*Historia regum Britanniae* de Geoffroy de Monmouth, qu'il intitule *Roman de Brut*. Puis, c'est son œuvre majeure, le *Roman de Rou* (éd. A. J. Holden, Paris, 1970-1973, 3 vol.), commencé en 1160 à la demande du roi Henri II Plantagenêt, puis interrompu brusquement vers 1174 : le roi venait alors de retirer sa faveur à Wace pour en faire bénéficier Benoît de Sainte-Maure. Dans son histoire de la Normandie ducale écrite en vers français, Wace en était arrivé à la bataille de Tinchebray (1106) ; c'est donc là que s'arrête son œuvre. Quand il raconte l'histoire des quatre premiers ducs, il suit, en gros, Dudon de Saint-Quentin ; puis, il utilise les historiens normands et anglais du XIe et de la première moitié du XIIe siècle ; mais il a disposé aussi de traditions orales, parfois fixées, sans doute, sous la forme de petits poèmes lyrico-épiques ; il arrive que des recoupements historiques ou géographiques permettent aujourd'hui de vérifier le bien-fondé de telle ou telle de ces traditions.

Benoît de Sainte-Maure, qui s'était fait connaître par son *Roman de Troie*, se vit confier par Henri II Plantagenêt, peu après 1170, la mission d'écrire en vers français une vaste geste des Normands : ce fut la *Chronique des ducs de Normandie* (éd. Carin Fahlin, Uppsala, 1951, 2 vol. et un excellent glossaire) ; concernant la personne et l'œuvre de Guillaume le Conquérant, ce poème long de près de 45 000 vers n'apporte rien d'original.

Sources narratives anglaises

Il faut citer en premier lieu l'*Anglo-Saxon Chronicle*, dont trois versions sont à retenir concernant la période qui nous intéresse ici ; on les désigne habituellement par les lettres C, D, E. Chacune d'elles nous est connue par un seul manuscrit. Le ms. C a été copié à l'abbaye d'Abingdon, en Wessex ; le texte qu'il offre est nettement hostile à Godwine et aux siens ; il s'arrête en 1066. Le ms. D fut écrit à Worcester, ou peut-être partiellement à York ; cette version s'intéresse particulièrement aux affaires qui regardent le nord de l'Angleterre et la Scandinavie ; elle montre peu de sympathie pour la politique menée par la famille de Godwine ; le texte s'arrête en 1079. Le ms. E a été copié à Peterborough sur un original qui venait du monastère Saint-Augustin de Cantorbéry, dans le Kent, berceau de la famille de Godwine ; aussi cette version lui est-elle systématiquement favorable ; le texte se poursuit sans lacune jusqu'en 1155. La meilleure édition du texte anglo-saxon est celle de J. Earle et C. Plummer, *Two of the Saxon chronicles parallel with supplementary extracts of the others*. Oxford, 1892-1898, 2 vol. Pour les années 1042-1154, une excellente traduction en anglais moderne des trois versions est donnée dans D. C. Douglas et G. W. Greenaway, *English historical documents*, t. II, Londres, 1953, pp. 107-203).

L'*Encomium reginae Emmae*, ou *Eloge de la reine Emma*, (éd. et trad. A. Campbell, Londres, 1949) est une mine de renseignements sur le règne de Cnut et sur les événements qui suivirent sa mort ; cet écrit, sensiblement contemporain des faits qu'il rapporte, justifie systématiquement les actions de la versatile Emma.

La *Vita Edwardi regis* (éd. et trad. Fr. Barlow, Londres, 1962), œuvre d'un moine anonyme de l'abbaye de Saint-Bertin émigré en Angleterre où il vécut à la Cour ; l'auteur a certainement connu les données du problème que devait poser la mort d'Edouard, mais il n'y fait que des allusions ; les termes mêmes dans lesquels il rapporte les dernières volontés du Confesseur sont emprunts d'ambiguïté.

On appelle communément *Annales* de Florent de Worcester (éd. B. Thorpe, Londres 1848-1849, 2 vol.) un texte compilé vers 1130 à Worcester par un moine qui portait peut-être ce nom. Cette œuvre se présente dans une forme tout à fait comparable à celle de l'*Anglo-Saxon Chronicle ;* son auteur a peut-être utilisé une version aujourd'hui perdue de la *Chronique*. Originellement, les notices annuelles attribuées à Florent de Worcester se présentaient comme des compléments à la *Chronique universelle* du moine irlandais Marianus Scotus.

Guillaume, moine de Malmesbury, est certainement le plus fécond des historiens anglais du XIIᵉ siècle ; on lui doit, entre autres œuvres, une histoire des rois d'Angleterre (*Gesta regum Anglorum*, éd. W. Stubbs, Londres, 1887-1889, 2 vol.) et une histoire des évêques d'Angleterre (*Gesta pontificum Anglorum*, éd. N. Hamilton, Londres, 1870), achevées l'une et l'autre vers 1125, alors que l'auteur n'avait guère plus de trente ans ; il comptait parmi ses propres ascendants des Normands et des Anglais ; lorsqu'il parle de la Conquête et de ses séquelles, il ne fait généralement preuve d'aucun parti pris anti-normand. S'il a utilisé les écrits de plusieurs de ses devanciers, anglais ou normands, il a recueilli aussi des traditions orales qui survivaient dans le Wessex une quarantaine d'années après la mort du Conquérant ; il s'attache volontiers à celles qui offrent un caractère pittoresque.

Alors qu'il était l'aîné de Guillaume de Malmesbury, Henri de Huntingdon, auteur d'une *Historia Anglorum* (éd. T. Arnold, Londres, 1879) n'acheva cette œuvre que vers 1130 ; il était né, lui aussi, dans une famille anglo-normande ; il avait été élevé dans l'entourage de l'évêque de Lincoln, un Normand, et fut choisi vers 1115 comme archidiacre de Huntingdon. Son histoire des Anglais, assez médiocre, n'apporte guère d'informations utiles à la connaissance du règne de Guillaume le Conquérant.

Sources narratives italiennes

Concernant l'histoire des entreprises normandes en Italie méridionale au XIe siècle, on retiendra principalement trois œuvres écrites en Italie même.

De la première, rédigée en latin vers 1075 au Mont-Cassin, par un moine italien de cette abbaye, nommé AMATO, nous ne possédons qu'une traduction française effectuée vers la fin du XIIIe siècle : *Ystoire de li Normant* (éd. V. DE BARTOLOMAEIS, Rome, 1935). C'est une source de premier ordre concernant l'activité des Normands en Campanie et dans les principautés lombardes de Capoue et de Salerne et même en Calabre ; l'auteur est en général moins bien informé des événements qui eurent pour théâtre la Pouille.

Geoffroy MALATERRA, moine de Saint-Evroult, émigra en Italie méridionale ; il y vécut d'abord au monastère de Sant'Eufemia, en Calabre, puis dans sa filiale sicilienne de Sant'Agata de Catane. C'est là qu'il écrivit, dans les dernières années du XIe siècle, son histoire de Robert Guiscard et de son frère Roger (*De rebus gestis Rogerii Calabriae et Siciliae comitis et Roberti Guiscardi ducis, fratris ejus ;* éd. E. PONTIERI, Bologne, 1928) ; c'est notre meilleure source pour l'histoire de la conquête de la Calabre et de la Sicile ; elle est, en revanche, moins bien informée des affaires de Pouille.

GUILLAUME DE POUILLE était sans doute aussi d'origine normande, ou peut-être française ; il écrivit, lui aussi, dans les toutes dernières années du XIe siècle, son histoire de Robert Guiscard (*Gesta Roberti Wiscardi,* édit. Marguerite MATHIEU, Palerme, 1961) ; il connaît fort bien les faits et gestes de son héros et les difficultés que suscita sa succession ; il se montre volontiers critique à l'égard des Normands, stigmatisant leur avidité, ce qui a fait croire parfois qu'il ne pouvait être leur compatriote.

Les historiens byzantins de l'époque se distinguent par leurs violentes et sommaires diatribes contre les Normands, traités d'athées, de voleurs, de brigands, beaucoup plus que par leur connaissance des faits, qui demeure le plus souvent indigente ; tels sont notamment le *Strategicon* de Kekaumenos (édit. B. WASSILIEWSKY, et V. IERNSTED, Saint-Petersbourg, 1896) et même l'*Alexiade* d'Anne Comnène (édit. B. LEIB, Paris, 1937-1945).

BIBLIOGRAPHIE SOMMAIRE

On ne peut citer ici qu'un tout petit nombre de titres parmi la multitude d'études publiées sur la Normandie et l'Angleterre au temps de Guillaume le Conquérant. Concernant la Normandie, la revue trimestrielle *Annales de Normandie* donne chaque année depuis 1951 une liste des publications dont elle a fait l'objet durant l'année précédente ; on trouvera dans le t. ɪ (1951) de ce périodique (pp. 150-192) une bibliographie critique de celles qui ont paru de 1928 à 1950.

Ouvrages généraux

Histoire de la Normandie, Toulouse, Privat, 1970 (pp. 59-96 : « Naissance de la Normandie », par L. Musset. — pp. 131-157 : « L'Etat normand, croissance et apogée », par M. de Boüard ; pp. 159-193 : « La Normandie ducale, économies et civilisation », par M. de Boüard).
Documents de l'histoire de la Normandie, Toulouse, Privat, 1972. (pp.59-96 : « Naissance de la Normandie », par L. Musset ; pp. 97-139 : « L'apogée de la Normandie ducale », par M. de Boüard).
F. M. Stenton, *Anglo-Saxon England,* 3ᵉ édit., Oxford, 1971.
R. A. Brown, *The Normans and the Norman Conquest,* New York, 1969.
De très nombreuses et souvent importantes communications sont présentées chaque année, alternativement à la *Semaine de Droit normand* et aux *Journées d'histoire du Droit des Pays de l'Ouest;* les résumés en sont publiés dans la *Revue Historique de Droit français et étranger* et, depuis 1975, dans les *Annales de Normandie;* il faut mentionner en particulier les communications signées du regrettté J. Fr. Lemarignier, de L. Musset et de J. Yver.

Vies de Guillaume le Conquérant

H. Prentout, *Guillaume le Conquérant,* Caen, 1936 (concerne la période 1035-1065).
P. Zumthor, *Guillaume le Conquérant,* Paris, 1964 (intéressant surtout en ce qui concerne l'histoire littéraire et culturelle).
David C. Douglas *William the Conqueror,* Londres, 1964 (la meilleure histoire du règne en langue anglaise).
M. de Boüard, *Guillaume le Conquérant,* 2ᵉ édit., Paris, 1966 (bref aperçu paru dans la collection « Que sais-je »).

La Normandie et ses voisins

A. Fliche, *Le règne de Philippe Iᵉʳ,* Paris, 1912.
L. Halphen, *Le comté d'Anjou au xɪᵉ siècle,* Paris, 1906.
R. Latouche, *Histoire du comté du Maine pendant le xᵉ et le xɪᵉ siècle,* Paris, 1910.

J. BOUSSARD, *La seigneurie de Bellême aux xe et xie siècles*, dans *Mélanges Louis Halphen*, Paris, 1951.

Les institutions de la Normandie

Ch. H. HASKINS, *Norman Institutions*, New York, 1918; réimpr. Londres, 1960.

M. DE BOÜARD, « Le duché de Normandie », dans F. LOT et R. FAWTIER, *Histoire des institutions françaises au Moyen Age*, t. I, Paris, 1957, pp. 1-33.

L. MUSSET, « L'aristocratie normande au xie siècle », dans *La noblesse au Moyen Age*, Ph. CONTAMINE édit., Paris, 1976, pp. 71-96.

D. C. DOUGLAS, « Les évêques de Normandie (1035-1066) », dans *Annales de Normandie*, t. VIII, 1958, pp. 87-102.

Hastings

Dorothy WHITELOCK, David C. DOUGLAS, Ch. H. LEMMON, Fr. BARLOW, *The Norman Conquest*, Londres, 1966.

W. SPATZ, *Die Schlacht von Hastings*, Berlin, 1896.

Ch. H. LEMMON, *The Battle of Hastings*, 3e édit., St. Leonards on Sea, 1964.

Sten KÖRNER, *The Battle of Hastings, England and Europe*, Lund, 1964.

K. V. JÄSCHKE, *Wilhelm der Eroberer. Sein doppelter Herrschaftsantritt im Jahre 1066*, Sigmaringen, 1977.

Sur la conquête de 1066, ses préliminaires et ses suites immédiates, on trouvera plusieurs articles dans les *Proceedings of the Battle Conference on Anglo-Norman studies* publiés depuis 1978 sous la direction de R. Allen BROWN.

L'Angleterre normande

H. LOYN, *The Norman Conquest*, Londres, 1965.

R. A. BROWN, *Norman England*, dans *The Normans and the Norman conquest*, pp. 203-264.

C. W. HOLLISTER, *The military Organization of Norman England*, Oxford, 1965.

D. KNOWLES, *The Monastic Order in England*, 2e édit., Cambridge, 1963.

V. H. GALBRAITH, *The Making of the Domesday Book*, Oxford, 1961.

L. C. LOYD, Tr. CLAY et D. C. DOUGLAS, *The Origins of some Anglo-Norman Families*, Leeds, 1951.

Index des noms de personnes

MAUGER, archevêque de Rouen : 104, 137, 138, 168, 195, 196.

MAUGER, comte de Corbeil : 80, 100.

MAUGER, fils de Tancrède de Hauteville : 149.

MAURICE, évêque de Londres : 429.

MAURIELLE, première épouse de Tancrède de Hauteville : 149.

MAURILLE, archevêque de Rouen : 196, 359, 376, 377.

MÉLÈS, notable byzantin de Pouille : 151.

MELKORKA, personnage de la *Laxdoelasaga* : 43.

MICHEL, évêque d'Avranches : 438.

MICHEL IV LE PAPHLAGONIEN, empereur de Byzance : 95, 96.

MORCAR, earl de Northumbrie : 272, 304, 311, 316, 335, 339, 341, 342, 356, 357, 362, 365, 375.

NÉEL DE SAINT-SAUVEUR, vicomte de Cotentin : 123, 129-131.

NICOLAS II, pape : 261, 418.

NICOLAS, fils du duc Richard III : 138, 139.

ODILON, abbé de Cluny : 31.

ODON, abbé de Cluny : 31.

OLAF HARALDSSON, roi de Norvège : 18.

OLAF, fils de Harald Hardrada : 312.

OLAFF TRYGGVASON, roi de Norvège : 17.

ONFROY, fils de Tancrède de Hauteville : 149.

ONFROY DE TEILLEUL : 370.

ONFROY DE VIEILLES, fondateur des abbayes de Préaux : 100, 108, 111.

OSBERN, frère de Herleue : 85.

OSBERN, prieur de Cormeilles : 214.

OSBERN DE CRÉPON, sénéchal : 100, 103, 104.

OSBERN PENTECÔTE : 252.

OTTON Ier LE GRAND, empereur germanique : 19, 20, 29, 68.

OTTON II, empereur germanique : 20, 27.

OTTON III, empereur germanique : 20, 29.

PANDOLF IV, prince de Capoue : 145.

PAPIA, compagne de Richard II : 44.

PAUL, abbé de Saint-Albans : 383, 384.

PHILIPPE Ier, roi de France : 286, 391, 402, 430-432.

PIERRE DE TYRE, notable de Bisignano : 154, 155.

PIETRO DAMIANI, cardinal : 181, 262, 377.

POPPA, compagne de Rollon : 43.

RABEL, commandant de la flotte ducale : 100.

RAGNALD, roi d'York : 22.

RAINOLF DRENGOT, comte d'Aversa : 145-147, 150.

RALPH L'ÉCUYER, earl d'Estanglie : 394.

RALPH DE GAËL, earl d'Estanglie : 394-396, 398, 400.

RAOUL D'ANJOU, ancêtre des Taisson : 60.

RAOUL DE BEAUMONT, abbé du Mont-Saint-Michel : 224.

RAOUL DE CONCHES : 440.

RAOUL DE GACÉ : 104, 118-120.

RAOUL LE TIMIDE, earl de Hereford : 239, 251, 253, 255, 256, 292.

RAOUL D'IVRY : 53, 60.

RAOUL MOWIN : 99.

RAOUL II TAISSON, seigneur de Cinglais : 122, 128-130.

RAOUL DE TOSNY : 206, 214.

RAOUL, comte de Valois : 359.

REGENBALD, chapelain d'Edouard le Confesseur : 352.

RENOUF DE BRIQUESSART, vicomte de Bessin : 123, 125.

RICHARD II, duc de Normandie : 37, 40, 43, 45, 53, 57, 62, 65, 68, 69, 71, 80, 105, 114.

RICHARD III, duc de Normandie : 25, 45, 53, 59, 60, 62, 65, 71, 81, 82, 105, 111, .

RICHARD III, duc de Normandie : 44, 72, 73, 89, 90.

RICHARD, fils de Guillaume le Conquérant : 359, 364, 404.

RICHARD, comte d'Evreux : 284.

RICHARD, abbé de Saint-Vanne de Verdun : 62, 93, 136, 137.

RICHILDE, épouse du comte Baudouin VI de Flandre : 388.

ROBERT COURTEHEUSE, duc de Normandie : 218, 220, 359, 361, 364, 389, 404-411, 416, 419, 430, 431, 434, 441.

Table des matières

DEUXIÈME PARTIE

LE CONQUERANT

DANS LA MÊME COLLECTION

Achevé d'imprimer en mai 2010
sur presse rotative numérique
par Jouve à Mayenne

35-65-7096-7/09

N° d'impression : 509570Z
Dépôt légal : septembre 2003

Imprimé en France